Helmut Schuster

Microsoft Excel 2010 Pivot-Tabellen –
Das Praxisbuch

Ideen und Lösungen für die Datenanalyse mit PivotTables und PivotCharts

Helmut Schuster

Microsoft Excel 2010 Pivot-Tabellen – Das Praxisbuch

Ideen und Lösungen für die Datenanalyse mit PivotTables und PivotCharts

Helmut Schuster: Microsoft Excel 2010 Pivot-Tabellen – Das Praxisbuch
© 2011 O'Reilly Verlag GmbH & Co. KG

Kommentare und Fragen können Sie gerne an uns richten:

Microsoft Press Deutschland
Konrad-Zuse-Straße 1
85716 Unterschleißheim
E-Mail: *mspressde@oreilly.de*

15 14 13 12 11 10 9 8 7 6 5 4 3 2 1
13 12 11

ISBN 978-3-86645-678-5

© 2011 O'Reilly Verlag GmbH & Co. KG
Balthasarstr. 81, 50670 Köln
Alle Rechte vorbehalten

Fachlektorat: Ute Samenfink, Merzhausen bei Freiburg
Korrektorat: Karin Baeyens, Dorothee Klein, Siegen
Satz und Layout: Gerhard Alfes, mediaService, Siegen (www.mediaservice.tv)
Umschlaggestaltung: Hommer Design GmbH, Haar (www.HommerDesign.com)
Gesamtherstellung: Kösel, Krugzell (www.KoeselBuch.de)

Inhaltsverzeichnis

Vorwort

Noch ein Buch über Excel!

PivotTables und PivotCharts sind selbst für erfahrene Excel-Anwender eine kleine Herausforderung. Nicht selten lösen PivotTables eine gewisse Ratlosigkeit aus. Bis zu dem Zeitpunkt, bis ein Anwender die Logik dieses Tools verstanden und den Umgang damit verinnerlicht hat, dann, ja dann macht es unübersehbar Freude, mit diesem Werkzeug zu arbeiten.

Umfassende Softwareprodukte aus dem Themenbereich Finanzen und Controlling bieten standardisierte Lösungen für alltägliche Aufgaben. Trotzdem können diese Tools nicht jede Anforderung abdecken. Neue, bisher nicht notwendige Analysen, neu ersonnene Steuergrößen, weiterreichende Analysewünsche und vieles mehr erfordern von den Mitarbeitern in den Fachabteilungen hohe Flexibilität und machen aus diesem Blickwinkel ein Softwaretool wie Microsoft Excel im praktischen Einsatz nach wie vor unentbehrlich.

Auto-Filter, Spezialfilter, Teilergebnisse, Gruppierungen und zahlreiche vielfältig einsetzbare Einzelfunktionen unterstützen Sie bei der Arbeit mit Excel. Sie erleichtern und/oder beschleunigen Ihre Arbeit, damit Sie perfekte, übersichtliche und nachvollziehbare Ergebnisse erhalten.

Dieses Buch gibt einen praxisorientierten Einblick in die vielfältigen Anwendungsmöglichkeiten der PivotTables und PivotCharts. Profitieren Sie von meiner langjährigen Erfahrung im Bereich Controlling mit Excel bzw. Controlling im Unternehmen.

Das Buch beginnt mit Überlegungen zum Aufbau eines Lösungsmodells und zeigt dann an Beispielen die Gestaltung von Berichtsstrukturen: Es führt über Funktions- und Formelbeispiele sowie Hintergrundwissen zum Aufbau und der Anwendung von PivotTable-Berichten hin zu umfangreichen, aber kompakt gehaltenen Praxisbeispielen, die Sie auch für Ihre eigenen Aufgabenstellungen inspirieren sollen.

Aufbau des Buchs

Im ersten Schritt geht es um die Datenvorbereitung, also darum, was Sie an struktureller Vorarbeit leisten müssen, um gute Lösungen zu erreichen. Im Folgenden stelle ich Ihnen dann einige Funktionen in Form von Tipps und Tricks vor. Diese unterstützen Sie entweder beim Aufbau umfangreicherer Lösungen oder helfen Ihnen, kleine Aufgaben schnell und effizient zu lösen. Darüber hinaus können sie auch Grundlage dafür sein, einen richtigen Zwischenschritt zu finden, der nachfolgende Auswertungen erst mühelos ermöglicht.

Als Nächstes zeige ich Ihnen an einem Beispiel, wie Sie Inhalte am besten aufbereiten, damit sie in PivotTables oder PivotCharts verarbeitet werden können.

Weiter hinten im Buch folgen dann zahlreiche, an der Praxis orientierte Beispiele, anhand derer ich Ihnen zeige, wie Sie PivotTables und PivotCharts aufbauen können und für welche Aufgabenstellungen sie geeignet sind. Zum Abschluss zeige ich Ihnen, wie Sie mit PowerPivot, dem neuen Excel-Add-In, arbeiten können.

Da ich davon ausgehe, dass Sie als Leser dieses Buch nicht von vorne nach hinten durcharbeiten, habe ich es so aufgebaut, dass Sie nach Belieben zu einem Beispiel oder Thema springen können, das Sie gerade interessiert.

Die im Buch beschriebenen Beispiele basieren auf Excel 2010, sind aber größtenteils auch für ältere Versionen einsetzbar.

Die folgenden Hinweiskästen werden Ihnen beim Durcharbeiten des Buchs immer wieder begegnen:

ACHTUNG Damit wird auf Gegebenheiten hingewiesen, die besonders beachtenswert sind.

HINWEIS Hier erhalten Sie weiterführende Informationen zum behandelten Thema, beispielsweise eine besondere Optionseinstellung für die gezeigte Darstellung.

TIPP Mit diesem Hinweis wird auf eine alternative Lösung oder eine Besonderheit hingewiesen.

WICHTIG Diese Kennzeichnung macht Sie auf Punkte aufmerksam, die Sie unbedingt wissen und beachten sollten.

ÜBUNG Hinweis auf die Übungsdateien, die Sie unter *www.microsoft-press.de/Support.asp?110=678* herunterladen können.

Rechts- oder Linkshänder?

Wenn Sie aufgefordert werden, die linke Maustaste zu drücken, dann ist darunter die Maustaste zu verstehen, die Sie mit der primären Funktion belegt haben. Wenn Sie als Linkshänder die beiden Maustasten in ihrer Primärfunktion vertauscht haben, dann ist diese Einstellung nicht konform mit der rechten Maustaste, wie dies für einen Rechtshänder zu verstehen ist.

Für einen Rechtshänder ist der Klick auf die linke Maustaste das Drücken der linken Maustaste mit dem rechten Zeigefinger. Für einen Linkshänder bedeutet der in diesem Buch beschriebene Klick auf die linke Maustaste jedoch das Drücken der rechten Maustaste mit dem Zeigefinger der linken Hand.

Sie können diese Einstellung in der Systemeinstellung von Windows überprüfen bzw. anpassen.

Suchen und finden

Folgende Merkmale des Buchs helfen Ihnen dabei, schnell die benötigte Information zu finden:

- Das umfangreiche Inhaltsverzeichnis mit Detailgliederungen der einzelnen Kapitel
- Der ausführliche Index mit Schlagworten für Aufgaben, Befehle, Funktionen und PivotTable bzw. PivotChart-Objekte
- Die Namensgebung der einzelnen Excel-Objekte auf Ihrem Arbeitsbildschirm (vgl. Abbildung 1)

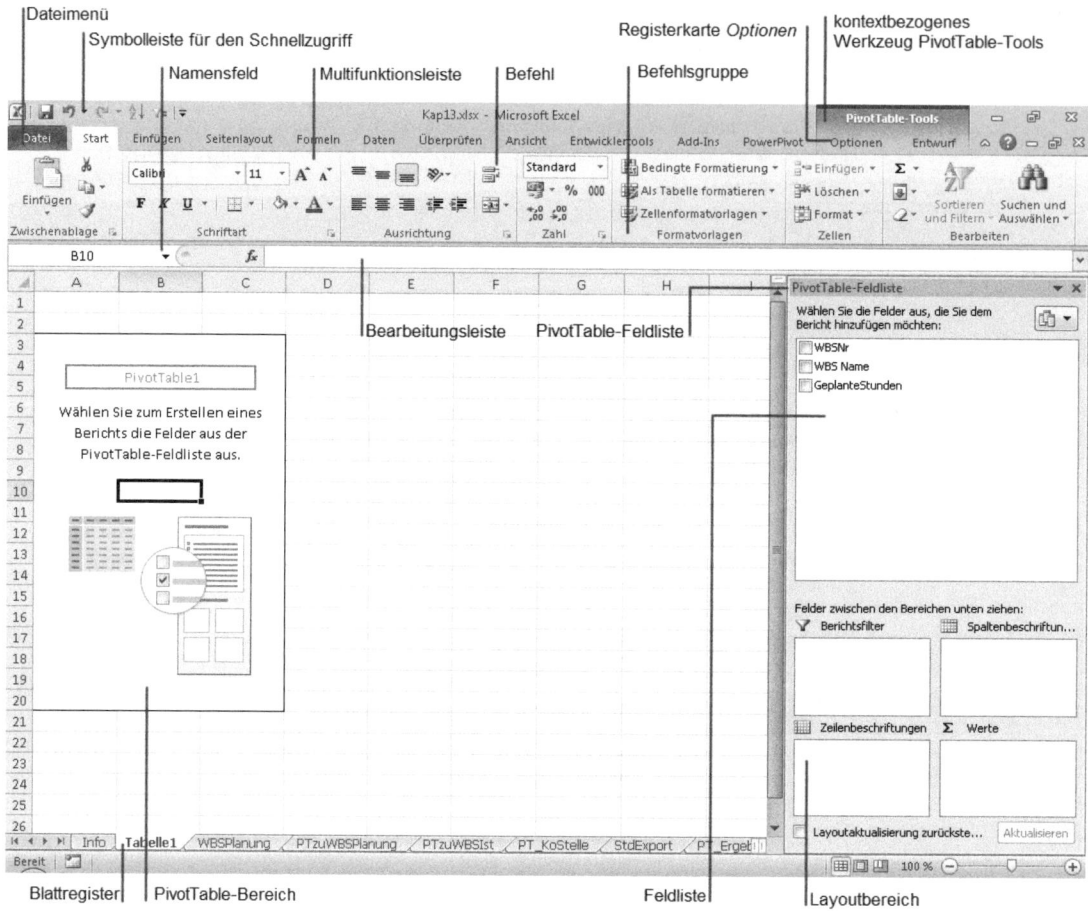

Abbildung 1 Typischer Arbeitsbildschirm von Excel 2010 mit Bezeichnungen

Kapitel 1

Der Einstieg

Es ist immer wieder verlockend, Microsoft Excel aufzurufen und sofort Daten und Formeln auf dem Tabellenblatt einer Arbeitsmappe einzugeben. Bei kleinen und einfachen Aufgabenstellungen ist dies ein möglicher Lösungsweg. Wollen Sie aber mit umfangreichen Daten, verschiedenen Datenquellen und im Ergebnis mit zahlreichen Datenausgaben und Berichtsblättern arbeiten, ist es keineswegs ratsam, »mal einfach so« loszulegen. Hier bedarf es einiger Überlegungen, um ein übersichtliches und nachvollziehbares Arbeitsergebnis zu erzielen.

Mit Microsoft Excel von der Datenbereitstellung bis zum Bericht

Microsoft Excel ist DER Rechenkünstler und weit mehr als eine reine Tabellenkalkulationssoftware: Mithilfe zahlreicher Funktionen und Formeln, interessanten Techniken und aussagestarken Diagrammen bereiten Sie die Daten auf. Je nach Aufgabenstellung müssen Daten aus anderen Systemen integriert, Tabellen verknüpft, Daten verdichtet und aufbereitet werden – planen Sie gerade zu Beginn der Aufgabenstellung genügend Zeit ein, um sich umfassende Gedanken über den Lösungsansatz und den erforderlichen Lösungsweg in Excel zu machen. Die anfänglichen, detaillierten und weitreichenden Gedanken und Überlegungen machen sich im Laufe der voranschreitenden Arbeit sehr schnell bezahlt. Ein überlegter und strukturierter Aufbau erleichtert jedes weitere Arbeiten an und mit dem Excel-Modell.

Sie haben mit Microsoft Excel ein Instrument, mit dem Sie unter verschiedenen methodischen Gesichtspunkten systematisch, kreativ, innovativ und umfassend an ein Thema herangehen können. Sie können Microsoft Excel beispielsweise für folgende Aufgaben einsetzen:

- Tabellenverarbeitung

- Listen- oder Datenbankverarbeitung

- Businessgrafikerstellung

- Makro- und Modulprogrammierung oder

- als Front- bzw. Backend

In der **Tabellenverarbeitung** dient Microsoft Excel in erster Linie zur Aufnahme und Darstellung von Werten und Texten – entweder direkt erfasst, importiert oder mit Formeln und Funktionen berechnet. Im Umgang mit **Listen** liegt das Hauptinteresse auf der Verarbeitung von üblicherweise umfangreichen Datenquellen und der Analyse von Daten mit vielfältigsten Zielsetzungen. Die **Businessgrafik** dient der bildhaften Umsetzung von Kennzahlen und Ergebnissen mit dem Ziel, Zusammenhänge visuell aufzubereiten, um so Informationen schnell zu veranschaulichen. Microsoft Excel bietet neben der Tabellen- und Listenverarbeitung mit Formeln und Funktionen auch eine **Programmierumgebung**. Im einfachsten Fall automatisieren Sie monotone Arbeitsschritte. Im fortgeschrittenen Anwendungsfall kann die implementierte Sprache **VBA** dazu genutzt werden, die gesamte Interaktion mit dem Benutzer und die Steuerung der Verarbeitung zu programmieren.

Darüber hinaus erweitert das Add-In »PowerPivot« die Möglichkeiten von Microsoft Excel, wenn es um die Verarbeitung und Analyse von riesigen Datenmengen und die Kombination von verschiedenen Datenquellen geht. Ferner werden auch Programme, beispielsweise Microsoft Access oder OLAP-Cubes zur Datenhaltung eingesetzt und somit in die Lösung einbezogen.

Planungsmethode und Lösungsentwicklung

Microsoft Excel stellt keinerlei Anforderungen im Hinblick auf ein bestimmtes Vorgehen zum Erreichen der Lösung. Sie als Anwender entscheiden, meist nach Ausbildungsstand und Erfahrung, welchen Lösungsweg Sie einschlagen.

Die Entscheidung, ob Sie beispielsweise

- mit Formeln oder Tabellenfunktionen arbeiten,
- Datenbankfunktionen einsetzen oder unmittelbar zu einer Programmierlösung schreiten,
- eine Lösung mit zahlreichen Tabellen in einer Mappe oder in verteilten Mappen anstreben,
- Daten in Tabellenform mithilfe von Funktionen oder mit Assistenten und Datenbankfunktionen bearbeiten oder auch
- PivotTables und PivotCharts verwenden oder
- eine Lösung mit PowerPivot erarbeiten,

liegt ausschließlich bei Ihnen als Anwender und Lösungsentwickler.

Nur wer das Endergebnis genau vor Augen hat, kann alle Schritte von der Datenerhebung bis zur Lösung vorausdenken. Mit einer soliden Planungsgrundlage können Sie alle Komponenten gezielt und im Kontext des Gesamtmodells entwickeln.

Schematisch lässt sich daraus ein Planungs- und Entwicklungsprozess wie in Abbildung 1.1 dargestellt ableiten.

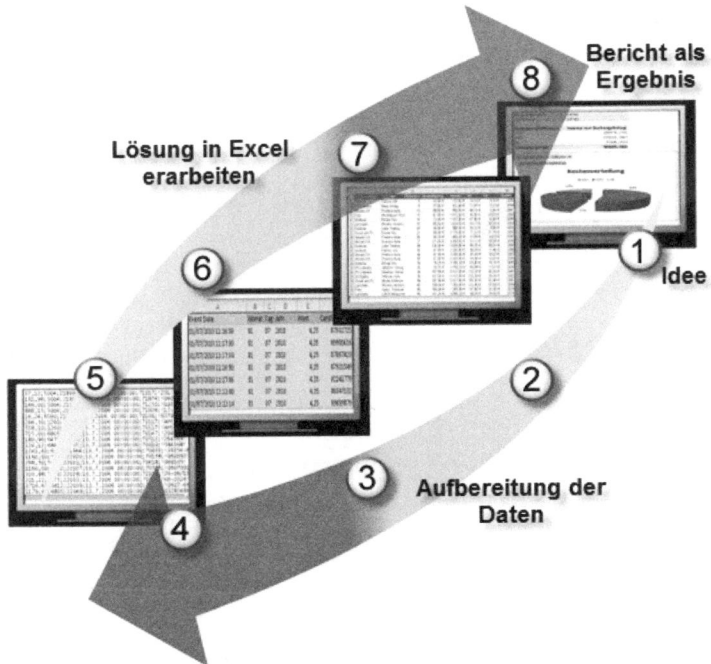

Abbildung 1.1 Planung und Entwicklung eines Lösungsmodells zum Aufbau eines Datenberichts

Der Lösungsweg beginnt mit der Idee, wie das Endergebnis in Form eines Berichts aussehen soll (siehe Abbildung 1.1, Ziffer 1). In den Schritten 2 und 3 finden Überlegungen zur Aufbereitung der Daten statt. In Schritt 4 wird die Quelle bzw. Herkunft der Daten unter die Lupe genommen. Im Anschluss daran läuft der Lösungsweg von Ziffer 5 bis 8 wieder zurück mit der eigentlichen Umsetzung der Idee und Entwicklung der zahlreichen Einzelschritte – hier erstellen Sie anhand aller bekannten Anforderungen den Aufbau des realen Modells bis hin zum Druck des endgültigen Berichts.

Aufbau eines Lösungswegs

Bevor Sie tatsächlich innerhalb der Mappe die Tabellenblätter aufbauen, ist es notwendig, die technischen und organisatorischen Merkmale der Excel-Mappen und Tabellenblätter festzulegen.

Praxisbeispiel:

Angenommen Sie erstellen einen monatlichen Bericht. Die zugrundeliegenden Daten erhalten Sie aus einem Vorsystem in einem flachen Format (.txt, .csv); diese Daten können Sie in Ihr Lösungsmodell einlesen und verarbeiten. Der fertige Bericht wird als eigene Datei im Dateisystem abgelegt.

Dies wiederholt sich regelmäßig. Sie erhalten jeweils einen für sich abgeschlossenen Datenbestand, der umgesetzt und mit dem zugehörigen Ergebnis gespeichert wird.

Eine andere Verarbeitungsvariante liest die Daten anstatt in eine Excel-Mappe in eine Datenbank ein und sammelt alle angefallenen Daten über einen größeren Zeitraum. Ihr (Berichts-)Modell greift auf die gesamte Datenbank zu und selektiert beispielsweise anhand eingegebener Zeitparameter lediglich den darzustellenden Zeitraum. Der Bericht wird erstellt, aber nicht abgespeichert, weil er jederzeit aus dem Datenbestand in gleicher Weise oder aber auch für einen beliebigen, anderen Zeitraum rekonstruiert werden kann. Abbildung 1.2 stellt den schematischen Ablauf grafisch dar.

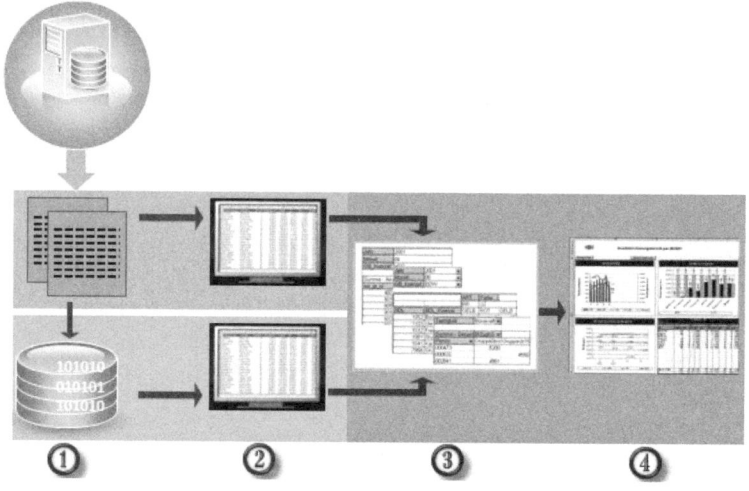

Abbildung 1.2 Schematischer Aufbau des Lösungswegs

Die Schritte im Einzelnen:

1. Im ersten Schritt werden die Daten in flacher Form als sequentielle Textdatei aus einem Vorsystem in Microsoft Excel importiert oder, wenn es sich um sehr große Datenmengen handelt, in einer Datenbank zwischengespeichert.

2. Im zweiten Schritt werden die Daten direkt aus der flachen Datei in Microsoft Excel eingelesen und aufbereitet oder sie werden per Query aus der Datenbank nach Microsoft Excel verknüpft und anschließend aufbereitet.

3. Im dritten Arbeitsschritt werden die Daten in dem Lösungsmodell verarbeitet.

4. Im vierten Schritt wird der Bericht mit Ergebnissen in der Darstellung von Werten und Grafiken ausgegeben.

Aufbereitung der Daten und Aufbau der Lösung

Je nach Komplexität der Anforderung vollzieht sich der Weg zur Lösung genau wie der Aufbau der Daten innerhalb einer Mappe in folgenden Schritten:

- Alle notwendigen Daten werden entweder komplett oder ggf. gefiltert aus der Datenbank in eine Excel-Tabelle übernommen,

- aus diesem importierten Datenmaterial werden beispielsweise mehrere Pivot-Tabellen oder formel- und funktionsbasierte Modelle aufgebaut,

- aus den Pivot-Tabellen werden die für die Grafik bzw. für die Darstellung erforderlichen Daten extrahiert,

- in weiteren Modellen zusammengeführt und

- mit dem Diagramm-Assistenten in eine Businessgrafik umgesetzt oder unmittelbar in Tabellenform in den Bericht übernommen.

Verwaltung der Daten

Bei einem umfangreichen Modell ist auch zu überlegen, an welcher Stelle Hilfsdaten, beispielsweise umfangreiche Kriterienbereiche für Datenbankabfragen, aufgebaut werden. Ähnlich verhält es sich mit Daten, die vom Anwender einmal abgefragt und danach im gesamten Modell an unterschiedlichen Stellen verwendet werden. Zu den zentral verwalteten Daten gehören Eingaben wie:

- das aktuelle Jahr

- Monat (Beginn des Geschäftsjahres)

- aktuelles Datum

- der Name der Firma oder Abteilung

- der Name des Anwenders

- Überschriften, die wiederholt benötigt werden

- Konstanten (beispielsweise MwSt-Sätze, Umrechnungsfaktoren, Faktorpreise)

Aus einigen Grundangaben des zentralen Datenpools können für das Modell weitere Werte abgeleitet werden. So lässt sich aus dem aktuellen Wirtschaftsjahr leicht das Vorjahr oder aus dem aktuellen Monat, der aus einem Datum generiert wird, der Vormonat beziehungsweise ein anderer beliebiger Zielmonat errechnen. Je nach Anforderungen können aus wenigen Basisangaben weitere, im Modell ständig benötigte Daten berechnet werden. Die zentrale Datenhaltung zur Steuerung des Berichts ermöglicht Ihnen, an einer einzigen Stelle die Änderungen von unterworfenen Basisdaten zu pflegen. Dadurch können Sie das Modell einfacher ändern oder an neue Gegebenheiten anpassen, wie beispielsweise an ein neues Geschäftsjahr.

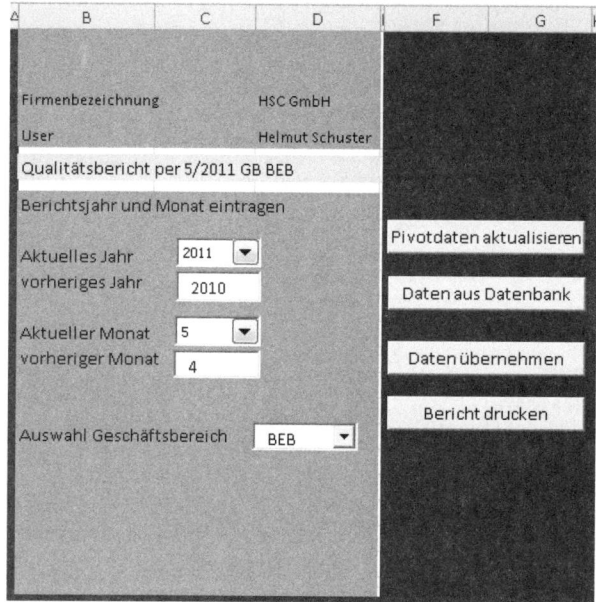

Abbildung 1.3   Beispiel einer einfachen Cockpit-Steuerung

Über eine Cockpit-Steuerung (siehe Abbildung 1.3) kann jeder Anwender – ohne im Modell direkt zu arbeiten – seine Berichtsvorgaben auswählen und über die entsprechenden Befehlsschaltflächen die Pivot-Daten aktualisieren oder den Berichtsdruck anwählen. Eine kleine VBA-Routine erledigt die einzelnen Arbeitsschritte.

Speziell für die PivotTable-Berichte gibt es vergleichbare Möglichkeiten, über sogenannte Datenschnitte gezielt die Anzeige in einer PivotTable oder einem PivotChart zu steuern (siehe Abbildung 1.4).

Mit einer durchdachten Abfrage bzw. Auswahlsteuerung automatisieren Sie als Anwender die erforderlichen Arbeitsprozesse und erhöhen vor allem die Qualität und Effizienz Ihrer Arbeit.

Microsoft Excel bietet Ihnen dazu zahlreiche Funktionen und Assistenten, wie beispielsweise *EDATUM(), SVERWEIS(), NETTOARBEITSTAGE()*, PivotTable, Datenschnitte oder Slicers, Teilergebnisse, *SUMMEWENNS(), PPIVOTDATENZUORDNEN()*, Cube-Funktionen u.v.m.

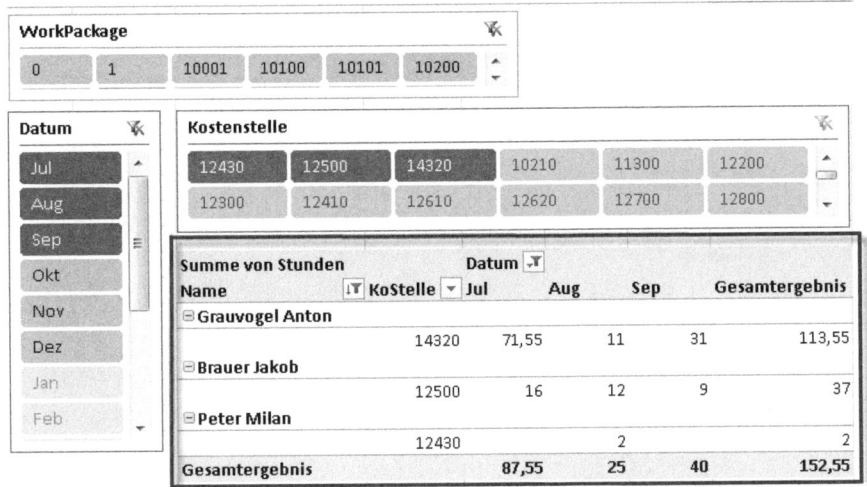

Abbildung 1.4 Steuerung der PivotTable-Anzeige über Datenschnitte WorkPackage, Datum und Kostenstelle

Formeln anstatt Text

Neben einem klaren Aufbau des Modells ist darauf zu achten, möglichst wenig Text zu erfassen und vielmehr das Augenmerk auf die Verwendung von Formeln und Funktionen zu legen, um beispielsweise auch Beschriftungen aufzubauen. Es ist der Versuch, »in Formeln zu denken« statt in statischen Texten.

Praxisbeispiel:

Am Beispiel einer Monatszeitreihe lässt sich diese Zielsetzung exemplarisch verdeutlichen: Sie benötigen in Ihrem Modell – beispielsweise einem Projektbericht – eine Spaltenbeschriftung von *Januar* bis *Dezember*. Schreiben Sie in die Startzelle den Text Januar und ziehen dann mittels des Ausfüllkästchens einen Rahmen über die nachfolgenden Zellen. Die Monatsnamen werden von Excel automatisch in die Zellen eingetragen. Diese Monatsnamen werden einer Liste entnommen und als Text in die jeweilige Zelle eingefügt (siehe Abbildung 1.5). Zellinhalte können Sie in der Bearbeitungszelle ändern.

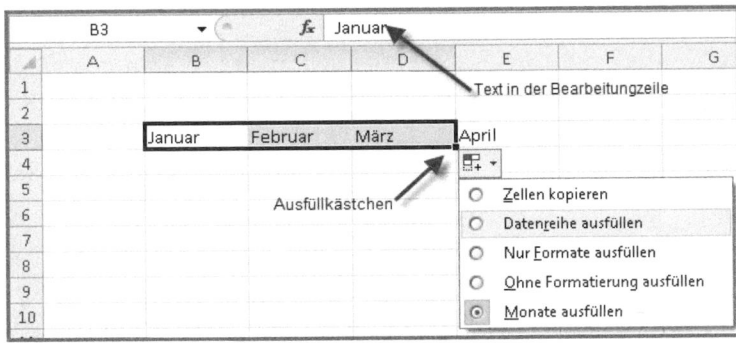

Abbildung 1.5 Monatsüberschriften, aufgebaut mit *Datenreihe ausfüllen*

Sie bauen eine Überschriftenreihe aus einer benutzerdefinierten Liste auf, indem Sie die Befehlsfolge *Datei/Excel-Optionen/Erweitert/Benutzerdefinierte Listen* aufrufen. Es öffnet sich das Dialogfeld *Benutzerdefinierte Listen* mit hinterlegten Listen; wählen Sie hier beispielsweise eine Liste zum Aufbau der Monatsbezeichnungen aus (siehe Abbildung 1.6).

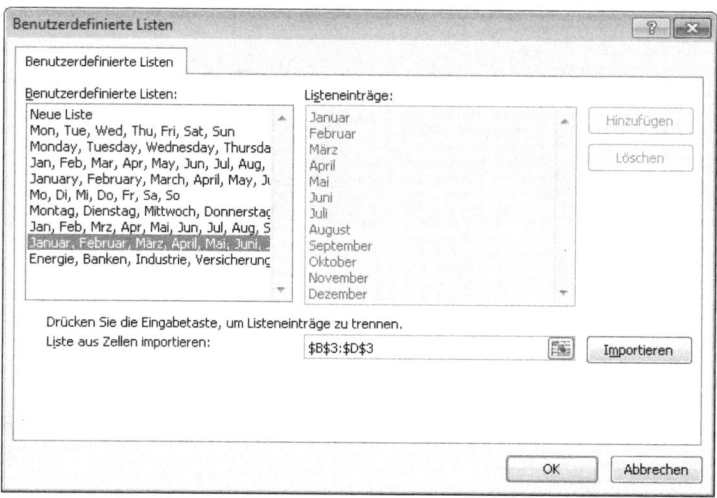

Abbildung 1.6 Dialogfeld *Benutzerdefinierte Listen zum Einfügen einer Feldbeschriftung*

Geben Sie in die Startzelle zusätzlich zum Namen des Monats noch eine Jahreszahl ein, so wandelt Microsoft Excel diesen Eintrag automatisch in ein Datum um und zeigt entsprechend der Formatierung in der Zelle Monat und Jahr an.

Tragen Sie in eine Zelle das Datum des ersten Monats ein und in die Folgezelle das Datum des Folgemonats. Danach markieren Sie die beiden Zellen und können über das Ausfüllkästchen den Zielbereich mit fortlaufenden Monatsnamen und der Jahreszahl beschriften (siehe Abbildung 1.7).

	A	B	C	D	E	F
		Januar	Februar	März	April	
Startdatum		01.01.2011				
formatiert		Januar 11	Februar 11	März 11	April 11	Mai 11

Abbildung 1.7 Aufbau einer Monatsbeschriftung mit Jahreszahl

Benötigen Sie an gleicher Stelle ein anderes Jahr, müssen Sie in die beiden Startzellen die neuen Daten eintragen, markieren und wieder ausfüllen. Wenn Sie mehr als eine Zeitreihe anpassen müssen, kann der Arbeitsaufwand schon beachtlich sein.

Abhilfe schafft die formelbasierte Monatsreihe. Sie können im einfachsten Fall durch Eingabe des Datums in der Startzelle und einer Formel in der Folgezelle den Reihenaufbau vornehmen. Die Formel in der Folgezelle addiert auf das Datum in der Startzelle und später in der jeweils vorausgehenden Zelle generell 31 (Tage) hinzu und wird über einen ausgewählten Zellbereich kopiert. Mittels Formatierung wird die Anzeige des Feldinhalts gestaltet (siehe Abbildung 1.8).

⚏	A	B	C	D	E	F
1						
2	Startdatum	01.01.2011				
3	formatiert	Januar 11	Februar 11	März 11	April 11	Mai 11
4						
5	Formel	01.01.2011	=B5+31			
6	Reihe	Januar 11	Februar 11	März 11	April 11	Mai 11

Abbildung 1.8 Aufbau einer Monatsbeschriftung durch einfache Addition einer bestimmen Tagesanzahl

Der Vorteil dieser Methode liegt in der einfachen Anpassung der datumsbezogenen Überschrift an ein neues Jahr. Lediglich durch Eingabe eines anderen Datums in der Startzelle baut sich die Zeitreihe über die Formel automatisch auf. Mit dieser Methode sparen Sie Zeit und reduzieren die Fehlerquote.

HINWEIS Einen Nachteil hat dieses Verfahren allerdings: Durch die pauschale Addition von 31 Tagen auf den Vormonat wird in der Folgezelle (Folgemonat) ein immer höheres Tagesdatum ausgewiesen. Für die Monats- und Jahresdarstellung ist es gleichgültig, ob das hinterlegte Datum der 1. Tag oder der n-te Tag des Monats ist. Bevor Sie durch den immer höher ansteigenden Tageswert dieser Methode einen Monat überspringen, können Sie ohne Probleme einen Zeitraum von mindestens zehn Jahren darstellen.

Datumsfeld als Berechnungsgrundlage benutzen

Um jedoch aus dem Feldnamen bzw. dem Feld als Überschrift und dem dahinter liegenden Datum weitere Berechnungen abzuleiten, benötigen Sie in jedem Feld ein bekanntes und für jeden Folgemonat ein gleiches Tagesdatum. Sollte diese Genauigkeit in einem Modell erforderlich sein, können Sie diese auch herstellen. Anstatt des pauschalen Werts »31« verwenden Sie die Funktion EDATUM(); sie ermittelt die genaue Tagesanzahl eines Monats und auf dieser Basis den ersten Tag des Folgemonats (siehe Abbildung 1.9).

	A	B	C	D	E	F
	Funktion	01.01.2011	=EDATUM(B8;1)			
	Anzeige	Januar 11	Februar 11	März 11	April 11	Mai 11
	tatsächliches Datum	01.01.2011	01.02.2011	01.03.2011	01.04.2011	01.05.2011

Abbildung 1.9 Verwendung der Funktion *EDATUM()* zum Aufbau der Feldbeschriftung

Verwenden Sie die Funktion EDATUM() erhalten Sie automatisch immer das gleiche Tagesdatum wie in der Startzelle. Durch Eingabe eines einzigen Datums können Sie ein gesamtes Beschriftungssystem in einem Bruchteil der sonst üblichen Zeit und ohne Fehler auf den aktuellen Stand bringen.

Mit besonderen Techniken die Arbeit beschleunigen und erleichtern

Sie arbeiten schon lange mit Microsoft Excel und sind mit dem Programm vertraut. Suchen Sie vielleicht nach einem WOW-Effekt im Umgang mit Excel? Die folgende Auswahl an Tipps und Tricks enthält wenig bekannte oder genutzte Arbeitstechniken oder Funktionen, die Ihnen helfen, neue

Ideen für Ihre Arbeit oder neue Lösungswege zu finden. Sie helfen Ihnen, schneller und effizienter Ihr Ziel zu erreichen, und erleichtern generell den Umgang mit Microsoft Excel.

Tipp 1 – Berechnung der Nettoarbeitstage eines Jahres

In zahlreichen Planungen – ob in Projekten, Personalbüros oder anderen Arbeitsgebieten – werden die monatlichen oder jährlichen Nettoarbeitstage benötigt. Besonders anspruchsvoll wird diese Ermittlung, wenn es sich um internationale Projekte oder Aufgaben handelt. In Microsoft Excel stehen Ihnen ab der Version 2010 zwei neue, für diesen Zweck sehr flexible Funktionen zur Verfügung: NETTOARBEITSTAGE() und NETTOARBEITSTAGE.INTL.

Die besondere Stärke der Funktionen zeigt sich darin, dass Sie als Anwender selbst festlegen können, welche Tage einer Woche als Arbeitstage oder als freie Tage, vergleichbar einem Wochenendtag, gelten sollen. Die Anzahl der Arbeitstage ist sehr schnell berechnet, unabhängig davon, ob Sie mit einer 5- oder 6-Tagewoche oder noch anderen Varianten rechnen. Abbildung 1.10 zeigt eine Tabelle, die die Arbeitstage je Monat für das Jahr 2011 listet; unberücksichtigt sind in dieser Auflistung die Feiertage des Jahres.

	C	E	F	G	H
4					
5	Jahr	Monatserster	Monatsletzter	Wochend/	Arbeitstage
6	2011	01.01.2011	31.01.2011	0000011	21
7		01.02.2011	28.02.2011	0000011	20
8		01.03.2011	31.03.2011	0000011	23
9		01.04.2011	30.04.2011	0000011	21
10		01.05.2011	31.05.2011	0000011	22
11		01.06.2011	30.06.2011	0000011	22
12		01.07.2011	31.07.2011	0000011	21
13		01.08.2011	31.08.2011	0000011	23
14		01.09.2011	30.09.2011	0000011	22
15		01.10.2011	31.10.2011	0000011	21
16		01.11.2011	30.11.2011	0000011	22
17		01.12.2011	31.12.2011	0000011	22

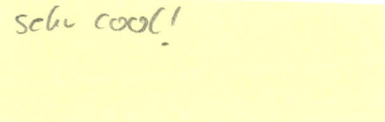

sehr cool!

Abbildung 1.10 Die Tabelle zeigt die Arbeitstage der jeweiligen Monate ohne Berücksichtigung von Feiertagen (Ausschnitt)

Die Tabelle ist so aufgebaut, dass Sie die Jahreszahl in der *Zelle C6* einfach ändern können und die Tabelle daraufhin automatisch die Arbeitstage des neu eingetragenen Jahres berechnet.

Die Formeln für den Monatsersten und -letzten lauten:

- Formel für den Monatsersten in E6: *=Datum($C$6;ZEILEN($1:1);1)*

- Formel für den Monatsletzten in F6: *=Datum($C$6;ZEILEN($1:1)+1;0)*

- Funktion für die Arbeitstage der Woche in H6: *=Nettoarbeitstage($E6;$F6;$G6)*

Sie können die Funktion direkt in der Zelle eingeben oder mithilfe des Assistenten aufbauen (siehe Abbildung 1.11).

Abbildung 1.11 Funktion *Nettoarbeitstage()* mit den Argumenten bezogen auf das Beispiel

Im Argument *Freie_Tage* wird der Zellinhalt der Zelle G6 ausgewertet. Diese Zelle beinhaltet eine Zeichenfolge, die die Wochenendtage bestimmt. Diese Zeichenfolge besteht aus den Zeichen »0« für einen Arbeitstag und »1« für einen Wochenendtag. Die Zeichenfolge »0000011« besagt, dass Samstag und Sonntag als Wochenend- bzw. freier Tag in die Berechnung eingehen.

Kopieren Sie diese Formeln in die Folgezellen, so werden die jeweiligen Werte automatisch berechnet werden (siehe Abbildung 1.10 und Abbildung 1.12).

	AB	C	D	E	F	G	H
4							
5		Jahr		Monatserster	Monatsletzter	Wochend/Freie Tage	Arbeitstage
6		2011		=DATUM($C$6;ZEILEN($1:1);1)	=DATUM($C$6;ZEILEN($1:1)+1;0)	0000011	=NETTOARBEITSTAGE($E$6;$F6;$G6)
7				=DATUM($C$6;ZEILEN($1:2);1)	=DATUM($C$6;ZEILEN($1:2)+1;0)	0000011	=NETTOARBEITSTAGE($E7;$F7;$G7)
8				=DATUM($C$6;ZEILEN($1:3);1)	=DATUM($C$6;ZEILEN($1:3)+1;0)	0000011	=NETTOARBEITSTAGE($E8;$F8;$G8)
9				=DATUM($C$6;ZEILEN($1:4);1)	=DATUM($C$6;ZEILEN($1:4)+1;0)	0000011	=NETTOARBEITSTAGE($E9;$F9;$G9)
10				=DATUM($C$6;ZEILEN($1:5);1)	=DATUM($C$6;ZEILEN($1:5)+1;0)	0000011	=NETTOARBEITSTAGE($E10;$F10;$G10)
11				=DATUM($C$6;ZEILEN($1:6);1)	=DATUM($C$6;ZEILEN($1:6)+1;0)	0000011	=NETTOARBEITSTAGE($E11;$F11;$G11)
12				=DATUM($C$6;ZEILEN($1:7);1)	=DATUM($C$6;ZEILEN($1:7)+1;0)	0000011	=NETTOARBEITSTAGE($E12;$F12;$G12)
13				=DATUM($C$6;ZEILEN($1:8);1)	=DATUM($C$6;ZEILEN($1:8)+1;0)	0000011	=NETTOARBEITSTAGE($E13;$F13;$G13)
14				=DATUM($C$6;ZEILEN($1:9);1)	=DATUM($C$6;ZEILEN($1:9)+1;0)	0000011	=NETTOARBEITSTAGE($E14;$F14;$G14)
15				=DATUM($C$6;ZEILEN($1:10);1)	=DATUM($C$6;ZEILEN($1:10)+1;0)	0000011	=NETTOARBEITSTAGE($E15;$F15;$G15)
16				=DATUM($C$6;ZEILEN($1:11);1)	=DATUM($C$6;ZEILEN($1:11)+1;0)	0000011	=NETTOARBEITSTAGE($E16;$F16;$G16)
17				=DATUM($C$6;ZEILEN($1:12);1)	=DATUM($C$6;ZEILEN($1:12)+1;0)	0000011	=NETTOARBEITSTAGE($E17;$F17;$G17)

Abbildung 1.12 Die Darstellung der Tabelle in Formelansicht

TIPP   Mit der Tastenkombination [Strg]+[#] schalten Sie blitzschnell zwischen Anzeige der Zellergebnisse und der Anzeige der Formeln um.

Tipp 2 – Nettoarbeitstage.intl unter Einbeziehung von weiteren freien Tagen

In Tipp 1 bestimmen Sie über die Zeichenfolge 0000011, welche Tage der Woche als Arbeitstage zu interpretieren sind. Diese Zeichenfolge geben Sie im dritten Argument der Funktion NETTOARBEITSTAGE.INTL an: Der Wert »0« beschreibt darin einen Wochentag/Arbeitstag, der Wert »1«

einen Wochenendtag/freien Tag. In dem vierten, optionalen Argument *Freie_Tage* können weitere Daten für Tage angegeben werden, die nicht als Arbeitstag in die Berechnung eingehen.

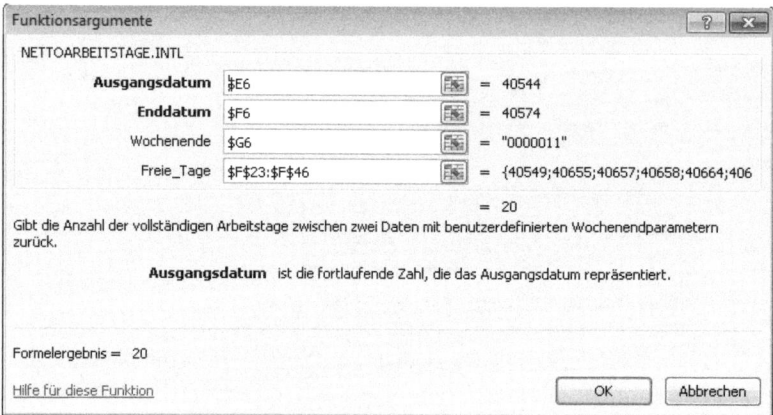

Abbildung 1.13   Funktion *NETOARBEITSTAGE.INTL* mit den Argumenten

Für die Steuerung zusätzlicher freier Tage (Feiertage oder sonstige beispielsweise betriebsbedingte freie Tage wie Betriebsurlaub, Brückentage, Betriebsausflug oder andere betriebliche Veranstaltungen), die nicht produktiv genutzt werden können, legen Sie eine Jahresübersicht an (siehe Abbildung 1.14).

E	F	
Feier- und freie Tage	Datum	
Hl. Drei Könige	Do	06.01.2011
Karfreitag	Fr	22.04.2011
Ostersonntag	So	24.04.2011
Ostermontag	Mo	25.04.2011
Maifeiertag	So	01.05.2011
Christi Himmelfahrt	Do	02.06.2011
Pfingstsonntag	So	12.06.2011
Pfingstmontag	Mo	13.06.2011
Fronleichnam	Do	23.06.2011
Maria Himmelfahrt	Mo	15.08.2011
Tag der deutschen Einheit	Mo	03.10.2011
Reformationstag	Mo	31.10.2011
Allerheiligen	Di	01.11.2011
Buß- und Bettag	Mi	16.11.2011
Heiliger Abend	Sa	24.12.2011
1. Weihnachtsfeiertag	So	25.12.2011
2. Weihnachtsfeiertag	Mo	26.12.2011
Silvester	Sa	31.12.2011
Rosenmontag	Mo	07.02.2011
Aschermittwoch	Mi	09.02.2011
Brückentag1	Fr	03.06.2011
Brückentag2	So	24.06.2011
Betriebsausflug	Fr	22.07.2011
Oktoberfestbesuch	Di	27.09.2011

Abbildung 1.14 Jahresübersicht der Feiertage und der geplanten freien Tage

Die normalen und üblichen Feiertage ergänzen Sie um die Tage, die in Ihrem Betrieb oder Projekt zusätzlich von den Arbeitstagen des Jahres abgezogen werden müssen.

In die ursprüngliche Tabelle (siehe Abbildung 1.10) wird noch die *Spalte I* aufgenommen, die über die Funktion NETTOARBEITSTAGE.INTL spezifische freie Tage bei der Berechnung der Nettoarbeitstage berücksichtigt. Das geschieht über das vierte Argument *Freie_Tage* dieser Funktion (siehe Abbildung 1.13).

ÜBUNG   Das Beispiel zu diesem Tipp finden Sie im Ordner *\Buch\Kap01* in der Arbeitsmappe *Kap01.xlsx* im Registerblatt *Nettoarbeitstage*.

	A	B	C	D	E	F	G	H	I
4									
5			Jahr		Monatserster	Monatsletzter	Wochendtage	Arbeitstage	Nettoarbeitstage
6			2011		01.01.2011	31.01.2011	0000011	21	20
7					01.02.2011	28.02.2011	0000011	20	18
8					01.03.2011	31.03.2011	0000011	23	23
9					01.04.2011	30.04.2011	0000011	21	19
10					01.05.2011	31.05.2011	0000011	22	22
11					01.06.2011	30.06.2011	0000011	22	18
12					01.07.2011	31.07.2011	0000011	21	20
13					01.08.2011	31.08.2011	0000011	23	22
14					01.09.2011	30.09.2011	0000011	22	21
15					01.10.2011	31.10.2011	0000011	21	19
16					01.11.2011	30.11.2011	0000011	22	20
17					01.12.2011	31.12.2011	0000011	22	21

Abbildung 1.15   Darstellung der Nettoarbeitstage unter Einbeziehung individueller freier Tage

Als Ergebnis und Arbeitsgrundlage erhalten Sie die üblichen Arbeitstage eines Monats und darüber hinaus die tatsächlichen Arbeitstage für den Betrieb oder das Projekt (siehe Abbildung 1.15). Über die Summenfunktion können Sie in der jeweiligen Spalte zusätzlich die Jahreswerte berechnen.

Tipp 3 – Nettoarbeitstage mit Komfort berechnen

Im vorausgegangenen Tipp haben Sie die Liste der Feiertage (siehe Abbildung 1.14) in die Funktion integriert. Das führt zu dem gewünschten Ergebnis und zeigt uns die Summe der Nettoarbeitstage an. Häufig ist aber der Wunsch vorhanden, die einzubeziehenden Feiertage/freien Tage im Einzelfall selbst auswählen zu können. Diese Möglichkeit lässt sich über ein Kontrollkästchen, eine geschickte Formatierung und eine WENN-Abfrage realisieren.

ÜBUNG   Das Beispiel zu diesem Tipp finden Sie im Ordner *\Buch\Kap01* in der Datei *Kap01.xlsx* auf der Registerkarte *Nettoarbeitstage*.

Verwenden Sie die Daten aus Tipp 2 und ergänzen Sie die Jahresübersicht der Feiertage/freien Tage um zwei Spalten: In der ersten Spalte positionieren Sie je Zeile ein Kontrollkästen, das in die folgende Spalte das Datum aus Spalte F übernimmt. Abhängig von der Aktivierung des Kontrollkästchens wird das Datum angezeigt und ausgewertet; bei Nicht-Aktivierung wird die Zielzelle nicht mit dem Datum aufgefüllt und die Berücksichtigung des Datums in der Nettoarbeitstageberechnung wird unterlassen.

Erweitern Sie die Feiertagstabelle (siehe Abbildung 1.14) um die Spalten H und I (siehe Abbildung 1.16).

E	F	G	H	I
Feier- und freie Tage	Datum der freien Tage	Steuerung	FreieTage	
Hl. Drei Könige	Do 06.01.2011	☑	Do	06.01.2011
Karfreitag	Fr 22.04.2011	☑	Fr	22.04.2011
Ostersonntag	So 24.04.2011	☑	So	24.04.2011
Ostermontag	Mo 25.04.2011	☑	Mo	25.04.2011
Maifeiertag	So 01.05.2011	☐	--	
Christi Himmelfahrt	Do 02.06.2011	☑	Do	02.06.2011
Pfingstsonntag	So 12.06.2011	☑	So	12.06.2011
Pfingstmontag	Mo 13.06.2011	☑	Mo	13.06.2011

Abbildung 1.16 Feiertagstabelle mit Erweiterungsspalten für *Steuerung* (Spalte H) und *FreieTage* (Spalte I)

In Spalte I *FreieTage* wird nach Aktivierung des Kontrollkästchens in Spalte H *Steuerung* das Datum aus Spalte F übernommen. Ist das Kontrollkästchen nicht aktiviert, wird eine leere oder mit einem Füllzeichen ausgefüllte Zelle in Spalte I angezeigt.

Die Spalte I wird in der Funktion *NETTOARBEITSTAGE.INTL* ausgewertet. Damit die Auswertung korrekt und ohne Fehlercodes möglich ist, sind die im Folgenden erläuterten Arbeitsschritte notwendig.

Nachdem Sie die Tabelle (siehe Abbildung 1.16) erweitert haben, fügen Sie je Zeile das Formularsteuerelement *Kontrollkästchen* ein.

HINWEIS   Das Formularsteuerelement *Kontrollkästchen* finden Sie in der Registerkarte *Entwicklertools*. Diese Registerkarte wird im Menüband nicht automatisch angezeigt. Um diese zu aktivieren, klicken Sie auf die Registerkarte *Datei* und danach auf den Befehl *Optionen*. Im sich öffnenden Dialogfeld *Excel-Optionen* wechseln Sie in die Kategorie *Menüband anpassen* und aktivieren dort die Hauptregisterkarte *Entwicklertools* im rechten Listenfeld.

Um das *Kontrollkästchen* aufzubauen, gehen Sie folgendermaßen vor:
1. Öffnen Sie die Registerkarte *Entwicklertools*.
2. In der Gruppe *Steuerelemente* aktivieren Sie den Befehl *Einfügen* und anschließend den Befehl *Kontrollkästchen*.
3. Der Mauszeiger ändert seine Form in ein Fadenkreuz. Führen Sie den Mauszeiger an die Zielposition für das Steuerelement, drücken die linke Maustaste und ziehen Sie einen Rahmen für das Steuerelement auf. Bei passender Größe lösen Sie die Maustaste.
4. Entfernen Sie die Beschriftung, damit nur das Kontrollkästchen stehen bleibt.

PROFITIPP   Halten Sie zur komfortablen Positionierung die `Alt`-Taste gedrückt und richten Sie damit das Steuerelement an den darunterliegenden Zellen aus. Um die Größe eines Steuerelements in Breite und Höhe gleichmäßig auszuführen, halten Sie beim Ziehen des Fadenkreuzes die `⇧`-Taste gedrückt.

5. Positionieren Sie das erste Kontrollkästchen in der passenden Zelle der *Spalte H*.

Im nächsten Arbeitsschritt formatieren Sie das Steuerelement – führen Sie die folgenden 4 Schritte durch:
1. Klicken Sie mit der linken Maustaste auf das Objekt, um das Kontextmenü zu öffnen. Wählen Sie dort den Befehl *Steuerelement formatieren*.

2. Wechseln Sie auf die Registerkarte *Steuerung* (siehe Abbildung 1.17) und kennzeichnen Sie unter *Wert* die Option *Aktiviert*.

3. Stellen Sie unter *Zellverknüpfung* eine Verknüpfung zur Auswertezelle *H23* her.

4. Mit Klick auf *OK* bestätigen Sie Ihre Angaben und schließen das Dialogfeld.

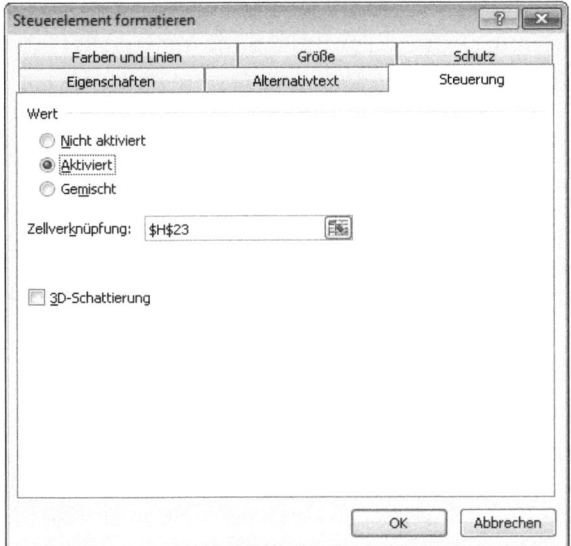

Abbildung 1.17 Steuerung für das Kontrollkästchen einstellen

Jetzt hinterlegen Sie das Steuerelement noch mit einer Farbe, damit es die Zelle komplett bedeckt und der Rückgabewert in der Zelle nicht sichtbar ist.

1. Aktivieren Sie im Dialogfeld *Steuerelement formatieren* die Registerkarte *Farben und Linien*.

2. Tauschen Sie den Eintrag *Keine Füllung* gegen eine für Sie angenehme Farbe.

Mit der Zellverknüpfung in Zelle *H23* wird bei der Auswahl der Option *Aktiviert* der logische Wert *WAHR* in die genannte Zelle geschrieben. Bei Auswahl der Option *Nicht aktiviert* erscheint der logische Wert *FALSCH* in der Zelle *H23*.

> **HINWEIS**   Der logische Wert *WAHR* bzw. *FALSCH* in Zelle H23 wird durch das Steuerelement *Kontrollkästchen* mit der von Ihnen ausgewählten Farbe abgedeckt, sodass für den Anwender in Spalte H nur das Kontrollkästchen mit oder ohne Häkchen zu sehen ist (siehe Abbildung 1.16).

Auswertung des logischen Werts

Ob jetzt ein Datumswert oder eine leere Zelle in *Spalte I* angezeigt wird, steuern Sie über eine WENN-Abfrage.

Die Funktion zur Auswertung der *Zelle H23* lautet:

=WENN(H23=WAHR;F23;0)

PROFITIPP   Beim Einsatz der WENN-Funktion ist in diesem Beispiel unbedingt darauf zu achten, dass das Argument *Sonst_Wert* mit der Ziffer »0« zu belegen ist. Wenn Sie dieses Argument weglassen, was syntaktisch möglich wäre, führt das zu der Fehlermeldung *#WERT!* in der Funktion *NETTOARBEITSTAGE.INTL*. Ebenfalls erscheint eine Fehlermeldung, wenn Sie das Argument *Sonst_Wert* mit einem Leerzeichen (» «) oder einem anderen Zeichen (»-«) versehen.

Die WENN-Funktion in Zelle I23 prüft, ob sich in Zelle H23 der logische Wert *WAHR* befindet. Ist dies der Fall, so wird der Inhalt der Zelle H23 in die Zelle I23 übernommen. Andernfalls wird eine Null in die Zelle eingetragen. Die Darstellung der Null als Doppelstrich -- wird über einen Formatcode erreicht (siehe Abbildung 1.18).

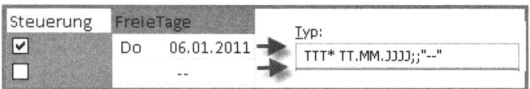

Abbildung 1.18 Formatcode für Datum- und Doppelstrichanzeige

Erzeugen Sie für jede Zelle des Modells in Spalte H die entsprechende Steuerung und deren Auswertefunktion, um ein vergleichbares Ergebnis wie in Spalte I zu erhalten (siehe Abbildung 1.16).

In der Tabelle mit den verschiedenen Berechnungen von Nettoarbeitstagen können Sie die Funktion *NETTOARBEITSTAGE.INTL* in Spalte K aufbauen (siehe Abbildung 1.19).

Den Bereich der Ergebnisse in Spalte I können Sie noch mit einem Namen versehen und diesen oder die Bereichsadresse in das vierte Argument der Funktion eintragen.

Das Ergebnis und ein Funktionsbeispiel zeigt Abbildung 1.19.

	A	B	C	D	E	F	G	H	I	J	K
4											über Steuerung
5			Jahr		Monatserster	Monatsletzter	Wocher	Arbeitstage	Nettoarbeitstage		Nettoarbeitstage
6			2011		01.01.2011	31.01.2011	0	=NETTOARBEITSTAGE.INTL($E6;$F6;$G6;$I$23:$I$46)			20
7					01.02.2011	28.02.2011	0000011	20	18		18
8					01.03.2011	31.03.2011	0000011	23	23		23
9					01.04.2011	30.04.2011	0000011	21	19		20
10					01.05.2011	31.05.2011	0000011	22	22		22
11					01.06.2011	30.06.2011	0000011	22	18		18
12					01.07.2011	31.07.2011	0000011	21	20		21
13					01.08.2011	31.08.2011	0000011	23	22		22
14					01.09.2011	30.09.2011	0000011	22	21		22
15					01.10.2011	31.10.2011	0000011	21	19		19
16					01.11.2011	30.11.2011	0000011	22	20		20
17					01.12.2011	31.12.2011	0000011	22	21		21
18					Anzahl Tage/Jahr			260	243		246
19											
20											
21											
22					Feier- und frei	Datum der freien Tage	Steuerung		FreieTage		
23					Hl. Drei Könige	Do 06.01.2011	☑		Do 06.01.2011		
24					Karfreitag	Fr 22.04.2011	☐		--		

Abbildung 1.19 Modell mit der Berechnung von Nettoarbeitstagen mit unterschiedlichen Berechnungssteuerungen in Spalte I und Spalte K; die eingeblendete Funktion befindet sich in Zelle K6

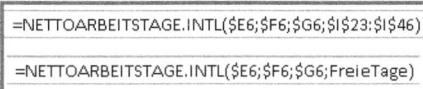

=NETTOARBEITSTAGE.INTL($E6;$F6;$G6;$I$23:$I$46)

=NETTOARBEITSTAGE.INTL($E6;$F6;$G6;FreieTage)

Abbildung 1.20 Die Funktion *Nettoarbeitstage()* in zwei Varianten im vierten Argument

HINWEIS Den Name für den Bereich *FreieTage* vergeben Sie auf der Registerkarte *Formeln* über den *Namens-Manager* (siehe Abbildung 1.21).

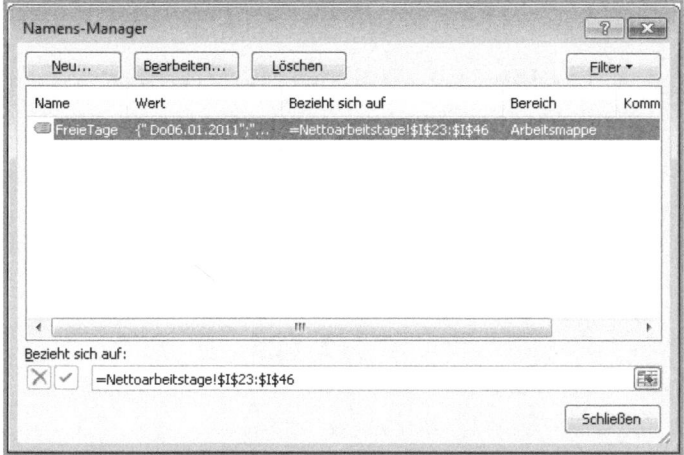

Abbildung 1.21 Namensvergabe im *Namens-Manager*

ÜBUNG Sie finden dieses Modellbeispiel im Ordner *\Buch\Kap01* in der Arbeitsmappe *Kap01.xlsx* im Registerblatt *Nettoarbeitstage*.

Tipp 4 – Der Assistent importiert Ihre Daten

Im Alltag jedes Excel-Anwenders kann es die Situationen geben, in denen Daten aus Vorsystemen als flache Datei oder im Format einer Access-Datenbank vorliegen und in Microsoft Excel übernommen werden müssen.

Beim Vorliegen einer flachen Datei (.csv oder .txt) hilft Ihnen ein Assistent, diese Import-Aufgabe elegant zu erledigen.

Textdatei mit Trennzeichen importieren

Importieren Sie die Daten aus der flachen Datei *UmsatzProdukt.txt*.

1. Positionieren Sie den Cursor in der Zielzelle und wählen in der Registerkarte *Datei* den Befehl *Externe Daten abrufen.*
2. Im folgenden Dialogfeld klicken Sie auf den Befehl *Aus Text* (siehe Abbildung 1.22).

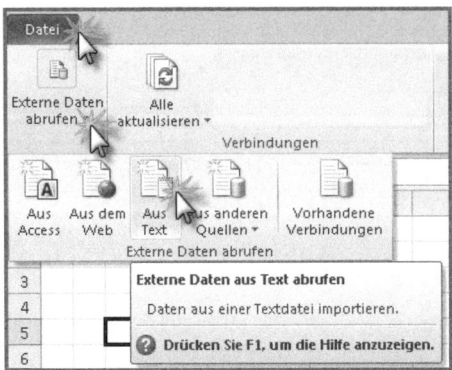

Abbildung 1.22 Aufruf des Assistenten für den Import einer Text-Datei

3. Navigieren Sie zum Speicherort und öffnen Sie mit Klick auf den Befehl *Importieren* die Datei.

4. Es öffnet sich der Textkonvertierungs-Assistent mit Schritt 1 von 3 (siehe Abbildung 1.23).

5. Achten Sie auf die Aktivierung des Optionsfelds *Getrennt* und unter *Dateiursprung* auf die Angabe *Windows(ANSI)*. Klicken Sie auf die Befehlsschaltfläche *Weiter*.

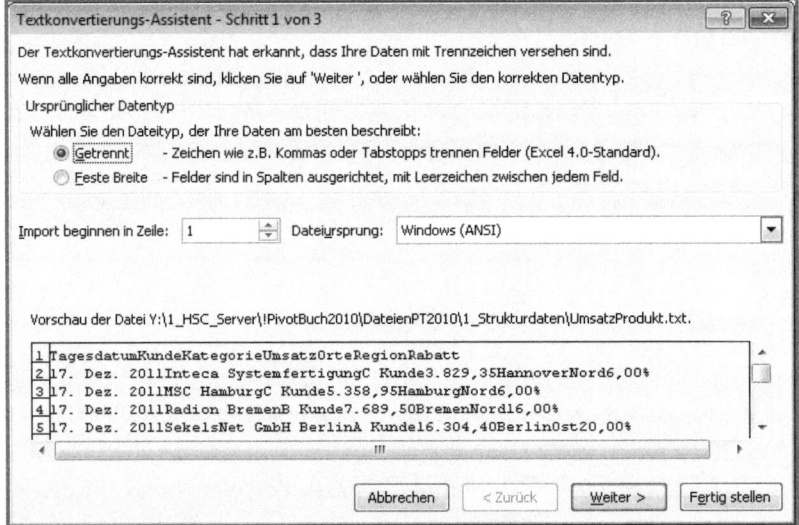

Abbildung 1.23 Anfangsschritt im Textkonvertierungs-Assistent

6. Im nächsten Schritt wählen Sie das Trennzeichen für Ihre Daten aus und wechseln über *Weiter* zum nächsten Schritt des Assistenten.

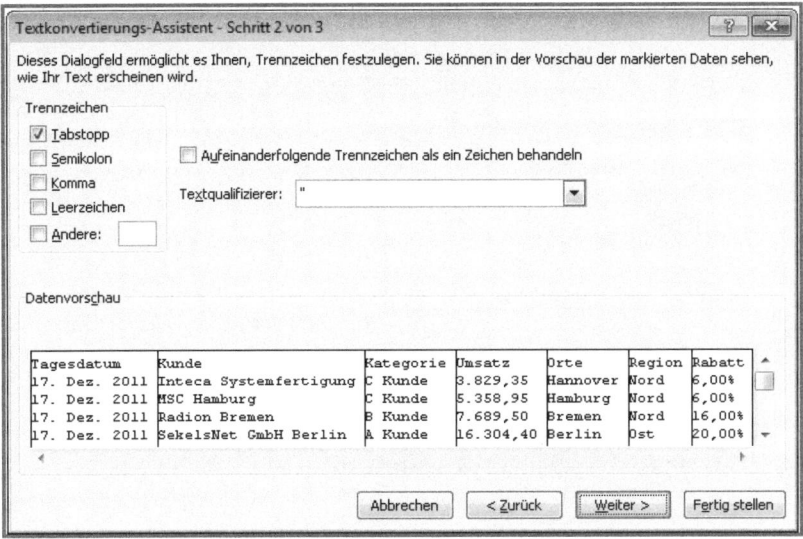

Abbildung 1.24   Schritt 2 des Textkonvertierungs-Assistenten: Legen Sie das Trennzeichen fest

7. In Schritt 3 des Assistenten bestimmen Sie das Importformat für jede Spalte (Feld) der Quelldatei.

8. Verwenden Sie für die erste Spalte *(Tagesdatum)* das Format für *Datum* (siehe Abbildung 1.25).

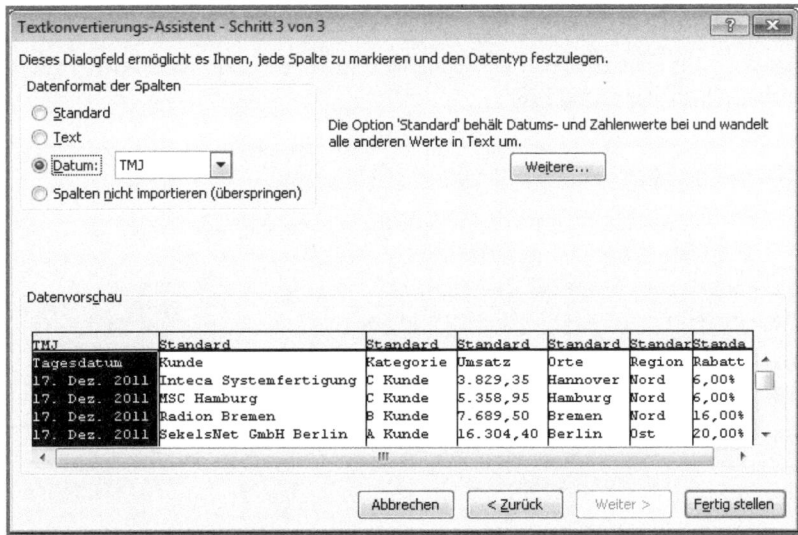

Abbildung 1.25   Anpassen des Formates in einigen oder allen Importfeldern

9. Mit einem Klick auf die Befehlsschaltfläche *Fertig stellen* gelangen Sie in das Dialogfeld *Daten importieren* (siehe Abbildung 1.26). Sobald Sie die Befehlsschaltfläche *OK* bestätigen, werden die Daten importiert.

Abbildung 1.26   Import starten

Als Ergebnis erhalten Sie ein Excel-Tabellenblatt wie in Abbildung 1.27.

Tagesdatum	Kunde	Kategorie	Umsatz	Orte	Region	Rabatt
17. Dez 11	Inteca Systemfertigung	C Kunde	3.829,35	Hannover	Nord	6,00%
17. Dez 11	MSC Hamburg	C Kunde	5.358,95	Hamburg	Nord	6,00%
17. Dez 11	Radion Bremen	B Kunde	7.689,50	Bremen	Nord	16,00%
17. Dez 11	SekelsNet GmbH Berlin	A Kunde	16.304,40	Berlin	Ost	20,00%
16. Dez 11	Flughafen München	A Kunde	8.972,16	München	Süd	20,00%
16. Dez 11	MSC Hamburg	C Kunde	6.514,40	Hamburg	Nord	6,00%
16. Dez 11	PowerBridge Mainz	A Kunde	19.575,00	Mainz	Mitte	20,00%
16. Dez 11	Radion Bremen	B Kunde	5.137,92	Bremen	Nord	16,00%

Abbildung 1.27   Importierte Daten
im Excel-Tabellenblatt (Ausschnitt)

TIPP   Im Dialogfeld *Daten importieren* können Sie über die Befehlsschaltfläche *Eigenschaften* den Eigen-
schaftsdialog des externen Datenbereichs öffnen und dort umfangreiche Einstellungen zum Aktualisieren, Formatieren
und anderen Merkmalen vornehmen (siehe Abbildung 1.28).

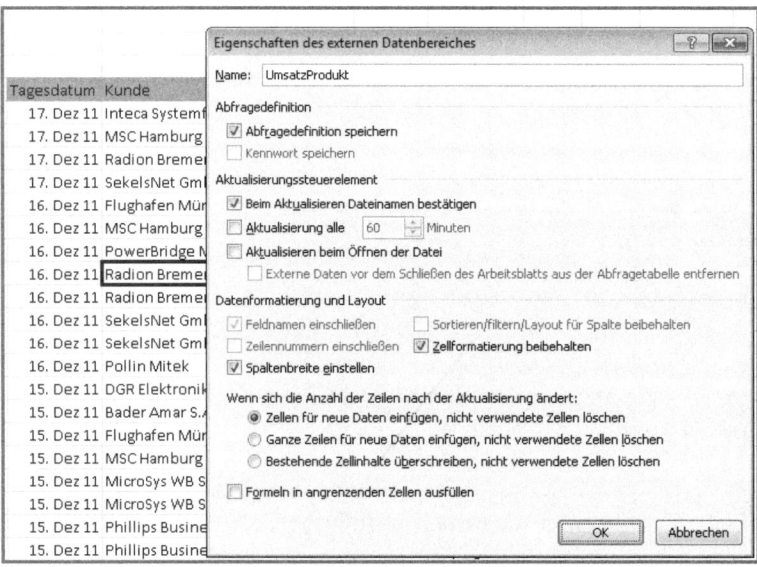

Abbildung 1.28   Eigenschaften des Datenbereichs

Tipp 5 – Daten zur Weiterverarbeitung aufbereiten

Vorzeichenwechsel

Bei Importen von Buchhaltungsdaten wird beispielsweise das Vorzeichen (-) häufig in der Form *200-* angezeigt. Solche Zellen werden dann nicht als Zahl, sondern als Text interpretiert.

Mit nachfolgender Formel können Sie Vorzeichen und Textformat korrigieren.

=WERT(RECHTS(A1;1)&LINKS(A1;LÄNGE(A1)-1))

⊿	A	B	C	D	E	F	G
1	200-	-200		WERT(RECHTS(A1;1)&LINKS(A1;LÄNGE(A1)-1))			
2	184-	-184					
3	212-	-212					
4	100-	-100					
5							

Abbildung 1.29   Beispiel für die Umstellung des Vorzeichens

Doppelte Einträge in einem Datenbereich verhindern

Ein immer wiederkehrendes Problem ist die Vermeidung von Dubletten in wachsenden Listen. Wenn Sie beispielsweise Kunden-, Personal-, Artikelnummern und dergleichen in einer Excel-Liste pflegen, können Sie mit der Gültigkeitsprüfung die Eingabe von doppelten Werten verhindern.

Um in einem Bereich die Doppeleingabe zu verhindern, gehen Sie folgendermaßen vor:

1. Markieren Sie zuerst den Zielbereich, der geprüft werden soll.
2. Rufen Sie in der Registerkarte *Daten* in der Gruppe *Datentools* den Befehl *Datenüberprüfung* auf.
3. Im folgenden Dialogfeld wählen Sie auf der Registerkarte *Einstellungen* im Listenfeld *Zulassen* den Eintrag *Benutzerdefiniert*.
4. Im Listenfeld *Formel* geben Sie den Ausdruck ein, der die doppelte Eingabe verhindert. Dieser lautet für den Bereich I8 bis I20 (siehe Abbildung 1.29):

   =UND(ISTZAHL(I8);ZÄHLENWENN($I$8:$I$20;I8)<=1)
5. Wechseln Sie in die Registerkarte *Fehlermeldung* und tragen Sie dort eine für den Benutzer verständliche Fehlermeldung wie beispielsweise »Der Inhalt der Eingabe ist bereits vorhanden!« ein.
6. Schließen Sie das Dialogfeld durch einen Klick auf die Befehlsschaltfläche *OK*.

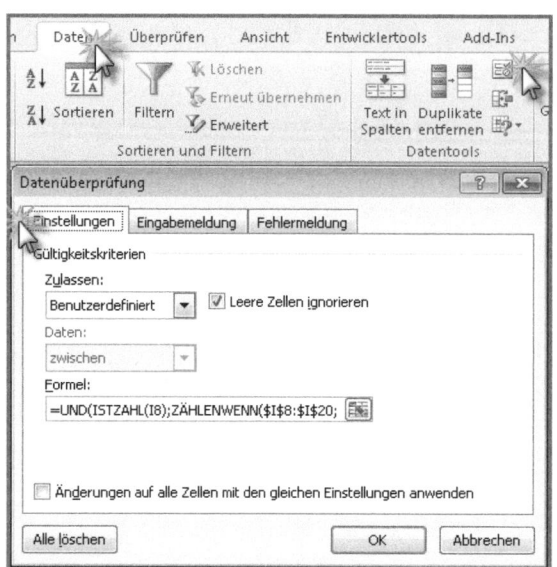

Abbildung 1.30 Mit dieser Formel werden doppelte Einträge in einem definierten Bereich verhindert

HINWEIS   Achten Sie darauf, dass der zu prüfende Bereich als absoluter Bezug in der Formel eingegeben wird.

Zeichenfolgen extrahieren

Bei der Aufbereitung bzw. beim Importierten von Daten sind einige Excel-Funktionen unerlässlich. Häufig müssen in ein Feld importierte Inhalte getrennt werden, um bessere Auswertekriterien zu bekommen. Selbstverständlich gibt es auch den umgekehrten Fall, bei dem die Inhalte unterschiedlicher Felder zusammenführt werden, um die Aufgabenstellung zu erfüllen.

Die Funktionen GLÄTTEN(), LINKS(), RECHTS(), TEIL() und FINDEN() leisten hier einen guten Beitrag, wie die folgenden Beispiele zeigen.

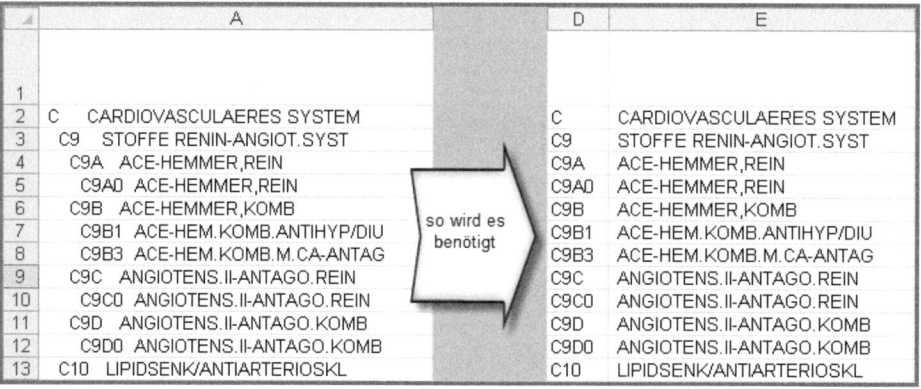

Abbildung 1.31 In Spalte A steht das Ausgangsmaterial und ab Spalte D die aufbereiteten und getrennten Kategorien und Bezeichnungen

Praxisbeispiel:

Das Beispiel zeigt einen Anwendungsfall, bei dem Daten aufbereitet und für eine Auswertung vorbereitet werden (siehe Abbildung 1.31). Die aus einem Vorsystem kommenden Daten sind in Spalte A eingetragen und somit nicht in Kategorien und Bezeichnung getrennt. Für eine Auswertung ist es erforderlich, die einzelnen Kategorien (einstellig, zweistellig usw.) abfragen zu können.

Die Umstellung der Daten erfolgt mit folgenden Funktionen und in aufgeteilten Schritten. Die Arbeitsschritte werden dabei in aufeinanderfolgenden Spalten gezeigt und nicht in einem zusammengefassten Funktionsschritt ausgeführt:

- Entfernen Sie die Leerzeichen am Beginn des Textes
- Trennen Sie den Text von der Kategorie und schreiben Sie diesen in eine neue Spalte

Die Schritte im Einzelnen:

1. Schreiben Sie in Zelle B2 die Funktion =GLÄTTEN(A2).
2. In Zelle C2 suchen Sie die Position des Leerzeichens mit der Funktion =FINDEN(" ";B2;1).
3. In Zelle D2 extrahieren Sie mit der Funktion =LINKS(B2;C2) die Kategorie vom Text.
4. In Zelle E2 extrahieren Sie mit der Funktion =TEIL(B2;C2;100) den Text von der Kategorie.
5. Zusätzlich können Sie mit der Funktion =GLÄTTEN(=TEIL(B2;C2;100)) in Zelle E2 die überflüssigen Leerzeichen am Ende des Textes entfernen.
6. Zum Abschluss kopieren Sie alle Zellen mit den erstellten Funktionen in alle darunterliegenden Zellen und erhalten das gewünschte Ergebnis (siehe Abbildung 1.32).

	A	B	C	D	E	F
1		=GLÄTTEN(A2)	=FINDEN(" ";B2;1)	=LINKS(B2;C2)	=TEIL(B2;C2;100)	Wert
2	C CARDIOVASCULA	C CARDIOVASCULAERES	2	C	CARDIOVASCULAERES SYSTEM	18387,6
3	C9 STOFFE RENIN-	C9 STOFFE RENIN-ANGIO	3	C9	STOFFE RENIN-ANGIOT.SYST	1551
4	C9A ACE-HEMMEF	C9A ACE-HEMMER,REIN	4	C9A	ACE-HEMMER,REIN	1176,5
5	C9A0 ACE-HEMMI	C9A0 ACE-HEMMER,REII	5	C9A0	ACE-HEMMER,REIN	1176,5
6	C9B ACE-HEMMEF	C9B ACE-HEMMER,KOM	4	C9B	ACE-HEMMER,KOMB	371,2
7	C9B1 ACE-HEM.K	C9B1 ACE-HEM.KOMB.A	5	C9B1	ACE-HEM.KOMB.ANTIHYP/DIU	371,2
8	C9B3 ACE-HEM.K	C9B3 ACE-HEM.KOMB.M	5	C9B3	ACE-HEM.KOMB.M.CA-ANTAG	0
9	C9C ANGIOTENS.II	C9C ANGIOTENS.II-ANT,	4	C9C	ANGIOTENS.II-ANTAGO.REIN	3,3
10	C9C0 ANGIOTENS	C9C0 ANGIOTENS.II-ANT,	5	C9C0	ANGIOTENS.II-ANTAGO.REIN	3,3
11	C9D ANGIOTENS.II	C9D ANGIOTENS.II-ANTA	4	C9D	ANGIOTENS.II-ANTAGO.KOMB	0
12	C9D0 ANGIOTENS	C9D0 ANGIOTENS.II-ANT,	5	C9D0	ANGIOTENS.II-ANTAGO.KOMB	0
13	C10 LIPIDSENK/ANT	C10 LIPIDSENK/ANTIARTI	4	C10	LIPIDSENK/ANTIARTERIOSKL	1130,8

Abbildung 1.32 Reihenfolge der Arbeitsschritte mit Funktionen und Ergebnis

Tipp 6 – Konsistenz der Daten prüfen: So erkennen Sie blitzschnell Unterschiede zweier Spalteninhalte

Arbeiten Sie häufig mit Listen in Tabellen, so müssen Sie immer wieder Spalten auf identische Inhalte überprüfen.

Praxisbeispiel:

In Ihrer Tabelle befinden sich zwei Spalten, beispielsweise die Spalten A und B, in deren Zeilen sich ca. 20 Namenseinträge befinden, die Sie miteinander vergleichen wollen. Wenn der Inhalt beider Listen gleich ist, soll in einer Zelle der Text »identisch« ausgegeben werden, wenn sich die Inhalte unterscheiden, soll »nicht identisch« in eine Zelle geschrieben werden.

Um den Vergleich effizient vorzunehmen, benötigen Sie eine Formel, die die absolute Identität beider Listen überprüft und dabei Groß- und Kleinschreibung berücksichtigt.

Gehen Sie dazu folgendermaßen vor:

1. Markieren Sie den Bereich C1:C20.
2. Geben Sie in der Zielzelle (C1) folgende Formel ein:

   =WENN(IDENTISCH(A1:A20;B1:B20);"";"nicht ")&"identisch"
3. Zum Abschluss der Matrixformel drücken Sie die Tastenkombination $\boxed{\text{Strg}}$+$\boxed{\Uparrow}$+ $\boxed{\hookleftarrow}$.
4. Die Formel wird daraufhin automatisch in geschweifte Klammern gesetzt und liefert Ihnen das Ergebnis (siehe Abbildung 1.33).

	A	B	C	D
1	Hellwig Anne	Hellwig Anna	nicht identisch	FALSCH
2	Torpen Steen	Torpen Steen	identisch	WAHR
3	Ramos Luziana	Ramos Luciana	nicht identisch	FALSCH
4	Freihafer Nana	Freihafer Nana	identisch	WAHR
5	Götz Wilhelm	götz Wilhelm	nicht identisch	WAHR
6	O'Donnell Martin	O'Donnell Martin	identisch	WAHR

Abbildung 1.33 Zwei Spalten miteinander vergleichen und auf Gleichheit prüfen

Beachten Sie, dass Sie jedes Mal, wenn Sie die Funktion ändern, die Tastenkombination $\boxed{\text{Strg}}$+ $\boxed{\Uparrow}$+$\boxed{\hookleftarrow}$ verwenden, um das neue Ergebnis zu erhalten.

PROFITIPP   Um beispielsweise einen Wert in Zelle A1 mit einem Wert in Zelle B1 zu vergleichen, können Sie auch die vereinfachte Vergleichsform *=A1=B1* wählen. Sind die beiden Inhalte identisch, wird der logische Wert WAHR ausgegeben. Diese Form des Vergleichs ist allerdings nicht mehr erfolgreich, wenn Sie Inhalte vergleichen, bei denen Groß- und Kleinschreibung ebenfalls von Bedeutung sind (siehe Abbildung 1.33).

Tipp 7 – Mit Datum und Zeit arbeiten

In welchem Quartal liegt ein Datum?

Microsoft Excel kennt keine Funktion, um einem Datum ein Quartal zuzuordnen. Helfen können Sie sich, indem Sie die beiden Funktionen WENN() und MONAT() miteinander kombinieren.

Praxisbeispiel:

Angenommen in Zelle *A1* befindet sich ein Datum und Sie möchten in Zelle *B1* ermitteln, welchem Quartal es zuzuordnen ist, so tragen Sie dazu in Zelle *B1* folgende Formel ein:

=WENN(MONAT(A1)>9;"4.Quartal";WENN(MONAT(A1)> 6;"3.Quartal";WENN(MONAT(A1)>3; "2.Quartal";"1.Quartal")))

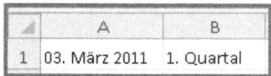

	A	B
1	03. März 2011	1. Quartal

Abbildung 1.34 Aus dem Datum das zugehörige Quartal errechnen

Abbildung 1.34 zeigt das Ergebnis.

Das Alter eines Mitarbeiters berechnen

Ob Termin-, Projekt-, Geburtstagsliste – Datumsangaben sind in vielen Arbeitsmappen enthalten. Häufig sind Berechnungen notwendig, mit denen Zeit- und Datumsdifferenzen errechnet werden können.

Möchten Sie beispielsweise in einer Liste die Differenz zwischen zwei Datumsangaben ermitteln, so verwenden Sie die undokumentierte Funktion *DATEDIF()*. Diese Funktion hat gegenüber den Standardfunktionen zur Differenzbildung von Datumswerten den Vorteil, dass Sie durch sie verschiedenste Zeitdifferenzen (Jahre, Monate usw.) bilden können. Es ist lediglich notwendig, das Argument für die Zeiteinheit anzupassen.

Als Argumente benötigt die Funktion *DATEDIF()*

- das Anfangsdatum

- das Enddatum

- die Einheit, in der das Ergebnis ausgegeben werden soll

Sie können das Anfangs- und das Enddatum sowohl als absoluten Wert, als Bezug auf eine Zelle oder als Ergebnis einer Berechnung übergeben. Für die Ausgabe des Ergebnisses stehen Ihnen folgende Zeiteinheiten zur Verfügung:

- Jahre ("y")

- Monate ("M")

- Tage ("d")

Da der Funktions-Assistent die Funktion *DATEDIF()* nicht zur Verfügung stellt, müssen Sie den Funktionsnamen und die erforderlichen Argumente direkt in eine Zelle eintragen (siehe Abbildung 1.35).

	A	B	C	D	E	F
1						
2		Geburtsdatum		24.12.1953		Funktion
3		Enddatum (heutiger Tag)		01.03.2011		
4		Differenz in Jahren		57	Jahre	DATEDIF(D4;D5;"y")
5		Differenz in Monten		686	Monate	DATEDIF(D4;D5;"M")
6		Differenz in Tagen		20886	Tage	DATEDIF(D4;D5;"d")

Abbildung 1.35 Zeitdifferenzberechnung mit der undokumentierten Funktion *DATEDIF()*

Tipp 8 – Zeiten in festen Intervallen runden

Es gibt Anwendungsbereiche, in denen die minutengenaue Zeitberechnung nicht notwendig ist.

Praxisbeispiele:

Die Intervallberechnung kann bei Arbeitszeiten angewendet werden, die auf volle Viertelstunden auf- oder abgerundet werden sollen. Ein weiteres Beispiel sind Belegungszeiten von Besprechungsräumen, die immer auf eine halbe Stunde aufgerundet werden sollen.

Die Funktionen *OBERGRENZE* (aufrunden) und *UNTERGRENZE* (abrunden) helfen Ihnen, derartige Aufgabenstellungen zu lösen.

Wenn Sie Zeiten auf volle Viertelstunden aufrunden möchten, gehen Sie folgendermaßen vor:

1. Aktivieren Sie die Zelle, in der die aufgerundete Zeit stehen soll.

2. Wählen Sie auf der Registerkarte *Formeln* in der Gruppe *Funktionsbibliothek* den Befehl *Mathematik und Trigonometrie*.

3. In der Auswahlliste klicken Sie auf den Eintrag *Obergrenze*; es öffnet sich damit der Assistent.

4. Im ersten Argument *Zahl* tragen Sie die Zeit ein, die gerundet werden soll, beispielsweise "10:20" Uhr.

5. Im zweiten Argument *Schritt* tragen Sie den Wert für das Rundungsintervall ein, beispielsweise "0:15" für eine Viertelstundenrundung.

6. Zum Abschluss des Assistenten bestätigen Sie *OK*.

7. Es erscheint die folgende Formel in der Bearbeitungszeile: *=OBERGRENZE("10:20";"0:15")* und das Ergebnis der Aufrundung auf volle Viertelstunden (siehe Abbildung 1.36).

Wenn Sie auf volle Viertelstunden abrunden möchten, benötigen Sie dazu die folgende Formel: =UNTERGRENZE("10:20";"0:15"). Das Ergebnis der Abrundung auf volle Viertelstunden sehen Sie in Abbildung 1.36.

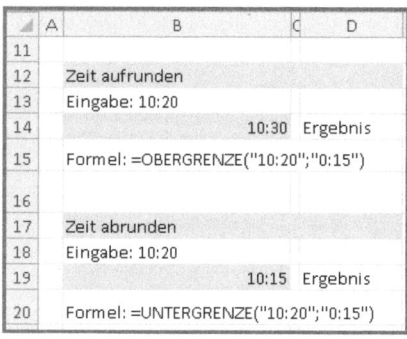

Abbildung 1.36 Formel und Ergebnis zum Runden von Zeiteinheiten

Tipp 9 – Prüfen Sie blattübergreifend mit Gültigkeit

Im Standardfall können Sie die Liste mit Werten für eine Gültigkeitsprüfung jeweils nur auf dem aktiven Tabellenblatt verwenden. Bei dem Versuch, es doch tabellenübergreifend zu definieren, reagiert Microsoft Excel mit der Fehlermeldung »*Bezüge auf andere Tabellen oder Arbeitsmappen dürfen in dem Kriterium Gültigkeitsprüfung nicht verwendet werden*«. Wollen Sie beispielsweise dem Anwender in einer Arbeitsmappe eine in allen Tabellen verfügbare Auswahl als Dropdown-Liste zur Verfügung stellen, ist diese Meldung besonders ärgerlich.

Jedoch mit einem Kunstgriff, bei dem Sie für den Bereich einen Namen vergeben, können Sie das Ziel erreichen. Gehen Sie schrittweise vor, um die Dropdown-Auswahl zu erstellen:

1. Schreiben Sie beispielsweise in den Zellbereich *A1:A10* die Begriffe, die zur Auswahl zur Verfügung stehen sollen.

2. Geben Sie diesem Bereich (A1:A10) den Namen *ErlaubteAuswahl*.

3. Markieren Sie die Zellen *A1:A10* und wählen Sie auf der Registerkarte *Formeln* in der Gruppe *Definierte Namen* den Befehl *Namen definieren*.

4. In dem Dialogfeld *Neuer Name* geben Sie in das oberste Textfeld *ErlaubteAuswahl* ein und klicken anschließend auf die Befehlsschaltfläche *OK*.

Jetzt können Sie in einem anderen Tabellenblatt die Gültigkeitsprüfung auf die Werte aus *Erlaubte-Auswahl* beschränken – so geht's:

1. Wählen Sie jetzt auf der Registerkarte *Daten* in der Gruppe *Datentools* den Befehl *Datenüber-prüfung*.

2. Es öffnet sich das gleichnamige Dialogfeld; hier aktivieren Sie die Registerkarte *Einstellungen*.

3. Bei den *Gültigkeitskriterien* wählen Sie in der Auswahlliste *Zulassen* den Eintrag *Liste*. Bei *Quelle* geben Sie den Namen für den Bereich ein: *=ErlaubteAuswahl* (siehe Abbildung 1.37).

4. Zum Abschluss klicken Sie auf die Schaltfläche *OK*.

Obwohl sich der Zellbereich mit der Auswahlliste in einem anderen Tabellenblatt befindet, können Sie ihn auf diesem Weg in der Gültigkeitsprüfung einsetzen.

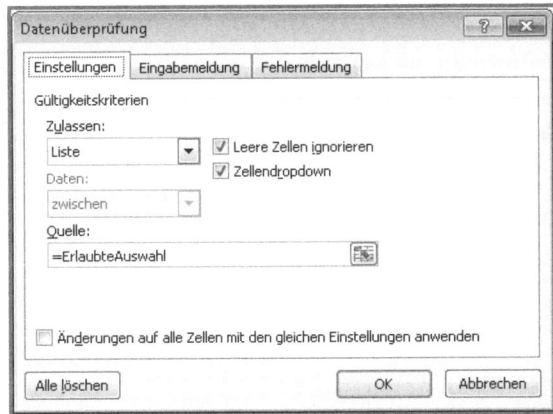

Abbildung 1.37 Die Liste für die Gültigkeitsprüfung erstellen

Tipp 10 – Mit einer Tastenkombination immer zurück zur aktiven Zelle

Bewegen Sie sich beim Arbeiten in dem Tabellenblatt mit dem Fenster-Rollbalken in entlegene Berei-che, ist die aktive Zelle nicht mehr sichtbar. Um von jeder beliebigen Position im Tabellenblatt schnell wieder zur aktiven Zelle zu gelangen, drücken Sie die Tastenkombination [Strg]+[Rück].

Tipp 11 – Daten dynamisch aus dem Internet in eine Liste importieren

Sie möchten beispielsweise die aktuellen DAX-Kurse dynamisch in eine Excel-Liste laden. Dazu gehen Sie folgendermaßen vor:

1. Öffnen Sie ein leeres Tabellenblatt und rufen auf der Registerkarte *Daten* in der Gruppe *Externe Daten abrufen* den Befehl *Aus dem WEB* auf (siehe Abbildung 1.38).

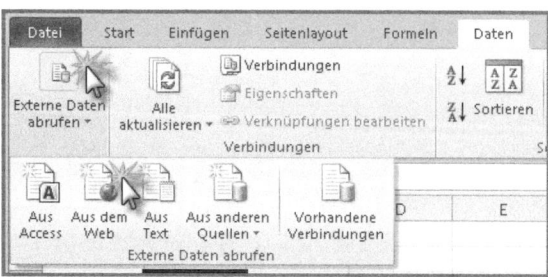

Abbildung 1.38 Abruf von externen Daten (Aktienkurse) aus dem Web

2. Microsoft Excel öffnet den aktuellen Browser und erwartet die Eingabe der Internetadresse.

3. Geben Sie die folgende Adresse *http://www.geld.com/aktien/list?secu=290* ein oder navigieren Sie auf die übliche Weise bis zu der gezeigten Adresse. Die Seite wird im Browser angezeigt (siehe Abbildung 1.39).

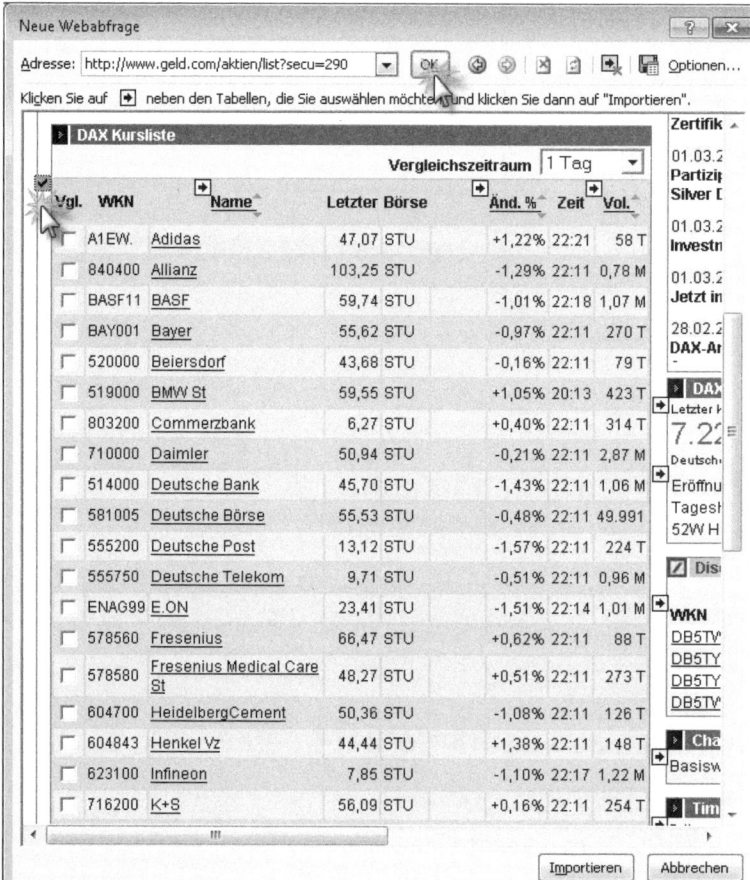

Abbildung 1.39 Die gefundene Kurstabelle im WEB

4. Neben jeder importierbaren Tabelle finden Sie einen kleinen schwarzen Pfeil auf gelbem Grund. Klicken Sie auf den Pfeil, damit er sich in ein Häkchen auf grünem Grund wandelt.

5. Klicken Sie zur Übernahme der Daten auf die Befehlsschaltfläche *Importieren* (siehe Abbildung 1.39).

6. Das Dialogfeld *Daten importieren* öffnet sich. Ist der Ort, an dem die Daten eingefügt werden sollen, korrekt angegeben, bestätigen Sie die Befehlsschaltfläche *OK*. Andernfalls ändern Sie die Zelladresse und fahren mit der Schaltfläche *OK* fort (siehe Abbildung 1.40).

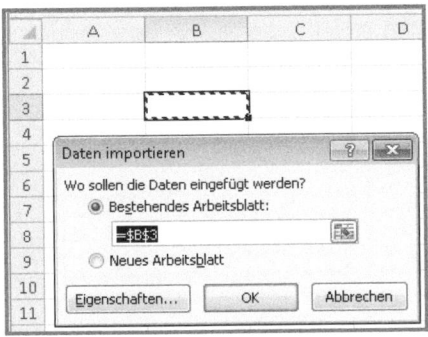

Abbildung 1.40 Dialogfeld *Daten importieren*

7. Nach Abschluss des Imports erhalten Sie zur weiteren Verarbeitung die in Abbildung 1.41 dargestellte Tabelle.

		C	D		E	F	G	H	I		J	K	L
4													
5		A1EW.	Adidas			47,07	STU		1,22%			22:21	58 T
6		840400	Allianz			103,25	STU		-1,29%			22:11	0,78 M
7		BASF11	BASF			59,74	STU		-1,01%			22:18	1,07 M
8		BAY001	Bayer			55,62	STU		-0,97%			22:11	270 T
9		520000	Beiersdorf			43,68	STU		-0,16%			22:11	79 T
10		519000	BMW St			59,55	STU		1,05%			20:13	423 T
11		803200	Commerzbank			6,27	STU		0,40%			22:11	314 T
12		710000	Daimler			50,94	STU		-0,21%			22:11	2,87 M
13		514000	Deutsche Bank			45,7	STU		-1,43%			22:11	1,06 M
14		581005	Deutsche Börse			55,53	STU		-0,48%			22:11	49,991
15		555200	Deutsche Post			13,12	STU		-1,57%			22:11	224 T
16		555750	Deutsche Telekom			9,71	STU		-0,51%			22:11	0,96 M
17		ENAG99	E.ON			23,41	STU		-1,51%			22:14	1,01 M

Abbildung 1.41 Ergebnis des Imports

Die Verbindung ist permanent und kann von Ihnen zu jedem beliebigen Zeitpunkt (Internetverbindung vorausgesetzt) aktualisiert werden.

Kapitel 2

Entdecken Sie die Möglichkeiten von PivotTable und PivotCharts

Wenn Sie bisher Ihre Daten mit Formeln und Funktionen ausgewertet haben und dabei mit viel Mühe, aufwändigen Modellen und Methoden zu Ihren Ergebnissen gekommen sind, so bieten Ihnen PivotTables jetzt völlig neue Möglichkeiten: Sie können große Datenmengen schnell filtern, berechnen, auswerten, neu anordnen oder in unterschiedlichsten Formen zusammenfassen und aggregieren. Nicht zuletzt können Sie mit wenigen Handgriffen auch noch ein ansprechendes PivotChart erstellen.

Die PivotTable ist eine interaktive Tabelle, in der sich Daten in einer oder mehreren Gruppen zusammenfassen lassen. Jede Spalte in den Ausgangsdaten wird mit ihrer Bezeichnung in der ersten, obersten Zelle in der PivotTable zu einem Feld. Gruppen entstehen unter Verwendung mathematischer Funktionen wie beispielsweise Summe, Anzahl usw.

Sie erstellen eine PivotTable mithilfe des PivotTable-Assistenten. Anschließend können Sie die Felder beliebig in den jeweiligen Bereichen anordnen sowie jederzeit verschieben. Somit können Sie die Daten unter wechselnden Sichten verändern und auch neu bewerten. Innerhalb einer PivotTable sind die Daten nicht veränderbar – aber die Sichten auf die Daten. Ebenso ist eine versehentliche Veränderung der Daten beim Pivotisieren ausgeschlossen. Gewünschte bzw. erforderliche Änderungen führen Sie immer in den Quelldaten aus.

Die PivotTable bietet eine interaktive Möglichkeit für verschiedene Anwendungen:

- Die PivotTable ermöglicht Ihnen, umfangreiche numerische Daten schnell, flexibel, mit hoher Aussagekraft, sinnvoll und übersichtlich auszuwerten

- Mit wenigen Handgriffen und von Assistenten unterstützt erreichen Sie schnell eine anschauliche Darstellung Ihrer Daten

- Änderungen, Ergänzungen und das Hinzufügen neuer Elemente lassen sich in überschaubaren Schritten schnell erledigen

- Um bestimmte Ereignisse hervorzuheben, können Sie die Datenebenen sowohl erweitern als auch reduzieren. Ferner können Sie einen »Drilldown« der zusammengefassten Daten ausführen, um damit die hinter einem Ergebnis liegenden Datensätze aufzulisten.

- Außerdem können Sie die PivotTable auch als Zwischeninstrument für die Zusammenführung unterschiedlicher Daten einsetzen

- Um sich auf interessante und nützliche Teilmengen konzentrieren zu können, gibt es die Möglichkeit der Gruppierung, Filterung und bedingten Formatierung

- Umfassende Formatierungsmöglichkeiten und vorgefertigte Formatvorlagen ermöglichen Ihnen, ansprechende Darstellung am Bildschirm und gedruckte Berichte zur Verfügung zu haben

HINWEIS   Die in den folgenden Kapiteln dargestellten PivotTable und PivotCharts wurden immer mit Excel 2010 erstellt und bearbeitet.

Lassen sich alle Daten mit PivotTables auswerten?

Um mit PivotTable sinnvoll und zielgerichtet arbeiten zu können, spielt die Qualität der Basisdaten eine große Rolle. Deshalb sollten Sie für die Arbeit mit PivotTables – für Berechnungen bzw. Auswertungen – einige Dinge beachten. Die grundsätzliche Organisation der Daten folgt den Anforderungen, die auch bei Datenbanken zu erfüllen sind. Beachten Sie demnach folgende Anforderungen:

- Jede Spalte braucht eine Überschrift als Feldnamen, der möglichst kurz gehalten werden sollte

- Der Datenbereich muss mindestens aus zwei Zeilen bestehen

- Die Anzahl der Spalten ist nur durch Größe des Tabellenblattes begrenzt und innerhalb der PivotTable durch den zur Verfügung stehenden Speicherplatz

- Der Quellbereich darf keine leeren Spalten oder Zeilen enthalten

- Innerhalb der Zeilen oder Spalten dürfen keine Berechnungen mit Zwischensummen bzw. Teilergebnisse enthalten sein

- Vermeiden Sie Gesamtsummen am Ende des Quelldatenbereichs. Sind dennoch welche vorhanden, dürfen sie auf keinen Fall in den Datenbereich der PivotTable eingeschlossen werden. Durch Einschluss solcher Zeilen entstehen falsche Ergebnisse.

- Die Anreicherung von Daten durch zusätzliche berechnete Spalten (Felder) ist erlaubt, in einigen Fällen sinnvoll, in manchen Fällen sogar erforderlich

- Stellen Sie dynamische Quellbereiche der PivotTable durch Bereichsnamen ebenfalls dynamisch zur Verfügung – so umgehen Sie wiederkehrende manuelle Datenbereichsanpassungen

- Ausgeblendete Zeilen oder Spalten in den Quelldaten werden in den PivotTables in die Berechnung mit einbezogen und angezeigt

Der kurze Weg zur PivotTable

Mit wenigen Aktionen erstellen Sie eine PivotTable – Abbildung 2.1 gibt einen allgemeinen Überblick über die Schritte.

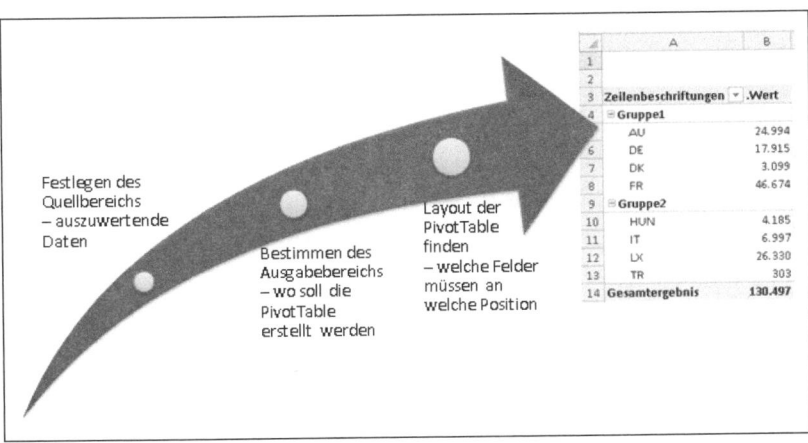

Abbildung 2.1   Mit diesen Aktionsschritten erstellen Sie eine PivotTable

Haben Sie die erste PivotTable erstellt, gibt es einige Aktionen, um diese Ergebnisse zu bearbeiten bzw. zu vervollständigen und zu gestalten (siehe Abbildung 2.2).

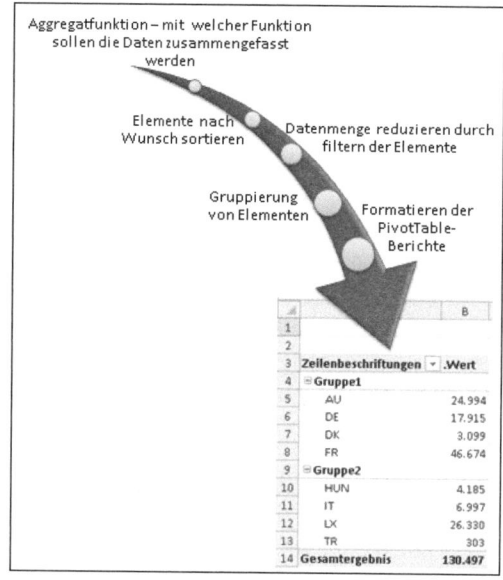

Abbildung 2.2 Zusätzliche Möglichkeiten zur Bearbeitung und Gestaltung einer PivotTable

So erstellen Sie eine PivotTable

Zum Download stehen Ihnen Übungsdaten für die Erstellung Ihrer ersten PivotTable zur Verfügung.

ÜBUNG   Die Übungsdaten zu diesem und den folgenden Beispielen finden Sie im Ordner \Buch\Kap02 in der Excel-Datei Kap02.xlsx.

Öffnen Sie diese Datei und wechseln auf die Registerkarte *Basisdaten*. Dort finden Sie Daten, mit denen Sie eine PivotTable erstellen. Zuerst positionieren Sie den Cursor innerhalb des Datenbereichs und führen folgende Schritte aus.

1. Aktivieren Sie in der Multifunktionleiste die Registerkarte *Einfügen*.
2. Wählen Sie in der Gruppe *Tabellen* den Befehl *PivotTable* (siehe Abbildung 2.3).
3. Sobald Sie mit dem Cursor auf den Text *PivotTable* klicken, öffnet sich eine Liste, in der Sie auswählen können, ob Sie eine *PivotTable* oder ein *PivotChart* erstellen wollen. Aktivieren Sie den Eintrag *PivotTable*.

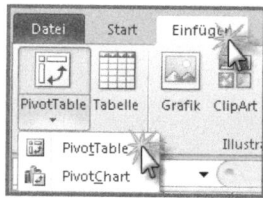

Abbildung 2.3 Auswahl des Befehls *PivotTable* zum Erstellen einer Pivot-Auswertung

4. Das Dialogfeld *PivotTable erstellen* wird eingeblendet.

5. In diesem Dialogfeld bestimmen Sie, welche Daten ausgewählt und wo der PivotTable-Bericht erstellt werden soll. Im Textfeld *Tabelle/Bereich* wird dabei automatisch der Bezug auf die aktive Tabelle vorgelegt (siehe Abbildung 2.4).

Haben Sie in den Basisdaten nur eine Zelle aktiviert, erweitert Excel den Bereich automatisch auf alle angrenzenden Zellen. Haben Sie mehr als eine Zelle markiert, jedoch nicht den kompletten Datenbereich, wird nur der markierte Bereich als Auswertebereich in das Textfeld des Dialogfelds eingetragen.

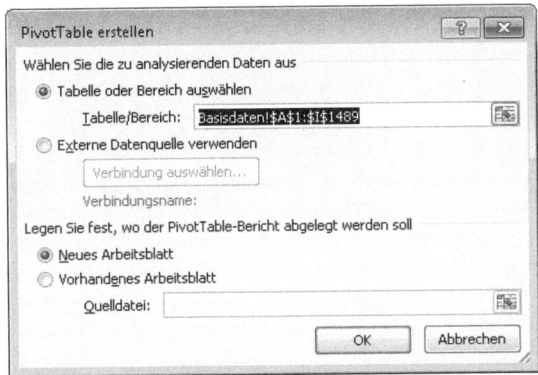

Abbildung 2.4 Dialogfeld zur Bestimmung von Art und Größe der Datenquelle und vom Ausgabebereich

HINWEIS Ist der ausgewählte Datenbereich nicht korrekt, so wählen Sie im Dialogfeld *PivotTable erstellen* im Textfeld *Tabelle/Bereich* die Schaltfläche *Erweitern* (siehe Abbildung 2.5 A). Danach können Sie den Datenbereich neu auswählen oder auch die Zelladresse direkt in das Textfeld eintragen. Mit einem Klick auf die Schaltfläche *Reduzieren* (siehe Abbildung 2.5 B) kehren Sie wieder zurück in die vollständige Ansicht des Dialogfelds (siehe Abbildung 2.4).

Abbildung 2.5 Befehlssymbol zum Erweitern bzw. Reduzieren des Dialogfelds

6. Wenn der Datenbereich (siehe Abbildung 2.4) korrekt ist, bestätigen Sie die Schaltfläche *OK*. Sie befinden sich nun unmittelbar im Tabellenblatt, im Aufbaudialog der PivotTable (siehe Abbildung 2.6).

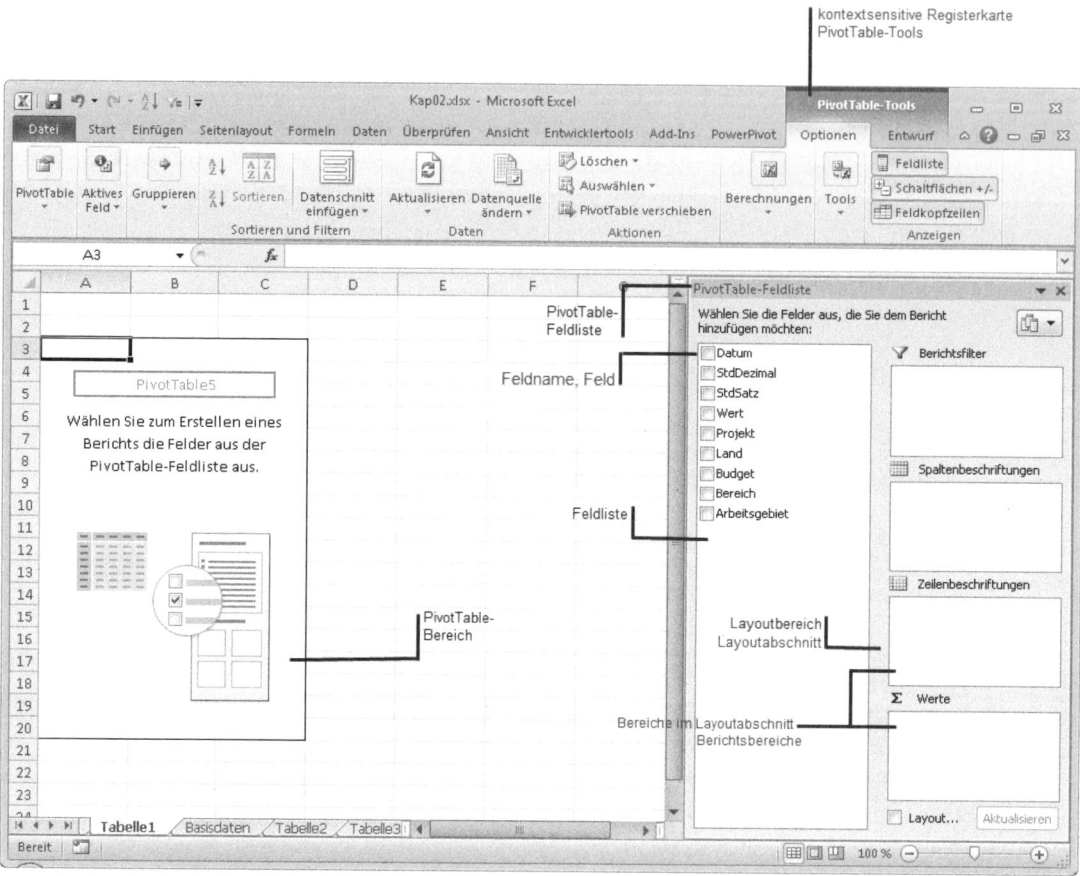

Abbildung 2.6   Das Tabellenblatt, in dem die PivotTable erstellt werden soll

Felder hinzufügen, neu anordnen oder löschen

Eine zentrale Rolle für das Hinzufügen von Feldern in der PivotTable übernimmt die PivotTable-Feldliste. In diesem Dialogfeld werden die Felder hinzugefügt, neu angeordnet oder auch entfernt.

Um ein Feld innerhalb der PivotTable neu anzuordnen, benötigen Sie die PivotTable-Feldliste. Die Feldliste wird immer eingeblendet, sobald Sie eine PivotTable erstellen; sobald Sie also die Auswahl der Quelldaten sowie den Ausgabebereich für die PivotTable festgelegt und das Dialogfeld über die Schaltfläche *OK* verlassen haben.

Im Umgang mit dem Dialogfeld *PivotTable-Feldliste* ist es wichtig zu verstehen, wie diese Liste funktioniert und welche Möglichkeiten zum Anordnen der verschiedenen Feldtypen zur Verfügung stehen (siehe Abbildung 2.7).

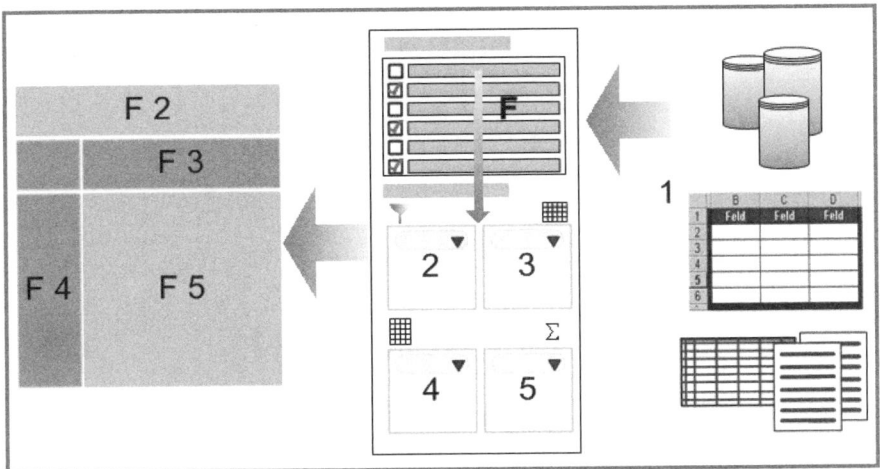

Abbildung 2.7   So funktioniert die PivotTable-Feldliste

Ziffer	Erläuterung
F	Die PivotTable-Feldliste zeigt alle vorhandenen Felder aus den Quelldaten
1	Externe Datenquellen mit strukturierten, sequentiellen Daten, die in mehreren Feldern (Spalten) verwaltet werden
2	Berichtsfilter: Ziehen Sie ein Feld aus der Feldliste (F) in den Bereich *Berichtsfilter* (2) im Layoutabschnitt, erscheint es ebenfalls gleichzeitig im Berichtsfilterbereich des PivotTable-Berichts (F2)
3	Spaltenbeschriftungen: Ziehen Sie ein Feld aus der Feldliste (F) in den Bereich *Spaltenbeschriftungen* (3), erscheinen die Inhalte gleichzeitig im Bereich *Spaltenbeschriftungen* des PivotTable-Berichts (F3)
4	Zeilenbeschriftungen: Ziehen Sie ein Feld aus der Feldliste (F) in den Bereich *Zeilenbeschriftungen* (4), erscheinen die Inhalte gleichzeitig im Bereich *Zeilenbeschriftungen* des PivotTable-Berichts (F4)
5	Werte: Ziehen Sie ein Feld aus der Feldliste (F) in den Bereich *Werte* (5), erscheinen die Inhalte gleichzeitig im Bereich *Werte* des PivotTable-Berichts (F5).

Tabelle 2.1   Erklärung zum PivotTable-Schaubild (siehe Abbildung 2.7)

In diesem Entwicklungsstadium zeigt die PivotTable noch keine Daten an (siehe Abbildung 2.12). Im linken Teil der PivotTable-Feldliste sehen Sie die Feldnamen, wie sie in den Basisdaten als Feldbezeichner eingetragen sind. Durch Anklicken des Kontrollkästchens und der Anordnung des Felds im Layoutbereich wird die zugehörige Spalte mit ihren Daten im PivotTable-Bericht angezeigt.

Wählen Sie die Felder aus, die für den Aufbau Ihrer Pivot-Auswertung relevant sind. Dazu klicken Sie in der PivotTable-Feldliste auf die entsprechenden Feldnamen, die daraufhin automatisch in einem Feld des Layoutbereichs angeordnet werden.

Für die erste Auswertung benötigen Sie folgende Feldanordnung im Layoutbereich (siehe Abbildung 2.8):

- das Feld *Wert* im Wertebereich

- das Feld *Land* im Spaltenbereich

- das Feld *Datum* im Zeilenbereich

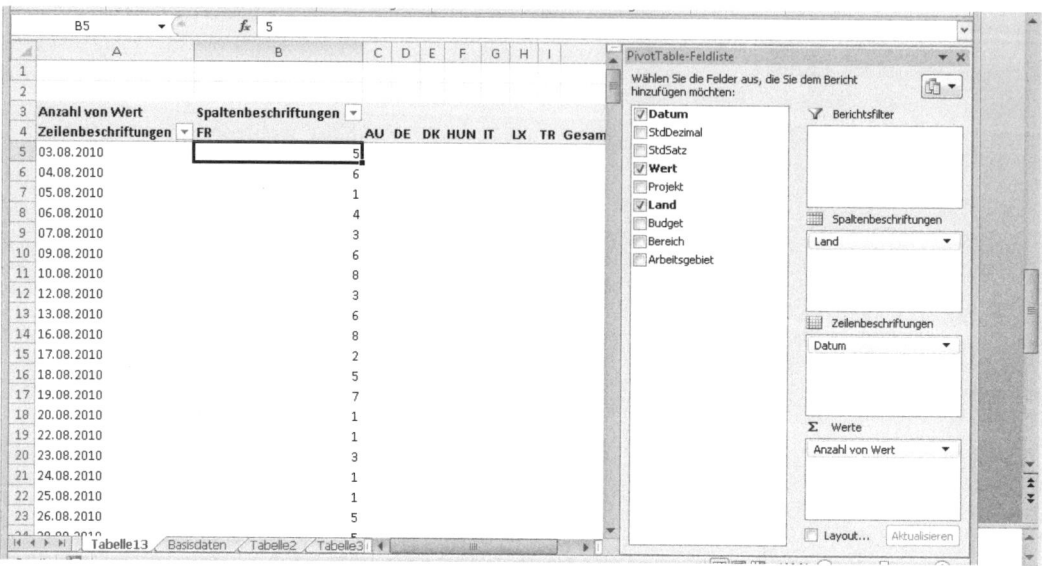

Abbildung 2.8 Anordnung der Felder im Layoutbereich

WICHTIG   Beim Anklicken eines Feldnamens in der PivotTable-Liste, wird dieses Feld automatisch einem Layout-Bereich zugeordnet. Entscheidend für die Zuordnung ist der Datentyp des Felds:

- Enthält eine Spalte nur Zahlen, wird das Feld dem Bereich *Werte* zugeordnet und die Aggregatfunktion *Summe* angewendet

- Enthält die Spalte nur Text oder unterschiedliche Datentypen wird das Feld dem Bereich *Zeilenbeschriftungen* hinzugefügt

Sie können jederzeit und beliebig oft sowohl die Zuordnung der Felder im Layoutbereich als auch den Berechnungstyp (Aggregatfunktion) ändern. Ein Feld kann allerdings in den Bereichen *Berichtsfilter*, *Spaltenbeschriftungen* und *Zeilenbeschriftungen* jeweils nur einmal zugeordnet werden. Hingegen kann jedes Feld dem Bereich *Werte* mehrfach zugeordnet werden. Zur Unterscheidung und vor allem, um Eindeutigkeit zu erhalten, bekommt das Feld zum Namen eine laufende Nummer.

So verschieben Sie die Felder blitzschnell

Im täglichen Arbeitseinsatz ist es oft vorteilhafter, das jeweilige Feld mit der Maus direkt in den Layoutbereich zu ziehen. Zeigen Sie mit der Maus auf das betroffene Feld, drücken Sie die linke Maustaste, ziehen das Feld mit gedrückter Maustaste in den Zielbereich und lösen Sie erst dort wieder die linke Maustaste. In der Standardeinstellung von Excel 2010 können Sie die Felder in ihrer Position bzw. Anordnung nur in der PivotTable-Feldliste verändern.

Neben dem direkten Ziehen von Feldern in einen anderen Layoutbereich gibt es auch die Möglichkeit, einen Wechsel über ein Kontextmenü vorzunehmen (siehe Abbildung 2.9).

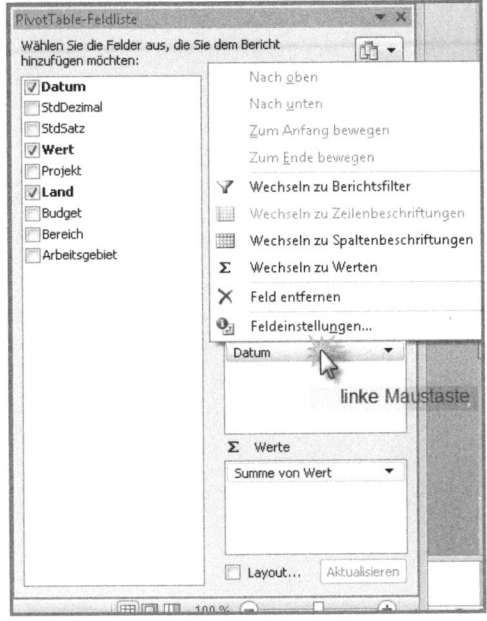

Abbildung 2.9 Hinzufügen oder Wechseln eines Felds über das Kontextmenü

Darstellung der PivotTable ändern

Die Darstellung der PivotTable genügt vermutlich noch nicht Ihren Ansprüchen. Das Feld *Wert* wird im Moment mit der Aggregatfunktion *Anzahl* zusammengefasst. Das Feld *Datum* zeigt noch die einzelnen Tagesdaten.

Zunächst sind zwei Dinge zu ändern: Das Feld *Wert* muss auf die Aggregatfunktion Summe umgestellt werden. Die Anzeige des Tagesdatums als Monate ist für eine Auswertung sinnvoller. Um das zu erreichen, sind folgende Arbeitsschritte notwendig:

1. Klicken Sie mit der rechten Maustaste im Layoutbereich auf das Feld *Anzahl von Wert* und wählen im Kontextmenü den Befehl *Wertfeldeinstellungen*.

2. In dem folgenden Dialogfeld ändern Sie die Aggregatsfunktion von *Anzahl* auf *Summe* (siehe Abbildung 2.10). Beenden Sie das Dialogfeld durch einen Klick auf *OK*.

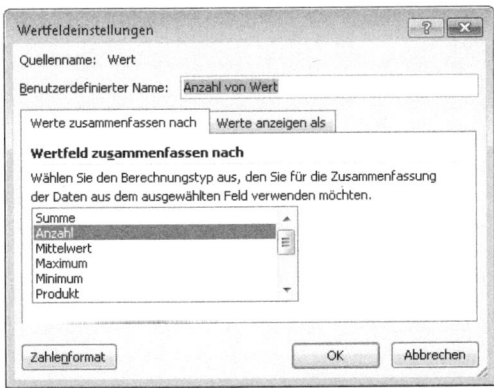

Abbildung 2.10 Dialogfeld *Wertfeldeinstellungen* zur Änderung der Aggregatsfunktion *Anzahl*

3. Positionieren Sie zuerst den Cursor auf einem Wert in der PivotTable, danach öffnen Sie mit der rechten Maustaste das Kontextmenü und wählen den Befehl *Wertfeldeinstellungen*.

4. Klicken Sie auf die Schaltfläche *Zahlenformat* und aktivieren Sie in dem folgenden Dialogfeld die Kategorie *Zahl*. Im rechten Abschnitt des Dialogfelds stellen Sie das Zahlenformat auf zwei Nachkommastellen ein und aktivieren das Kontrollkästchen *1000er-Trennzeichen verwenden*.

5. Mit einem Klick auf die Schaltfläche *OK* in diesem Dialogfeld und einem weiteren Klick auf *OK* im Dialogfeld *Wertfeldeinstellungen* übernehmen Sie die Formatierung in die PivotTable.

Um aus dem Tagesdatum eine monatliche Darstellung zu erreichen, gehen sie folgendermaßen vor:

1. Positionieren Sie den Cursor auf einem Datum, öffnen mit der rechten Maustaste das Kontextmenü und wählen Sie dort den Befehl *Gruppieren*.

2. Im folgenden Dialogfeld übernehmen Sie die Voreinstellungen (siehe Abbildung 2.11) mit einem Klick auf die Schaltfläche *OK*.

Abbildung 2.11 Dialogfeld *Gruppierung* zur Umwandlung des Tagesdatums in die Monatsdarstellung

3. Als Ergebnis erhalten Sie die in Abbildung 2.12 dargestellte PivotTable.

	A	B	C	D	E	F	G	H	I	J
1										
2										
3	Summe von Wert	Spaltenbeschriftung ▾								
4	Zeilenbeschriftungen ▾	FR	AU	DE	DK	HUN	IT	LX	TR	Gesamtergebnis
5	Aug	7.869,39								7.869,39
6	Sep	30.742,32	3.492,98	7.071,91		541,25	3.962,46	4.844,96		50.655,88
7	Okt	8.061,84	21.501,29	10.843,07	3.099,02	3.643,35	3.034,63	21.485,03	303,38	71.971,61
8	Gesamtergebnis	46.673,55	24.994,26	17.914,98	3.099,02	4.184,60	6.997,09	26.330,00	303,38	130.496,88

Abbildung 2.12 Ergebnis des ersten PivotTable-Berichts

HINWEIS Das kontextsensitive Register *PivotTable-Tools* und die PivotTable-Feldliste werden nur angezeigt, wenn der Cursor in einer PivotTable oder in einem für eine PivotTable vorgesehenen Bereich positioniert ist.

Wird bei einer aktivierten PivotTable die PivotTable-Feldliste nicht eingeblendet, so wurde sie gezielt ausgeblendet. Sie kann jederzeit über das kontextbezogene Werkzeug *PivotTable-Tools* auf der Registerkarte *Optionen* in der Befehlsgruppe *Anzeigen* mit dem Befehl *Feldliste* wieder angezeigt werden.

Gruppierung von Elementen in einer PivotTable

Mitunter erschweren umfangreiche oder zu detaillierte Daten die Übersicht. In diesem Fall kann es sinnvoll sein, Daten zu Gruppen zusammenzufassen. Im vorausgehenden Beispiel haben Sie Tagesdaten zu Monaten und Jahren gruppiert. Gleiches lässt sich mit nummerischen oder Textdaten vornehmen. Sie können beispielsweise die Länder in zwei Gruppen von A–F und H–Z zusammenfassen.

Ordnen Sie zuerst das Feld *Land* von dem Layoutbereich *Spaltenbeschriftungen* in den Bereich *Zeilenbeschriftungen* und entfernen Sie das Felddatum aus der PivotTable.

Die Gruppierung erreichen Sie nun in vier Schritten:

1. Markieren Sie in der PivotTable die Ländernamen von A–F.
2. Öffnen Sie mit der rechten Maustaste das Kontextmenü und wählen dort den Befehl *Gruppieren*. Daraufhin wird die erste Gruppierung mit der Bezeichnung *Gruppe1* eingefügt.

   Sie können eine Gruppierung auch über das kontextsensitive Menü *PivotTable-Tools* erstellen: Hierzu markieren Sie auch die gewünschten Ländernamen in der PivotTable und aktivieren im Menü *PivotTable-Tools* auf der Registerkarte *Optionen* unter *Gruppieren* den Eintrag *Gruppenauswahl*.
3. Markieren Sie jetzt die restlichen Zeilen von H–Z und wählen im Kontextmenü den Befehl *Gruppieren*. Daraufhin wird die zweite Gruppierung mit der Bezeichnung *Gruppe2* eingefügt.
4. Als Ergebnis erhalten Sie eine in zwei Gruppen aufgeteilte PivotTable (siehe Abbildung 2.13).

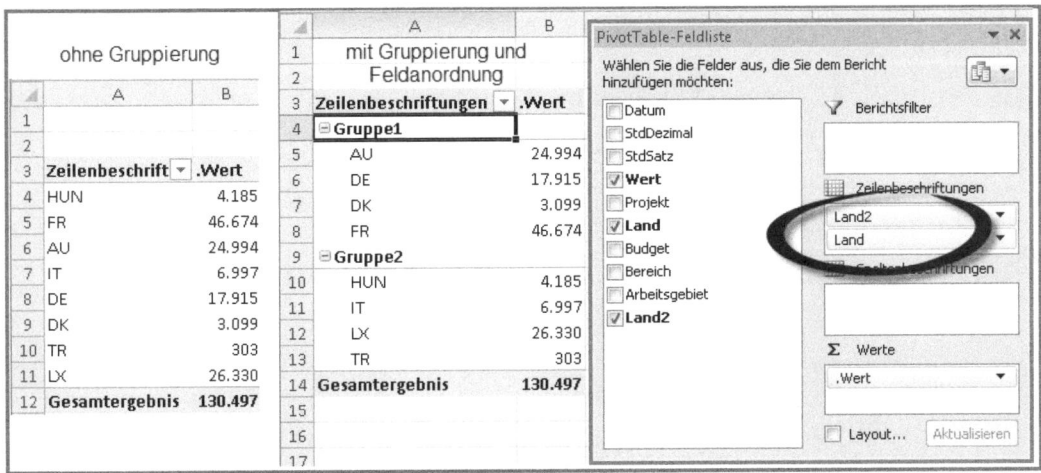

Abbildung 2.13 Manuelle Gruppierung von Textelementen

Durch die Gruppierung entsteht ein neues Feld *Land2*. In der PivotTable werden die markierten Zeilen in *Gruppe1* und *Gruppe2* zusammengefasst. Sie haben jederzeit die Möglichkeit, die Bezeichnung für die Gruppe nach Ihren Wünschen anzupassen. Wenn Sie die Zelle mit der Gruppenbeschriftung markieren, können Sie in der Bearbeitungszeile einen beliebigen Text als Bezeichnung eintragen.

Für die unterschiedlichen Gruppierungsmöglichkeiten sind drei Datentypen maßgeblich:

- *Textdaten* lassen sich in einem neuen Feld gruppieren, indem aus mehreren Elementen eine neue Gruppe gebildet wird. Microsoft Excel erstellt automatisch das gruppierte Feld, in das nur die zur Gruppe definierten (markierten) Elemente aufgenommen werden.

- *Nummerische Daten* können in Bereichen mit bestimmten Elementen gruppiert werden. Microsoft Excel erkennt automatisch nummerische Elemente (Daten) und zeigt, wenn Sie den Befehl *Gruppieren* aufrufen, ein Dialogfeld mit möglichen nummerischen Gruppierungsoptionen an.

- *Datumsangaben* lassen sich nach bestimmten Zeiträumen zusammenfassen. Hier erkennt Microsoft Excel ebenfalls gültige Datums- und Zeitformate und bietet im Dialogfeld entsprechende Auswahlmöglichkeiten für die Darstellung an (siehe Abbildung 2.11).

Eine Gruppierung aufheben

Auf dem gleichen Weg, wie Sie die manuellen Gruppen erstellt haben, lösen Sie sie auch wieder auf: Nach markieren der Gruppenbezeichnung wählen Sie im Kontextmenü anstelle des Befehls *Gruppieren* den Befehl *Gruppierung aufheben*.

Alternativ können Sie auf der kontextsensitiven Registerkarte *PivotTable-Tools* die Registerkarte *Optionen* aktivieren und in der Befehlsgruppe *Gruppieren* den Befehl *Gruppierung aufheben* auswählen (siehe Abbildung 2.14).

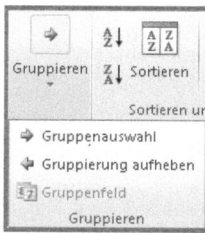

Abbildung 2.14 Gruppierungsbefehle im Menüband

WICHTIG   Einem gruppierten Feld können Sie keine berechneten Elemente hinzufügen.

Feldbeschriftungen in PivotTables und PivotCharts

Beim Aufbau einer PivotTable werden automatisch Überschriften eingetragen (siehe Abbildung 2.15 Zelle A3). Sie können diese Überschrift ändern, indem Sie die Zelle A3 aktivieren und in der Bearbeitungszeile eine neue Überschrift eintragen.

Beim Ändern von Überschriften sollten Sie darauf achten, keinen vorhandenen Feldnamen zu benutzen. Sollte das der Fall sein, erhalten Sie die Fehlermeldung »der PivotTable-Feldname ist bereits vorhanden«.

PROFITIPP   Allein das Anfügen eines `Leerzeichens` an den ursprünglichen Feldnamen wird als neue Überschrift in der PivotTable akzeptiert. Sie sollten jedoch im Umgang mit dem `Leerzeichen` an dieser Stelle vorsichtig sein, weil diese häufig dafür verantwortlich sind, wenn in folgenden Arbeitsschritten die Daten nicht richtig bearbeitet werden, beispielsweise bei einer Gruppierung. Bei Beschriftungen von Zeilen und Spalten unterscheidet Microsoft Excel sehr wohl zwischen einem Eintrag mit bzw. ohne `Leerzeichen` am Ende, was zur Anzeige zusätzlicher Zeilenfelder führen kann. Es ist in diesem Zusammenhang sinnvoll, sich eigene Namenskonventionen zu überlegen: Es ist beispielsweise denkbar, die Feldnamen in Standardschreibweise zu verwenden und für Überschriften einen Unterstrich oder Punkt voranzustellen.

So erweitern Sie die PivotTable und verändern die Feldanordnung

Der erste Entwurf einer Pivot-Tabelle kann jederzeit entsprechend den Anforderungen und Auswertekriterien verändert bzw. angepasst werden. Eine sinnvolle Anordnung der Pivot-Tabelle (siehe Abbildung 2.15) könnte sich aus dem Tausch der Spaltenbeschriftung mit der Zeilenbeschriftung (Ziffer 1) und dem Hinzufügen des Felds *Arbeitsgebiet* (Ziffer 2) ergeben (siehe Abbildung 2.15).

	A	B	C	D	E
1		①			
2					
3	**Summe von Wert**	Spaltenbeschriftungen ▼			
4	**Zeilenbeschriftungen** ▼	Aug	Sep	Okt	Gesamtergebnis
5	FR	7.869,39	30.742,32	8.061,84	46.673,55
6	AU		3.492,98	21.501,29	24.994,26
7	DE		7.071,91	10.843,07	17.914,98
8	DK			3.099,02	3.099,02
9	HUN		541,25	3.643,35	4.184,60
10	IT		3.962,46	3.034,63	6.997,09
11	LX		4.844,96	21.485,03	26.330,00
12	TR			303,38	303,38
13	**Gesamtergebnis**	7.869,39	50.655,88	71.971,61	130.496,88

	A	B	C	D	E
3	**Summe von Wert**	Spaltenbeschriftungen ▼			
4	**Zeilenbeschriftungen** ▼	Aug	Sep	Okt	Gesamtergebnis
5	⊟FR	7.869,39	30.742,32	8.061,84	46.673,55
6	Apps	②	3.953,90	1.760,53	5.714,43
7	Phones	7.869,39	26.588,53	4.106,27	38.564,19
8	Support			1.666,32	1.666,32
9	WebSide		199,89	528,72	728,61
10	⊟AU		3.492,98	21.501,29	24.994,26
11	Apps		321,82	3.008,77	3.330,59
12	Phones		2.962,18	16.965,30	19.927,48
13	WebSide		208,97	1.527,22	1.736,19
14	⊟DE		7.071,91	10.843,07	17.914,98
15	Apps		1.669,48	5.988,48	7.657,96
16	Developer		281,58		281,58
17	Phones		4.939,13	3.662,75	8.601,88
18	Support			204,00	204,00
19	WebSide		181,72	987,84	1.169,56

Abbildung 2.15   Positionstausch der Zeilen- mit der Spaltenbeschriftung (Ziffer 1) und Hinzufügen des Felds *Arbeitsgebiet* (Ziffer 2)

Mit welchem Arbeitsgebiet wurde im 3. Quartal in Deutschland der größte Umsatz erzielt?

Um diese Frage zu beantworten, ziehen Sie das Feld *Arbeitsgebiet* in den Zeilenbereich und können unmittelbar die Antwort aus der PivotTable ablesen (vgl. Abbildung 2.15 Ziffer 2).

Mit dieser neuen Anordnung werden die Umsätze der Länder in weitere Details aufgegliedert. Sie können jetzt die Felder beliebig neu anordnen und auf diese Weise die Aussagekraft verändern.

Mehrere Felder im Wertebereich

In einer PivotTable ist es erlaubt, mehrere Felder im Wertbereich anzuordnen. Sie können im Layoutbereich *Werte* neben den Umsatzdaten auch gleichzeitig die Anzahl der Stunden anzeigen. Ziehen Sie dazu das Feld *DezStunden* in den Wertebereich. Daraufhin erhalten Sie eine neue Darstellung der PivotTable (siehe Abbildung 2.16).

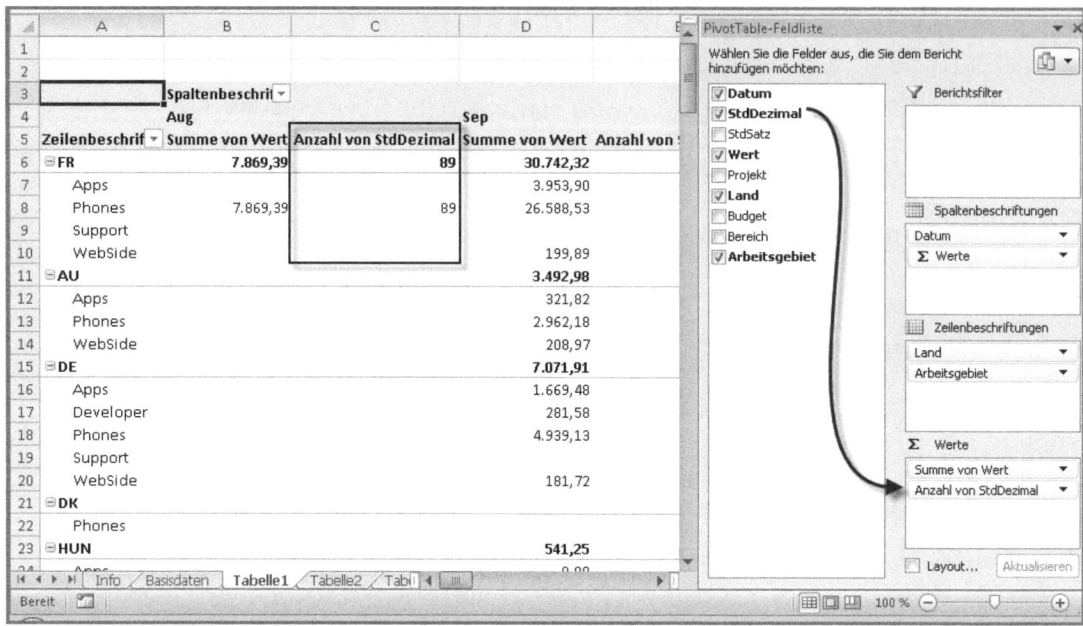

Abbildung 2.16   Erweiterung der PivotTable um die Arbeitsstunden und gemeinsame Darstellung im Wertebereich

Mit dem Berichtsfilter Daten selektiv anzeigen

Sie haben in dem vorausgegangenen Arbeitsschritt (siehe Abbildung 2.16) eine umfassende Pivot-Table aufgebaut. Es kann jetzt interessant sein, jeweils nur ein Land zu betrachten. Diese Darstellung erreichen Sie durch das Verschieben des Felds *Land* in den Berichtsfilter.

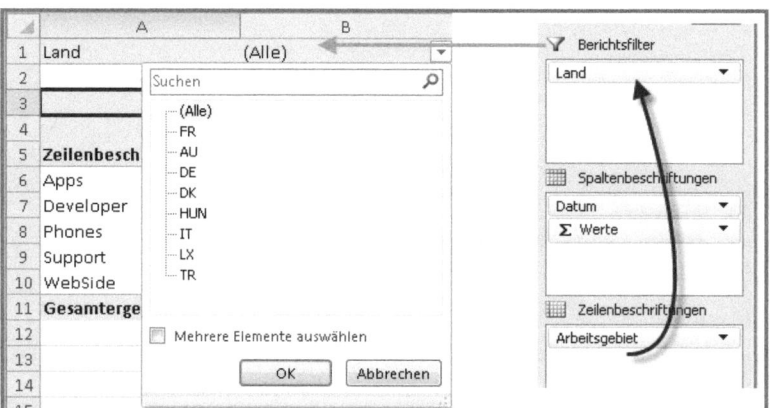

Abbildung 2.17   So verschieben Sie das Feld *Land* in den Berichtsfilter; die Auswirkungen in der PivotTable werden sofort angezeigt

Nachdem Sie das Feld *Land* dem *Berichtsfilter* hinzugefügt haben, ergibt sich für Microsoft Excel 2010 Folgendes:

- Der Feldname *Land* wird in der PivotTable-Feldliste im Bereich *Berichtsfilter* angezeigt,

- die Beschriftung *Land* wird in der Tabelle hinzugefügt und

- zusätzlich wird ein Auswahlfeld eingefügt, das den Eintrag *(Alle)* zeigt (siehe Abbildung 2.17).

Klicken Sie das Auswahlfeld neben *Land* an, wird unter dem Eintrag *(Alle)* eine Liste der Einträge dieses Felds angezeigt. Jeder Eintrag ist in dieser Liste nur genau einmal vorhanden.

Wählen Sie ein Land aus, beispielsweise *FR*, und bestätigen Sie Ihre Auswahl über die Schaltfläche *OK*, so wird der ausgewählte Listeneintrag in der Zelle B1 angezeigt und die PivotTable neu berechnet. Jetzt werden nur diejenigen Werte der Datenquelle angezeigt, die im Feld *Land* den gewählten Eintrag *FR* enthalten. Es erfolgt eine Filterung des Wertfelds (siehe Abbildung 2.18).

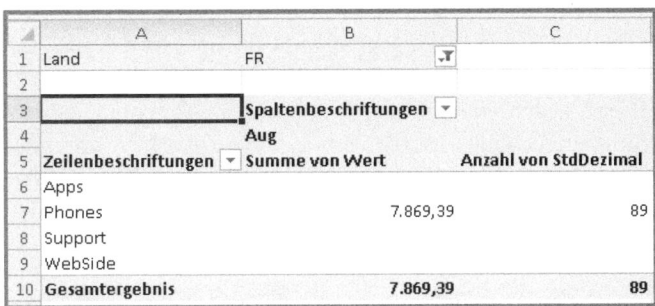

Abbildung 2.18 Ergebnis des Berichtsfilters *FR* (Ausschnitt)

Alle Daten werden wieder angezeigt, sobald Sie im Berichtsfilter den Eintrag *(Alle)* wählen oder das Feld *Land* aus dem Berichtsfilter entfernen.

Um mehr als einen Eintrag in dem Berichtsfilter auszuwählen, aktivieren Sie das Kontrollkästchen *Mehrere Elemente auswählen*. Danach können Sie jedes Element über ein Kontrollkästchen zum Filter hinzufügen (siehe Abbildung 2.19).

Abbildung 2.19 Mehrfachauswahl im Berichtsfilter

Ist der Berichtsfilter aktiv, erkennen Sie das am geänderten Aussehen der Schaltfläche des Auswahlfelds B1. Zusätzlich zum Pfeil der Schaltfläche wird ein Filtersymbol angezeigt. Das Filtersymbol wird auch neben dem Feld in der PivotTable-Feldliste angezeigt.

Beachten Sie bitte: Wenn Sie einen aktiven Berichtsfilter in einen anderen Layoutabschnitt verschieben, beispielsweise vom *Berichtsfilter* in die *Zeilenbeschriftung* ziehen, bleibt die Datenfilterung auch im neuen Layoutabschnitt erhalten und wirksam.

WICHTIG   In der PivotTable werden durch den Berichtsfilter die Daten im Zeilen- bzw. Spaltenbereich nicht ausgeblendet – vergleichbar der Anwendung des AutoFilters. Die Daten werden innerhalb der PivotTable gefiltert und nur die tatsächlichen Ergebnisse werden im Tabellenblatt angezeigt.

Die Wirkung der Layoutaktualisierung

Wenn Sie im Layoutbereich der PivotTable arbeiten, führt jede Änderung, die Sie dort vornehmen, zu einer Aktualisierung der PivotTable. Bei geringen Datenmengen führt dies zu keinen Verzögerungen. Arbeiten Sie jedoch mit umfangreichen Datenmengen oder greifen Sie auf externe Datenquellen zu, kann dies zu erheblichen Wartezeiten bei der Aktualisierung führen. Um die Wartezeiten zu minimieren, ist es sinnvoll, die automatische Layoutaktualisierung zu deaktivieren. Hierzu setzen Sie ein Häkchen vor das Kontrollkästchen vor *Layoutaktualisierung zurückstellen*. Jetzt können Sie beliebig die Felder verschieben oder neu anordnen, ohne permanent auf die Aktualisierung zu warten.

Beachten Sie jedoch, dass zahlreiche Befehle auf der kontextbezogenen Registerkarte *PivotTable Tools* ebenfalls deaktiviert sind.

Wollen Sie während der Arbeit – sozusagen zwischendurch – Ergebnisse betrachten, wählen Sie die Schaltfläche *Aktualisieren* und bringen damit Ihre PivotTable auf den neuesten Stand.

Soll die Aktualisierung der PivotTable wieder bei jeder Änderung im Layoutbereich aktiviert werden, entfernen Sie lediglich das Häkchen im Kontrollkästchen *Layoutaktualisierung zurückstellen*.

WICHTIG   Werden zur gleichen Zeit – während Sie im Layoutbereich arbeiten und *Layoutaktualisierung zurückstellen* aktiv ist – Änderungen an den Quelldaten vorgenommen, so werden mit dem Befehl *Aktualisieren* die Änderungen in den Quelldaten nicht automatisch in die PivotTable übernommen. Darüber hinaus gehen die Änderungen verloren, wenn Sie die Mappe schließen, obwohl Sie die Datei vorher gespeichert haben. Wichtig ist es, zuerst *Layoutaktualisierung zurückstellen* aufzuheben, danach die PivotTable zu aktualisieren und die PivotTable-Feldliste zu schließen. Erst im letzten Schritt speichern Sie die Datei, damit Ihre Daten erhalten bleiben.

ACHTUNG   Bei aktivem Kontrollkästchen *Layoutaktualisierung zurückstellen* können Sie das Dialogfeld *Wertfeldeinstellungen* für die Felder im Wertebereich nicht aufrufen.

Felder verschieben, hinzufügen oder entfernen

Die Auswertung bietet nur einen sehr kleinen Ausschnitt aus den Möglichkeiten der PivotTable (siehe Abbildung 2.16). In diesem Bericht sehen Sie eine länderorientierte Auswertung der Arbeitsgebiete mit Umsatzwerten und Stunden. Mit einer veränderten Anordnung der vorhandenen Felder kann der Schwerpunkt der Betrachtung auf einfache Weise variiert werden.

Wenn Sie die Betrachtung nicht mit Schwerpunkt auf den Ländern vornehmen möchten, sondern es wichtiger ist, die Arbeitsgebiete in ihren Summen zu sehen und an zweiter Stelle die Länderumsätze, so reicht es aus, die beiden Felder *Land* und *Arbeitsgebiet* im Zeilenbereich zu tauschen:

1. Dazu aktivieren Sie die PivotTable, indem Sie den Cursor in der Tabelle positionieren.

2. Danach klicken Sie mit der Maus im Layoutbereich der PivotTable-Feldliste auf die Feldschaltfläche *Land* und ziehen dieses mit gedrückter Maustaste an die Position unterhalb des Felds *Arbeitsgebiet* (siehe Abbildung 2.20).

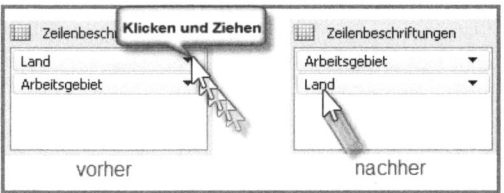

Abbildung 2.20 Umstellen der PivotTable durch das Tauschen der *Zeilenbeschriftungen*

Die PivotTable wird neu angeordnet und gibt den in Abbildung 2.21 gezeigten Bericht im Tabellenblatt aus.

	A	B	C	D	E	F	G	H
1								
2								
3		Spaltenb ▾						
4		Aug		Sep		Okt		
5	Zeilenbeschr ▾	Summe von Anzahl von		Summe von W	Anzahl von St	Summe von W		imt: A
6	⊟Apps			6.863,90	105	16.689,47		
7	FR			3.953,90	47	1.760,53		
8	AU			321,82	11	3.008,77		
9	DE			1.669,48	23	5.988,48		
10	HUN			0,09	1	359,70		
11	IT			686,08	16	2.104,68		
12	LX			232,53	7	3.163,93		
13	TR					303,38		
14	⊟Developer			390,58	3	172,58		
15	DE			281,58	2			
16	LX			109,00	1	172,58		
17	⊟Phones	7.869,39	89	42.039,36	423	48.954,78		
18	FR	7.869,39	89	26.588,53	199	4.106,27		
19	AU			2.962,18	53	16.965,30		
20	DE			4.939,13	60	3.662,75		
21	DK					3.099,02		
22	HUN			541,16	14	3.283,65		5.824,81
23	IT			2.686,65	41	285,22	8	2.971,87

PivotTable-Feldliste ▾ ✕

Wählen Sie die Felder aus, die Sie dem Bericht hinzufügen möchten:

- ☑ Datum
- ☑ StdDezimal
- ☐ StdSatz
- ☑ Wert
- ☐ Projekt
- ☑ Land
- ☐ Budget
- ☐ Bereich
- ☑ Arbeitsgebiet

🔻 Berichtsfilter

▦ Spaltenbeschriftungen
- Datum ▾
- Σ Werte ▾

▦ Zeilenbeschriftungen
- Arbeitsgebiet ▾
- Land ▾

Σ Werte
- Summe von Wert ▾
- Anzahl von StdDezimal ▾

☐ Layout...   [Aktualisieren]

◁ ◁ ▷ ▷▷ Info ╱ Basisdaten ╲ Tabelle1 ╱ Tabelle2 ╱ Tabelle3 ╱ Tabelle4 ╱ Tabelle5 ╱ Tabel

Abbildung 2.21 Der Tausch der beiden Zeilenfelder ergibt einen neuen Auswerteschwerpunkt

Feld aus dem Layoutabschnitt entfernen

Neben dem Hinzufügen und dem Verschieben von Feldern können Sie Felder im Layoutabschnitt auch entfernen. Zeigen Sie mit dem Mauszeiger auf das zu entfernende Feld und ziehen Sie das Feld mit gedrückt gehaltener rechter Maustaste aus dem Layoutabschnitt heraus. Sobald der Feldname mit einem Kreuz am Mauszeiger angezeigt wird, lösen Sie die Maustaste und das Feld wird aus dem Bereich entfernt.

Feldbezeichnungen ändern

Feldbezeichnungen, die bei der Erstellung einer PivotTable entstehen, sind häufig sehr lang und vergrößern die Breite der Spalten erheblich. So lautet die Überschrift in Zelle B5 *Summe von Wert* oder in der Zelle nebenan *Anzahl von StdDezimal* (siehe Abbildung 2.21). Kürzer wäre sicherlich besser und übersichtlicher.

1. Markieren Sie die Zelle B5. Mit dieser Markierung erscheint der Ausdruck *Summe von Wert* in der Bearbeitungszeile.

2. Markieren Sie in der Bearbeitungszeile die Worte *Summe von* (einschließlich dem Leerzeichen) und ersetzen die Markierung durch einen Punkt (siehe Abbildung 2.22).

3. Die neue Überschrift lautet ».*Wert*« und unterscheidet sich somit von dem Feldbezeichner *Wert*.

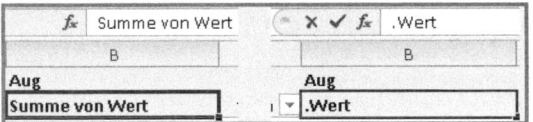

Abbildung 2.22 Umbenennen der Überschrift in der PivotTable

4. Gleiches können Sie für alle relevanten Bezeichnungen in der PivotTable vornehmen.

Ändern der PivotTable-Feldansicht

Die Ansicht der PivotTable-Feldliste gibt es in fünf Varianten, die für die verschiedenen Aufgaben beim Einsatz einer PivotTable konzipiert und optimiert sind (siehe Abbildung 2.23). Mit einem Klick auf das Listenfeld öffnet sich das Auswahlfenster und Sie können die gewünschte Ansicht auswählen.

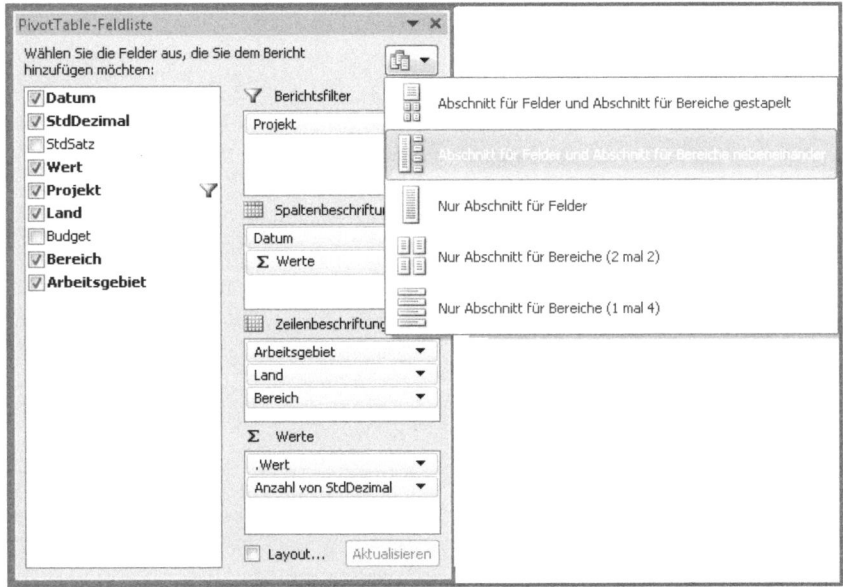

Abbildung 2.23 PivotTable-Feldliste: Fünf verschiedene Ansichten stehen zur Auswahl

Sortieren in PivotTables

Um in der bestehenden PivotTable (siehe Abbildung 2.21) die Umsätze nach Größe anzuordnen, müssen Sie für die Daten eine Sortierung vornehmen. Klicken Sie mit der rechten Maustaste in der PivotTable auf einen Wert im Bereich *Summe von Wert* beziehungsweise *.Wert* und wählen Sie im Kontextmenü die Befehlsfolge *Sortieren/Nach Größe sortieren (absteigend)* (siehe Abbildung 2.24).

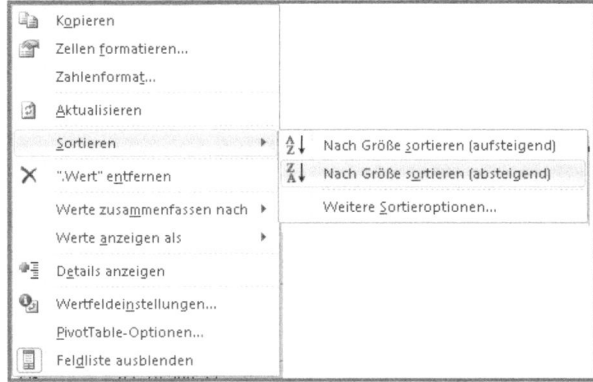

Abbildung 2.24 Schneller Zugriff auf die Sortiermöglichkeiten über das Kontextmenü

Wie Sie in Abbildung 2.25 sehen, werden die Daten sofort sortiert.

⊿	A	B	C	D	E	F
1						
2						
3						
4		Spalt ▾				
5		Aug		Sep		Okt
6	Zeilenbeschriftungen ↴	.Wert	.StdDezim	.Wert	.StdDezimal	.Wert
7	⊟Apps			6.863,90	105	16.689,47
8	FR			3.953,90	47	1.760,53
9	DE			1.669,48	23	5.988,48
10	IT			686,08	16	2.104,68
11	AU			321,82	11	3.008,77
12	LX			232,53	7	3.163,93
13	HUN			0,09	1	359,70
14	TR					303,38

Abbildung 2.25 Die PivotTable mit der neuen Sortierung

TIPP Anstelle auf der Basis des Felds *Wert* zu sortieren, können Sie auch Zeilen- oder Spaltenfelder als Sortiergrundlage nehmen.

Berechnungstypen in PivotTables

Beim Erstellen der ersten PivotTable ziehen Sie ein Feld in den Wertebereich und es wird automatisch eine Berechnung ausgeführt. In den meisten Fällen wird der Berechnungstyp *Anzahl oder Summe* angewendet. Mit wenigen Mausklicks können Sie in einer PivotTable auch andere mathematische Operationen auf die Daten durchführen:

1. Klicken Sie auf das Feld *Werte* im Layoutbereich und wählen Sie dort den Befehl *Wertfeldeinstellungen* (siehe Abbildung 2.26).

2. Im Dialogfeld *Wertfeldeinstellungen* wählen Sie auf der Registerkarte *Werte zusammenfassen nach* den Berechnungstyp aus, mit dem Sie die Daten zusammenfassen möchten (siehe Abbildung 2.26).

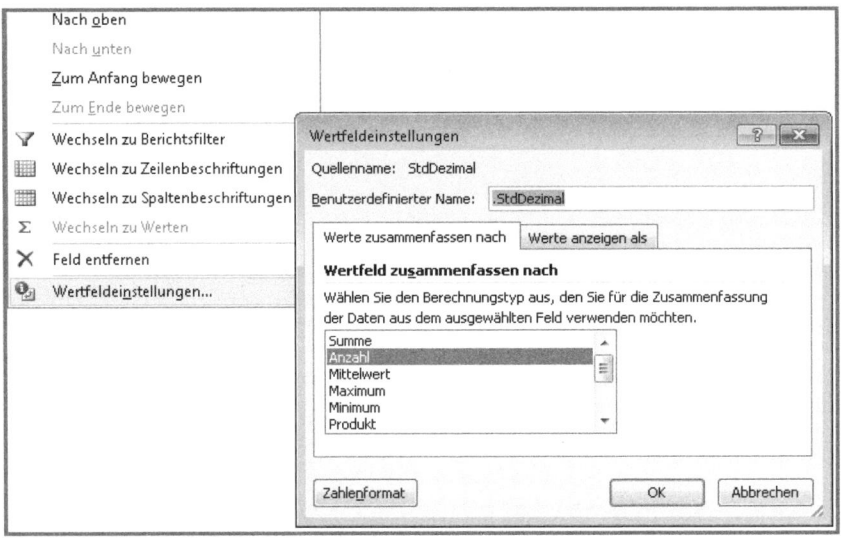

Abbildung 2.26 Über die *Wertfeldeinstellungen* wählen Sie den Berechnungstyp aus

Ein Berechnungstyp kann unterschiedlich für jedes Feld im Bereich *Werte* eingestellt werden. Folgende Funktionen können Sie für die Zusammenfassung eines Wertefelds verwenden:

- Summe
- Anzahl
- Mittelwert
- Maximum
- Minimum
- Produkt
- Anzahl Zahlen
- Standardabweichung (Stichprobe)
- Standardabweichung (Grundgesamtheit)
- Varianz (Stichprobe)
- Varianz (Grundgesamtheit)

Schnellformatierung von PivotTable

Häufig müssen PivotTable-Berichte optisch aufbereitet und auf Papier gedruckt werden. Eine blitzschnelle Formatierung erreichen Sie, wenn Sie die Schnellformatierung verwenden:

1. Positionieren Sie den Mauszeiger innerhalb der PivotTable.
2. Holen Sie in der kontextbezogenen Registerkarte *PivotTable-Tools* die Registerkarte *Entwurf* nach vorne.
3. In der Befehlsgruppe *PivotTable-Formate* wählen Sie das geeignete Design bzw. die geeignete Formatvorlage aus (siehe Abbildung 2.27).

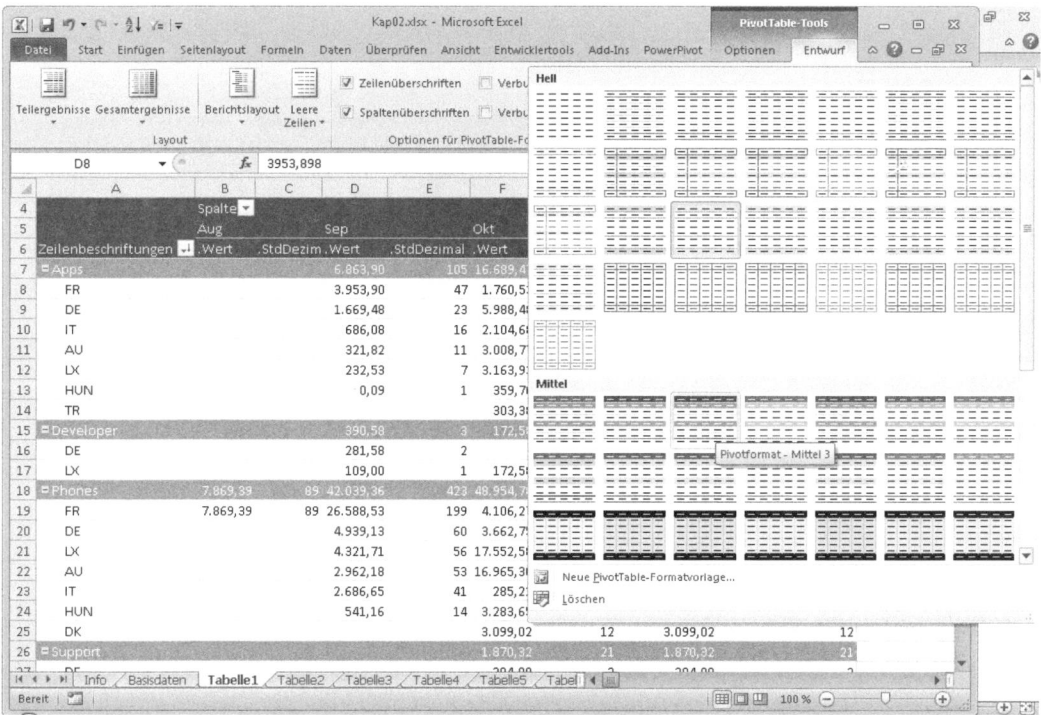

Abbildung 2.27 Darstellung umfangreicher Formatvorlagen, die Sie leicht und schnell auf Ihre PivotTable anwenden können

TIPP   Zeigen Sie mit dem Mauszeiger auf ein Tabellenformat, so werden die Auswirkung der Formatierung sofort im PivotTable-Bericht umgesetzt und angezeigt.

So erstellen Sie aus einer PivotTable ein PivotChart

Sie möchten ein PivotChart erstellen, in dem Sie die Umsätze der einzelnen Arbeitsgebiete darstellen. Als Datengrundlage verwenden Sie die Daten aus dem Tabellenblatt *Basisdaten*. Um das entsprechende PivotChart zu erstellen, gehen Sie folgendermaßen vor:

1. Wechseln Sie in das Registerblatt *Basisdaten*, positionieren Sie den Cursor in einer Zelle im Datenbereich und wählen Sie die Registerkarte *Einfügen*. Dort klicken Sie in der Gruppe *Tabellen* auf die Schaltfläche *PivotTable*.

2. Es erscheint das Dialogfeld *PivotTable erstellen*. Es enthält die Zelladressen für den auszuwertenden Bereich.

3. Erstellen Sie den PivotTable-Bericht in einem neuen Arbeitsblatt. Aktivieren Sie dazu im Dialogfeld die entsprechende Option und klicken danach auf die Schaltfläche *OK*.

4. Im neuen Arbeitsblatt wird ein leerer PivotTable-Bericht eingefügt (siehe Abbildung 2.28).

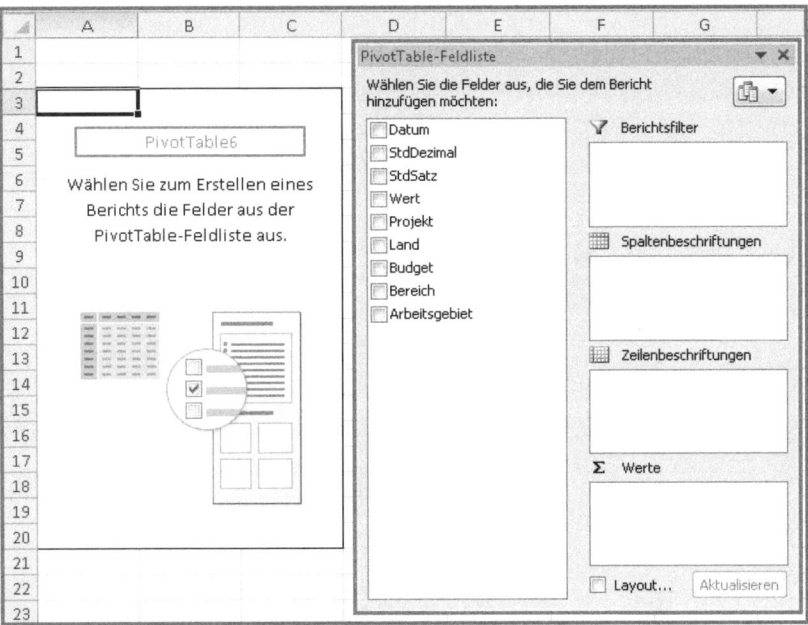

Abbildung 2.28   Die zu erstellende PivotTable mit der PivotTable-Feldliste

5. Ziehen Sie das Feld *Wert* in den Layoutbereich *Werte* und das Feld *Arbeitsgebiet* in den Zeilenbereich.

6. Auf der kontextbezogenen Registerkarte *PivotTable-Tools* öffnen Sie die Registerkarte *Optionen* und wählen die Befehlsfolge *Tools/PivotChart* (siehe Abbildung 2.29).

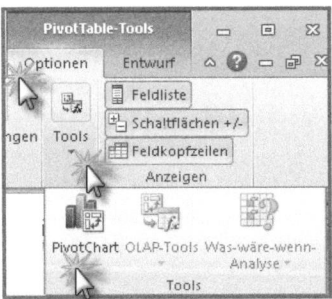

Abbildung 2.29   Befehlsschritte zum PivotChart

7. Im folgenden Dialogfeld *Diagramm einfügen* wählen Sie unter *Vorlagen* den Befehl *Kreis* und in der Auswahlliste *Explodierter 3D-Kreis* (siehe Abbildung 2.30). Bestätigen Sie Ihre Auswahl über die Schaltfläche *OK*.

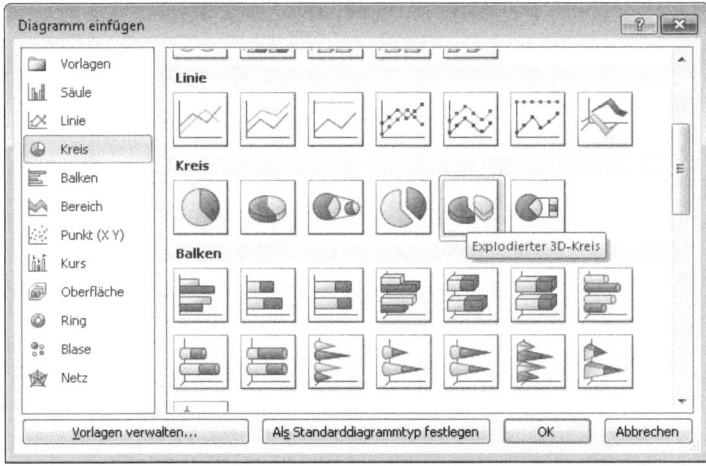

Abbildung 2.30   Dialogfeld zum Einfügen eines Diagramms als PivotChart

Ein PivotChart wird in das Tabellenblatt eingefügt (siehe Abbildung 2.31).

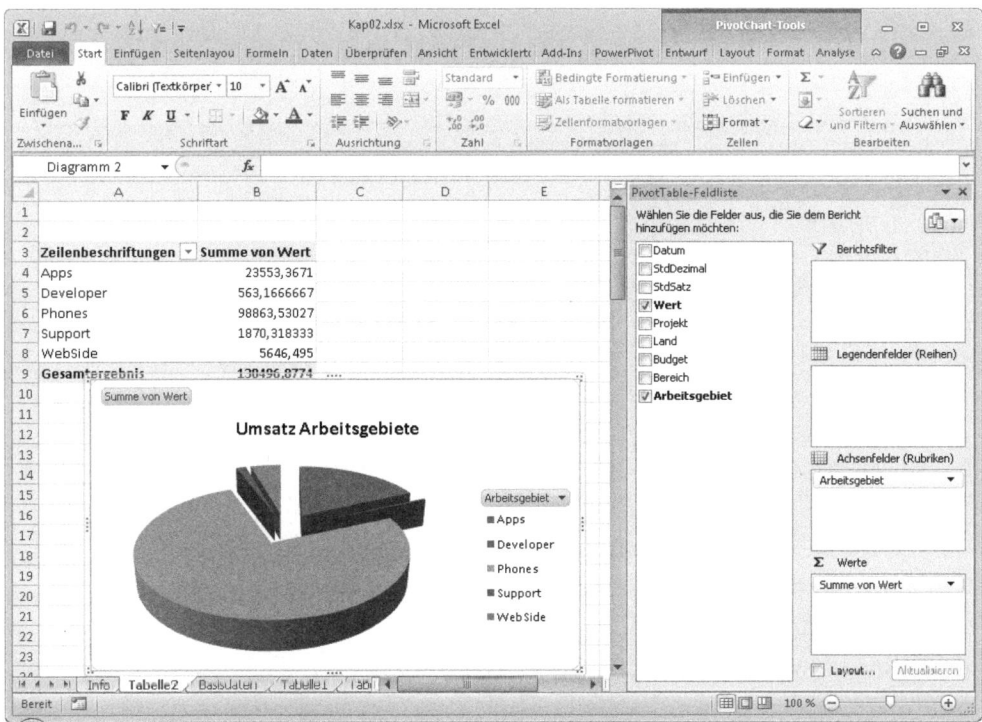

Abbildung 2.31   PivotTable und neu erstelltes PivotChart-Diagramm

Das PivotChart erscheint als Objekt im Tabellenblatt. Gleichzeitig ändert sich das kontextsensitive Register von *PivotTable-Tools* auf *PivotChart-Tools*. Ebenfalls ändert sich das Erscheinungsbild der PivotTable-Feldliste (siehe Abbildung 2.31).

Grundsätzlich wurde durch die Vorauswahl der PivotTable-Daten und der Diagrammvariante ein nahezu vollständiges Chart erzeugt. Einzelne Verbesserungen, wie beispielsweise Farbgebung und weitere Informationen, Überschrift und Beschriftungen, können nachträglich vorgenommen werden.

Im nächsten Arbeitsschritt geben Sie dem Diagramm eine neue Überschrift und zeigen Sie die Umsatzwerte im Diagramm direkt an. Dazu gehen Sie folgendermaßen vor:

1. Markieren Sie im Diagramm den Text *Ergebnis* und ersetzen ihn durch *Umsatz der Arbeitsgebiete*.
2. Aktivieren Sie anschließend mit einem Klick ein Diagrammelement und öffnen Sie mit der rechten Maustaste das Kontextmenü: Wählen Sie dort den Befehl *Datenbeschriftungen hinzufügen*. Die Datenbeschriftungen werden an das jeweilige Element geschrieben.

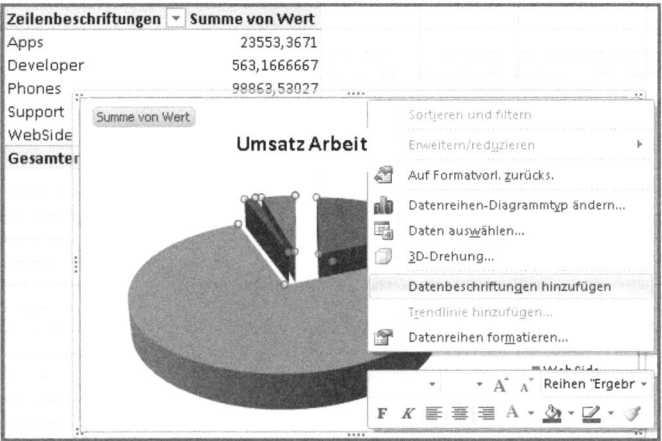

Abbildung 2.32   Kontextmenü mit dem selektierten Befehl *Datenbeschriftungen hinzufügen*

3. Jetzt markieren Sie eine beliebige Datenbeschriftung, öffnen mit der rechten Maustaste das Kontextmenü und wählen dort den Befehl *Datenbeschriftungen formatieren*.
4. Im Dialogfeld *Datenbeschriftungen formatieren* wählen Sie die Rubrik *Zahl*. Im rechten Bereich des Fensters wählen Sie unter *Kategorie* auch *Zahl* und formatieren Sie die Zahlen ohne Nachkommastellen (*Dezimalstellen*: 0) und mit Tausenderpunkt (*1000er-Trennzeichen verwenden*).
5. Nach Abschluss des Dialogfelds erhalten Sie ein beschriftetes Diagramm.

TIPP   Beim ersten Klick auf die Datenreihen im Diagramm, werden alle Datenreihen gleichzeitig selektiert. Mit einem weiteren Klick wählen Sie das einzelne Diagrammelement, das Sie gezielt bearbeiten wollen. Das gleiche Prinzip gilt auch für die Auswahl der Datenbeschriftung.

In den nächsten Arbeitsschritten sollen auf dem Diagramm die Umsatzwerte angezeigt und formatiert werden. Führen Sie die folgenden Schritte nacheinander aus:

1. Markieren Sie die Datenreihen, öffnen Sie mit der rechten Maustaste das Kontextmenü und wählen Sie den Befehl *Datenbeschriftungen hinzufügen* (siehe Abbildung 2.32).

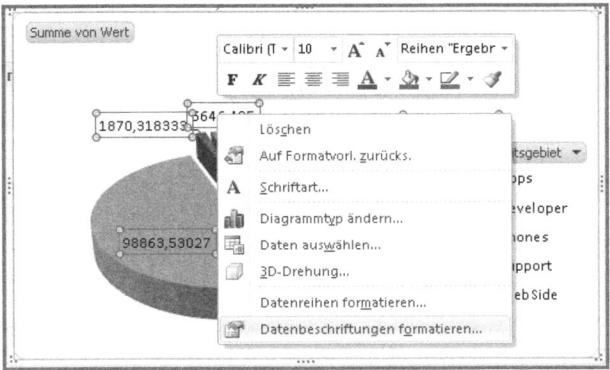

Abbildung 2.33 Kontextmenü zur Formatierung der Datenbeschriftungen

2. Wenn die Beschriftungen angezeigt werden, markieren Sie diese, öffnen mit der rechten Maustaste das Kontextmenü und wählen den Befehl *Datenbeschriftungen formatieren* (siehe Abbildung 2.33).

3. Im Dialogfeld *Datenbeschriftungen formatieren* wählen Sie in der Optionsliste den Befehl *Zahl*.

4. Im rechten Teil des Dialogfelds öffnet sich die Kategorienliste. Dort wählen Sie unter *Kategorie* den Typ *Zahl* und formatieren Sie den Wert mit Tausenderpunkt und keine Nachkommastellen. Beenden Sie das Dialogfeld mit einem Klick auf die Schaltfläche *Schließen*.

5. Ordnen Sie die Umsatzwerte noch so an, dass sie nicht auf der Datenreihe abgelegt sind: Dazu markieren Sie einen Umsatzwert mit der Maus – alle Umsatzwerte erhalten die Positionspunkte – und ziehen den Wert mit gedrückter linker Maustaste an die neue Position. Die Positionierung außerhalb der Datenreihe wird für alle Umsatzwerte übernommen. Abbildung 2.34 zeigt das fertig formatierte PivotChart.

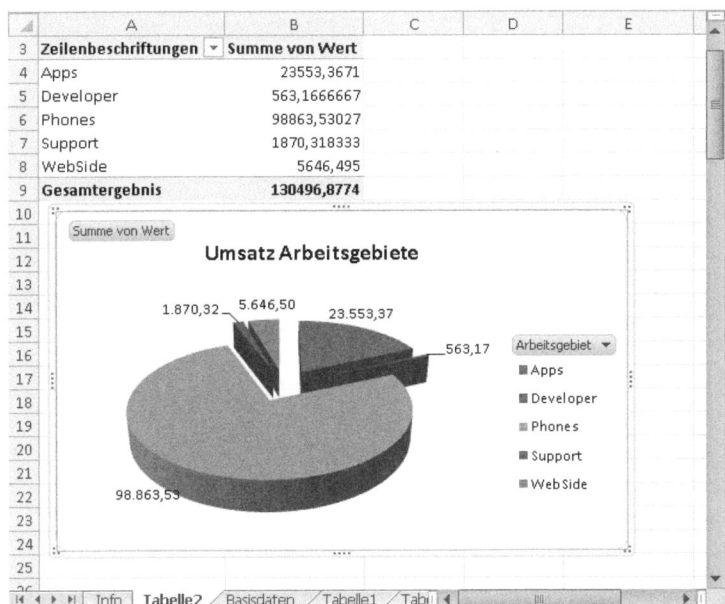

Abbildung 2.34 PivotTable mit dem eingebetteten und beschrifteten PivotChart

Wie Sie in diesem Kapitel sehen, ist eine PivotTable mit wenigen grundlegenden Schritten und Bearbeitungsbefehlen zügig erstellt und für eine Auswertung und Präsentation verwendbar.

Das Layout für Berichte gestalten

Eine wichtige Bedeutung bei der Beurteilung von Daten in Pivot-Tabellen kommt dem Erscheinungsbild, dem Berichtslayout, zu. Dabei spielen vor allem die Beschriftungen eine wichtige Rolle. Sie können das Berichtslayout auf zwei Wegen beeinflussen:

- über die *Feldeinstellungen* der PivotTable, erreichbar über das Kontextmenü, oder über die *PivotTable-Tools* im Menüband und

- über die Registerkarte *Entwurf* und den Befehl *Berichtslayout*.

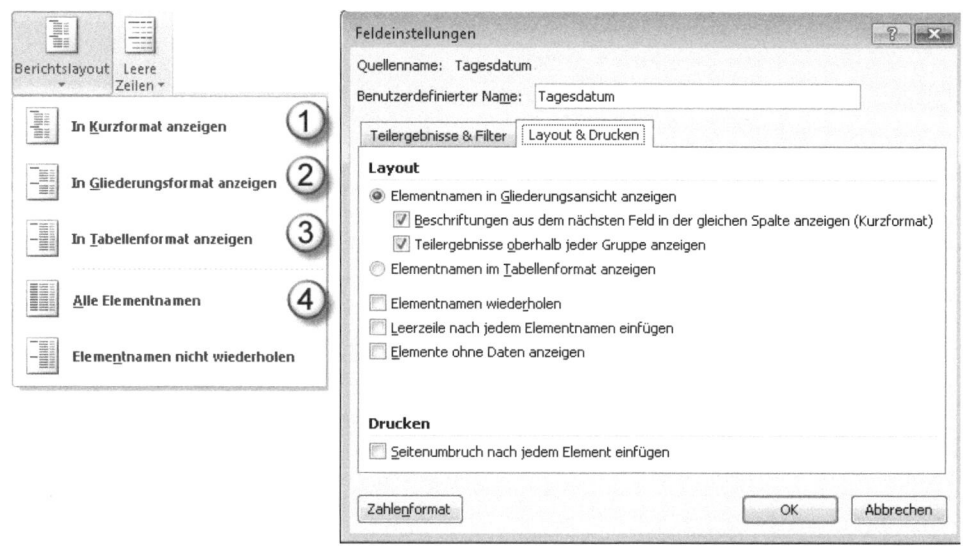

Abbildung 2.35 Verschiedene Auswahlmöglichkeiten des *Berichtslayouts* und der Feldeinstellungen auf der Registerkarte *Layout & Drucken*

HINWEIS   Der Befehl *Feldeinstellungen* wird im Kontextmenü nur angezeigt, wenn Sie den Cursor in den Zeilenbeschriftungen oder in den Spaltenbeschriftungen positionieren.

Es stehen Ihnen zur Gestaltung der PivotTables im Wesentlichen drei Berichtslayouts zur Verfügung:

1. In Kurzformat anzeigen
2. In Gliederungsformat anzeigen
3. In Tabellenformat anzeigen

Zusätzlich können Sie alle Elementnamen (4) in jeder Zelle wiederholen (Zeilenbeschriftungen) bzw. diese Anzeige wieder ausschalten (siehe Abbildung 2.39).

⊿	A	B	C	D
1				
2	Region	(Alle)	▼	①
3				
4	**Summe von Umsatz**	Spaltenbeschriftungen ▼		
5	Zeilenbeschriftungen ▼	2010	2011	Gesamtergebnis
6	⊟ **Jan**	**1.229.296,87**	**1.062.592,00**	**2.291.888,87**
7	A Kunde	656.288,18	582.698,00	1.238.986,18
8	B Kunde	363.650,26	313.664,00	677.314,26
9	C Kunde	209.358,43	166.230,00	375.588,43
10	⊟ **Feb**	**1.415.862,39**	**1.080.987,00**	**2.496.849,39**
11	A Kunde	787.617,35	589.970,00	1.377.587,35
12	B Kunde	447.874,66	348.054,00	795.928,66
13	C Kunde	180.370,38	142.963,00	323.333,38
14	⊟ **Mrz**	**1.391.675,85**	**1.013.084,00**	**2.404.759,85**
15	A Kunde	773.628,21	599.619,00	1.373.247,21
16	B Kunde	401.651,15	279.612,00	681.263,15
17	C Kunde	216.396,49	133.853,00	350.249,49
18	⊟ **Apr**	**1.658.111,44**	**1.223.684,00**	**2.881.795,44**
19	A Kunde	893.906,55	667.563,00	1.561.469,55
20	B Kunde	594.314,23	428.541,00	1.022.855,23
21	C Kunde	169.890,66	127.580,00	297.470,66

Abbildung 2.36   Die PivotTable (Ausschnitt) im Berichtslayout *Kurzformat*

Die Ansicht verändert sich etwas, wenn Sie die PivotTable vom Kurzformat auf das Gliederungsformat umstellen (siehe Abbildung 2.37). Die Anzeige der Elemente der nächsten Ebene beginnt im Gliederungsformat in der folgenden Spalte. Teilergebnisse können sowohl oberhalb als auch unterhalb der Gruppen angezeigt werden. Ebenso können die Teilergebnisse ausgeblendet werden.

⊿	A	B	C	D	E
1					
2	Region	(Alle)	▼	②	
3					
4	**Summe von Umsatz**		Jahre	▼	
5	Tagesdatum ▼	Kategorie ▼	2010	2011	Gesamtergebnis
6	⊟ **Jan**		**1.229.296,87**	**1.062.592,00**	**2.291.888,87**
7		A Kunde	656.288,18	582.698,00	1.238.986,18
8		B Kunde	363.650,26	313.664,00	677.314,26
9		C Kunde	209.358,43	166.230,00	375.588,43
10	⊟ **Feb**		**1.415.862,39**	**1.080.987,00**	**2.496.849,39**
11		A Kunde	787.617,35	589.970,00	1.377.587,35
12		B Kunde	447.874,66	348.054,00	795.928,66
13		C Kunde	180.370,38	142.963,00	323.333,38
14	⊟ **Mrz**		**1.391.675,85**	**1.013.084,00**	**2.404.759,85**
15		A Kunde	773.628,21	599.619,00	1.373.247,21
16		B Kunde	401.651,15	279.612,00	681.263,15
17		C Kunde	216.396,49	133.853,00	350.249,49
18	⊟ **Apr**		**1.658.111,44**	**1.223.684,00**	**2.881.795,44**
19		A Kunde	893.906,55	667.563,00	1.561.469,55
20		B Kunde	594.314,23	428.541,00	1.022.855,23
21		C Kunde	169.890,66	127.580,00	297.470,66

Abbildung 2.37   PivotTable im Berichtslayout *Gliederungsformat* (Ausschnitt)

Die Abbildung 2.38 zeigt einen Ausschnitt der PivotTable im Tabellenformat: Hier werden die Beschriftungen – jede in einer eigenen Spalte – angezeigt. Das erste Element der folgenden unteren Ebene beginnt in der gleichen Zeile. Teilergebnisse lassen sich lediglich ausblenden oder werden unterhalb der Gruppe angezeigt.

	A	B	C	D	E
1					
2	Region	(Alle) ▾		③	
3					
4	**Summe von Umsatz**		**Jahre** ▾		
5	**Tagesdatum** ▾	**Kategorie** ▾	**2010**	**2011**	**Gesamtergebnis**
6	⊟Jan	A Kunde	656.288,18	582.698,00	1.238.986,18
7		B Kunde	363.650,26	313.664,00	677.314,26
8		C Kunde	209.358,43	166.230,00	375.588,43
9	**Jan Ergebnis**		**1.229.296,87**	**1.062.592,00**	**2.291.888,87**
10	⊟Feb	A Kunde	787.617,35	589.970,00	1.377.587,35
11		B Kunde	447.874,66	348.054,00	795.928,66
12		C Kunde	180.370,38	142.963,00	323.333,38
13	**Feb Ergebnis**		**1.415.862,39**	**1.080.987,00**	**2.496.849,39**
14	⊟Mrz	A Kunde	773.628,21	599.619,00	1.373.247,21
15		B Kunde	401.651,15	279.612,00	681.263,15
16		C Kunde	216.396,49	133.853,00	350.249,49
17	**Mrz Ergebnis**		**1.391.675,85**	**1.013.084,00**	**2.404.759,85**
18	⊟Apr	A Kunde	893.906,55	667.563,00	1.561.469,55
19		B Kunde	594.314,23	428.541,00	1.022.855,23
20		C Kunde	169.890,66	127.580,00	297.470,66
21	**Apr Ergebnis**		**1.658.111,44**	**1.223.684,00**	**2.881.795,44**

Abbildung 2.38   PivotTable im Berichtslayout *Tabellenformat* (Ausschnitt)

	A	B	C	D	E
1					
2	Region	(Alle) ▾		④	
3					
4	**Summe von Umsatz**		**Jahre** ▾		
5	**Tagesdatum** ▾	**Kategorie** ▾	**2010**	**2011**	**Gesamtergebnis**
6	⊟Jan	A Kunde	656.288,18	582.698,00	1.238.986,18
7	Jan	B Kunde	363.650,26	313.664,00	677.314,26
8	Jan	C Kunde	209.358,43	166.230,00	375.588,43
9	**Jan Ergebnis**		**1.229.296,87**	**1.062.592,00**	**2.291.888,87**
10	⊟Feb	A Kunde	787.617,35	589.970,00	1.377.587,35
11	Feb	B Kunde	447.874,66	348.054,00	795.928,66
12	Feb	C Kunde	180.370,38	142.963,00	323.333,38
13	**Feb Ergebnis**		**1.415.862,39**	**1.080.987,00**	**2.496.849,39**
14	⊟Mrz	A Kunde	773.628,21	599.619,00	1.373.247,21
15	Mrz	B Kunde	401.651,15	279.612,00	681.263,15
16	Mrz	C Kunde	216.396,49	133.853,00	350.249,49
17	**Mrz Ergebnis**		**1.391.675,85**	**1.013.084,00**	**2.404.759,85**
18	⊟Apr	A Kunde	893.906,55	667.563,00	1.561.469,55
19	Apr	B Kunde	594.314,23	428.541,00	1.022.855,23
20	Apr	C Kunde	169.890,66	127.580,00	297.470,66
21	**Apr Ergebnis**		**1.658.111,44**	**1.223.684,00**	**2.881.795,44**

Abbildung 2.39   PivotTable im Tabellenformat mit aufgefüllten Elementnamen (Ausschnitt)

Die Abbildung 2.39 zeigt eine PivotTable mit aufgeführten Elementnamen. Im Gegensatz zur Abbildung 2.38 wird bei diesem Layout beispielsweise der Monatsname in jeder Zeile wiederholt. Dies hat Vorteile bei externen Zugriffen auf die PivotTable, insbesondere bei Verwendung der Funktion *PIVOTDATENZUORDNEN()*.

Mit dem Befehl *Elementnamen nicht wiederholen*, den Sie in der Gruppe *Layout/Berichtslayout*, des Registers *Entwurf* finden, können Sie die PivotTable wieder in das ursprüngliche Tabellenformat zurückversetzen.

Berichtslayout in den PivotTable-Optionen anpassen

Wenn Sie äußere Zeilen und äußere Spalten verbinden, können Sie damit die Elemente horizontal und vertikal zentrieren. Sie haben auf diesem Weg die Möglichkeit, den Einzug von Einträgen zu steuern (vgl. Abbildung 2.40). Die Einstellung dazu nehmen Sie im Dialogfeld *PivotTable-Optionen* vor.

3	Jahre ▾	Kostenträg ▾	Kontenbezeichnung ▾	3	Jahr ▾	Kostenträg ▾	Kontenbezeichnung ▾
4	⊟2009	⊟GK	Grüner, Peter	4			Grüner, Peter
5			HSC GmbH	5		GK	HSC GmbH
6			Simon Grauvogel	6	⊟		Simon Grauvogel
7			TSC Systemtechnik GmbH	7			TSC Systemtechnik GmbH
8		**GK Ergebnis**		8		**GK Ergebnis**	
9		⊟APD	HOLT Industrieelektronik	9			HOLT Industrieelektronik
10			HSC GmbH	10	⊟	APD	HSC GmbH
11			mbs electronic systems	11	⊟2009		mbs electronic systems
12		**APD Ergebnis**		12		**APD Ergebnis**	
13		⊟DEC	Grüner, Peter	13			Grüner, Peter
14			HOLT Industrieelektronik	14			HOLT Industrieelektronik
15			mbs electronic systems	15	⊟	DEC	mbs electronic systems
16			Simon Grauvogel	16			Simon Grauvogel
17			TSC Systemtechnik GmbH	17			TSC Systemtechnik GmbH
18		**DEC Ergebnis**		18		**DEC Ergebnis**	

Abbildung 2.40   Die Verbindung und Zentrierung des Felds *Kontobezeichnung* und *Kostenträger*

Um das Dialogfeld *PivotTable-Optionen* zu öffnen, klicken Sie mit der rechten Maustaste in die Pivot-Table und wählen Sie im Kontextmenü den Befehl *PivotTable-Optionen*.

Auf der Registerkarte *Layout & Format* finden Sie das Kontrollkästchen *Zellen mit Beschriftungen zusammenführen und zentrieren*. Über das Drehfeld *Für Kurzformat Einzug der Zeilenbeschriftungen* legen Sie den Einzugswert zwischen 0 und 127 fest (siehe Abbildung 2.41).

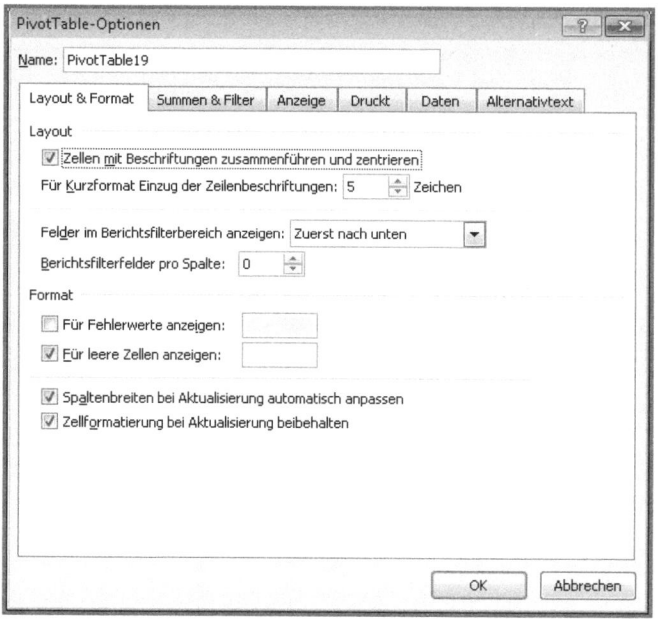

Abbildung 2.41   Im Abschnitt *Layout* können Sie Beschriftungen zusammenführen, zentrieren und die Einzüge bestimmen

Tabellenoptionen erleichtern die Arbeit mit den PivotTables

Im Dialogfeld *PivotTable-Optionen* (siehe Abbildung 2.40) können Sie auf sechs Registerkarten die unterschiedlichsten Einstellungen für einen PivotTable-Bericht vornehmen.

Tabelle 2.2 listet pro Registerkarte alle Einstellungsmöglichkeiten übersichtlich auf.

Option	Beschreibung
Registerkarte *Layout & Format*	
Zellen mit Beschriftungen zusammenführen und zentrieren	Diese Option verbindet Zellen für Elemente in äußeren Zeilen und Spalten, um dann die Elemente horizontal oder vertikal zentrieren zu können (Layout: Tabellenformat)
Felder im Berichtsfilterbereich anzeigen: Zuerst nach unten; rechts, dann nach unten	Felder, die im Berichtsfilter hinzugefügt werden, werden untereinander angezeigt. Felder werden nebeneinander angeordnet, maximal so viele, wie pro Zeile angegeben sind.

Tabelle 2.2   Optionen der PivotTable

Option	Beschreibung
Für Fehlerwerte anzeigen	Ermöglicht Ihnen, anstelle von Fehlerwerten, z.B. #BEZUG! oder #DIV/0!, ein selbst bestimmtes Zeichen auszugeben
Für leere Zellen anzeigen	Ermöglicht Ihnen, anstelle einer leeren Zelle ein selbst bestimmtes Zeichen, beispielsweise eine 0, einzugeben
Spaltenbreiten bei Aktualisierung automatisch anpassen	Passt bei jeder Aktualisierung die Spaltenbreite automatisch an die Größe des breitesten Textes an. Es ist zu deaktivieren, um die aktuelle Breite der Pivot-Tabellenspalten beizubehalten.
Zellformatierung bei Aktualisierung beibehalten	Erspart Ihnen das wiederholte Formatieren Ihrer PivotTable nach Änderungen oder Aktualisierungen
Registerkarte *Summen & Filter*	
Gesamtsummen für Spalten anzeigen	Fasst mit der gleichen Funktion, die im Datenbereich verwendet wird, die Werte für alle Zellen in derselben Spalte der PivotTable zusammen. Gesamtsummenspalte ein- bzw. ausblenden.
Gesamtsummen für Zeilen anzeigen	Fasst ebenfalls mit der gleichen Funktion, die im Datenbereich verwendet wird, die Werte aller Zellen in derselben Zeile der PivotTable zusammen. Gesamtsummenzeile ein- bzw. ausblenden.
Nach Teilergebnissen gefilterte Seitenelemente	Ermöglicht es, gefilterte Elemente in Teilergebnisse ein- oder auszuschließen
Mehrere Filter pro Feld zulassen	Das aktivierte Kontrollkästchen ermöglicht es Ihnen, in die Berechnung von Teilergebnissen und Gesamtsummen alle Werte einzubeziehen, einschließlich der durch Filter ausgeblendeten Werte
Beim Sortieren benutzer-definierte Listen verwenden	Diese Option aktivieren Sie, um zum Sortieren eigene Sortierfolgen (benutzerdefinierte Listen) zu verwenden. Wenn Sie große Datenmengen aufsteigend oder absteigend sortieren, verbessert die Wegnahme dieser Option eventuell die Leistung des Systems.
Registerkarte *Anzeige*	
Schaltflächen zum Erweitern/ Reduzieren anzeigen	Aktivieren Sie diese Option, um die Plus- oder Minuszeichen zum Erweitern bzw. Reduzieren von Zeilen- oder Spaltenbeschriftungen anzuzeigen
Kontextbezogene QuickInfos anzeigen	Zeigt Ihnen bei aktivierter Option in der Quickinfo den Wert, das Zeilenfeld und dessen Inhalt sowie das Spaltenfeld und dessen Inhalt an
Eigenschaften in QuickInfo anzeigen	Hier lassen Sie Eigenschaftsinformationen von Elementen in der Quickinfo anzeigen – gilt nur für OLAP-Datenquellen
Feldbeschriftungen und Filterdropdowns anzeigen	Bei aktivierter Option werden Feldbeschriftungen für Zeilen und Spalten einschließlich Dropdown-Pfeilen angezeigt.
Klassisches PivotTable-Layout	Zeigt die Pivot-Erstellungsansicht der Vorversionen (2003 und früher) und ermöglicht Ihnen das Ziehen bzw. Verschieben von Feldern in PivotTable-Berichten (und nicht nur im Dialog *PivotTable-Feldliste*)
Die Wertezeile anzeigen	OLAP-Datenbearbeitung
Elemente ohne Daten in den Zeilen/Spalten anzeigen	Zeigt Zeilen-/Spaltenelemente an, die keine Werte besitzen. Die Optionen sind nur für OLAP-Datenquellen verfügbar.

Tabelle 2.2 Optionen der PivotTable *(Fortsetzung)*

Option	Beschreibung
Elementnamen anzeigen, wenn im Wertbereich keine Felder vorhanden sind	Sie können mit dieser Option Elementbeschriftungen ein- bzw. ausblenden, wenn im Wertbereich keine Felder vorhanden sind. Gilt nur für PivotTable-Berichte, die mit Excel 2007/2010 erstellt wurden.
Von A bis Z sortieren oder *Nach der Reihenfolge der Datenquellen sortieren*	Sortiert die Inhalte der Feldliste aufsteigend alphabetisch. Übernimmt die Sortierung der externen Datenquelle – gilt nicht für OLAP-Datenquellen.
Registerkarte *Druckt*	
Schaltflächen zum Erweitern/ Reduzieren in einer PivotTable anzeigen	Aktivieren oder deaktivieren Sie diese Option, um die Schaltflächen zum Erweitern/Reduzieren beim Drucken eines PivotTable-Berichts auszugeben bzw. nicht auszugeben. Dieses Kontrollkästchen wird nicht gedruckt, wenn das Kontrollkästchen *Schaltflächen zum Erweitern/Reduzieren in einer PivotTable anzeigen* auf der Registerkarte *Druckt* dieses Dialogfelds deaktiviert ist.
Zeilenbeschriftungen für jede gedruckte Seite wiederholen	Wiederholt die aktuellen Elementbeschriftungen der Zeilenbeschriftungen auf allen Seiten eines gedruckten PivotTable-Berichts, wenn die Option aktiv ist
Drucktitel festlegen	Bei aktivierter Option werden alle Feldkopfzeilen der Zeilen und Spalten und der Spaltenelementbeschriftungen auf allen gedruckten Seiten eines PivotTable-Berichts wiederholt. Um die Beschriftungen tatsächlich drucken zu können, müssen Sie unter den folgenden Optionen dennoch Werte eingeben: Öffnen Sie auf der Registerkarte *Seitenlayout* in der Gruppe *Seite einrichten* über *Drucktitel* das Dialogfeld *Seite einrichten*. Auf der Registerkarte *Blatt* im Abschnitt *Drucktitel* geben Sie in den Feldern *Wiederholungszeilen oben* bzw. *Wiederholungsspalten links* die entsprechenden Werte an.
Registerkarte *Daten*	
Quelldaten mit Datei speichern	Ermöglicht es, Daten aus externen Datenquellen in der Arbeitsmappe zu speichern – gilt nicht für OLAP-Datenquellen
'Details erweitern' aktivieren	Bei aktiver Option lassen Sie einen Drilldown zu Detaildaten aus der Datenquelle zu und zeigen die Daten in einem neuen Arbeitsblatt an – gilt nicht für OLAP-Datenquellen.
Aktualisieren beim Öffnen der Datei	Beim Öffnen der Datei wird bei aktiver Option die Excelmappe aktualisiert – gilt nicht für OLAP-Datenquellen
Elemente beibehalten, die aus der Datenquelle gelöscht wurden: *Anzahl der pro Feld beizubehaltenden Elemente*	Gibt die Anzahl der Elemente pro Feld an, die mit der Arbeitsmappe zwischengespeichert werden sollen *Automatisch*: Die Standardanzahl der eindeutigen Elemente für die einzelnen Felder *Keine*: Keine eindeutigen Elemente für die einzelnen Felder *Maximum*: Die maximale Anzahl eindeutiger Elemente für die einzelnen Felder
Was-wäre-Wenn-Analyse: *Zellbearbeitung im Wertebereich zulassen*	Gilt nur für OLAP-Datenbearbeitung
Registerkarte *Alternativtext*	
Titel und *Beschreibung*	Sie können alternativen Text für Formen, Bilder, Diagramme, Tabellen, SmartArt-Grafiken oder andere Objekte in Office-Dokumenten erstellen. Alternativer Text ermöglicht Benutzern mit einer Bildschirmsprachausgabe, den Inhalt von Bildern zu verstehen. Wenn ein Dokument per Bildschirmsprachausgabe gelesen oder in einem Dateiformat wie DAISY (**D**igital **A**ccessible **I**nformation **S**ystem) gespeichert wird, wird in den meisten Browsern alternativer Text angezeigt, wenn der Benutzer den Mauszeiger über ein Bild bewegt.

Tabelle 2.2 Optionen der PivotTable *(Fortsetzung)*

Anzeigen von Teilergebnissen und Gesamtergebnissen

Sie können in einer PivotTable die Teilergebnisse von Elementen und die Gesamtergebnisse in Zeilen oder Spalten anzeigen oder ausblenden. Darüber hinaus können Sie für Teilergebnisse bestimmen, ob diese oben in der Gruppe, unten in der Gruppe oder nicht angezeigt werden (siehe Abbildung 2.42). Die entsprechenden Befehle finden Sie auf der kontextsensitiven Registerkarte *PivotTable-Tools* auf der Registerkarte *Entwurf* in der Gruppe *Layout*.

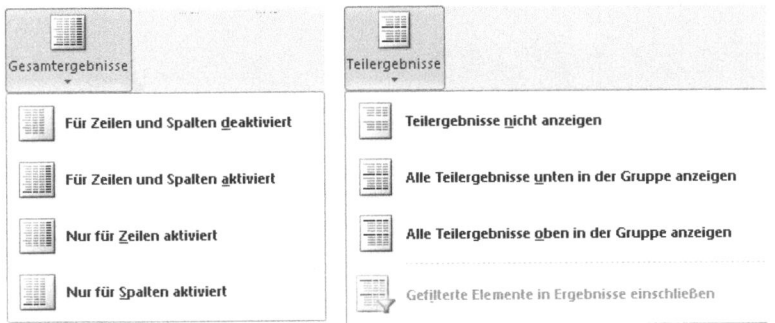

Abbildung 2.42   Möglichkeiten der Befehle *Teilergebnisse* und *Gesamtergebnisse*

HINWEIS   Gesamtergebnisse für Zeilen werden nur angezeigt, wenn Sie mehr als ein Feld im Wertebereich angeordnet haben.

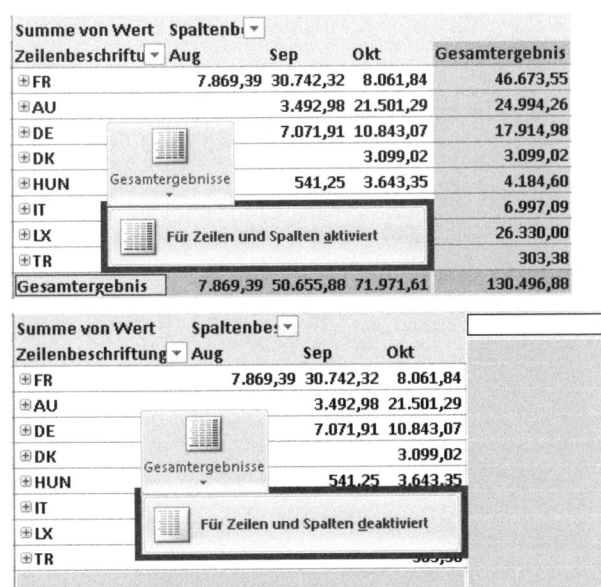

Abbildung 2.43   Beispielfall mit aktiviertem und deaktiviertem Gesamtergebnis für Zeile und Spalte

Entsprechend der Abbildung 2.43 lassen sich Gesamtergebnisse auch nur für Zeilen oder nur für die Spalten aktivieren bzw. deaktivieren.

Bei Teilergebnissen erfolgt die Darstellung vom äußeren Element zum inneren Element. Ist nur ein Element in der Zeile angeordnet, erfolgt bei Erststellung einer PivotTable immer die Anzeige von Teilergebnissen. Wird ein weiteres Feld im Zeilenbereich hinzugefügt, erfolgt die Anzeige eines Teilergebnisses nur für das innere Feld. Die Anzeige des Teilergebnisses setzt sich mit jedem weiteren Feld im Zeilenbereich fort. Über die Feldeinstellungen kann das individuelle Anzeigen bzw. Ausblenden von Teilergebnissen eines Felds manuell gesteuert werden. Mit dem Befehl *Teilergebnisse* (siehe Abbildung 2.42) können Sie alle Teilergebnisse ein- bzw. ausblenden und die Anordnung oberhalb oder unterhalb der Daten steuern.

Summe von			Datum			
Land	Arbeitsgebiet	Budget	Aug	Sep	Okt	Gesamtergebnis
FR	Apps	Consult		1.862,21	672,17	2.534,38
		WebRequest		2.091,68	1.088,36	3.180,05
	Apps Ergebnis			**3.953,90**	**1.760,53**	**5.714,43**
	Phones	Consult		964,43		964,43
		E-Projekt	7.869,39	24.306,64	3.561,27	35.737,30
		WebRequest		1.317,45	545,00	1.862,45
	Phones Ergebnis		**7.869,39**	**26.588,53**	**4.106,27**	**38.564,19**
	Support	Consult		490,50		490,50
		WebRequest		1.175,82		1.175,82
	Support Ergebnis			**1.666,32**		**1.666,32**
	WebSide	Consult		199,89	27,25	227,14
		WebRequest			501,47	501,47
	WebSide Ergebnis			**199,89**	**528,72**	**728,61**
FR Ergebnis			**7.869,39**	**30.742,32**	**8.061,84**	**46.673,55**

Abbildung 2.44 PivotTable mit automatischen Teilergebnissen für die Zeilenfelder *Land* und *Arbeitsgebiet*

Teilergebnisse lassen sich auch für mehrere Zusammenfassungsfunktionen anzeigen. Abbildung 2.45 zeigt die Summen und die Anzahl als Teilergebnis. Diese Anzeige beruht auf den Daten im Feld *Werte* des Layoutbereichs.

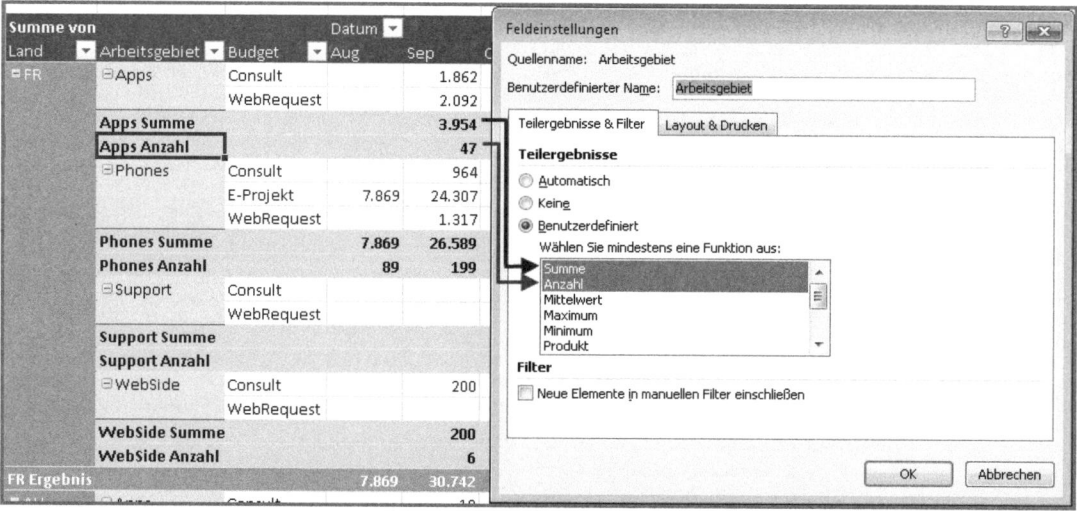

Abbildung 2.45 Anzeige mehrerer Teilergebnisse für ein Feld aufgrund der benutzerdefinierten Funktion in dem Dialogfeld *Feldeinstellungen*

Sortieren in PivotTables

Mit einer PivotTable können Sie sehr große Datenmengen bearbeiten. Wichtig ist jedoch der Blick auf die relevanten Daten. Dabei helfen Ihnen Funktionen wie Sortieren, Filtern und interaktives Filtern mit Datenschnitten.

Wie in herkömmlichen Tabellen können Sie auch in PivotTable sortieren. Die Befehle dazu finden Sie sowohl auf der kontextsensitiven Registerkarte *PivotTable-Tools* auf der Registerkarte *Optionen* in der Gruppe *Sortieren und Filtern* als auch im Kontextmenü oder über die Filterschaltflächen eines Pivot-Table-Felds.

Sie können zwischen folgenden Sortiermöglichkeiten wählen:

- manuell erstellte Sortierfolge
- automatische Sortierfolge, aufsteigend oder absteigend
- Sortierfolge unter Verwendung einer benutzerdefinierten Liste

TIPP   Alle Sortierungen können Sie für Spalten- bzw. Zeilenbeschriftungen und jedes Feld des Wertebereichs anwenden. Die Sortierung bleibt auch erhalten, wenn Sie die PivotTable aktualisieren, ein sortiertes Feld in einen anderen Layoutbereich der PivotTable verschieben oder ein Feld in den Berichtsfilter verschieben.

Elemente mit der Maus verschieben

Eine der einfachsten Möglichkeiten, die Reihenfolge der Elemente zu verändern, erreichen Sie, indem Sie ein Element mit der Maus anklicken und an eine neue Position ziehen.

Um beispielsweise ein Element innerhalb der Zeilenbeschriftung mit der Maus zu verschieben, führen Sie die folgenden 4 Schritte durch (siehe Abbildung 2.46):

1. Aktivieren Sie die Zellen, die an eine andere Position verschoben werden soll.
2. Zeigen Sie mit dem Mauszeiger auf den Rand der Zelle.
3. Ändert sich der Mauszeiger auf einen Doppelpfeil, drücken Sie die linke Maustaste, halten diese gedrückt und verschieben die Zelle an die neue Position.
4. Dort lösen Sie die Maustaste und das Element wird entsprechend einsortiert.

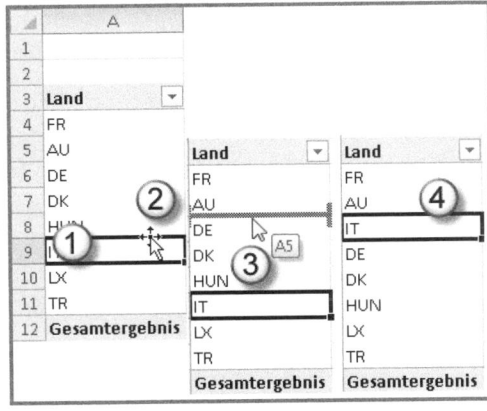

Abbildung 2.46 Ein Element mit der Maus an eine neue Position verschieben

Das einfache Verschieben von Elementen mit der Maus funktioniert nur, wenn die Sortieroptionen für das manuelle Sortieren aktiviert sind (siehe Abbildung 2.47).

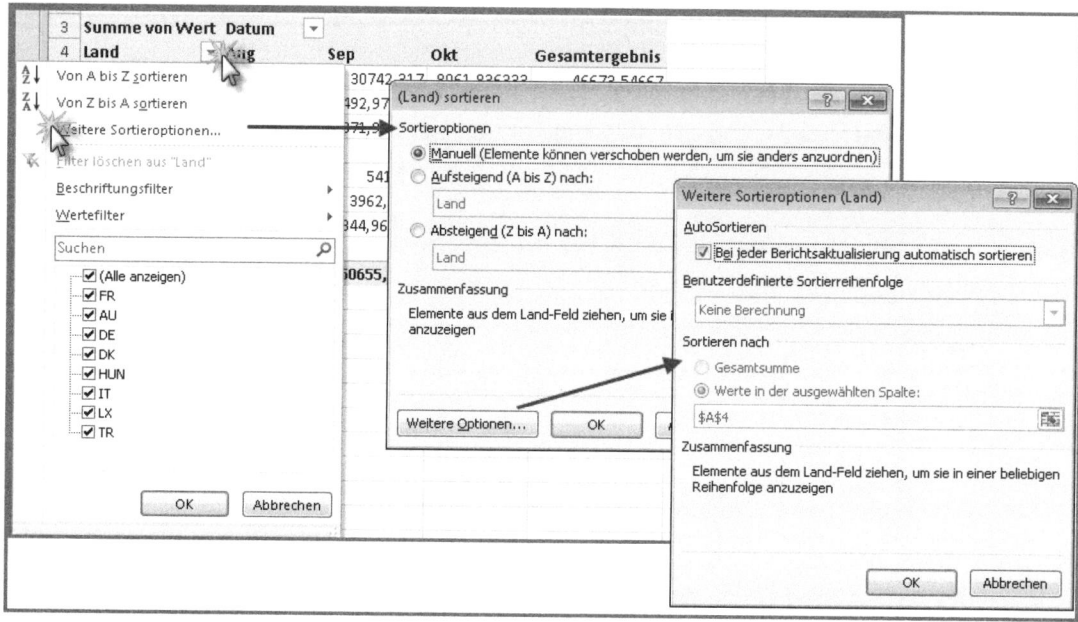

Abbildung 2.47   Darstellung der verschiedenen Sortieroptionen

Wenn Sie eine Sortierung aufsteigend oder absteigend benötigen, können Sie dies gezielt im Dialog-feld *Sortieren* anwählen. Zusätzlich können Sie im Dialogfeld *Sortieren* die Schaltfläche *Weitere Optio-nen* aktivieren und in dem folgenden Dialogfeld weitere Einstellungen vornehmen, wie beispielsweise die *Benutzerdefinierte Sortierreihenfolge* auswählen (siehe Abbildung 2.47).

Benutzerdefinierte Sortierreihenfolge erstellen und anwenden

Bevor Sie eine benutzerdefinierte Sortierfolge anwenden können, müssen Sie eine entsprechende Liste erstellen. Dies ist recht einfach:

1. Geben Sie in einem Tabellenblatt die Daten in der gewünschten Reihenfolge ein.

2. Markieren Sie den Zellbereich, nach dem die Sortierung erfolgen soll.

3. Klicken Sie in der Registerkarte *Datei* auf *Optionen* und öffnen Sie in den Excel-Optionen die Kategorie *Erweitert*. Im Abschnitt *Allgemein* finden Sie die Schaltfläche *Benutzerdefinierte Listen bearbeiten*.

4. Im geöffneten Dialogfeld *Benutzerdefinierte Listen* klicken Sie auf die Schaltfläche *Importieren* und anschließend zweimal auf *OK* (siehe Abbildung 2.48).

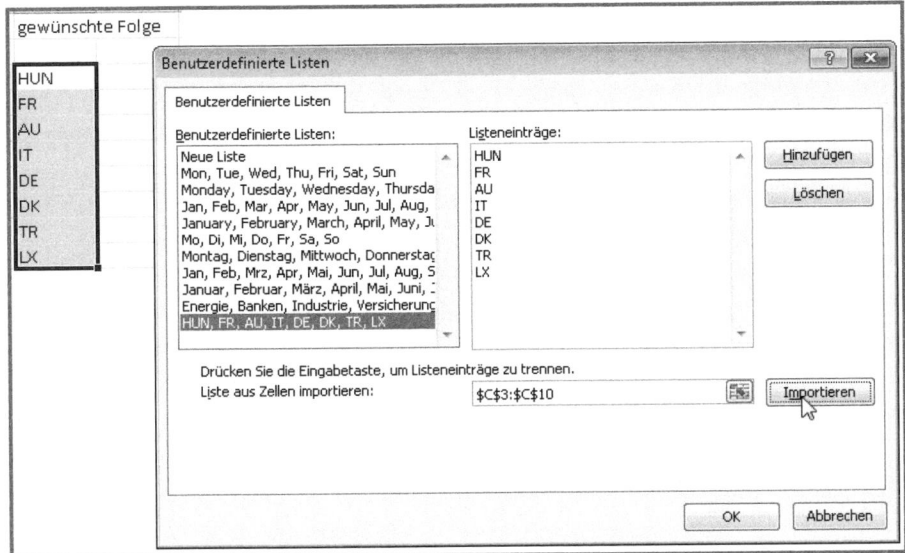

Abbildung 2.48   Dialogfeld *Benutzerdefinierte Listen* mit den importierten Beispieldaten

Im nächsten Arbeitsschritt verwenden Sie die zuvor erstellte benutzerdefinierte Liste, um die Sortierung in der dort festgelegten Reihenfolge vorzunehmen.

1. Erstellen Sie eine PivotTable wie in Abbildung 2.49.

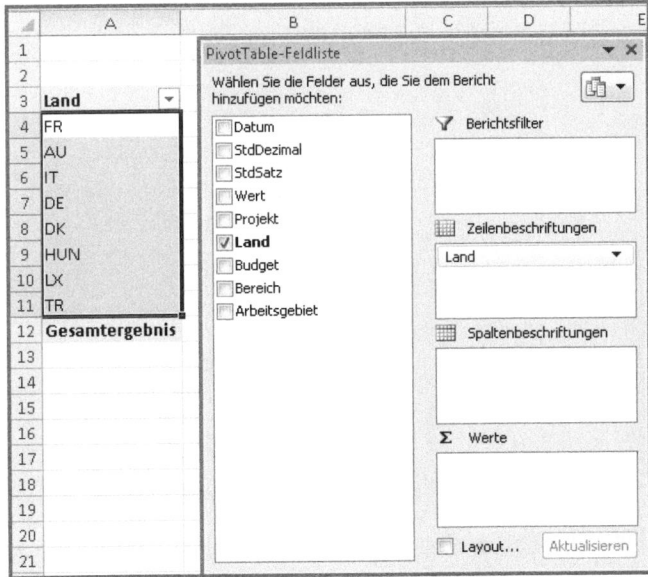

Abbildung 2.49   Einfache PivotTable für eine *Benutzerdefinierte Sortierreihenfolge*

2. Wählen Sie in der PivotTable eine Zelle in der Spalte aus, die sortiert werden soll.

3. Öffnen Sie die Registerkarte *Start* und aktivieren Sie in der Gruppe *Bearbeiten* den Befehl *Sortieren und Filtern*.

4. Im folgenden Befehlsmenü klicken Sie auf den Befehl *Benutzerdefiniertes Sortieren*. Es öffnet sich das Dialogfeld *Sortieren*.

5. Klicken Sie auf das Auswahlfeld *Reihenfolge* und wählen Sie den Eintrag *Benutzerdefinierte Liste*.

6. Im folgenden Dialogfeld *Benutzerdefinierte Listen* markieren Sie die von Ihnen erstellte Liste und bestätigen zweimal die Schaltfläche *OK*.

In der PivotTable wird die gewünschte Sortierung durchgeführt.

So sortieren Sie eine PivotTable nach Teilergebnissen

Eine spezielle Herausforderung stellt es dar, wenn Sie im Wertebereich nach Teilergebnissen sortieren wollen. Um dies zu erreichen, gehen sie folgendermaßen vor:

Erstellen Sie eine PivotTable nach dem Vorbild in Abbildung 2.50.

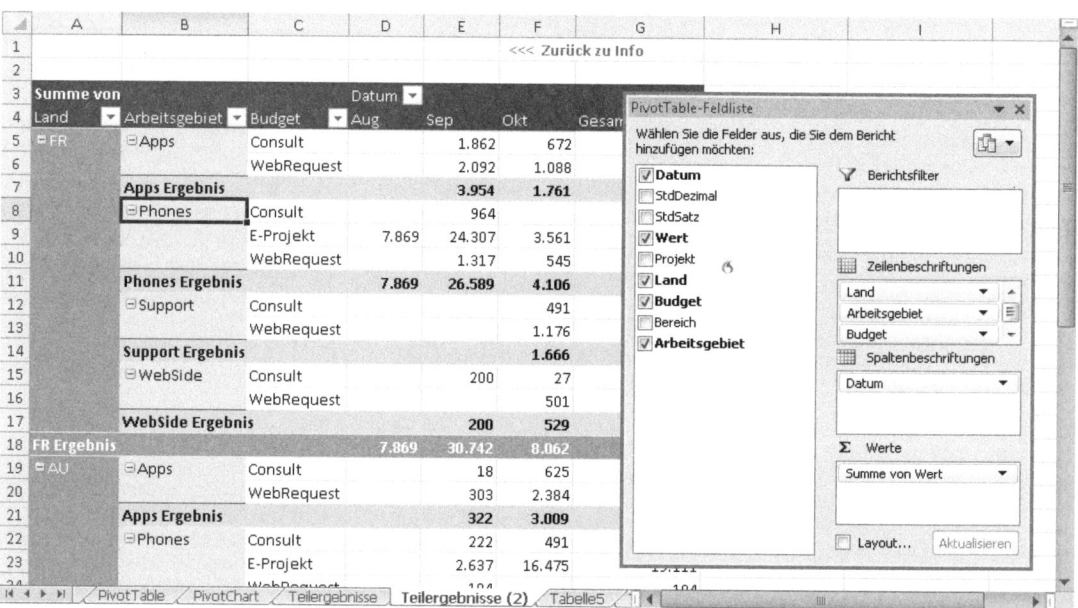

Abbildung 2.50   PivotTable als Grundlage für die Sortierung von Teilergebnissen

1. Achten Sie darauf, dass die Teilergebnisse für das Feld, nach dem Sie sortieren wollen, auch angezeigt werden.

2. Aktivieren Sie eine Zelle in den Zeilenbeschriftungen (in diesem Beispiel *Arbeitsgebiet*) und wählen Sie im Kontextmenü die Befehlsfolge *Erweitern/Reduzieren/Gesamtes Feld reduzieren* (siehe Abbildung 2.51).

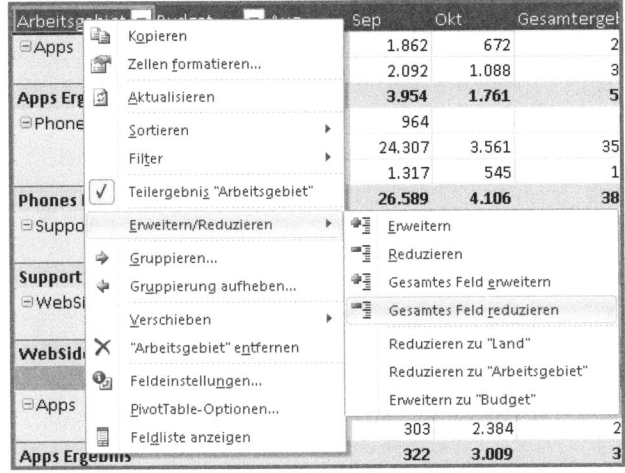

Abbildung 2.51 Der Befehl zum Reduzieren auf die Teilergebnisse

3. Aktivieren Sie eine Zelle im Wertebereich.

4. Wählen Sie im Kontextmenü den Befehl *Sortieren/Nach Größe sortieren (absteigend)* (siehe Abbildung 2.52).

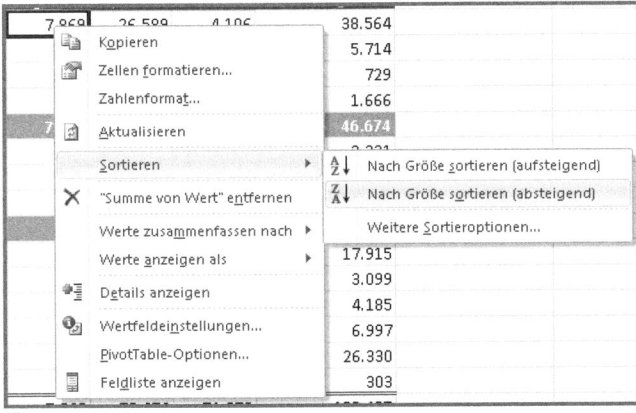

Abbildung 2.52 Befehl zum Sortieren des Wertfelds

Das Ergebnis zeigt, dass die Teilergebnisse absteigend sortiert sind, während die Daten der darunterliegenden Ebene nicht sortiert sind (siehe Abbildung 2.53).

ÜBUNG Die Lösung für das Sortieren von Teilergebnissen finden Sie auf der Registerkarte *Teilergebnisse* und *Teilergebnisse(2)* in der Datei *Kap02_Lösung1.xlsx*.

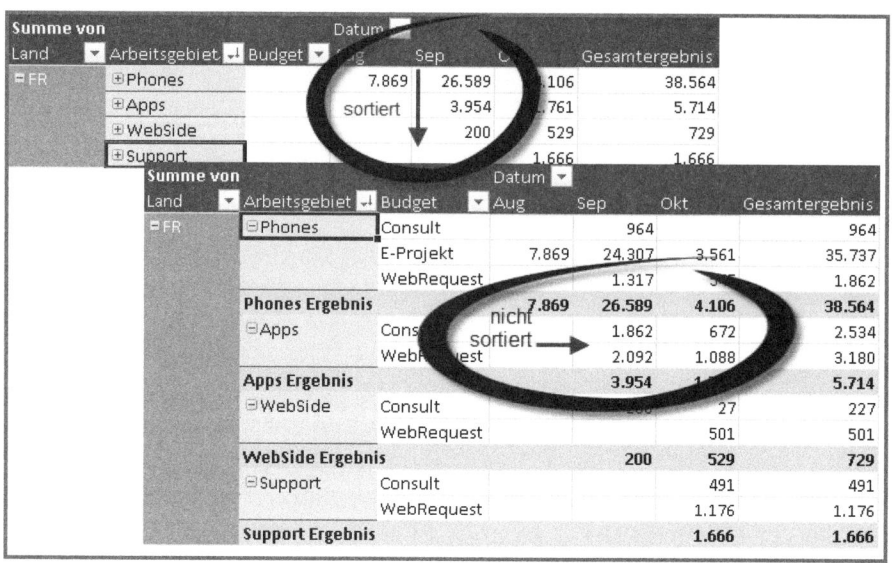

Abbildung 2.53   Die Darstellung der sortierten Ebene *Arbeitsgebiet* im Vergleich zur unsortierten Ebene *Budget*

Suchen und Filtern in den PivotTables

Allzu umfangreiche Datenmengen erschweren oft den Blick auf die relevanten Inhalte. Hier bietet die Möglichkeit, die Tabellenfelder zu filtern, eine wertvolle Hilfe, den Blick auf die wesentlichen Inhalte zu konzentrieren.

Die in einer PivotTable eingestellten Filter werden bei jeder Aktualisierung automatisch angewendet; zudem sind die Filter immer additiv. Das bedeutet, dass jeder weitere Filter auf den aktuellen Filter aufsetzt und die Untermenge der Daten weiter reduziert.

Sie können im Pivot-Umfeld bis zu drei Filtertüten gleichzeitig erstellen:

- Manuelle Filter
- Beschriftungs- und Datumsfilter
- Wertfilter

Die gleichzeitige Anwendung verschiedener Filter wird über das Optionsfeld *Mehrere Filter pro Feld zulassen* gesteuert. Diese Einstellung finden Sie auf der Registerkarte *Summen & Filter* im Dialogfeld der PivotTable-Optionen.

Mit einem Beschriftungsfilter können Sie bequem eine Teilmenge von Daten in einem PivotTable- oder PivotChart-Bericht anzeigen. Mit einem Beschriftungsfilter im Zeilenfeldbereich können Sie die Anzeige von großen Datenmengen besser überblicken und einen Teil der Daten in einem Bericht in den Vordergrund stellen, wenn Sie beispielsweise nur Namen, die mit »A« beginnen, anzeigen wollen. Sie können auch auf die Buchstabenkombination »al« selektieren, egal an welcher Stelle im Wort sich diese Kombination befindet.

Datenreduzierung auf oberster Ebene

Die folgenden Arbeitsschritte basieren auf der Feldauswahl und Anordnung der PivotTable aus Abbildung 2.54.

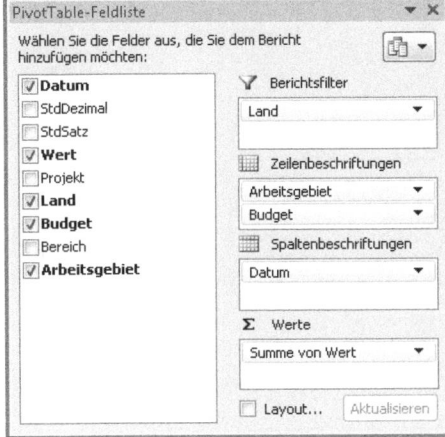

Abbildung 2.54 Anordnung der Felder in der PivotTable-Feldliste für die folgende Aufgabe

Ist die PivotTable erstellt, positionieren Sie den Cursor innerhalb der PivotTable und wählen auf der kontextsensitiven Registerkarte *PivotTable-Tools* in der Rubrik *Entwurf* den Befehl *Berichtslayout* und als Darstellungsoption *In Tabellenformat anzeigen*.

Mit der Anordnung des Felds *Land* im Berichtsfilter erhalten Sie die Möglichkeit, gezielt in der Pivot-Table nur das selektierte Land mit seinen zugehörigen Daten anzuzeigen. Im Berichtsfilter haben Sie ebenfalls die Möglichkeit, nicht nur ein Land, sondern mehrere Elemente auszuwählen. Diese Auswahl bestimmt dann die Anzeige in der PivotTable.

HINWEIS   Weiter ins Detail reichende Möglichkeiten bekommen Sie, wenn Sie Filter auf die Zeilen- bzw. Spaltenbeschriftung setzen.

Werfen Sie jetzt einen Blick auf Ihre PivotTable, so sehen Sie neben dem Feld *Arbeitsgebiet der Zeilenbeschriftungen* einen Dropdown-Pfeil.

Klicken Sie auf diesen Pfeil, so öffnen sich – je nach Datengrundlage – umfangreiche Sortier- und Filtermöglichkeiten:

- Auswahl über das Kontrollkästchen
- Anwenden von Beschriftungsfiltern
- Anwenden von Wertefiltern
- Texteingabe über das Eingabefeld *Suchen*

Um einen Beschriftungsfilter anzuwenden, gehen sie folgendermaßen vor:

1. Klicken Sie auf den Dropdown-Pfeil an der Zeilenbeschriftung *Arbeitsgebiet*.
2. Aktivieren Sie den Befehl *Beschriftungsfilter* und anschließend *Enthält*.

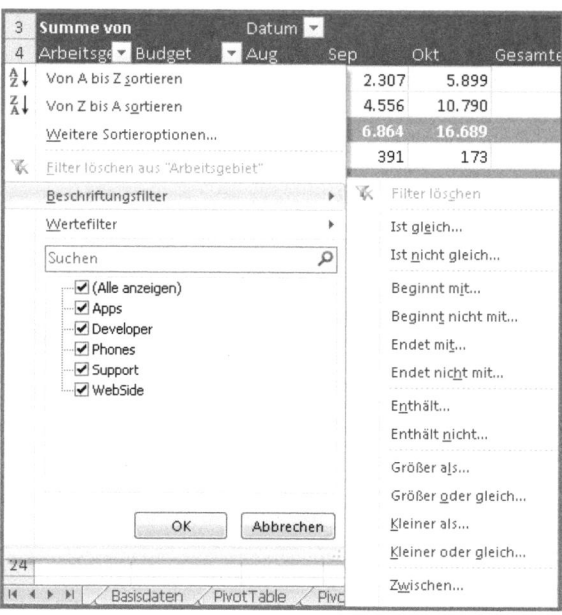

Abbildung 2.55 Excel bietet abhängig vom Ausgangsfeld umfangreiche Möglichkeiten, um Daten in der PivotTable zu filtern oder zu sortieren

3. In dem Dialogfeld *Beschriftungsfilter (Arbeitsgebiet)* tragen Sie in das Eingabefeld die Zeichenfolge »pp« ein.

Sie haben eine PivotTable erzeugt, die nur jene Arbeitsgebiete anzeigt, die in ihrer Beschreibung die Buchstabenkombination »pp« enthalten (siehe Abbildung 2.56).

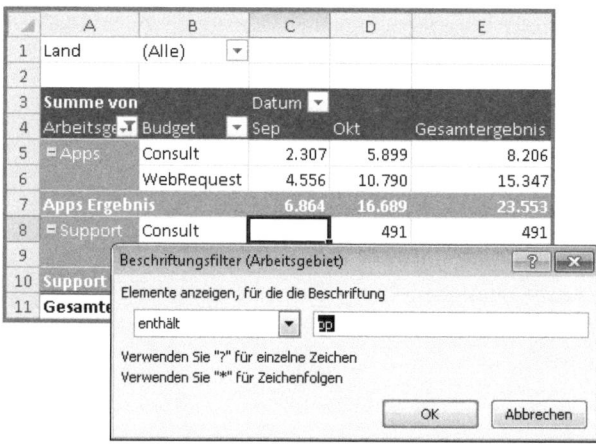

Abbildung 2.56 Gefilterte PivotTable und der zugehörige Beschriftungsfilter

Komplexe Filter über das Eingabefeld »Suchen« steuern

Eine interessante und sehr mächtige Möglichkeit bietet das Textfeld *Suchen*: Es kann neben der eigenständigen Anwendung auch zusätzlich mit einem bestehenden Beschriftungsfilter kombiniert werden. Beispielsweise wollen Sie den Filter aus dem vorherigen Beispiel behalten, aber darüber hinaus für eine Bewertung alle Arbeitsgebiete anzeigen, die in ihrer Bezeichnung den Buchstaben »s« aufweisen. Dazu gehen Sie folgendermaßen vor (siehe Abbildung 2.57 – Ziffern 1, 2 und 3):

1. Der vorhandene Filter bleibt bestehen und kann über die Schaltfläche ⟨icon⟩ eingesehen werden.

2. Klicken Sie auf den kleinen Pfeil am Feld *Arbeitsgebiet*.

3. Im folgenden Dialogfeld geben Sie in das Textfeld *Suchen* den Buchstaben »s*« ein und wenden den Filter mit *OK* an.

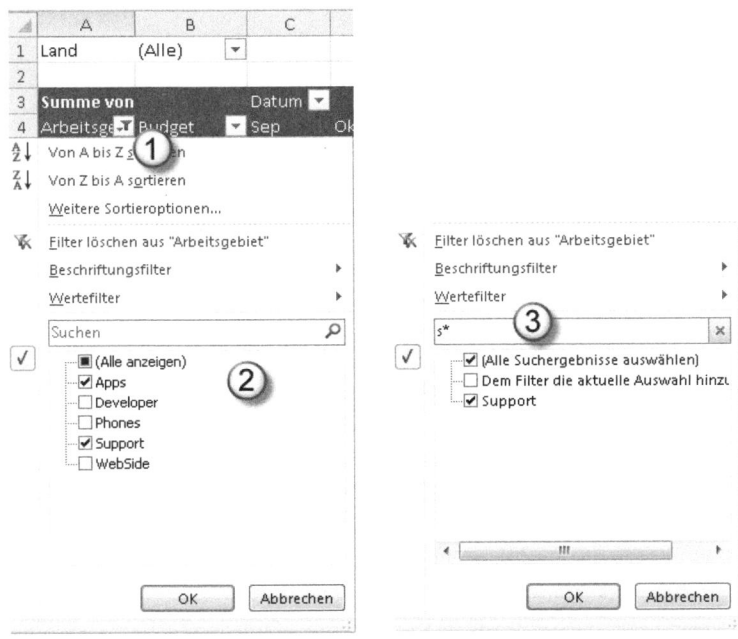

Abbildung 2.57 Anzeige der aktuellen Filter und weitere Selektion über das Suchfeld

Als Ergebnis erhalten Sie eine PivotTable, die lediglich das Arbeitsgebiet *Support* anzeigt (siehe Abbildung 2.58).

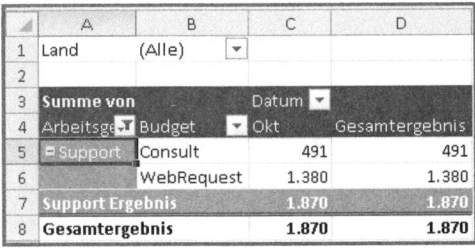

Abbildung 2.58 Anwendung des Filters über das Textfeld *Suchen*

Ein additives Filterergebnis erreichen Sie mit folgender weiterer Filterung:

1. Klicken Sie erneut auf den kleinen Pfeil am Feld *Arbeitsgebiet*.

2. Im folgenden Dialogfeld geben Sie in das Textfeld *Suchen* den Buchstaben »e« ein (siehe Abbildung 2.59).

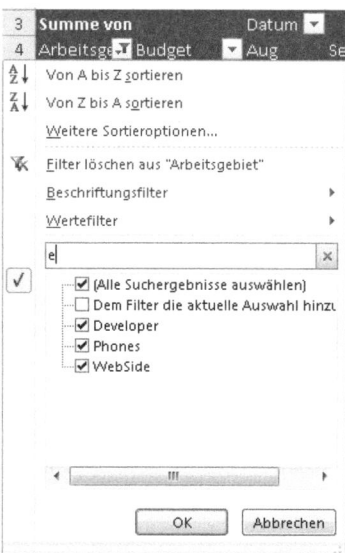

Abbildung 2.59 Eingabe des Buchstabens »e« als Suchkriterium

3. Daraufhin wird Ihnen eine Auswahl der zutreffenden Namen angezeigt.

4. Aktivieren Sie jetzt das Kontrollkästchen *Dem Filter die aktuelle Auswahl hinzufügen* und bestätigen die Schaltfläche *OK*.

Sie erhalten eine PivotTable mit der Auswahl des Arbeitsgebiets *Support* und drei weitere Arbeitsgebiete, die den Buchstaben »e« enthalten (siehe Abbildung 2.60).

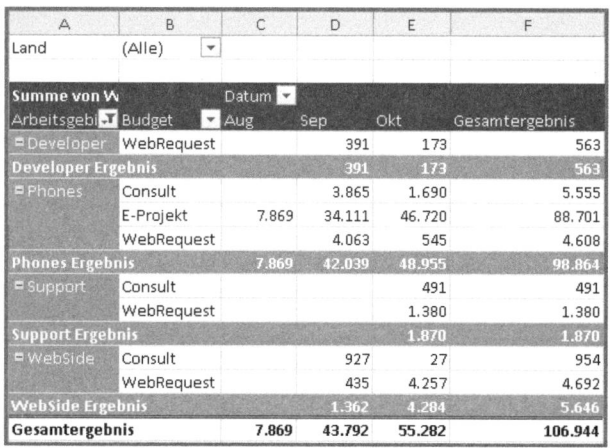

Abbildung 2.60 Die PivotTable mit dem additiven Filterergebnis

Die aktuelle Markierung als weitere Filtermöglichkeit

Abhängig vom Feldtyp Ihrer Markierung können Sie sehr differenzierte Filter anwenden.

In wenigen Schritten können Sie beispielsweise bei dem vorausgegangenen Beispiel (siehe Abbildung 2.60) im Feld *Budget* die beiden Einträge *Consult* und *E-Projekt* als Selektionsgrundlage verwenden und die PivotTable neu anzeigen. So geht's:

1. Markieren Sie in der PivotTable die beiden Einträge *Consult* und *E-Projekt*.

2. Öffnen Sie mit der rechten Maustaste das Kontextmenü und wählen Sie den Befehl *Filter*.

3. Im folgenden Untermenü wählen Sie den Befehl *Nur ausgewählte Elemente beibehalten*.

4. Mit Abschluss dieses Befehls erhalten Sie eine PivotTable, die nur Felder mit den genannten Begriffen anzeigt (siehe Abbildung 2.61 – Ziffer 4).

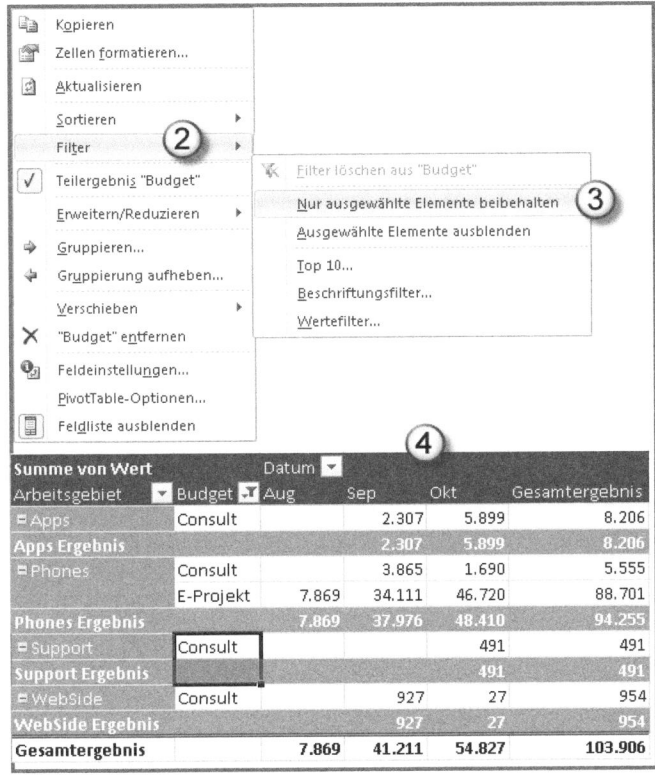

Abbildung 2.61 Der Weg in einer PivotTable, um nur markierte Begriffe zur Auswahl zuzulassen

Felder vor dem Hinzufügen filtern

Bisher haben Sie die Filterung nachträglich in der PivotTable vorgenommen. Es gibt jedoch auch die Möglichkeit, Felder schon beim Hinzufügen in der *PivotTable-Feldliste* mit einem Filter zu versehen.

Um Filter bereits in der *PivotTable-Feldliste* zu aktivieren, gehen sie folgendermaßen vor:

1. Erstellen Sie eine neue PivotTable über die Registerkarte *Einfügen* und den Befehl *PivotTable einfügen*.

2. Wenn im Tabellenblatt das Dialogfeld *PivotTable-Feldliste* eingeblendet wird, markieren Sie den Feldnamen *Datum* und klicken auf den kleinen schwarzen Pfeil am Feldnamen (siehe Abbildung 2.62 – Ziffer 1).

3. Es öffnet sich ein Kontextmenü mit Filterbefehlen. Wählen Sie dort den *Datumsfilter* (siehe Abbildung 2.62 – Ziffer 2).

4. Im folgenden Kontextmenü bekommen Sie eine umfangreiche Auswahl an datumsorientierten Filtermöglichkeiten (siehe Abbildung 2.62 – Ziffer 3) – wählen Sie den Befehl *Letztes Quartal*.

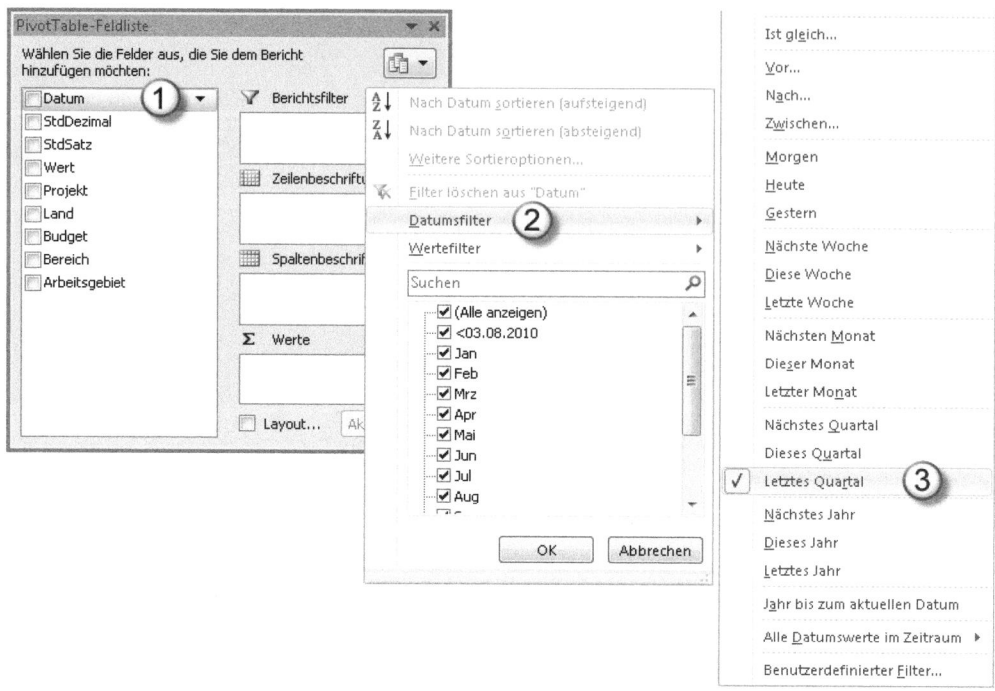

Abbildung 2.62   Befehlsfolge zum Filtern in der PivotTable-Feldliste

Sobald Sie im letzten Kontextmenü Ihre Auswahl getroffen haben, beginnen Sie damit, die Felder aus der Feldliste in den Layoutbereich zu ziehen. In dem Moment, wenn ein Feld im Layoutbereich angeordnet wird, wird der zuvor aktivierte Filter wirksam. Das Ergebnis dieses Filtervorgangs finden Sie in Abbildung 2.63.

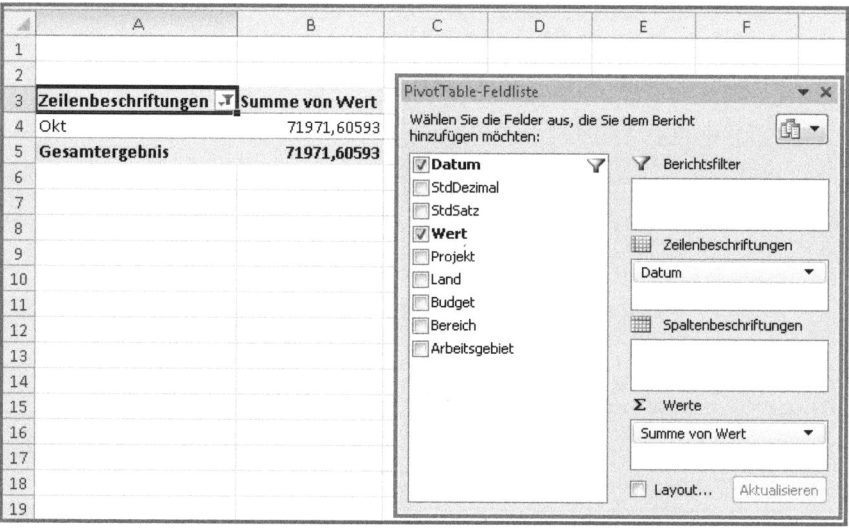

Abbildung 2.63   Anwendung des gewählten Filters in der PivotTable-Feldliste

---

WICHTIG   Filter sind in der PivotTable immer additiv. Jeder weitere Filter, den Sie einfügen, schränkt die angezeigte Datenmenge weiter ein. Teilergebnisse und Gesamtergebnisse verwenden die eingestellten Filterergebnisse für Ihre Berechnungen. Das Auflösen von Filtern ist **nicht** vergleichbar mit einer Aktualisierung der PivotTable; es werden lediglich die ausgeblendeten Daten wieder angezeigt.

Mit reduzierter Datenmenge zu arbeiten hat den Vorteil, dass insgesamt eine schnellere Bearbeitung zu erwarten ist. Dies wirkt sich insbesondere bei sehr großen Datenmengen positiv auf die Verarbeitungsgeschwindigkeit aus.

PROFITIPP   In einer PivotTable ist keine Filterung nach Farbe, Schriftfarbe oder Symbolsatz möglich. Dafür können Sie aber eine bedingte Formatierung auf eine PivotTable nach Zellen oder nach Schnittmengen anwenden.

Auf ein Feld mehrere Filter setzen

Normalerweise wird ein bestehender Filter durch einen neuen Filter ersetzt. Wenn Sie jedoch unterschiedliche Filter auf das gleiche Feld anwenden wollen, müssen Sie in den Optionen eine entsprechende Einstellung vornehmen. Gehen Sie dazu folgendermaßen vor:

1. Markieren Sie beispielsweise ein Zeilenfeld in der PivotTable.
2. Öffnen Sie mit der rechten Maustaste das Kontextmenü und wählen Sie den Befehl *PivotTable-Optionen*.
3. Im gleichnamigen Dialogfeld aktivieren Sie die Registerkarte *Summen & Filter*.
4. Kennzeichnen Sie auf dieser Registerkarte die Option *Mehrere Filter pro Feld zulassen*.

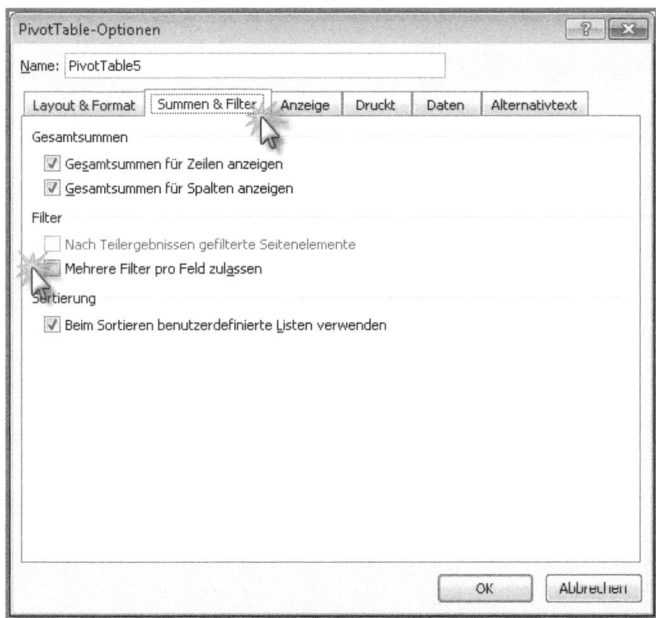

Abbildung 2.61 Auswahl der Option
Mehrere Filter pro Feld zulassen

Jetzt können Sie mehrere Elemente über einen manuellen Filter auswählen und anschließend die Daten mit zusätzlichen Filtern einschränken.

TIPP Im Berichtslayout, Gliederungsformat und im Tabellenformat wird für jedes Feld und jede Zeile eine Schaltfläche angezeigt. Im Kurzformat hingegen sehen Sie nur eine einzige Filterschaltfläche.

Neue Elemente automatisch anzeigen

Bei den üblichen Filtermethoden *AutoFilter* und *Spezialfilter* in Tabellen ist beim Hinzukommen eines neuen Elements ein erneuter Aufruf des Filterbefehls notwendig, um das Element aufzunehmen. Innerhalb einer PivotTable haben Sie die Möglichkeit, in den Feldeinstellungen eine Option zu aktivieren, die automatisch jedes neue Element in die PivotTable aufnimmt.

Sie aktivieren diese Option folgendermaßen:

1. Klicken Sie in der PivotTable beispielsweise auf ein Zeilenfeld und öffnen Sie mit der rechten Maustaste das Kontextmenü, wählen Sie dort den Befehl *Feldeinstellungen*.
2. Im sich öffnenden Dialogfeld aktivieren Sie das Kontrollkästchen *Neue Elemente in manuellen Filter einschließen* (siehe Abbildung 2.65). Dies Feld ist standardmäßig deaktiviert.

Nach einer Aktivierung werden neue Elemente für dieses Feld automatisch angezeigt. Das neue Element wird bei einem aktiven Filter am Ende der Filterliste eingefügt.

TIPP Diese Einstellung ist sehr nützlich, da sie sicherstellt, dass neue Daten nicht durch einen früher gesetzten Filter in der Betrachtung unberücksichtigt bleiben.

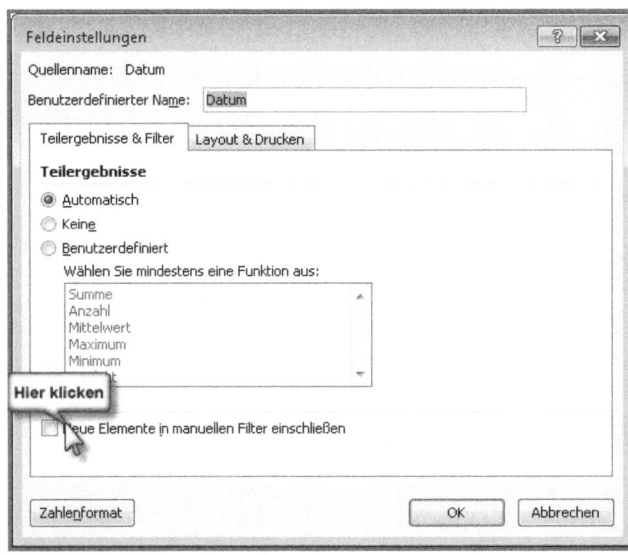

Abbildung 2.65 Dialogfeld *Feldeinstellungen* zum Aktivieren für *Neue Elemente in manuellen Filter einschließen*

Vergleichsfilter im Umgang mit Datumswerten

Wenden Sie auf ein Datumsfeld einen Filter an, so ändert sich die Beschriftung im Kontextmenü auf *Datumsfilter*. Im Umgang mit dem Datum wird beim Aufruf eines Filters eine ganze Reihe von vordefinierten Vergleichsmöglichkeiten zur Auswahl angeboten. Dabei gibt es Filter, die direkt mit einem Mausklick – also ohne weitere Eingabe – ausgeführt werden. Diese sogenannten dynamischen Filter berechnen den Vergleichswert auf Basis des aktuellen Datums, beispielsweise *Morgen, nächste Woche, letzten Monat* usw. (siehe Abbildung 2.62 – Ziffer 3). Darüber hinaus gibt es Filter, die weitere Einstellungen im Dialogfeld *Datumsfilter(»Feldname«)* ermöglichen. Erkennbar sind diese Filter an den Punkten am Ende eines Befehls.

Im Dialogfeld *Datumsfilter (Datum)* tragen Sie das Datum für den Vergleich ein (siehe Abbildung 2.66).

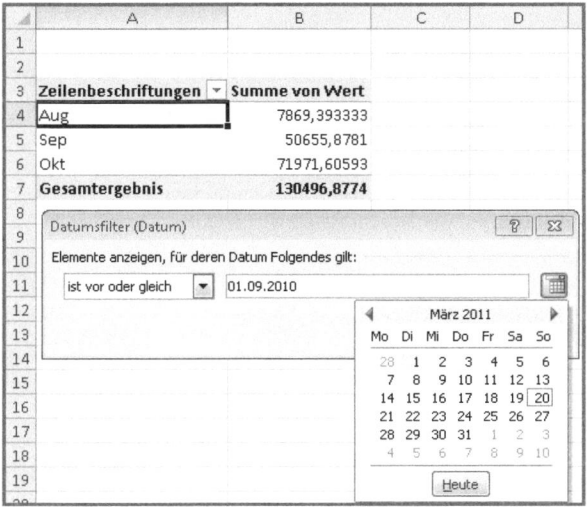

Abbildung 2.66 Das Dialogfeld bietet Zugriff auf ein Kalendersteuerelement

Nach Abschluss des Datumsfilters erhalten Sie als Ergebnis eine um den Monat Oktober reduzierte PivotTable (siehe Abbildung 2.67).

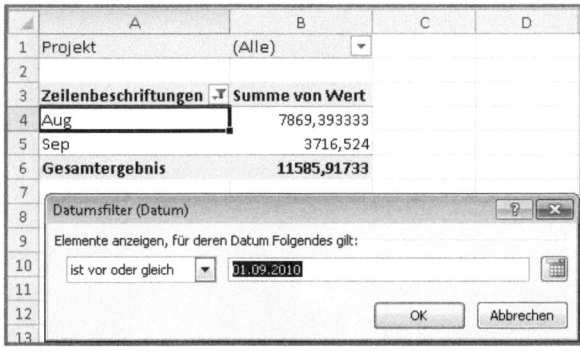

Abbildung 2.67 Das Ergebnis des Filters (Vergleichsfilter)

ÜBUNG   Dieses Beispiel finden Sie im Tabellenblatt *Datumsfilter* in der Datei *Kap02_Lösung2.xlsx*.

Filter löschen und alle Daten wieder anzeigen

Haben Sie die Filteraufgaben abgeschlossen, so löschen Sie alle Filtereinstellungen. Ein Filter wird gelöscht, indem Sie im Kontextmenü den Befehl *Filter/Filter löschen* aus "Datum" auswählen (siehe Abbildung 2.68).

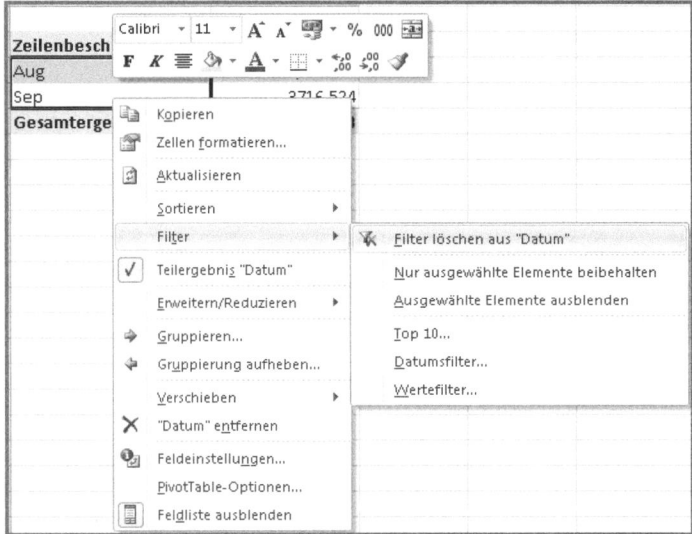

Abbildung 2.68   Löschen des Filters aus dem Feld *Datum*

HINWEIS   Anstatt den Datumfilter über das Kontextmenü zu löschen, können Sie den Filter auch in der PivotTable-Feldliste des Felds *Datum* löschen ☑**Datum**   ▽.

Einzelne Filter löschen Sie, indem Sie das Element *(Alle anzeigen)* auswählen (siehe Abbildung 2.69*)*.

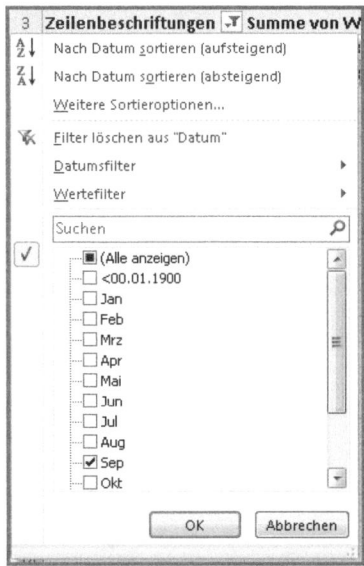

Abbildung 2.69   Einzelne Filterelemente wieder anzeigen bzw. Filter löschen

Um zahlreiche Filter in einer PivotTable in einem Schritt zu löschen, wählen Sie auf der kontextsensitiven Registerkarte *PivotTable-Tools* die Registerkarte *Optionen*; öffnen Sie in der Gruppe *Aktionen* den Befehl *Löschen* und dort *Filter löschen* (siehe Abbildung 2.70).

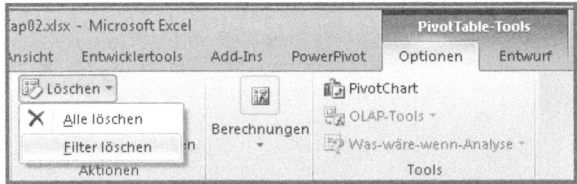

Abbildung 2.70 Befehl zum Löschen aller Filter in einer PivotTable

---

ACHTUNG Der Befehl *Alle löschen* (siehe Abbildung 2.69) entfernt alle Felder aus der PivotTable.

Genial: Einfaches Filtern mit Datenschnitten

Mit dem Befehl *Datenschnitte einfügen* ermöglicht Ihnen Excel 2010 auf geniale Art und Weise, Daten in PivotTables dynamisch zu filtern und zu segmentieren. Das bedeutet, Sie können mit wenigen Mausklicks in übersichtlichen Filtermenüs gerade benötigte Datensichten aktivieren.

ÜBUNG Um dieses elegante Feature kennenzulernen und anzuwenden, öffnen Sie die Datei *Kap02.xlsx* und aktivieren das Tabellenregister *PivotTable*.

Verwenden Sie diese PivotTable als Basis für die aufzubauenden Datenschnitte.

Übersichtlicher und leichter bedienbar wird die PivotTable, wenn Sie die Tabellenansicht als Arbeitsgrundlage aktivieren. Dazu gehen Sie folgendermaßen vor:

1. Wähen Sie auf der kontextsensitiven Registerkarte *PivotTable-Tools* den Befehl *Entwurf*.
2. In der Gruppe *Layout* wählen Sie den Befehl *Berichtslayout* und im Kontextmenü den Befehl *In Tabellenformat anzeigen*.

Sie erhalten die Darstellung wie in Abbildung 2.71.

Fügen Sie mindestens neun Leerzeilen oberhalb der PivotTable ein, um Platz für die Anordnung der Datenschnitte zu schaffen. Sie erreichen dies, indem Sie die entsprechende Anzahl von Zeilen mit einem Klick auf den Zeilenkopf markieren und danach die Tasten `Strg`+`+` – Pluszeichen auf der numerischen Tastatur – drücken.

	Arbeitsgebiet ▼	Land ▼	Aug .Wert	.StdDezimal	Sep .Wert	.StdDezimal	Okt .Wert	.StdDezimal	Gesamt: .Wert	Gesamt: .StdDezimal
13	⊟Apps	FR			3.953,90	39,13	1.760,53	16,77	5.714,43	55,90
14		AU			321,82	3,87	3.008,77	28,88	3.330,59	32,75
15		DE			1.669,48	14,93	5.988,48	55,54	7.657,96	70,47
16		HUN			0,09	0,32	359,70	3,30	359,79	3,62
17		IT			686,08	6,00	2.104,68	19,37	2.790,76	25,37
18		LX			232,53	2,13	3.163,93	32,85	3.396,46	34,98
19		TR					303,38	2,78	303,38	2,78
20	Apps Ergebnis				6.863,90	66,38	16.689,47	159,49	23.553,37	225,87
21	⊟Developer	DE			281,58	2,58			281,58	2,58
22		LX			109,00	1,00	172,58	1,58	281,58	2,58
23	Developer Ergebnis				390,58	3,58	172,58	1,58	563,17	5,17
24	⊟Phones	FR	7.869,39	68,31	26.588,53	236,57	4.106,27	35,57	38.564,19	340,45
25		AU			2.962,18	56,52	16.965,30	149,70	19.927,48	206,22
26		DE			4.939,13	42,15	3.662,75	31,25	8.601,88	73,40
27		DK					3.099,02	27,32	3.099,02	27,32
28		HUN			541,16	4,87	3.283,65	30,13	3.824,81	35,00
29		IT			2.686,65	28,97	285,22	2,62	2.971,87	31,59
30		LX			4.321,71	65,34	17.552,58	155,58	21.874,29	220,92
31	Phones Ergebnis		7.869,39	68,31	42.039,36	434,41	48.954,78	432,17	98.863,53	934,89
32	⊟Support	FR					1.666,32	16,78	1.666,32	16,78
33		DE					204,00	1,50	204,00	1,50

Abbildung 2.71   Struktur der PivotTable und *In Tabellenformat anzeigen*

Fügen Sie anschließend in obige PivotTable die ersten Datenschnitte ein:

1. Wählen Sie auf der kontextsensitiven Registerkarte *PivotTable-Tools* den Befehl *Optionen*.

2. In der Gruppe *Sortieren und Filtern* wählen Sie den Befehl *Datenschnitt einfügen* und im Kontextmenü den gleichnamigen Befehl *Datenschnitt einfügen* (siehe Abbildung 2.72).

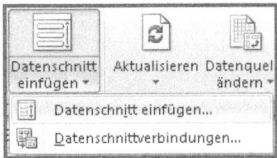

Abbildung 2.72   Befehl für *Datenschnitt einfügen*

3. Im sich öffnenden Dialogfeld *Datenschnitt auswählen* aktivieren Sie die Kontrollkästchen der Felder, die Sie für die Filterung benötigen. Wählen Sie für das Beispiel die Felder wie in Abbildung 2.73 aus.

Abbildung 2.73 Dialogfeld *Datenschnitt auswählen* zur Auswahl der Felder

4. Übernehmen Sie Ihre Auswahl mit *OK*. Die Datenschnitte werden im Tabellenblatt angeordnet.

5. Positionieren Sie die Datenschnitte oberhalb der PivotTable (siehe Abbildung 2.74).

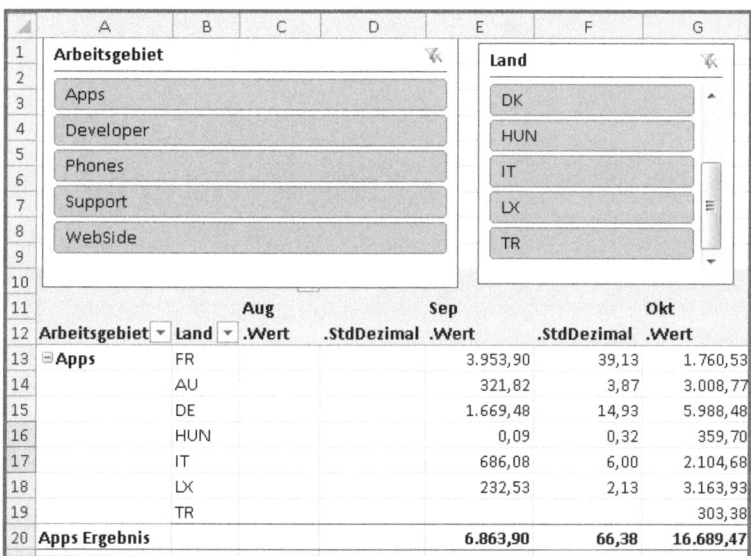

Abbildung 2.74 Datenschnitte oberhalb der PivotTable – angeordnet mit Blick auf ungefilterte Daten

HINWEIS   Können aufgrund der Datenschnittgröße nicht alle Auswahlpositionen angezeigt werden, wird automatisch eine Bildlaufleiste eingeblendet (siehe Abbildung 2.74).

Die PivotTable zeigt alle Arbeitsgebiete und Länder mit den jeweiligen Werten in den Monaten Aug. bis Okt. an. Über die Datenschnitte können Sie jetzt komfortabel filtern. Sie sehen jederzeit, welche Felder Sie selektiert haben und wie sich die gegenseitige Beeinflussung auswirkt.

Um lediglich die Werte für *Developer* und *Phones* in *LX* anzuzeigen, gehen Sie folgendermaßen vor:

1. Selektieren Sie im Datenschnitt *Arbeitsgebiet* die Feldnamen *Developer* und *Phones*.

2. Selektieren Sie im Datenschnitt *Land* den Feldnamen *LX*.

Die PivotTable wie in Abbildung 2.75 wird eingeblendet.

	A	B	C	D	E	F	G	H
1	Arbeitsgebiet			① 🇻	Land		① 🇻	Budget 🇻
2								
3	Apps				FR			Consult
4	Developer				AU			E-Projekt
5	Phones				DE			WebRequest
6								
7	Support				LX			
8	WebSide				HUN			
9								
10								
11		②	Sep		Okt		Gesamt: .Wert	Gesamt: .StdDezimal
12	Arbeitsgebiet ⫧	Land ⫧	.Wert	.StdDezimal	.Wert	.StdDezimal		
13	⊟ Developer	LX	109,00	1,00	172,58	1,58	281,58	2,58
14	Developer Ergebnis		109,00	1,00	172,58	1,58	281,58	2,58
15	⊟ Phones	LX	4.321,71	65,34	17.552,58	155,58	21.874,29	220,92
16	Phones Ergebnis		4.321,71	65,34	17.552,58	155,58	21.874,29	220,92
17	⊟ WebSide	LX	181,72	1,87	595,94	5,72	777,66	7,58
18	WebSide Ergebnis		181,72	1,87	595,94	5,72	777,66	7,58
19	Gesamtergebnis		4.612,43	68,20	18.321,11	162,88	22.933,54	231,09

Abbildung 2.75   Aktive, formatierte Datenschnittauswahl mit gefilterter PivotTable

---

HINWEIS   Sie selektieren die Felder für die benötigten Filter durch Anklicken eines einzelnen Feldnamens. Wollen Sie mehrere, nicht untereinanderliegende Felder auswählen, so halten Sie zusätzlich die ⟨Strg⟩-Taste gedrückt. Mit gedrückter ⟨⇧⟩-Taste wählen Sie einen Bereich aus – also mehrere Feldnamen, die unmittelbar untereinander angeordnet sind.

Ihre PivotTable ist in der obigen Anzeige reduziert auf die Arbeitsgebiete *Developer* und *Phones* im Land *LX* (siehe Abbildung 2.75). Die farblich hervorgehobenen Felder sind im Filter aktiv (siehe Ziffer 1). Zudem wird in den aktiv gefilterten Feldern das Filtersymbol ⫧ (siehe Ziffer 2) angezeigt. Bei Datenschnitten ohne Auswahl sind alle Felder gleichfarbig.

Eingestellte Filter löschen Sie durch einen Klick oben rechts am Dialogfeld auf das Filtersymbol 🇻.

Einen Datenschnitt an Ihre Wünsche anpassen

Sobald Sie einen Datenschnitt aktivieren, wird im Menüband die Registerkarte *Datenschnitttools/ Optionen* eingeblendet (siehe Abbildung 2.76).

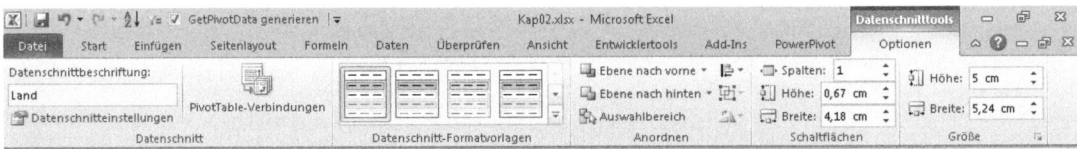

Abbildung 2.76   Registerkarte *Datenschnitttools* zur Bearbeitung der Datenschnittdialogfelder

Sie finden in diesem Register umfangreiche Möglichkeiten, den Datenschnitt zu formatieren, neu anzuordnen, in der Größe anzupassen und andere Einstellungen vorzunehmen.

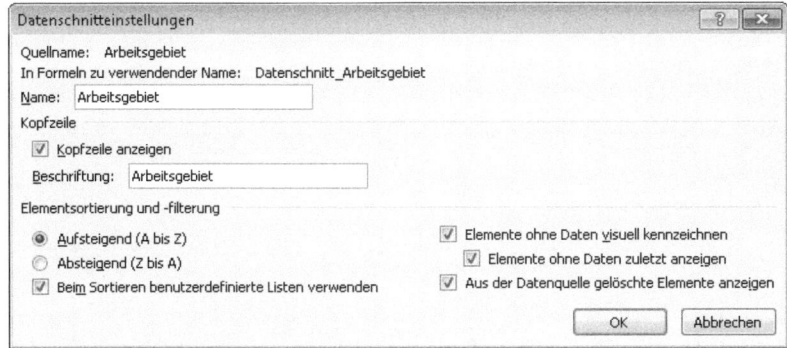

Abbildung 2.77 Grundsätzliche Einstellungen von Datenschnitten

In der Befehlsgruppe *Datenschnitt* aktivieren Sie die Schaltfläche *Datenschnitteinstellungen*. Es öffnet sich das Dialogfeld *Datenschnitteinstellungen* – hier finden Sie den *Namen*, mit dem Sie den Datenschnitt in Formeln ansprechen können. Darunter wird die Beschriftung angegeben, die Sie als Überschrift anzeigen und ändern können. Ferner finden Sie Optionen, wie Sie die Elementreihenfolge bestimmen und die Anzeige der Daten beeinflussen (siehe Abbildung 2.77).

Datenschnitte anzeigen oder ausblenden

Jeden Datenschnitt können Sie an einer beliebigen Stelle im Tabellenblatt positionieren und mit den *Datenschnitt-Formatvorlagen* vielfältig formatieren. Öffnen Sie auf der Registerkarte *Datenschnitttools* mit dem Befehl ⬚ Auswahlbereich das Dialogfeld *Auswahl und Sichtbarkeit* von Datenschnitten (siehe Abbildung 2.78).

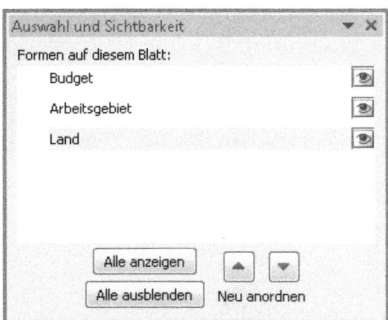

Abbildung 2.78 Dialogfeld *Auswahl und Sichtbarkeit* von Datenschnitten

Sie können die definierten Datenschnitte hier im Dialogfeld *Auswahl und Sichtbarkeit* ein- bzw. ausblenden oder mithilfe der Pfeile in der Reihenfolgen neu anordnen (siehe Abbildung 2.78). Steuern Sie so die anwenderspezifische Anordnung und Sichtbarkeit von Datenschnitten. Mit einem Klick auf das Symbol mit dem Auge wird der Datenschnitt im Tabellenblatt sichtbar oder ausgeblendet.

> **ÜBUNG**   Die Lösung finden Sie im Arbeitsblatt *Datenschnitt* in der Datei *Kap02_Lösung2.xlsx* (siehe Abbildung 2.79).

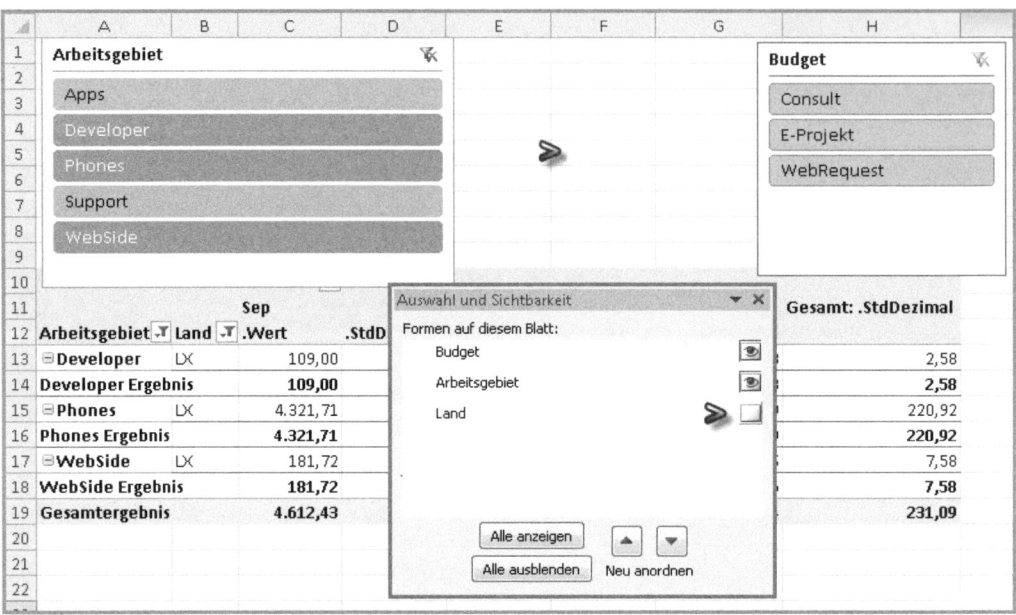

Abbildung 2.79   Ausblenden des Datenschnitts *Land* über das Dialogfeld *Auswahl und Sichtbarkeit*

Größe und Eigenschaften von Datenschnitten

Umfangreiche Einstellmöglichkeiten finden Sie in dem Dialogfeld *Größe und Eigenschaften.* Mit einem Klick auf das Symbol ▣ in der Befehlsgruppe *Größe* öffnen Sie das umfangreiche Dialogfeld (siehe Abbildung 2.80).

Im Kontextmenü *Größe* des Dialogfelds *Größe und Eigenschaften* beeinflussen Sie die Skalierbarkeit sowie die Ausdehnung in Höhe und Breite mit genauen Werten in Zentimetern (siehe Abbildung 2.80).

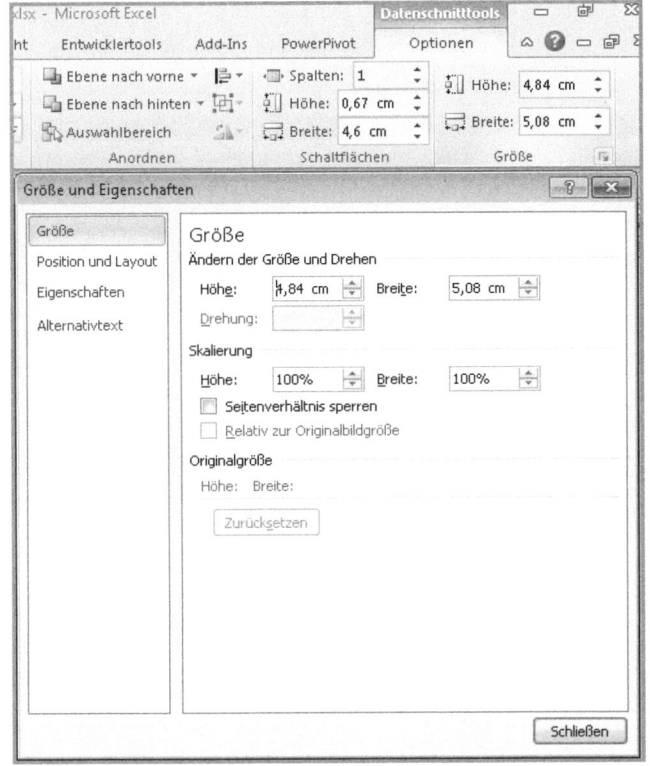

Abbildung 2.80 Umfangreiche Einstellungen für Datenschnitte befinden sich in diesem Dialogfeld

Im Kontextmenü *Position und Layout* bestimmen Sie Details bezüglich Position und Gestaltung des Datenschnitts (siehe Abbildung 2.81).

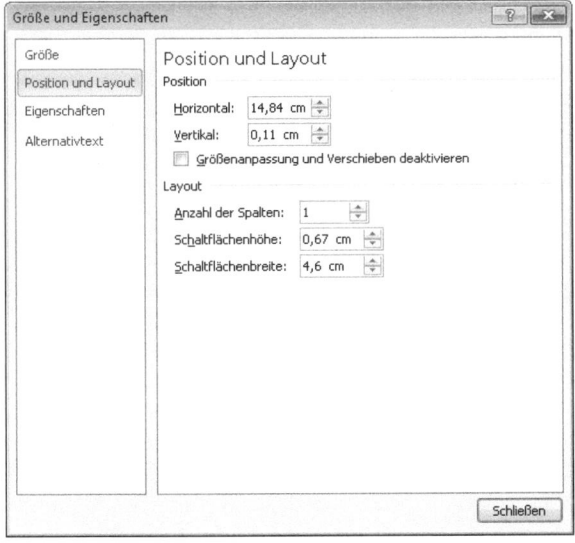

Abbildung 2.81 Detailformatierung des Datenschnitts

Wollen Sie die Größenveränderung oder Neupositionierung des Datenschnitts im Tabellenblatt unterbinden, aktivieren Sie das Kontrollkästchen *Größenanpassung und Verschieben deaktivieren*.

Unter *Position und Layout* finden Sie auch spannende Möglichkeiten, um die Daten komfortabel zu filtern (siehe Abbildung 2.82).

Ob Sie die Felder für die Auswahl der Filter einspaltig oder mehrspaltig darstellen, steuern Sie über den Befehl *Anzahl der Spalten*; die Feinsteuerung über die *Schaltflächenhöhe* und *Schaltflächenbreite*.

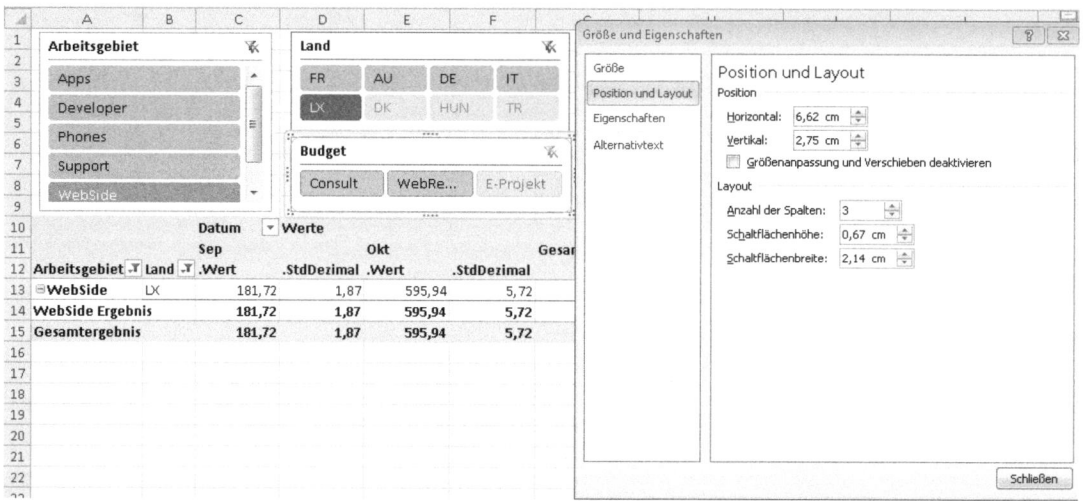

Abbildung 2.82   Alternative Gestaltung der Datenschnitte über das Kontextmenü *Position und Layout*

Unter dem Kontextmenü *Eigenschaften* des Dialogfelds *Größe und Eigenschaften* finden Sie Optionen zur Zellabhängigkeit bei Zellveränderungen und zum Drucken der Datenschnitte.

PROFITIPP   Möchten Sie PivotTables aus Versionen vor Excel 2010 bearbeiten, werden diese zwar im Kompatibilitätsmodus geöffnet, jedoch ist die Schaltfläche *Datenschnitte einfügen* nicht aktiv. Umgekehrt werden Datenschnitte aus Excel 2010 in älteren Excel-Versionen als Textobjekte mit einer Information angezeigt. Die Datenschnitte sind in Vorversionen nicht verfügbar und gehen daher verloren, sobald Sie die Datei aktuell in einer Vorversion abspeichern.

Kapitel 3

Daten aufbereiten und auswerten

In diesem Kapitel:

Im Arbeitsalltag werden zahlreiche Analysen benötigt – da diese oft nicht von bestehenden Berichten abgedeckt werden, ist es immer wieder notwendig, für diese speziellen Aufgaben neue Berichte anzufertigen.

In dem folgenden Beispiel müssen Daten für die Abrechnung eines Verpflegungszuschusses sowie die steuerliche Behandlung der Aufwendungen überprüft und für den Verwendungsnachweis aufbereitet werden.

Der Praxisfall:

Der Kantinenbetreiber registriert durch Vorlegen des Ausweises die Mahlzeiten und stellt diese dem Arbeitgeber am Monatsende in Rechnung. Die Berechnung des Zuschusses erfolgt über eine elektronische Ausweisregistrierung anhand der nachgewiesenen Essen. Der Kantinenbetreiber erstellt monatlich eine Liste, die für die Auswertung zur Verfügung steht.

Der Lösungsweg:

Anhand dieser Liste wird überprüft, wer wie oft den Zuschuss beansprucht hat und ob keine Doppelabrechnungen erfolgt sind. Außerdem werden auf Basis dieser Liste zunächst die Kosten dargestellt und später auf die betroffenen Kostenstellen verteilt.

Die Daten, die Sie für diese Aufgabe erhalten, sind unaufbereitet in einem Tabellenblatt abgelegt. Basis für die Auswertung ist die Liste mit den täglichen Kassenaufzeichnungen. Daher ist es vor dem Erstellen eines PivotTable-Berichts wichtig, sich Gedanken über die Vorgehensweise bei der Entwicklung des Lösungsmodells zu machen – bedenken Sie:

Ein falscher oder in der Reihenfolge vertauschter Schritt kann dazu führen, dass Sie die Lösung nur auf Umwegen oder im ungünstigsten Fall überhaupt nicht erreichen.

Die Lösung:

Bereiten Sie zunächst die Daten so auf, dass Sie in einer PivotTable darstellen, ob jeder Mitarbeiter täglich nur einen Essenzuschuss abgerechnet hat.

ÜBUNG   Die Übungsdaten zu diesem und den folgenden Beispielen finden Sie in der Datei *Kap03.xlsx* im Ordner *\Buch\Kap03*.

Ausgehend von der Tabelle *Liste0309* (Basisdaten) in der Datei *Zuschuss.xlsx* prüfen Sie zunächst Folgendes:

- Sind die Daten pivotisierbar?

- Wie müssen die gelieferten Daten aufbereitet werden?

- Wie ist der Weg von den Basisdaten zur PivotTable?

Zunächst entwickeln Sie das Lösungsmodell für diese Aufgabenstellung anhand der in Abbildung 3.1 dargestellten Arbeitsschritte.

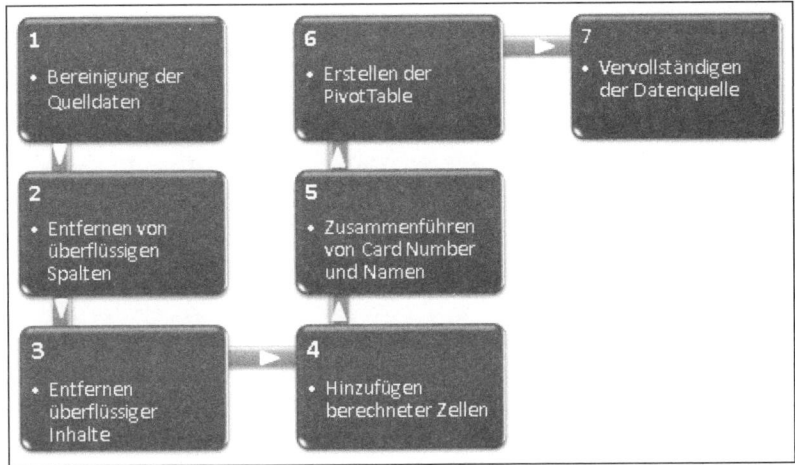

Abbildung 3.1 Arbeitsschritte zur Aufbereitung der Daten

Bereinigung der Quelldaten

Um Auswertungen vornehmen zu können, muss das Datenmaterial einer flachen Datendatei (CSV oder TXT) entsprechen. Somit sind folgende Punkte Voraussetzung für eine erfolgreiche Auswertung:

- Die Datenquelle enthält eine Kopfzeile mit der Beschreibung der einzelnen Felder (Spalten). Die Feldnamen sind einzeilig und enthalten Sonderzeichen.

- Der Bereich ist als Liste deklariert oder als Liste erkennbar. Am unteren Ende der Liste schließt eine Leerzeile an. Die Liste grenzt links und rechts an keine weiteren Daten.

- Die Daten schließen unmittelbar an die Feldnamen an – keine Leerzeile(n) zwischen Feldnamen und Daten

- Die Daten sind in den einzelnen Spalten eindeutig, also vom gleichen Datentyp

Überflüssige Daten entfernen

Um überflüssige Zeilen, Spalten und Objekten zu entfernen, gehen Sie folgendermaßen vor:

Löschen Sie die Leerzeilen und die mehrfach vorkommenden Überschriften zwischen den einzelnen Datenblöcken – so geht's:

1. Markieren Sie das Feld *Event Date* innerhalb der Liste. Wählen Sie über die Registerkarte *Daten* in der Gruppe *Sortieren und Filtern* den Befehl *Filtern*. Alle Felder der ersten Zeile werden jetzt mit Dropdown-Pfeilen angezeigt.

2. Öffnen Sie die Auswahlliste mit dem Dropdown-Pfeil der Überschrift in Zelle C1. Klicken Sie auf den Listeneintrag *(Alle auswählen)*, um alle Einträge abzuwählen und selektieren Sie anschließend den Eintrag *TSP* (siehe Abbildung 3.2).

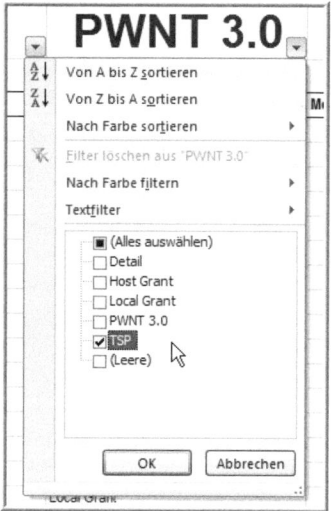

Abbildung 3.2 Anzeige der Felder zur Selektion von *TSP*

Als Ergebnis erhalten Sie eine auf diesen Eintrag gefilterte Liste.

3. Markieren Sie alle über dem Zeilenkopf angezeigten Zeilen mit dem Inhalt *TSP* und drücken Sie die Tastenkombination ⌊Strg⌋+⌊-⌋ (minus). Die markierten Zeilen werden daraufhin entfernt.

4. Im nächsten Schritt filtern Sie die Daten auf *(Leere)* Felder. Diese Auswahl listet alle Fußzeilen der Datenblöcke auf.

5. Markieren Sie alle Zeilen aus dem Filter *(Leere)* und drücken Sie erneut die Tastenkombination ⌊Strg⌋+⌊-⌋ (minus). Die Zeilen werden entfernt.

6. Jetzt aktivieren Sie in der Filterliste den Listeneintrag *Detail*. In dieser Anzeige markieren Sie alle Zeilen bis auf die erste Feldlistenzeile und drücken wieder die Tastenkombination ⌊Strg⌋+⌊-⌋ (minus), um alle Zeilen bis auf die erste Zeile zu entfernen (siehe Abbildung 3.3).

	A	B	C	D
1			**PWNT 3.0**	
3	Event Date	Description	Detail	Message
41	Event Date	Description	Detail	Message
79	Event Date	Description	Detail	Message
117	Event Date	Description	Detail	Message

Abbildung 3.3 Auto-Filter-Ausschnitt mit Markierung

7. Wählen Sie in der Filterliste den Listeneintrag *PWNT 3.0*, markieren erneut alle Zeilen bis auf die erste Feldlistenzeile und drücken die Tastenkombination ⌊Strg⌋+⌊-⌋ (minus). Die ausgewählten Zeilen werden ebenfalls entfernt.

8. Um wieder alle Daten anzuzeigen, aktivieren Sie in der Filterliste den Listeneintrag *(Alles Auswählen)*. Alternativ können Sie den AutoFilter deaktivieren. Wählen Sie dazu die Registerkarte *Daten* und in der Gruppe *Sortieren und Filtern* den Befehl *Filtern*.

Als Ergebnis der Datenbereinigung erhalten Sie die gesamte Liste ohne Leer- und Beschriftungszeilen (siehe Abbildung 3.4).

	A	B	C	D	E	F
1	▾	▾	**PWNT 3.0** ▾	▾	▾	▾
2	Event Date	Description	Detail	Message	Card Number	Badge Holder Name
3	03/02/2009 11:20:32	3.3 Kantine Kasse - Reader	Local Grant		87883552	
4	03/02/2009 11:21:00	3.3 Kantine Kasse - Reader	Local Grant		88357259	
5	03/02/2009 11:21:14	3.3 Kantine Kasse - Reader	Local Grant		87921549	
6	03/02/2009 11:21:56	3.3 Kantine Kasse - Reader	Local Grant		89907375	
7	03/02/2009 11:25:44	3.3 Kantine Kasse - Reader	Local Grant		89903331	
8	03/02/2009 11:44:32	3.3 Kantine Kasse - Reader	Local Grant		88345204	
9	03/02/2009 12:08:04	3.3 Kantine Kasse - Reader	Local Grant		89900716	
10	03/02/2009 12:10:56	3.3 Kantine Kasse - Reader	Local Grant		89905658	

Abbildung 3.4   Die bearbeitete Liste ohne Leerzeilen

HINWEIS   Sobald Sie den AutoFilter deaktivieren, werden die AutoFilter-Pfeile in Zeile 1 ausgeblendet.

Überflüssige Inhalte entfernen

Die Spalte *Even Date* beinhaltet noch kein brauchbares Datum. Es ist daher sinnvoll, aus den Informationen dieser Spalte brauchbare Werte zur Aufbereitung der Daten zu generieren. Zerlegen Sie dazu das Datum in die drei Spalten Tag, Monat und Jahr.

- Löschen Sie den Inhalt der Spalten *Description*, *Detail* und *Message*
- Überschreiben Sie die bisherigen Feldnamen. Die Bezeichung *Description* in Spalte B ändern Sie auf den neuen Feldnamen *Monat*, *Detail* in Spalte C auf *Tag* und *Message* in Spalte D auf *Jahr*.

Berechnete Zellen hinzufügen

Die Bereiche *Monat* und *Tag* ermitteln Sie über die Textfunktion bzw. Teilzeichenfolge.

Über die Funktion *LINKS(Text;Anzahl_Zeichen)* extrahieren Sie die ersten zwei Zeichen des untersuchten Texts. In diesem Beispiel gehen Sie wie folgt vor:

1. Aktivieren Sie die Zelle *B3* und fügen Sie die Funktion *=LINKS(A3,2)* ein. Das Ergebnis ist die Zahl *03*, in diesem Fall entspricht das dem Monat März.

2. Um einen Teil einer Zeichenfolge zu ermitteln, setzen Sie die Funktion *TEIL(Text; Erstes_Zeichen; Anzahl_Zeichen)* ein. Auf diese Weise ermitteln Sie aus dem *Event Date* den Tag.

3. Markieren Sie die Zelle *C3* und fügen Sie dort die Funktion *=TEIL(A3;4;2)* ein und schließen Sie die Eingabe mit ⏎ ab. Die Funktion liefert das Ergebnis *02*, was in diesem Beispiel dem Tag – also dem 2. März – entspricht.

4. Das Jahr können Sie ebenfalls auf diese Weise extrahieren. Es ist aber einfacher, die Jahreszahl einfach in die Zelle *D3* einzutragen. In die Zelle *D3* tragen Sie das Jahr *2009* ein.

5. Zuletzt füllen Sie die Ergebnisse dieser drei Zellen in die darunterliegenden Zellen: Markieren Sie die Zellen *B3* und *C3* und doppelklicken Sie mit der linken Maustaste auf das Ausfüllkästchen in der rechten unteren Ecke der Zellmarkierung (siehe Abbildung 3.5). Nach Ausführung des Doppelklicks werden alle Zellen ausgefüllt. Das Gleiche wiederholen Sie für die Spalte *Jahr*.

> **TIPP**   Um den Wert in der Spalte *Jahr* beim Kopieren nicht hochzuzählen (2009, 2010, 2011), müssen Sie in die Zelle D4 ebenfalls die Zahl 2009 eintragen, danach beide Zellen markieren und auf das Ausfüllkästchen einen Doppelklick ausführen.

	A	B	C	D	E
1		▼	PWNT 3.0 ▼		▼
2	Event Date	Monat	Tag	Jahr	Card Number
3	03/02/2009 11:20:32	03	02	2009	87883552
4	03/02/2009 11:21:00				88357259
5	03/02/2009 11:21:14				87921549
6	03/02/2009 11:21:56				89907375
7	03/02/2009 11:25:44				89903331

Abbildung 3.5   Der auszufüllende Bereich mit markierten Feldern

6.   Um die hinter den Werten liegenden Funktionen zu entfernen, markieren Sie den gesamten Bereich *B3:D602* und wählen den Befehl *Kopieren* (z.B. über die Tastenkombination `Strg`+`C`).

7.   Klicken Sie mit der rechten Maustaste auf den markierten Bereich und wählen Sie aus dem Kontextmenü den Befehl *Inhalte einfügen*. Daraufhin öffnet sich das Dialogfeld *Inhalte einfügen*.

8.   Aktivieren Sie dort im Abschnitt *Einfügen* die Option *Werte* und schließen Sie den Vorgang über die Befehlsschaltfläche *OK* ab.

Die Funktionen werden entfernt und die Ergebnisse als Text in die Zellen geschrieben.

> **PROFITIPP**   Sehr schnell lässt sich diese Umwandlung der Funktionen in Text auch mit der Maus ausführen. Markieren Sie über den Spaltenkopf die Spalten B bis D und bewegen Sie den Mauszeiger auf den Rand der Markierung. Klicken Sie beim Erscheinen des Doppelpfeils mit der rechten Maustaste auf den Markierungsrand, halten Sie die Maustaste gedrückt und bewegen Sie die Markierung um eine Spalte nach rechts (graue Umrandung wird in Spalte E sichtbar) und führen Sie die gesamte Markierung wieder zurück in die Ausgangsposition. Wenn Sie exakt positioniert haben, lassen Sie die Maustaste los. In dem sich öffnenden Dialogfeld wählen Sie den Befehl *Hierhin nur als Werte kopieren*. Der Vorgang wird daraufhin abgeschlossen und alle Funktionen aus diesen Spalten entfernt.

Anhand der Card Number den Namen hinzufügen

In dem Tabellenblatt *Stammdaten* sind zu der registrierten *Card Number* die Namen hinterlegt. Diese sollen nun jedem Datensatz hinzugefügt werden. Die Aufgabe kann mit der Funktion *SVERWEIS()* erledigt werden. Diese Funktion hat folgende allgemeine Syntax:

SVERWEIS(Suchkriterium;Matrix;Spaltenindex;[Bereich_Verweis])

Verwenden Sie in der Arbeitstabelle die Spalte *Badge Holder Name*, um diese Zusammenführung zu erstellen.

Beim Aufbau der Funktion verwenden Sie für das erste Argument, das *Suchkriterium*, den Inhalt der Spalte *Card Number*. Das bedeutet, der Wert, nach dem in der ersten Spalte der Matrix gesucht wird, ist die Kartennummer.

Das Argument *Matrix* umfasst den gesamten Datenbereich, in dem Informationen gesucht werden.

Mit *Spaltenindex* legen Sie diejenige Spalte der Matrix fest, aus der die Daten übernommen werden sollen. In diesem Fall ist das der *Name* (Spalte 3).

Am Ende sieht die Funktion wie folgt aus:

=SVERWEIS(E3;Stammdaten!$A$1:$C$65;3;FALSCH)

> **HINWEIS**   Das letzte Argument *FALSCH* erlaubt eine unsortierte Liste (Matrix).

Kopieren Sie die Funktion in alle Zellen dieser Spalte bis zum Ende der Liste.

Zum Schluss entfernen Sie die Funktion in den Zellen der Namensspalte, wie in den Schritten 6 bis 7 des vorausgehenden Kapitels erläutert.

Aus der Datenbasis eine PivotTable erstellen

Gehen Sie folgendermaßen vor, um aus der aufbereiteten Datenbasis eine PivotTable zu erstellen:

1. Aktivieren Sie die Tabelle *Liste0309* und positionieren Sie den Mauszeiger im Datenbereich.

2. Klicken Sie auf die Registerkarte *Einfügen* und in der Gruppe *Tabellen* auf das Symbol *PivotTable* (siehe Abbildung 3.6).

Abbildung 3.6 Registerkarte *Einfügen* mit dem Befehl zum Einfügen einer PivotTable

3. Nach der Befehlsausführung erscheint das Dialogfeld *PivotTable erstellen*, das automatisch den Quellbereich erkennt. Übernehmen Sie diesen Quellbereich und wählen Sie die Option *Neues Arbeitsblatt*, um einen PivotTable-Bericht in einem neuen Tabellenblatt zu erstellen. Zum Ausführen klicken Sie auf die Schalfläche *OK*.

4. Als Folge erhalten Sie einen leeren PivotTable-Bericht und den eingeblendeten Aufgabenbereich *PivotTable-Feldliste* am rechten Bildschirmrand.

5. Für die Lösung der Auswertung ziehen Sie die notwendigen Felder aus der PivotTable-Feldliste in die Bereiche *Berichtsfilter*, *Spaltenbeschriftungen*, *Zeilenbeschriftungen* und *Werte* (siehe Abbildung 3.7).

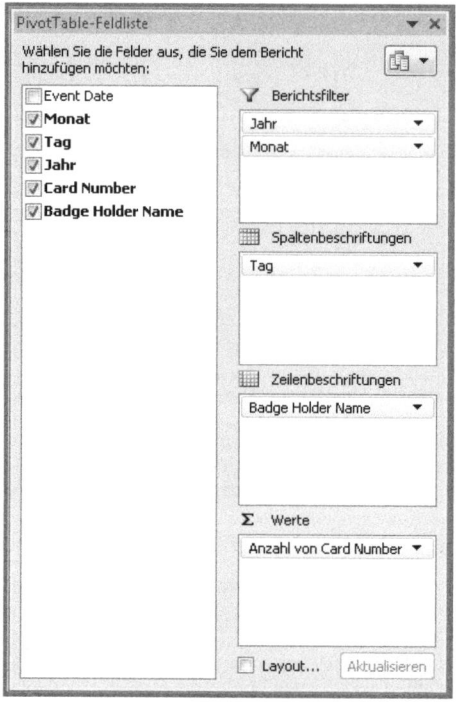

Abbildung 3.7   Aufbau der PivotTable-Feldliste

6. Im Bereich *Werte* wird zunächst die *Anzahl von Card Number* berechnet, da das Feld nummerische Daten enthält. Ändern Sie die Aggregatfunktion über den Befehl *Wertfeldeinstellungen* im Kontextmenü auf die Funktion *Anzahl.*

Jede Änderung, die Sie in der PivotTable vornehmen, erscheint gleichzeitig im PivotTable-Bericht. Einen Ausschnitt aus diesem Bericht sehen Sie in Abbildung 3.8.

	A	B	C	D	E	F	G	H	I	J	K	L	M	N	O	P	Q	R	S	T	U	V	W	X
2	Monat	(All ▾)																						
3																								
4	**Anzahl von Card Number**	**Tag ▾**																						
5	**Badge Holder Name ▾**	**02**	**03**	**04**	**05**	**06**	**09**	**10**	**11**	**12**	**13**	**16**	**17**	**18**	**19**	**20**	**23**	**24**	**25**	**26**	**27**	**30**	**31**	**Gesamte**
6	Weber Alexander		1				1	1			1		1	1					1			1	1	9
7	Stirnmayer Boris															1	1	1	2				1	6
8	Steinhofer Felix		2	1	1	1		1	1		1			1			1			1			1	12
9	Sekelmann Sascha	1	1		1	1	1		1			1		1		1	1	1	2	1	1		1	16
10	Schubert Ude			1					1					1	1					1				5
11	Schreiner Harald	1	1	1	1	1	1	1	1		1								1		1			11
12	Schmitt Christel			1	1		1		1	1	1				1	1	1	1	1	1				11
13	Schlemmer Sandra																	1						1
14	Powalski Johanna	1	1		1		1				1		1	1	1		1	1	1	1				13
15	Pinzka Andreas	1	1		1	1												1		1				6
16	Peymon Alexander	1		1	1		1		1	1	1	1	1	1	1	1	1	1	1					15

Abbildung 3.8   PivotTable mit dem nach Badge Holder *Name, Tag* und *Anzahl von CardNumber* aufgeschlüsselten Daten (Ausschnitt)

Bei näherer Betrachtung fällt sofort auf, dass an einigen Positionen der Wert *2* (z.B. in Zelle C8) angezeigt wird – was bedeutet, dass die Karte an dem Tag doppelt benutzt wurde.

Sie können solche Doppelabrechnungen schnell und deutlich anzeigen lassen, indem Sie eine bedingte Formatierung für den Wertebereich vornehmen:

1. Markieren Sie den gesamten Wertebereich ohne Gesamtergebnisse für Zeilen und Spalten und aktivieren Sie die Registerkarte *Start*.

2. In der Gruppe *Formatvorlagen* wählen Sie über den Befehl *Bedingte Formatierung/Regeln zum Hervorheben von Zellen* die Formatierung *Größer als* aus.

3. Im Dialogfenster *Größer als* formatieren Sie Zellen, die größer als 1 sind, beispielsweise mit *gelber Füllung 2* (siehe Abbildung 3.9).

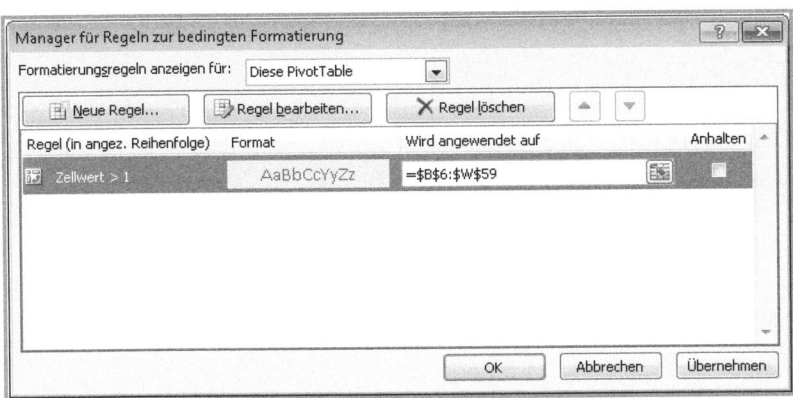

Abbildung 3.9 Formatierung der Zellen im Wertebereich festlegen

Als Resultat werden alle Doppelabrechnungen bzw. alle Werte größer 1 im Wertebereich gelb hinterlegt und somit schnell erkennbar.

Die erstellte PivotTable liefert eine gute Übersicht darüber, wie oft Mitarbeiter im jeweiligen Monat den Zuschuss beansprucht haben und wie viele Doppelabrechnungen erfolgt sind.

Datenquelle vervollständigen

Angenommen Sie wollen zusätzlich wissen, welche Kosten durch den in Anspruch genommenen Zuschuss entstanden sind: Wie hoch ist diese Belastung auf den einzelnen Kostenstellen? Ein Mitarbeiter bekommt pro Essen einen geldwerten Vorteil in Höhe von 3,00 Euro.

Zur Lösung dieser Aufgabe finden Sie im Tabellenblatt *Stammdaten* weitere Informationen über die Zuordnung von Mitarbeitern zu den Kostenstellen der Firma. Zur Vervollständigung der Datenquelle ergänzen Sie das Tabellenblatt *Liste0309_bearbeitet*:

1. Im Tabellenblatt *Liste0309* tragen Sie in die Zelle *G2 KoStNr* und in Zelle *H2 KoStBez* als Feldnamen ein.

2. Um jedem Mitarbeiter seine Kostenstelle zuzuweisen, verwenden Sie erneut die Funktion *SVERWEIS()*. Schreiben Sie in die Zelle *G3* die Funktion =SVERWEIS(E3;Stammdaten!$A$21:$E$66; 4;FALSCH) und schließen Sie die Eingabe mit der ⏎-Taste ab.

3. Für die Kostenstellenbezeichnung kopieren Sie die Formel aus Zelle *G3* in Zelle *H3*. Daraufhin erscheint der Eintrag *#NV*. Drücken Sie die *F2-Taste* und verschieben Sie das blaue Bezugskästchen wieder zurück in die Zelle *E3* (siehe Abbildung 3.10).

Jahr	Card Number	Badge Holder Name	KoStNr	KoStBez
2009	87883552	Engel Jessika	17100	=SVERWEIS(E3;Stammdaten!$A$2:$E$66;4;FALSCH)
2009	88357259	Malingam Jasitt		
2009	87921549	Kramer Manfred		

Abbildung 3.10 Verschieben des Bezugs für das Suchkriterium

4. Ändern Sie in der Funktion den Spaltenindex (das dritte Argument) von *4* auf *5*. Daraufhin erscheint die Kostenstellenbezeichnung für diesen Datensatz.

5. Beschriften Sie die Zelle *I5* mit Zuschuss und tragen Sie in die Zelle *I3* den Wert *3,00* ein. Weisen Sie der Zelle das Währungsformat *Euro* zu.

6. Markieren Sie den Zellbereich *G3:H3* und führen Sie einen Doppelklick mit der Maus auf das Ausfüllkästchen in der rechten unteren Ecke der Zellmarkierung aus. Das Gleiche wiederholen Sie für die Spalte *I*.

Das Ergebnis: Alle Datensätze sind mit den entsprechenden Kostenstellennummern und -bezeichnungen sowie dem Zuschussbetrag versehen.

PivotTable-Datenquelle ändern

Für die nächste Auswertung können Sie entweder eine neue PivotTable erstellen oder Sie gehen den folgenden Weg:

1. Markieren Sie eine beliebige Zelle innerhalb des PivotTable-Berichts. Wählen Sie aus der kontextbezogenen Registerkarte *PivotTable-Tools/Optionen* in der Gruppe *Aktionen* den Befehl *Auswählen* und *Gesamte PivotTable* (siehe Abbildung 3.11).

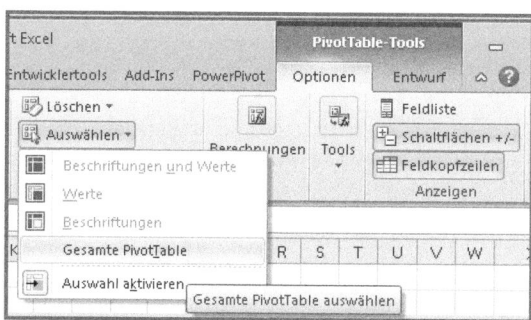

Abbildung 3.11 Funktion *Gesamte PivotTable* auswählen

2. Übernehmen Sie die PivotTable mit der Tastenkombination [Strg]+[C] in die Zwischenablage, aktivieren Sie die Zelle *AA1* und fügen Sie durch die Tastenkombination [Strg]+[V] eine zweite PivotTable ein. Im folgenden Schritt ändern Sie die Datenquelle der zweiten (neuen) PivotTable.

3. Führen Sie auf der Registerkarte *PivotTable-Tools/Optionen* in der Gruppe *Daten* den Befehl *Datenquelle ändern* aus. Daraufhin erscheint das Dialogfeld *PivotTable-Datenquelle ändern*. Dort ändern Sie den Quellbereich entsprechend der Darstellung im Dialogfeld (siehe Abbildung 3.12).

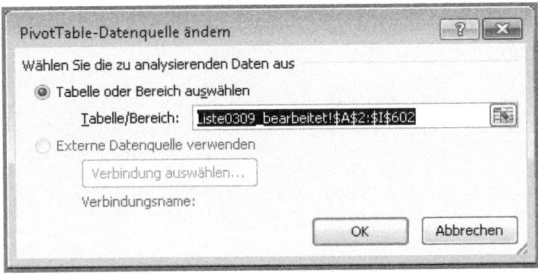

Abbildung 3.12 Dialogfeld *PivotTable-Datenquelle ändern*

4. Als Ergebnis dieser Änderung erscheinen in der PivotTable-Feldliste die neuen Felder *KoStNr*, *KoStBez* und *Zuschuss*. Jetzt wandeln Sie die PivotTable in die neue, gewünschte Ansicht um.

5. In der PivotTable-Feldliste entfernen Sie dazu die Zeilenbeschriftung *Badge Holder Name* und ziehen stattdessen die Felder *KoStNr* und *KoStBez* in diesen Bereich.

6. Entfernen Sie die Spaltenbeschriftung *Tag* und fügen Sie in den Bereich *Werte* das Feld *Zuschuss* ein.

Als Ergebnis erhalten Sie den PivotTable-Bericht aus Abbildung 3.13.

⊿	Z	AA	AB	AC
1	Jahr		(Alle) ▾	
2	Monat		(Alle) ▾	
3				
4			**Werte**	
5	**Zeilenbeschriftungen** ▾		**Anzahl vc**	**Summe von Zuschuss**
6	⊟**11100**			
7	Einkauf		21	63
8	⊟**11200**			
9	Wareneingangskontr., Wareneing		18	54
10	⊟**12200**			
11	Qualitätsmanagement		31	93
12	⊟**12300**			
13	Dokumentation		31	93
14	⊟**12410**			

Abbildung 3.13 PivotTable mit denen nach *Kostenstelle, Anzahl von Card Number* und *Summe von Zuschuss* aufgeschlüsselten Daten (Ausschnitt)

Kapitel 4

Vertiefter Umgang mit PivotTable

In diesem Kapitel:

Wie Sie in den vorausgegangenen Kapiteln gesehen haben, lassen sich PivotTables recht zügig erstellen. Auch das Pivotieren, Hinzufügen oder Entfernen von Feldern ist kein großes Problem. Im nächsten Beispiel betrachten Sie eine Umsatzliste, die Sie in eine aussagekräftige PivotTable umsetzen. Ziel ist es, problemlos und schnellstmöglich eine PivotTable mit

- den Gesamtwerten über die verschiedenen Monate bzw. Jahre,

- den Summen der A, B, C-Kunden sowie

- einer regionalen Verteilung

zu erstellen, um später alles auf einen Blick mühelos vergleichen zu können.

Aus dieser Datenquelle erstellen Sie Schritt für Schritt einen PivotTable-Bericht.

ÜBUNG   Sie finden die Beispiele zu diesem Kapitel im Ordner *Buch\Kap04* in den Dateien *Kap04.xlsx* und *Kap04_Lösung.xlsx*.

PivotTable nach Tageszeitkategorie aufschlüsseln

Die Arbeitsmappe *Kap04.xlsx* enthält Daten im Tabellenblatt *Basisdaten* über Umsätze, Abrechnungstag, Name der Firma, Ort, Umsatzwert, Region, Kundenklassifizierung und Rabattsatz.

Um eine erste Umsatztabelle zu erstellen, gehen Sie folgendermaßen vor:

1. Öffnen Sie die Datei *Kap04.xlsx* und positionieren den Cursor in einer beliebigen Zelle des Tabellenblatts *Basisdaten*.

2. Klicken Sie auf die Registerkarte *Einfügen* und in der Gruppe *Tabellen* auf *PivotTable*.

3. Das Dialogfeld *PivotTable erstellen* wird eingeblendet; der Quellbereich wird in diesem Fall automatisch erkannt – übernehmen Sie die Angabe hinter *Tabelle/Bereich* unverändert (siehe Abbildung 4.1).

Abbildung 4.1 Das Dialogfeld *PivotTable erstellen*, das über einen direkten Klick auf die Schaltfläche aufgerufen wird

4. Übernehmen Sie die Option *Neues Arbeitsblatt* und erstellen den Pivot-Bericht durch einen Klick auf die Befehlsschaltfläche *OK*.

5. Im neuen Arbeitsplatz wird ein leerer PivotTable-Bericht eingefügt. Am rechten Bildschirmrand sehen Sie die eingeblendete PivotTable-Feldliste, sodass Sie jetzt die Felder im Layoutabschnitt anordnen können.

6. Erstellen Sie eine PivotTable mit der Feldanordnung entsprechend Abbildung 4.2.

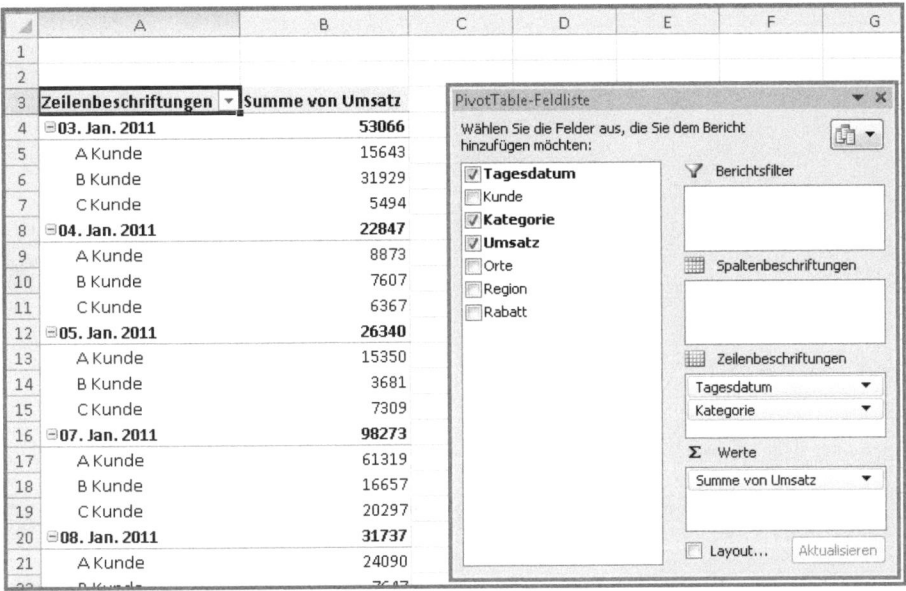

Abbildung 4.2 Die PivotTable nach Tageszeitkategorie aufgeschlüsselt, ohne Formatierung der Daten im Wertebereich (Ausschnitt)

TIPP Immer wenn Sie den Mauszeiger innerhalb einer PivotTable positionieren und mit der rechten Maustaste das Kontextmenü öffnen, können Sie mit dem dort vorhandenen Befehl *Feldliste einblenden* oder *Feldliste ausblenden* die PivotTable-Feldliste ein- bzw. ausblenden. Mit der eingeblendeten Feldliste lassen sich jederzeit neue Felder in die PivotTable aufnehmen oder entfernen.

Die Tabelle ist in der Form, wie sie im Moment vorliegt, noch von geringer Aussagekraft, da sie keine Auskunft über den dargestellten Zeitraum liefert: Handelt es sich um einige Monate, das gesamte Jahr oder um Abschnitte aus mehreren Jahren? Um dies darzustellen, benötigen Sie ein weiteres Feld, das noch zusätzlich bearbeitet werden muss.

So bauen Sie die Zeiteinheit für Jahr und Monat aus dem Datumsfeld auf:

1. Positionieren Sie den Mauszeiger in der PivotTable und öffnen Sie damit gleichzeitig die Pivot-Table-Feldliste.

2. Ziehen Sie das Feld *Kategorie* in die *Spaltenbeschriftungen*. Die PivotTable verändert ihr Erscheinungsbild.

3. Positionieren Sie den Cursor auf einem Tagesdatum, öffnen Sie mit der rechten Maustaste das Kontextmenü und wählen den Befehl *Gruppieren*.

4. Das gleichnamige Dialogfeld *Gruppierung* wird geöffnet und enthält automatische Vorbelegungen für *Starten* und *Beenden* sowie die Gruppierung nach Monaten. Markieren Sie zusätzlich den Eintrag *Jahre* (siehe Abbildung 4.3).

Abbildung 4.3   Das Dialogfeld zum Gruppieren der Einzeldaten

5. Schließen Sie das Dialogfeld über die Befehlsschaltfläche *OK*.

Die PivotTable-Feldliste wird daraufhin in den Zeilenbeschriftungen um den Eintrag *Jahre* ergänzt.

Um zu einer besseren Beurteilung zu gelangen, sind noch zwei Dinge zu erledigen: Zuerst sollte die Anordnung der Felder verändert werden. Danach ist zur besseren Lesbarkeit die Formatierung zu ergänzen:

1. In der PivotTable-Feldliste ziehen Sie durch Anklicken und Festhalten mit der linken Maustaste das Feld *Kategorie* in die *Zeilenbeschriftungen*.

2. Das Feld *Jahre* ziehen Sie in den Bereich *Berichtfelder*.

3. Im Berichtsfilter *Jahre* filtern Sie auf das Jahr 2011, indem Sie auf die Filterschaltfläche klicken, das Jahr markieren und *OK* wählen (siehe Abbildung 4.4).

Abbildung 4.4   Dialogfeld zur Auswahl des anzuzeigenden Zeitraums

Sie haben jetzt eine Darstellung vorliegen, die die monatlichen Umsätze des Jahres 2011 aufgegliedert in die drei Kategorien A, B, C anzeigt (siehe Abbildung 4.5).

⩘	A	B	C	D	E
1	Jahre	2011 ⯆			
2					
3	**Summe von Umsatz**	Spaltenbes ⯆			
4	**Zeilenbeschriftu** ⯆	**A Kunde**		**B Kunde**	**C Kunde**	**Gesamtergebnis**
5	Jan	582698	313664	166230	1062592
6	Feb	589970	348054	142963	1080987
7	Mrz	599619	279612	133853	1013084
8	Apr	667563	428541	127580	1223684
9	Mai	664245	385143	172858	1222246
10	Jun	805829	316153	162110	1284092
11	Jul	857466	400761	170201	1428428
12	Aug	775533	431458	168183	1375174
13	Sep	885558	418135	180638	1484331
14	Okt	560550	477827	156458	1194835
15	Nov	574630	495228	154119	1223977
16	Dez	523224	225186	105670	854080
17	**Gesamtergebnis**	**8086885**	**4519762**	**1840863**	**14447510**

Abbildung 4.5 Das Ergebnis der Pivot-Auswertung für das Jahr 2011

Die PivotTable gewinnt an Aussagekraft, wenn die Werte mit zwei Nachkommastellen und 1000er-Trennzeichen angezeigt werden. So geht's:

1. Positionieren Sie den Cursor in der PivotTable, öffnen Sie mit der rechten Maustaste das Kontextmenü und wählen Sie den Befehl *Wertfeldeinstellungen*.

2. Es öffnet sich das gleichnamige Dialogfeld. Aktivieren Sie die Befehlsschaltfläche *Zahlenformat* und formatieren Sie in dem Folgedialogfeld *Zellen formatieren* auf zwei Nachkommastellen mit 1000er-Trennzeichen (siehe Abbildung 4.6): Wählen Sie aus der Liste unter *Kategorie* die Angabe *Zahl* und aktivieren Sie im Drehfeld *Dezimalstellen* den Wert *2*. Zusätzlich kennzeichnen Sie das Kontrollkästchen vor der Option *1000er-Trennzeichen verwenden(.)*.

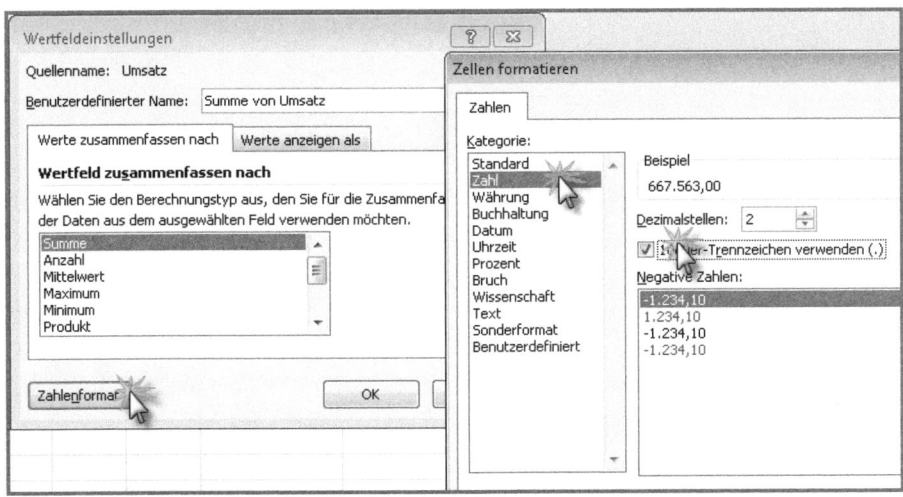

Abbildung 4.6 Das Dialogfeld *Wertfeldeinstellungen* und der Folgedialog *Zellen formatieren*

3. Schließen Sie die Dialogfelder durch Bestätigen der jeweiligen Befehlsschaltfläche *OK*.

Ihre PivotTable enthält jetzt die neuen Formatmerkmale.

Eine PivotTabelle kopieren

Sie können ohne großen Aufwand eine bestehende PivotTable kopieren. Für diesen Zweck verwenden Sie die soeben erstellte PivotTable auf der Registerkarte *Tabelle1* (siehe Abbildung 4.5):

1. Aktivieren Sie das Registerblatt *Tabelle1*.
2. Markieren Sie die komplette PivotTable.
3. Drücken die Tastenkombination Strg+C – jetzt befindet sich die Pivot-Tabelle in der Zwischenablage.
4. Aktivieren Sie die Zielzelle und drücken die Tastenkombination Strg+V – somit wird die komplette PivotTable aus der Zwischenablage in das Tabellenblatt eingefügt (siehe Abbildung 4.7).

	A	B	C	D	E	F	G	H	I	J	K
1	Jahre	(Alle)					Jahre	(Alle)			
2											
3	Summe von Ums	Spaltenbesc					Summe von	Spaltenbeschriftu			
4	Zeilenbeschrif	A Kunde	B Kunde	C Kunde	Gesamtergebnis		Zeilenbes	A Kunde	B Kunde	C Kunde	Gesamtergel
5	Jan	1.238.986,18	677.314,26	375.588,43	2.291.888,87		Jan	1.238.986,18	677.314,26	375.588,43	2.291.888
6	Feb	1.377.587,35	795.928,66	323.333,38	2.496.849,39		Feb	1.377.587,35	795.928,66	323.333,38	2.496.849
7	Mrz	1.373.247,21	681.263,15	350.249,49	2.404.759,85		Mrz	1.373.247,21	681.263,15	350.249,49	2.404.759
8	Apr	1.561.469,55	1.022.855,23	297.470,66	2.881.795,44		Apr	1.561.469,55	1.022.855,23	297.470,66	2.881.795
9	Mai	1.510.991,84	900.720,09	408.526,92	2.820.238,85		Mai	1.510.991,84	900.720,09	408.526,92	2.820.238
10	Jun	1.752.711,81	685.752,55	366.940,95	2.805.405,31		Jun	1.752.711,81	685.752,55	366.940,95	2.805.405
11	Jul	1.959.144,18	885.274,17	376.136,91	3.220.555,26		Jul	1.959.144,18	885.274,17	376.136,91	3.220.555
12	Aug	1.683.256,10	921.684,12	355.450,69	2.960.390,91		Aug	1.683.256,10	921.684,12	355.450,69	2.960.390
13	Sep	1.936.582,91	904.880,50	389.656,08	3.231.119,49		Sep	1.936.582,91	904.880,50	389.656,08	3.231.119
14	Okt	1.205.397,75	1.055.520,73	333.551,81	2.594.470,29		Okt	1.205.397,75	1.055.520,73	333.551,81	2.594.470
15	Nov	1.257.569,64	1.071.490,25	330.295,86	2.659.355,75		Nov	1.257.569,64	1.071.490,25	330.295,86	2.659.355
16	Dez	1.140.797,22	480.265,99	219.105,58	1.840.168,79		Dez	1.140.797,22	480.265,99	219.105,58	1.840.168
17	Gesamtergebnis	17.997.741,74	10.082.949,70	4.126.306,76	32.206.998,20		Gesamterge	17.997.741,74	10.082.949,70	4.126.306,76	32.206.998

Abbildung 4.7 Im rechten Teil der Abbildung befindet sich die kopierte PivotTable

So verschieben Sie eine PivotTable

Sie möchten einen PivotTable-Bericht aus Platzgründen verschieben oder an einen anderen Ort verlagern. Das geht relativ einfach und schnell:

1. Aktivieren Sie den PivotTable-Bericht, klicken Sie auf die kontextsensitive Registerkarte *PivotTable-Tools* und die darin enthaltene Registerkarte *Optionen*.
2. In der Gruppe *Aktionen* wählen Sie den Befehl *PivotTable verschieben*.
3. Das Dialogfeld *PivotTable verschieben* wird eingeblendet – hier können Sie zwischen den Optionen *neues Arbeitsblatt* oder *vorhandenes Arbeitsblatt* wählen.
4. Bei der Wahl vorhandenes Arbeitsblatt ergänzen Sie in der Zeile *Quelldatei* die Zieladresse.
5. Bestätigen Sie anschließend die Befehlsschaltfläche *OK*.

Die PivotTable wird am neuen Ort angezeigt.

Benutzerdefinierte Berechnungen für PivotTable-Wertefelder einsetzen

Im Dialogfeld *Wertfeldeinstellungen* stehen Ihnen verschiedene Berechnungen zur Auswahl, die Sie im Wertebereich der PivotTable auf die Daten anwenden können. Sie öffnen das Dialogfeld, indem Sie den Cursor in die PivotTable setzen und mit der rechten Maustaste das Kontextmenü aufrufen – wählen Sie hier *Wertfeldeinstellungen*.

Sie finden dort die Registerkarte *Werte zusammenfassen nach* und *Werte anzeigen als* (siehe Abbildung 4.8).

Werte zusammenfassen nach

- Summe
- Anzahl
- Mittelwert
- Maximum
- Minimum
- Produkt
- Anzahl Zahlen
- Standardabweichung (Stichprobe)
- Standardabweichung (Grundgesamtheit)
- Varianz (Stichprobe)
- Varianz (Grundgesamtheit)

Werte anzeigen als

- Keine Berechnung
- % des Gesamtergebnisses
- % des Spaltengesamtergebnisses
- % des Zeilengesamtergebnisses
- % von
- % des Vorgängerzeilen-Gesamtergebnisses
- % des Vorgängerspalten-Gesamtergebnisses
- % des Vorgängergesamtergebnisses
- Differenz von
- % Differenz von
- Ergebnis in
- % von Ergebnis in
- Rangfolge nach Größe (aufsteigend)
- Rangfolge nach Größe (absteigend)
- Index

Nutzen Sie diese Möglichkeit in der kopierten PivotTable (siehe Abbildung 4.7), um die Umsatzwerte jedes Monats in Relation zum Gesamtergebnis darzustellen. Dazu gehen Sie folgendermaßen vor:

1. Aktivieren Sie eine Zelle im Wertebereich, öffnen Sie mit der rechten Maustaste das Kontextmenü und wählen Sie den Befehl *Wertfeldeinstellungen*.

2. Im Dialogfeld *Wertfeldeinstellungen* wechseln Sie in die Registerkarte *Werte anzeigen als*.

3. In der Auswahlliste *Werte anzeigen als* wählen Sie den Befehl *% des Gesamtergebnisses* (siehe Abbildung 4.8).

Abbildung 4.8 Das Dialogfeld *Wertfeldeinstellungen* und *Werte anzeigen als % des Gesamtergebnisses*

4. Schließen Sie das Dialogfeld mit einem Klick auf *OK*.

Ihre PivotTable zeigt das Ergebnis in Prozentwerten an (siehe Abbildung 4.9).

	A	B	C	D	E	F	G	H	I	J	K
1	Jahre	(Alle) ▼					Jahre	(Alle ▼			
2											
3	Summe von U	Spaltenbesc ▼					Summe vor	Spalt ▼			
4	Zeilenbesc ▼	A Kunde	B Kunde	C Kunde	Gesamtergebnis		Zeilenbe ▼	A Kunde	B Kunde	C Kunde	Gesamtergebnis
5	Jan	1.238.986,18	677.314,26	375.588,43	2.291.888,87		Jan	3,85%	2,10%	1,17%	7,12%
6	Feb	1.377.587,35	795.928,66	323.333,38	2.496.849,39		Feb	4,28%	2,47%	1,00%	7,75%
7	Mrz	1.373.247,21	681.263,15	350.249,49	2.404.759,85		Mrz	4,26%	2,12%	1,09%	7,47%
8	Apr	1.561.469,55	1.022.855,23	297.470,66	2.881.795,44		Apr	4,85%	3,18%	0,92%	8,95%
9	Mai	1.510.991,84	900.720,09	408.526,92	2.820.238,85		Mai	4,69%	2,80%	1,27%	8,76%
10	Jun	1.752.711,81	685.752,55	366.940,95	2.805.405,31		Jun	5,44%	2,13%	1,14%	8,71%
11	Jul	1.959.144,18	885.274,17	376.136,91	3.220.555,26		Jul	6,08%	2,75%	1,17%	10,00%
12	Aug	1.683.256,10	921.684,12	355.450,69	2.960.390,91		Aug	5,23%	2,86%	1,10%	9,19%
13	Sep	1.936.582,91	904.880,50	389.656,08	3.231.119,49		Sep	6,01%	2,81%	1,21%	10,03%
14	Okt	1.205.397,75	1.055.520,73	333.551,81	2.594.470,29		Okt	3,74%	3,28%	1,04%	8,06%
15	Nov	1.257.569,64	1.071.490,25	330.295,86	2.659.355,75		Nov	3,90%	3,33%	1,03%	8,26%
16	Dez	1.140.797,22	480.265,99	219.105,58	1.840.168,79		Dez	3,54%	1,49%	0,68%	5,71%
17	Gesamtergeb	17.997.741,74	10.082.949,70	4.126.306,76	32.206.998,20		Gesamterg	55,88%	31,31%	12,81%	100,00%

Abbildung 4.9 Gegenüberstellung der beiden PivotTables in absoluten Werten und Prozentwerten

Löschen eines PivotTable-Berichts oder PivotChart-Berichts

Sie möchten einen PivotTable-Bericht löschen? Führen Sie einfach die folgenden drei Schritte durch:

1. Aktivieren Sie eine PivotTable, positionieren Sie den Cursor im Bericht (beispielsweise in der rechten PivotTable in Abbildung 4.9).

2. Holen Sie im kontextsensitiven Menü *PivotTable-Tools* die Registerkarte *Optionen* nach vorne und wählen Sie in der Gruppe *Aktionen* den Befehl *Auswählen* und anschließend *Gesamte PivotTable* (siehe Abbildung 4.10).

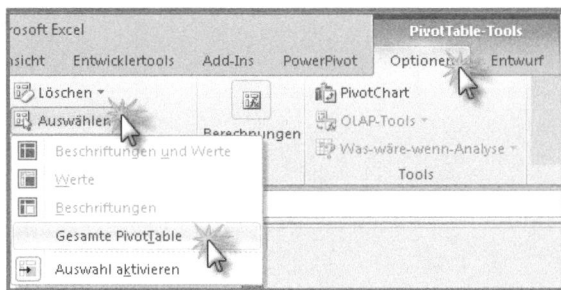

Abbildung 4.10 Befehlsfolge um eine PivotTable zu markieren und zu löschen

3. Wenn die PivotTable markiert ist, drücken Sie die ⎡Entf⎤-Taste. Die PivotTable wird vollständig gelöscht.

Berechnungstypen im praktischen Einsatz

Berechnungstypen sind vordefinierte Berechnungen, die im Dialogfeld *Wertfeldeinstellungen* zu finden sind. Sie bieten zahlreiche Möglichkeiten für die Darstellung von Werten innerhalb einer Pivot-Table (vgl. *Werte anzeigen als*).

Absolute und prozentuale Werte einblenden

Unser nächstes Ziel besteht darin, absolute Werte und Prozentwerte in einer PivotTable darzustellen. Das erreichen Sie Schritt für Schritt:

1. Markieren Sie im Tabellenblatt die nach dem Löschvorgang verbliebene PivotTable (siehe Abbildung 4.9). Es erscheint die PivotTable-Feldliste.

TIPP   Falls die PivotTable-Feldliste ausgeblendet ist, wählen Sie auf der kontextsensitiven Registerkarte *Pivot-Table-Tools* die Registerkarte *Optionen* und in der Gruppe *Anzeigen* den Befehl *Feldliste anzeigen*.

2. In der *PivotTable-Feldliste* ziehen Sie das Feld *Umsatz* ein weiteres Mal in den Bereich *Werte* des Layoutbereichs. Im Wertebereich der PivotTable-Feldliste finden Sie ein neues Feld mit der Bezeichnung *Summe von Umsatz2* und in der Spaltenbeschriftung erscheint ein zusätzliches Feld Σ Werte ▼ (siehe auch Abbildung 4.12).

3. Die gesuchte Darstellung der *Summe von Umsatz2* als Prozentwert erreichen Sie, indem Sie die PivotTable aktivieren, mit der rechten Maustaste das Kontextmenü öffnen und den Befehl *Wertfeldeinstellungen* anwählen.

4. Im gleichnamigen Dialogfeld holen Sie die Registerkarte *Werte anzeigen als* nach vorne; in der Liste *Werte anzeigen als* wählen Sie den Berechnungstyp *% des Gesamtergebnisses*.

5. Übernehmen Sie Ihre Auswahl mit Klick auf *OK*.

Das Ergebnis der Berechnung sehen Sie in Abbildung 4.11.

	A	B	C
1	Jahre	(Alle) ▼	
2			
3		**Spaltenbeschriftungen** ▼	
4		**A Kunde**	
5	**Zeilenbeschriftungen** ▼	**Summe von Umsatz**	**Summe von Umsatz2**
6	Jan	1.238.986,18	3,85%
7	Feb	1.377.587,35	4,28%
8	Mrz	1.373.247,21	4,26%
9	Apr	1.561.469,55	4,85%
10	Mai	1.510.991,84	4,69%
11	Jun	1.752.711,81	5,44%
12	Jul	1.959.144,18	6,08%
13	Aug	1.683.256,10	5,23%
14	Sep	1.936.582,91	6,01%
15	Okt	1.205.397,75	3,74%
16	Nov	1.257.569,64	3,90%
17	Dez	1.140.797,22	3,54%
18	**Gesamtergebnis**	**17.997.741,74**	**55,88%**

Abbildung 4.11 Ausschnitt aus der PivotTable, die als zweiten Wert den Umsatz in Prozenten anzeigt

Die Darstellung des Umsatzes als absolute Zahl und als entsprechende Prozentzahl nebeneinander haben Sie erreicht. In der Praxis jedoch wird häufig gewünscht, dass diese beiden Werte nicht nebeneinander, sondern untereinander angeordnet sind. In nur zwei Schritten sind Sie am Ziel:

1. Aktivieren Sie die aktuelle PivotTable, sodass die *PivotTable-Feldliste* geöffnet wird.

2. Klicken Sie dort im Bereich *Spaltenbeschriftungen* auf das Feld *Werte*, halten die linke Maustaste gedrückt und ziehen Sie dieses Feld in den Bereich *Zeilenbeschriftungen*. Lassen Sie dort die Maustaste wieder los (siehe Abbildung 4.12).

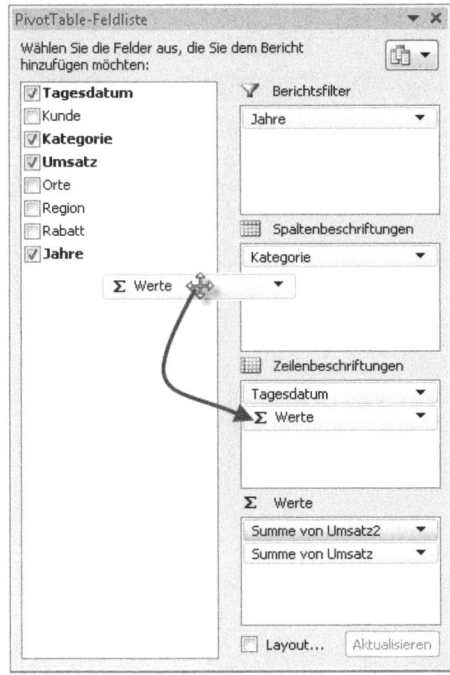

Abbildung 4.12 Umstellung des Felds *Werte* aus den *Spalten-beschriftungen* in die *Zeilenbeschriftungen*

Mit dem Ablegen des Felds im Bereich *Zeilenbeschriftungen* wird die PivotTable umgestellt und zeigt das Erscheinungsbild aus Abbildung 4.13.

	A	B	C	D	E	F
4	**Tagesdatum**	**Werte**	**A Kunde**	**B Kunde**	**C Kunde**	**Gesamtergebnis**
5	**Jan**	Summe von Umsatz2	3,85%	2,10%	1,17%	7,12%
6		Summe von Umsatz	1.238.986	677.314	375.588	2.291.889
7	**Feb**	Summe von Umsatz2	4,28%	2,47%	1,00%	7,75%
8		Summe von Umsatz	1.377.587	795.929	323.333	2.496.849
9	**Mrz**	Summe von Umsatz2	4,26%	2,12%	1,09%	7,47%
10		Summe von Umsatz	1.373.247	681.263	350.249	2.404.760
11	**Apr**	Summe von Umsatz2	4,85%	3,18%	0,92%	8,95%
12		Summe von Umsatz	1.561.470	1.022.855	297.471	2.881.795
19	**Aug**	Summe von Umsatz2	5,23%	2,86%	1,10%	9,19%
20		Summe von Umsatz	1.683.256	921.684	355.451	2.960.391
21	**Sep**	Summe von Umsatz2	6,01%	2,81%	1,21%	10,03%
22		Summe von Umsatz	1.936.583	904.881	389.656	3.231.119
23	**Okt**	Summe von Umsatz2	3,74%	3,28%	1,04%	8,06%
24		Summe von Umsatz	1.205.398	1.055.521	333.552	2.594.470
25	**Nov**	Summe von Umsatz2	3,90%	3,33%	1,03%	8,26%
26		Summe von Umsatz	1.257.570	1.071.490	330.296	2.659.356
27	**Dez**	Summe von Umsatz2	3,54%	1,49%	0,68%	5,71%
28		Summe von Umsatz	1.140.797	480.266	219.106	1.840.169
29	**Gesamt: Summe von Umsatz2**		**55,88%**	**31,31%**	**12,81%**	**100,00%**
30	**Gesamt: Summe von Umsatz**		**17.997.742**	**10.082.950**	**4.126.307**	**32.206.998**

Abbildung 4.13 Das Ergebnis der Feldumstellung ermöglicht, Prozentwerte und absolute Werte untereinander darzustellen (Ausschnitt)

Anderen Berechnungstyp anwenden

Jede Einstellung, die Sie in den Berechnungstypen wählen, zeigt die Basisdaten der PivotTable unter einem anderen Aspekt. Während einige der Berechnungen auf alle Daten bzw. Zeilen und Spalten angewendet werden, erlauben andere Berechnungstypen die Auswahl eines Basisfelds und eines Basiselements. Mit dieser Selektion können Sie einzelne Ergebnisse beeinflussen, indem Sie entsprechend Ihren Zielsetzungen ein Feld (Basisfeld) und ein Element (Basiselement) für den Vergleich auswählen.

Differenzbildung im Wertebereich

Rufen Sie beispielsweise die zuletzt erstellte PivotTable auf (siehe Abbildung 4.13). Führen Sie eine Differenzbildung auf den Basismonat Januar durch und ermitteln Sie für die folgenden Monate jeweils die Umsatzveränderung im Vergleich zum Monat Januar. Wie müssen Sie vorgehen?

1. Erstellen Sie eine PivotTable mit Aufbau und Formatierung wie in Abbildung 4.14.

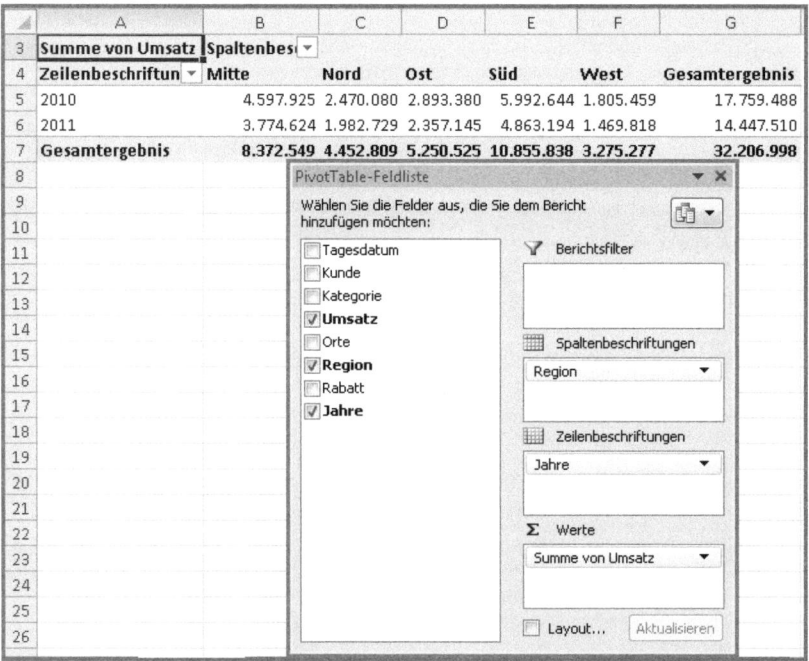

Abbildung 4.14   Struktur, Formatierung und Aufbau der PivotTable für die Differenzberechnung

2. Aktivieren Sie die PivotTable, öffnen mit der rechten Maustaste das Kontextmenü und wählen den Befehl *Wertfeldeinstellungen*.

3. Im sich öffnenden Dialogfeld aktivieren Sie die Registerkarte *Werte anzeigen als* und wählen im Dropdown-Listenfeld *Werte anzeigen als* den Eintrag *Differenz von*.

4. In der Auswahlliste *Basisfeld* wählen Sie den Listeneintrag *Region*. In der Auswahlliste *Basiselement* wählen Sie den Listeneintrag *Mitte* (siehe Abbildung 4.15).

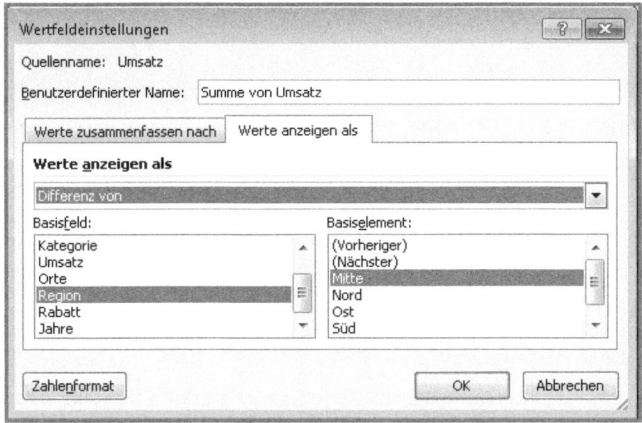

Abbildung 4.15 Auswahl des Berechnungstyps *Differenz von*

5. Zum Abschluss klicken Sie auf die Befehlsschaltfläche *OK* und erhalten das in Abbildung 4.16 angezeigte PivotTable-Ergebnis.

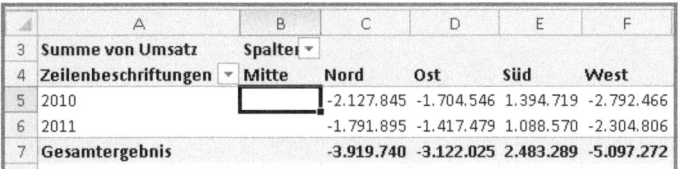

⊿	A	B	C	D	E	F
3	**Summe von Umsatz**	**Spalte** ▾				
4	**Zeilenbeschriftungen** ▾	**Mitte**	**Nord**	**Ost**	**Süd**	**West**
5	2010		-2.127.845	-1.704.546	1.394.719	-2.792.466
6	2011		-1.791.895	-1.417.479	1.088.570	-2.304.806
7	**Gesamtergebnis**		**-3.919.740**	**-3.122.025**	**2.483.289**	**-5.097.272**

Abbildung 4.16 Ergebnis der Differenzberechnung mit dem Basisfeld *Mitte*

HINWEIS Für die Region *Mitte* gibt es in der Anordnung *PivotTable* keinen Vorgänger, d.h. die Region *Mitte* steht an erste Stelle der Liste und bildet für das Folgeelement (Nord) die Basis, daher bleibt das Feld leer.

ÜBUNG Dieses Beispiel finden Sie im Tabellenblatt *Tabelle3* in der Datei *Kap04.xlsx*.

Differenzbildung im Wertebereich mit Teilergebnissen

Die Differenzbildung in benutzerdefinierten Berechnungen ist auch auf Teilergebnisse anwendbar. Gehen Sie dazu folgendermaßen vor.

1. Fügen Sie in die PivotTable (siehe Abbildung 4.14) im Layoutbereich *Zeilenbeschriftungen* das Feld *Kategorie* hinzu. Platzieren Sie das Feld unterhalb des Felds *Jahr* (siehe Abbildung 4.17).

⊿	A	B	C	D	E	F	G
1							
2							
3	Summe von Umsatz Spaltenb ⊽						
4	Zeilenbeschriftu ⊽	Mitte	Nord	Ost	Süd	West	Gesamtergebnis
5	⊟2010						
6	A Kunde	1.992.637		1.925.575	5.992.644		9.910.857
7	B Kunde	1.825.521	964.404	967.804		1.805.459	5.563.188
8	C Kunde		779.768	1.505.676			2.285.444
9	⊟2011						
10	A Kunde	1.657.145		1.566.546	4.863.194		8.086.885
11	B Kunde	1.481.828	777.517	790.599		1.469.818	4.519.762
12	C Kunde		635.651	1.205.212			1.840.863
13	**Gesamtergebnis**	**8.372.549**	**4.452.809**	**5.250.525**	**10.855.838**	**3.275.277**	**32.206.998**

Abbildung 4.17 PivotTable mit eingefügtem Feld *Kategorie* in den Zeilenbeschriftungen

2. Falls die *Teilergebnisse* für das Feld *Jahre* nicht automatisch angezeigt werden, markieren Sie eine Jahreszahl in der PivotTable, öffnen mit der rechten Maustaste das Kontextmenü und wählen den Befehl *Feldeinstellungen*.

3. Im gleichnamigen Dialogfeld aktivieren Sie die Registerkarte *Teilergebnisse & Filter* und klicken im Abschnitt *Teilergebnisse* auf die Option *Automatisch*.

4. Mit einem Klick auf die Schaltfläche *OK* schließen Sie das Dialogfeld und erhalten in der Pivot-Table die Anzeige der Teilergebnisse (siehe Abbildung 4.18).

⊿	A	B	C	D	E	F	G
1							
2							
3	Summe von Ums Spaltenbes ⊽						
4	Zeilenbeschrif ⊽	Mitte	Nord	Ost	Süd	West	Gesamtergebnis
5	⊟2010	4.597.925	2.470.080	2.893.380	5.992.644	1.805.459	17.759.488
6	A Kunde	1.992.637		1.925.575	5.992.644		9.910.857
7	B Kunde	1.825.521	964.404	967.804		1.805.459	5.563.188
8	C Kunde		779.768	1.505.676			2.285.444
9	⊟2011	3.774.624	1.982.729	2.357.145	4.863.194	1.469.818	14.447.510
10	A Kunde	1.657.145		1.566.546	4.863.194		8.086.885
11	B Kunde	1.481.828	777.517	790.599		1.469.818	4.519.762
12	C Kunde		635.651	1.205.212			1.840.863
13	**Gesamtergebnis**	**8.372.549**	**4.452.809**	**5.250.525**	**10.855.838**	**3.275.277**	**32.206.998**

Abbildung 4.18 PivotTable mit eingefügten Teilergebnissen

5. Aktivieren Sie die PivotTable und öffnen Sie mit der rechten Maustaste das Kontextmenü; wählen Sie den Befehl *Wertfeldeinstellungen*.

6. Im sich öffnenden Dialogfeld Wertfeldeinstellungen aktivieren Sie die Registerkarte *Werte anzeigen als* und wählen in der Liste *Werte anzeigen als* den Eintrag *Differenz von*.

7. In der Auswahlliste *Basisfeld* wählen Sie den Listeneintrag *Region*. In der Auswahlliste *Basiselement* wählen Sie den Listeneintrag *Mitte*.

8. Zum Abschluss klicken Sie auf die Befehlsschaltfläche *OK* und erhalten das in Abbildung 4.19 dargestellte PivotTable-Ergebnis.

	A	B	C	D	E	F
1						
2						
3	**Summe von Umsatz**	**Spalten** ▾				
4	**Zeilenbeschriftungen** ▾	Mitte	**Nord**	**Ost**	**Süd**	**West**
5	⊟ 2010		-2.127.845	-1.704.546	1.394.719	-2.792.466
6	A Kunde		-1.992.637	-67.061	4.000.007	-1.992.637
7	B Kunde		-861.117	-857.717	-1.825.521	-20.062
8	C Kunde		725.909	-779.768	-779.768	-779.768
9	⊟ 2011		-1.791.895	-1.417.479	1.088.570	-2.304.806
10	A Kunde		-1.657.145	-90.599	3.206.049	-1.657.145
11	B Kunde		-704.311	-691.229	-1.481.828	-12.010
12	C Kunde		569.561	-635.651	-635.651	-635.651
13	**Gesamtergebnis**		-3.919.740	-3.122.025	2.483.289	-5.097.272

Abbildung 4.19 Ergebnis der Differenzberechnung mit dem Basisfeld *Mitte* und eingefügten Teilergebnissen

ÜBUNG   Dieses Praxisbeispiel finden Sie ebenfalls im Tabellenblatt *Tabelle3* in der Datei *Kap04.xlsx* im Ordner *Buch\Kap04*.

Differenzbildung auch in Prozentwerten

Um die Ergebnisse der zuvor erstellten PivotTable (siehe Abbildung 4.19) in Prozentwerten anzuzeigen, gehen Sie Schritt für Schritt folgendermaßen vor:

1. Positionieren Sie den Cursor im Wertebereich der PivotTable und öffnen Sie mit der rechten Maustaste das Kontextmenü. Dort wählen Sie den Befehl *Wertfeldeinstellungen*.

2. Im Dialogfeld *Wertfeldeinstellungen* aktivieren Sie die Registerkarte *Werte anzeigen als* und wählen in der Liste *Werte anzeigen als* den Eintrag *% Differenz von*.

3. Als Basis verwenden Sie die gleichen Daten wie in der vorausgegangenen PivotTable (siehe Abbildung 4.15): Als *Basisfeld* wählen Sie *Region* und als *Basiselement* den Eintrag *Mitte* aus.

4. Zum Abschluss klicken Sie auf die Befehlsschaltfläche *OK*. Das in Abbildung 4.20 dargestellte PivotTable-Ergebnis wird eingeblendet.

	A	B	C	D	E	F
16						
17	**Summe von Umsatz**	**Spaltenbesc** ▾				
18	**Zeilenbeschriftur** ▾	Mitte	**Nord**	**Ost**	**Süd**	**West**
19	⊟ 2010		-46,28%	-37,07%	30,33%	-60,73%
20	A Kunde		-100,00%	-3,37%	200,74%	-100,00%
21	B Kunde		-47,17%	-46,98%	-100,00%	-1,10%
22	C Kunde		93,09%	-100,00%	-100,00%	-100,00%
23	⊟ 2011		-47,47%	-37,55%	28,84%	-61,06%
24	A Kunde		-100,00%	-5,47%	193,47%	-100,00%
25	B Kunde		-47,53%	-46,65%	-100,00%	-0,81%
26	C Kunde		89,60%	-100,00%	-100,00%	-100,00%
27	**Gesamtergebnis**		-46,82%	-37,29%	29,66%	-60,88%

Abbildung 4.20 Differenzbildung in Prozentwerten

TIPP   Die benutzerdefinierte Berechnung deaktivieren Sie, indem Sie das Dialogfeld *Wertfeldeinstellungen* aufrufen, dort die Registerkarte *Werte anzeigen als* aktivieren und in der Auswahlliste *Werte anzeigen als* den Eintrag *keine Berechnung* auswählen.

Kumulierte Werte anzeigen

In einer PivotTable können Sie mit der benutzerdefinierten Berechnung *Ergebnis in* die Werte einer Datenreihe kumuliert berechnen. Als Beispiel verwenden Sie die PivotTable aus Abbildung 4.17.

1. Erstellen Sie eine PivotTable wie in Abbildung 4.17. (Oder starten Sie die Datei *Kap04_Lösung.xlsx* und gehen Sie auf die *Tabelle4* und arbeiten mit der Lösung.)

2. Positionieren Sie den Cursor im Wertebereich der PivotTable und öffnen Sie mit der rechten Maustaste das Kontextmenü. Dort öffnen Sie mit einem Klick auf den Befehl *Wertfeldeinstellungen* das gleichnamige Dialogfeld.

3. Aktivieren Sie die Registerkarte *Werte anzeigen als* und wählen Sie in der Liste *Werte anzeigen als* den Eintrag *Ergebnis in.*

4. Bestätigen Sie Ihre Auswahl mit Klick auf die Befehlsschaltfläche *OK.*

Abbildung 4.21 zeigt das PivotTable-Ergebnis.

	A	B	C	D	E	F
1	Kumulierte Berechnung					
2						
3	**Summe von Umsatz**	**Spaltenbeschriftungen** ▾				
4	**Zeilenbeschriftungen** ▾	**Mitte**	**Nord**	**Ost**	**Süd**	**West**
5	⊟**2010**	**4.597.925**	**7.068.005**	**9.961.385**	**15.954.029**	**17.759.488**
6	A Kunde	1.992.637	1.992.637	3.918.212	9.910.857	9.910.857
7	B Kunde	1.825.521	2.789.924	3.757.729	3.757.729	5.563.188
8	C Kunde	779.768	2.285.444	2.285.444	2.285.444	2.285.444
9	⊟**2011**	**3.774.624**	**5.757.353**	**8.114.498**	**12.977.692**	**14.447.510**
10	A Kunde	1.657.145	1.657.145	3.223.691	8.086.885	8.086.885
11	B Kunde	1.481.828	2.259.345	3.049.944	3.049.944	4.519.762
12	C Kunde	635.651	1.840.863	1.840.863	1.840.863	1.840.863
13	**Gesamtergebnis**	**8.372.549**	**12.825.358**	**18.075.883**	**28.931.721**	**32.206.998**

Abbildung 4.21   Berechnung von kumulierten Werten mit der benutzerdefinierten Berechnung *Ergebnis in*

ÜBUNG   Sie finden das Berechnungsbeispiel im Ordner *Buch\Kap04* in der Datei *Kap04_Lösung.xlsx* in *Tabelle4.*

Sie können jederzeit die Berechnung der Tabelle in Abbildung 4.21 auch in Prozentwerte umstellen. Diese Einstellung ist bei der Beurteilung von Relationen oder Anteilen hilfreich.

Die Rangfolge in einer PivotTable anzeigen

Erstellen Sie aus den Basisdaten eine PivotTable mit folgender Feldanordnung:

Abbildung 4.22 Feldanordnung für die Berechnung der Rangfolge

1. Positionieren Sie den Cursor im Wertebereich der PivotTable und öffnen Sie mit der rechten Maustaste das Kontextmenü. Dort wählen Sie den Befehl *Wertfeldeinstellungen*.

2. Im Dialogfeld *Wertfeldeinstellungen* aktivieren Sie die Registerkarte *Werte anzeigen als* und wählen in der Liste *Werte anzeigen als* den Eintrag *Rangfolge nach Größe (absteigend)*.

3. Über die Befehlsschaltfläche *OK* beenden Sie Ihre Einstellungen.

Sie erhalten das in Abbildung 4.23 (1) dargestellte PivotTable-Ergebnis.

⊿	A	B	C	D	E
1	Rangfolge absteigend			Rangfolge aufsteigend	
2					
3	Jahre	2010	.⊤	Jahre	2011	.⊤
4					
5	**Zeilenbeschriftungen** ⌄	**Summe von Umsatz**		**Zeilenbeschriftungen** ⌄	**Summe von Umsatz**
6	Mitte	2		Mitte	4
7	Nord	4		Nord	2
8	Ost	3		Ost	3
9	Süd	1		Süd	5
10	West	5		West	1
11	**Gesamtergebnis**			**Gesamtergebnis**	
12					
13					
14	Standarddarstellung				
15	**Summe von Umsatz**	**Spaltenbeschriftu** ⌄			
16	**Zeilenbeschriftungen** ⌄	**2010**	**2011**	**Gesamtergebnis**	
17	Mitte	4.597.925	3.774.624	8.372.549	
18	Nord	2.470.080	1.982.729	4.452.809	
19	Ost	2.893.380	2.357.145	5.250.525	
20	Süd	5.992.644	4.863.194	10.855.838	
21	West	1.805.459	1.469.818	3.275.277	
22	**Gesamtergebnis**	**17.759.488**	**14.447.510**	**32.206.998**	

Abbildung 4.23 Ausgangs-PivotTable (3), die Rangfolge absteigend (1) und die Rangfolge aufsteigend (2)

TIPP   Selbstverständlich können Sie die benutzerdefinierte Berechnung auch über einen anderen Befehl im Kontextmenü aufbauen (siehe Befehlsfolge in Abbildung 4.24).

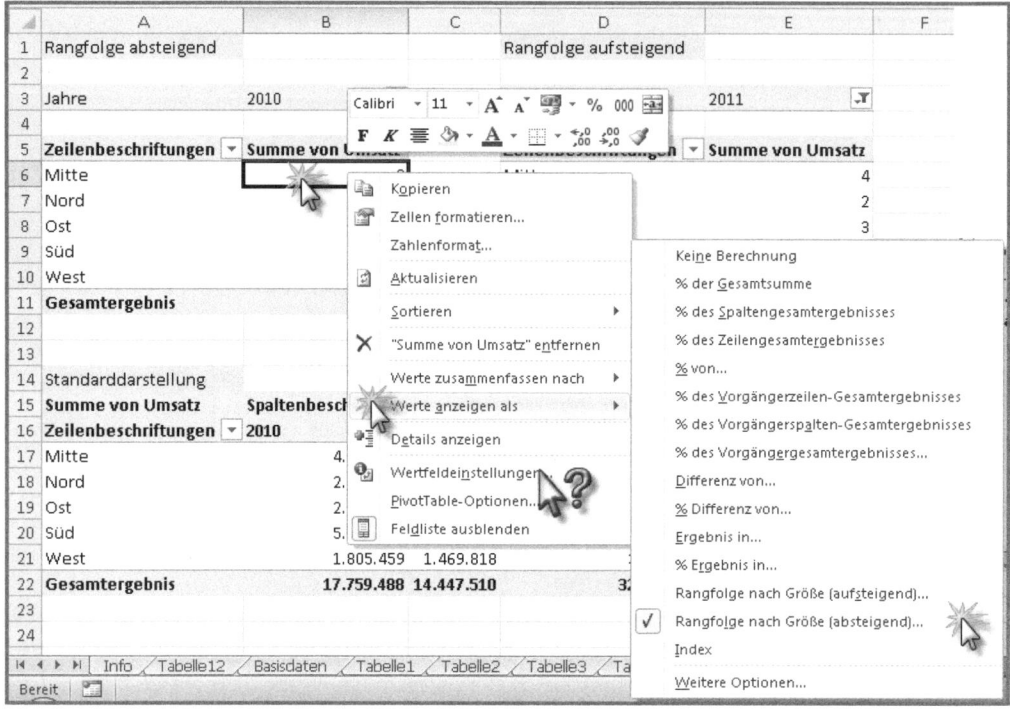

Abbildung 4.24   Weg über einen anderen Kontextbefehl zur benutzerdefinierten Berechnung *Rangfolge*

ÜBUNG   Sie finden das Berechnungsbeispiel im Ordner *Buch\Kap04* in der Datei *Kap04.xlsx* in *Tabelle5*.

Weitere Berechnungsmöglichkeiten in PivotTables

Eigene Berechnungsfelder erstellen

Mit den Zusammenfassungsfunktionen und den benutzerdefinierten Berechnungstypen haben Sie schon einige Möglichkeiten für Berechnungen in PivotTable kennengelernt. Darüber hinaus bietet sich auch die Möglichkeit, erweiterte Berechnungen durchzuführen, die nicht auf die integrierten Berechnungstypen zurückgreifen. Sie können Ihr eigenes Berechnungsfeld erstellen und alle Berechnungen auch speichern.

ÜBUNG   Als Datengrundlage verwenden Sie in den folgenden Beispielen das Tabellenblatt *Basisdaten* in der Datei *Kap04.xlsx* aus dem Ordner *Buch\Kap04*. Auch im Ordner *Buch\Kap04* steht Ihnen die Datei *Kap04_Lösung.xlsx* zur Verfügung, in der Sie die ausgeführten Arbeitsschritte zu einigen Beispielen finden.

In den folgenden Beispielen werden Sie die weitergehenden Möglichkeiten von

- berechneten Feldern,
- berechneten Elementen sowie
- die Funktion PIVOTDATENZUORDNEN()

kennenlernen.

Mit berechneten Feldern und berechneten Elementen erhalten Sie die Möglichkeit, innerhalb der PivotTable mit allen Feldern oder Elementen besondere Berechnungen durchzuführen. Mit der Funktion PIVOTDATENZUORDNEN() können Sie von außerhalb der PivotTable auf Daten innerhalb dieser zugreifen, Daten in eine normale Tabellenumgebung übernehmen und weitergehende Berechnungen ausführen.

Berechnete Elemente

Auf der Grundlage einer Formel berechnen Sie mit den Inhalten eines Felds oder eines Elements in der PivotTable einen neuen Inhalt und erhalten als Ergebnis ein Element in einem *PivotTable-Feld* – ein sogenanntes »berechnetes Element«.

Berechnete Felder

Auf der Grundlage einer Formel berechnen Sie unter Verwendung des Inhalts anderer Felder den neuen Inhalt eines Felds. Dabei arbeiten Formeln für berechnete Felder immer mit allen verfügbaren PivotTable-Daten. Es ist Ihnen nicht möglich, den Wirkungsbereich der Formeln einzuschränken, etwa durch den Versuch, in der Formel einen bestimmten Ausschnitt der Daten einzutragen.

Die folgenden Praxisbeispiele zeigen Ihnen die Nutzungsmöglichkeiten von berechneten Feldern und berechneten Elementen.

So erstellen Sie ein berechnetes Feld in einer PivotTable

Erstellen Sie eine PivotTable mit dem Aufbau aus Abbildung 4.25.

Abbildung 4.25   Aufbau und Struktur der PivotTable für ein berechnetes Feld und ein berechnetes Element

Sie wollen aus den Umsatzwerten der Jahre 2010 und 2011 einen Provisionsanteil von 5 % heraus-rechnen. Dazu gehen Sie folgendermaßen vor:

1. Markieren Sie ein Wertefeld im Datenbereich (Umsatz), klicken Sie anschließend in der kontext-sensitiven Registerkarte *PivotTable-Tools* auf die Registerkarte *Optionen* und in der Gruppe *Berechnungen* auf den Befehl *Felder, Elemente und Gruppen* (siehe Abbildung 4.26).

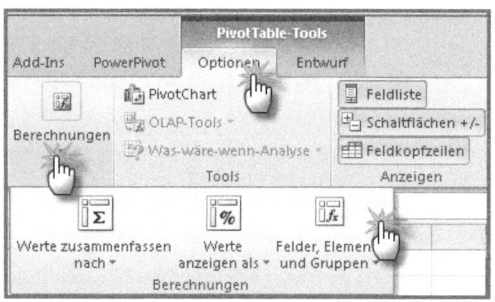

Abbildung 4.26   Befehlsfolge zum Aufruf des Dialogfelds für *Berechnete Felder*

2. Daraufhin öffnet sich ein weiteres Menü, in dem Sie anschließend den Befehl *Berechnetes Feld* anwählen. Das Dialogfeld *Berechnetes Feld einfügen* wird angezeigt (siehe Abbildung 4.27).

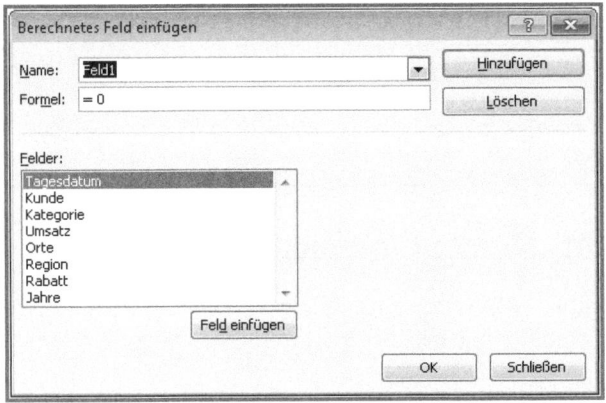

Abbildung 4.27 Im Dialogfeld *Berechnetes Feld einfügen* können Sie benutzerdefinierte Felder mit Formeln hinzufügen

3. Im Listenfeld *Name* (Vorgabetext Feld1) geben Sie *Provision5* als Namen für das zu berechnende Feld ein.

4. Löschen Sie im Feld *Formel* die Null; wählen Sie im Listenfeld *Felder* das benötigte Feld für die Berechnung aus (hier Umsatz) und klicken auf die Schaltfläche *Feld einfügen*.

5. Ergänzen Sie die *Formel* für die Provisionsberechnung folgendermaßen: =Umsatz*0,05.

6. Klicken Sie zunächst auf die Schaltfläche *Hinzufügen* und anschließend auf die Schaltfläche *OK*.

Abbildung 4.28 zeigt das Ergebnis der berechneten PivotTable.

⊿	A	B	C	D	E	F	G
1	Kategorie	(Alle) ▼					
2							
3		Spaltenbes ▼					
4		2010	✓	2011	✓	Gesamt: .Umsatz	Gesamt: .Provision5
5	Zeilenbeschri ▼	.Umsatz	.Provision5	.Umsatz	.Provision5		
6	Mitte	4.597.925	229.896,26	3.774.624	188.731,20	8.372.549	418.627,46
7	Nord	2.470.080	123.503,99	1.982.729	99.136,45	4.452.809	222.640,44
8	Ost	2.893.380	144.668,98	2.357.145	117.857,25	5.250.525	262.526,23
9	Süd	5.992.644	299.632,22	4.863.194	243.159,70	10.855.838	542.791,92
10	West	1.805.459	90.272,96	1.469.818	73.490,90	3.275.277	163.763,86
11	Gesamtergebnis	17.759.488	887.974,41	14.447.510	722.375,50	32.206.998	1.610.349,91

Abbildung 4.28 Neue berechnete Spalte auf Grundlage der Umsätze wird im PivotTable-Bericht angezeigt

Das berechnete Feld wird damit in die PivotTable-Feldliste aufgenommen und kann über das Kontrollkästchen im PivotTable-Bericht ein- bzw. ausgeblendet werden.

TIPP Klicken Sie in der neu erstellten PivotTable auf das Feld *Summe von Provision5*, aktivieren Sie die Bearbeitungszeile und markieren Sie den Teil *Summe von*. Ersetzen Sie diesen Teil durch einen Punkt ».« – Sie erhalten einen neuen Feldbezeichner *.Provison5*.

WICHTIG   In berechneten Feldern und Elementen können Sie Ihre Formeln, Operatoren und Ausdrücke in gleicher Weise wie in Tabellenformeln verwenden. Ebenso können Sie Konstante festlegen und auf Daten aus der PivotTable verweisen. Hingegen ist es nicht erlaubt, Zellbezüge oder festgelegte Namen zu benutzen. Demzufolge können Sie keine Tabellenfunktionen verwenden, die als Parameter Zellbezüge oder festgelegte Namen erfordern. Matrixfunktionen können ebenso wenig eingesetzt werden.

So erstellen Sie ein berechnetes Element in einer PivotTable

Erstellen Sie auf Basis der Daten im Tabellenblatt *Basisdaten* eine vollständig neue PivotTable. Achten Sie darauf, dass keine Gruppierungen aus vorangegangenen Arbeiten in diesen Daten wirksam sind. Die PivotTable hat folgenden Aufbau (siehe Abbildung 4.29).

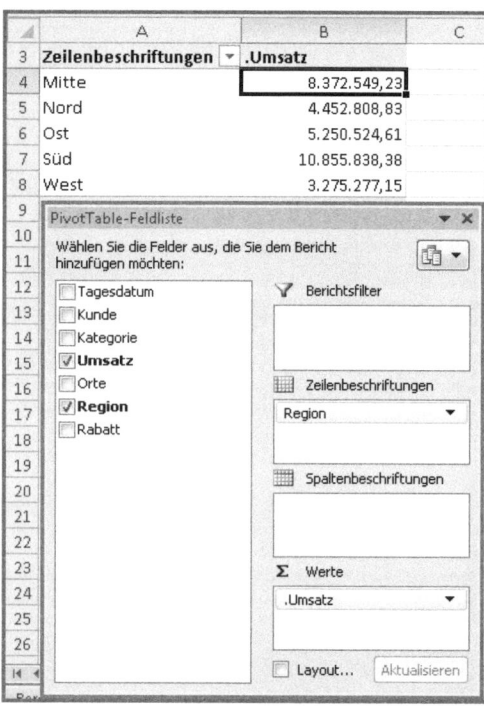

Abbildung 4.29 Basisaufbau der PivotTable für ein berechnetes Element

Führen Sie die folgenden fünf Schritte durch, um in Ihrer PivotTable ein berechnetes Element aufzunehmen:

1. Markieren Sie innerhalb der PivotTable beispielsweise das Feld *Mitte* im Zeilenbereich.

2. Klicken Sie anschließend in der kontextsensitiven Registerkarte *PivotTable-Tools* auf die Registerkarte *Optionen* und in der Gruppe *Berechnungen* auf den Befehl *Felder, Elemente und Gruppen*.

3. Im sich öffnenden Menü wählen Sie den Befehl *Berechnetes Element* an. Das Dialogfeld *Berechnetes Element einfügen* wird angezeigt.

4. Das berechnete Element *MitteNord* soll die beiden Bereiche für Auswertezwecke in einem neuen Element zusammenfassen. Im Listenfeld *Name* (Vorgabetext Feld1) geben Sie *MitteNord* als Namen für das zu berechnende Element ein.

5. Setzen Sie den Cursor in das Feld *Formel*, markieren den Platzhalter und tragen für die Berechnung folgende Formel ein: *=Mitte+Nord*.

6. Übernehmen Sie das Element mit Klick auf die Schaltfläche *Hinzufügen*; beenden Sie Ihre Eingabe mit *OK* (siehe Abbildung 4.30).

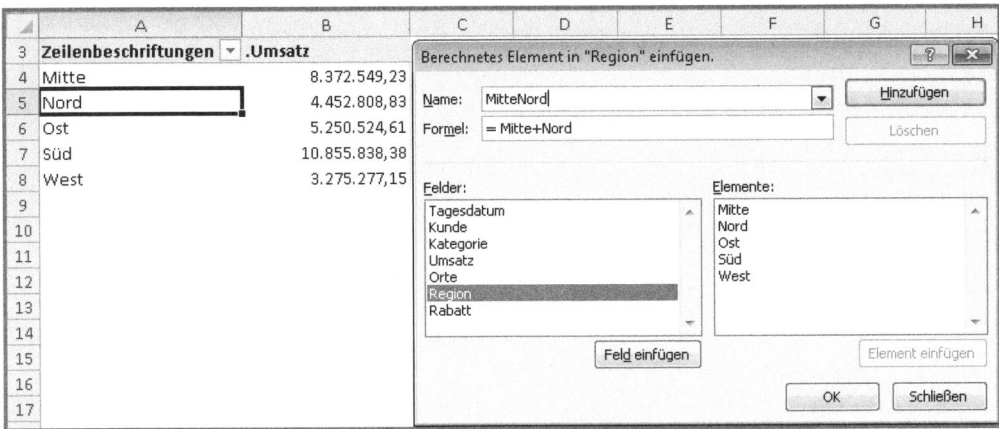

Abbildung 4.30 PivotTable mit dem eingeblendeten Dialogfeld *Berechnetes Element* in *Region* einfügen

HINWEIS   Wenn Sie eine Funktion in dem Dialogfeld *Berechnetes Element* oder *Berechnetes Feld* nachträglich verändern, wird die ursprüngliche Schaltfläche *Hinzufügen* durch die Schaltfläche *Ändern* ersetzt.

Das Ergebnis ist die berechnete PivotTable mit dem neuen Element *MitteNord* (siehe Abbildung 4.31).

	A	B
3	**Zeilenbeschriftungen** ▾	**.Umsatz**
4	Mitte	8.372.549,23
5	Nord	4.452.808,83
6	Ost	5.250.524,61
7	Süd	10.855.838,38
8	West	3.275.277,15
9	MitteNord	12.825.358,06
10	**Gesamtergebnis**	**45.032.356,26**

Abbildung 4.31 PivotTable Bericht mit dem berechneten Element

WICHTIG   Sind in dem Feld, in dem das berechnende Element hinzugefügt werden soll, Elemente gruppiert, müssen diese Gruppierungen zuerst aufgehoben werden. In diesem Zusammenhang müssen Sie ebenfalls darauf achten, dass die zu bearbeitende PivotTable nicht auf eine bereits vorhandene PivotTable aufsetzt, die möglicherweise Gruppierungen enthält.

Abbildung 4.32 zeigt eine mögliche Fehlermeldung.

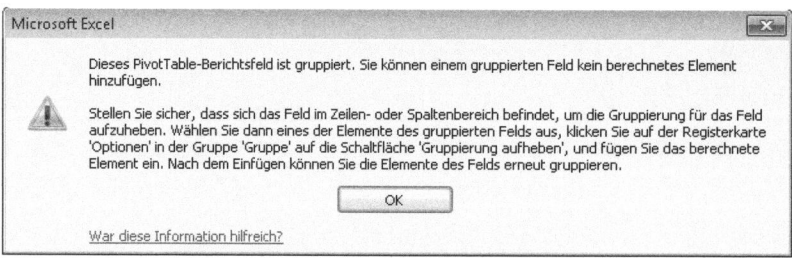

Abbildung 4.32   Fehlermeldung, falls in den Daten bereits Gruppierungen vorhanden sind

Wenn eine Zelle im Datenbereich den Schnittpunkt eines berechneten Elements mit einem berechneten Feld bildet, hat die Formel für das berechnete Feld Vorrang vor der Berechnung des berechneten Elements.

So verwenden Sie die Funktion PIVOTDATENZUORDNEN()

Die Funktion *PIVOTDATENZUORDNEN()* erscheint bei erster Betrachtung sehr unscheinbar und zeigt einem Anwender nicht unmittelbar das in ihr steckende Potenzial. In der Praxis gibt es immer wieder Situationen, in denen eine Berechnung notwendig ist, die nicht innerhalb der *PivotTable* durchgeführt werden kann. Die Funktion PIVOTDATENZUORDNEN *()* bietet Ihnen diese Möglichkeit, weitere Berechnungen außerhalb der PivotTable durchzuführen oder aber Tabellenberichte aufzubauen, die auf einer oder mehreren PivotTables beruhen.

Zugriff auf Pivot-Daten

Der Zugriff auf die Daten einer PivotTable kann aus der gleichen Tabelle, aus einer anderen Tabelle oder sogar aus einer anderen Mappe heraus erfolgen. Um auf Daten in einer anderen Mappe zuzugreifen, muss diese nicht geöffnet sein. Die genaue Pfadbezeichnung innerhalb der Funktion ist ausreichend.

Die allgemeine Syntax lautet:

PIVOTDATENZUORDNEN(Datenfeld;PivotTable;Feld1;Element1;Feld2;Element2 ...)

Sie wollen beispielsweise aus dem Beispiel (siehe Abbildung 4.33) den Wert für die *A-Kunden* der Region *Süd* außerhalb der PivotTable weiterverarbeiten. So geht's:

1. Aktivieren Sie die Zielzelle, die den Wert aufnehmen soll.
2. Erstellen Sie folgende Funktion:
   =PIVOTDATENZUORDNEN("Umsatz";$A$3;"Kategorie";"A Kunde";"Region";"Süd")

HINWEIS   Aktivieren Sie in den Excel-Optionen in der Kategorie *Formeln* im Abschnitt *Arbeiten mit Formeln* das Kontrollkästchen bei *GetPivotData-Funktionen für PivotTable-Bezüge verwenden*, so ergänzt Microsoft Excel automatisch die Bezüge, wenn Sie beim Erstellen einer Formel auf eine Zelle in einer PivotTable klicken.

Diese Funktion liefert Ihnen als Ergebnis den Wert 10.855.838,38.

	A	B
1		
2		
3	**Zeilenbeschriftungen** ▾	**Summe von Umsatz**
4	⊟ **A Kunde**	**17.997.741,74**
5	Mitte	3.649.781,91
6	Ost	3.492.121,45
7	Süd	10.855.838,38
8	⊟ **B Kunde**	**10.082.949,70**
9	Mitte	3.307.348,80
10	Nord	1.741.920,59
11	Ost	1.758.403,16
12	West	3.275.277,15
13	⊟ **C Kunde**	**4.126.306,76**
14	Mitte	1.415.418,52
15	Nord	2.710.888,24
16	**Gesamtergebnis**	**32.206.998,20**

Abbildung 4.33 PivotTable-Beispiel für die Funktion
PIVOTDATENZUORDNEN()

Sollten Sie im Verlauf der Arbeit die PivotTable in der Art umgestalten, dass Sie Felder in einen anderen Bereich verschieben, liefert die obige Funktion weiterhin das richtige Ergebnis, obwohl der Wert innerhalb der PivotTable seine Position geändert hat. Entfernen Sie ein Feld aus dem Layoutbereich, so liefert die Funktion *PIVOTDATENZUORDNEN()* einen #Bezug-Fehler.

Werden Felder nachträglich in die PivotTable aufgenommen, sind sie nicht automatisch in der Funktion *PIVOTDATENZUORDNEN()* enthalten. Daher ist schon beim Aufbau der PivotTable darauf zu achten, dass alle notwendigen – auch zukünftigen – Felder, im Layoutbereich angeordnet werden.

Bezugsfehler können vermieden werden, wenn die verwendeten Argumente im »sichtbaren« Bereich der PivotTable liegen. Damit ist gemeint, dass alle Felder, die in dieser PivotTable gebraucht werden, bereits von Anfang an im Layoutbereich positioniert sind. Die im Berichtsfilter angeordneten Felder gehören nicht zu diesem Bereich, sie können in der Funktion *PIVOTDATENZUORDNEN()* nicht angesprochen werden.

Lösungsreihenfolge für berechnete Elemente ändern

In umfangreicheren PivotTables mit zahlreichen berechneten Elementen kann es von Bedeutung sein, in welcher Reihenfolge die einzelnen berechneten Elemente ausgeführt werden. Über die Befehlsfolge *PivotTable-Tools/Optionen/Berechnungen/Felder, Elemente und Gruppen/Lösungsreihenfolge* können Sie die Reihenfolge der Berechnungsausführung beeinflussen. Im Dialogfeld *Lösungsreihenfolge für berechnete Elemente* werden die Formeln für alle berechneten Elemente angezeigt (siehe Abbildung 4.34).

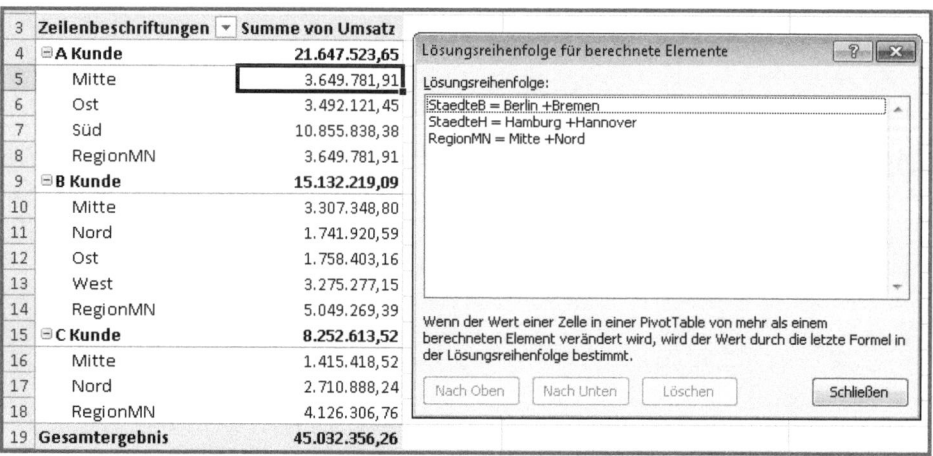

Abbildung 4.34   PivotTable mit dem Dialogfeld *Lösungsreihenfolge für berechnete Elemente*

Über die Schaltflächen *Nach Oben* bzw. *Nach Unten* können Sie die Lösungsreihenfolge verändern. Über die Schaltfläche *Löschen* entfernen Sie ein markiertes Element.

Eine Liste der verwendeten Formeln erstellen

Zur Dokumentation Ihrer Modelle ist es sinnvoll, eine Liste der verwendeten Formeln anzulegen. Damit ist es Ihnen möglich, jederzeit die Ergebnisse nachzuprüfen oder nachzuvollziehen. Um eine solche Liste zu erstellen, wählen Sie die Befehlsfolge *PivotTable-Tools/Optionen/Berechnungen/Felder, Elemente und Gruppen/Formeln auflisten*. Microsoft Excel erstellt ein neues Tabellenblatt und listet die berechneten Felder und Elemente auf (siehe Abbildung 4.35).

	A	B	C	D	E	F	G	H	I	J	K
1	*Berechnetes Feld*										
2	**Lösungsreihenfolge**	**Feld**	**Formel**								
3											
4	*Berechnetes Element*										
5	**Lösungsreihenfolge**	**Element**	**Formel**								
6		1 StaedteB	=Berlin +Bremen								
7		2 StaedteH	=Hamburg +Hannover								
8		3 RegionMN	=Mitte +Nord								
9											
10											
11	*Hinweis:*		Wenn eine Zelle von mehr als einer Funktion aktualisiert wird,								
12			wird der Wert von der letzten Funktion in der Lösungsreihenfolge bestimmt.								
13											
14			Sie können die Lösungsreihenfolge für mehrere berechnete Elemente oder Felder ändern,								
15			wenn Sie auf der Registerkarte 'Optionen' in der Gruppe 'Berechnungen' auf 'Felder, Elemente und Sets' und anschließend auf 'Lösungsreihenfolge' klicke								
16											

Abbildung 4.35   Der Bericht über die festgelegten Formeln wird in einem neuen Tabellenblatt eingefügt

Kapitel 5

Stundenabweichungsanalyse mit PivotTable-Bericht

In diesem Kapitel:

Jedes größere Projekt wird mithilfe eines Projektplans mit Meilensteinen für die Umsetzung vorbereitet und nach diesen Schritten aufbereitet und abgearbeitet. Um die Kosten zu budgetieren und zu überwachen, ist die Meilensteinstruktur ungeeignet.

In diesem Praxisbeispiel besteht ein Projekt aus einem Kostenträger, dargestellt durch eine Kostenträgernummer. Werden alle anfallenden Kosten auf dieser globalen Kostenträgernummer gesammelt, so können Sie am Ende des Projekts einen Vergleich zwischen geplanten und tatsächlich angefallenen Kosten vornehmen. Diesen Vergleich können Sie allerdings nicht als Steuerinstrument während der Laufzeit des Projekts sinnvoll einsetzen. Für einen wirtschaftlich erfolgreichen Verlauf benötigen Sie einen permanenten, beispielsweise wöchentlichen oder monatlichen Vergleich der tatsächlichen Aufwendungen (Ist-Kosten) mit den geplanten Aufwendungen (Plan-Kosten).

Das Controllingbeispiel betrachtet diesen Prozess, beschränkt sich hier jedoch auf den Vergleich und die Auswertung der tatsächlich angefallenen Arbeitsstunden (Ist-Stunden) mit den für diese Arbeitsschritte vorgesehenen geplanten Arbeitsstunden – den Plan-/Ist-Stundenvergleich.

Die Projektstruktur aufbauen

Nach der Kalkulation der Anfrage und der erfolgten Beauftragung durch den Kunden legen Sie für den Auftrag bzw. das Projekt einen Kostenträger an und richten ihn ein. Unterhalb des Kostenträgers entwerfen Sie eine auf die Projektgröße und -art abgestimmte Budgetstruktur und legen die einzelnen Arbeitspakete an. In diesem Beispiel wird die Abkürzung WBS für diese Budgetstruktur genutzt, die die einzelnen Arbeitspakete beinhaltet (WBS = Work-Breakdown-Structure).

Die Arbeitspakete werden aus der Kalkulation des Projekts abgeleitet. Die WBS hat dabei eine Grundstruktur, die die kalkulierten Budgetwerte des Angebotes aufnimmt und diese dem Projektcontrolling als Maximalwerte zur Verfügung stellt.

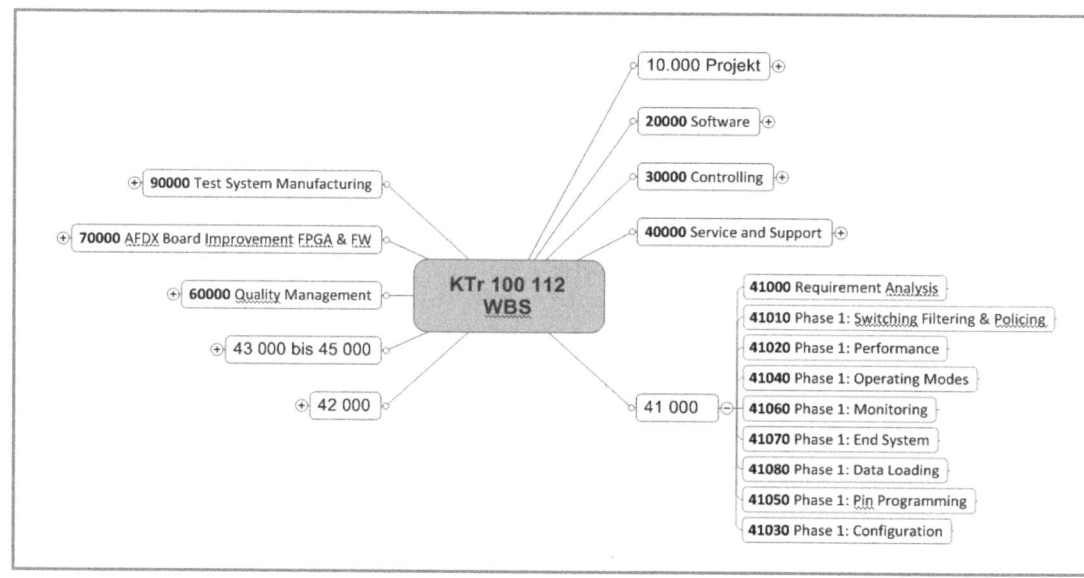

Abbildung 5.1   Die WBS des Beispielprojekts mit der Detailansicht der Nummer *41 000*

Abbildung 5.1 zeigt beispielhaft die Grundstruktur des Projekts *100 112*.

Nachdem der Kostenträger angelegt und die untergeordnete WBS-Struktur aufgebaut ist, erfolgt die Veröffentlichung im Intranet. In diese Struktur tragen die Mitarbeiter die geleisteten Arbeitsstunden ein und ordnen diese gleichzeitig dem Kostenträger und Arbeitspaket (WBS) zu.

Die erfassten Daten werden in eine Excel-Arbeitsmappe übernommen, nach dem im Folgenden erläuterten Schema regelmäßig ausgewertet und stehen den Projektleitern zur Steuerung des Projekts zur Verfügung.

| **ÜBUNG** | Alle Beispiele für dieses Kapitel finden Sie in der Datei *Kap05.xlsx* im Ordner *Buch\Kap05*. |

Daten in PivotTable-Berichten auswerten

Innerhalb der Mappe finden Sie unter anderem die in Tabelle 5.1 gelisteten Tabellenblätter und Daten.

Bezeichnung	Beschreibung
Info	Allgemeine Übersicht der vorhandenen Tabellen
WBSPlanung	Beinhaltet die geplanten Stunden für den Kostenträger (in diesem Beispiel *100 112*)
StdExport	Aus einem Vorsystem zur Verfügung gestellte Daten
Stammdaten	Zuordnung von Personalnummern und Namen

Tabelle 5.1 Inhalte der Arbeitsmappe *Kap05.xlsx*

Ablauf der Arbeitsschritte

Um die Daten aufzubereiten und in einem PivotTable-Bericht auszuwerten, sind die in Abbildung 5.2 grafisch aufbereiteten Arbeitsblöcke bzw. -schritte notwendig.

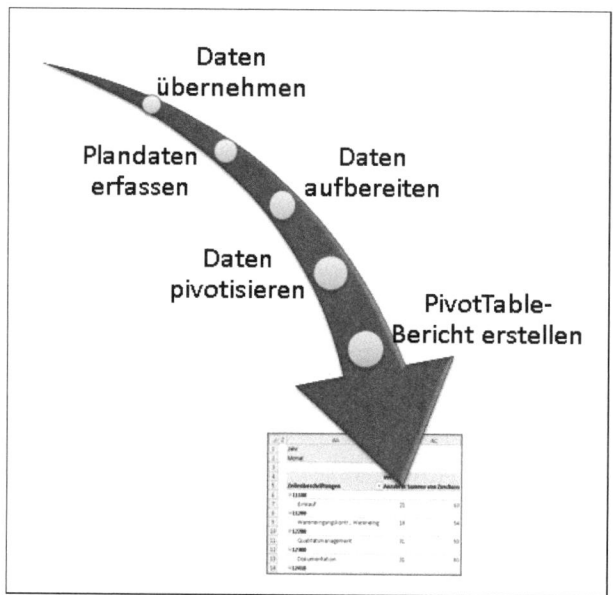

Abbildung 5.2 Darstellung der Berichtsvorbereitung und -erstellung

Daten aus dem Vorsystem und der Planung übernehmen

In der Datei *Kap05.xlsx* finden Sie im Tabellenblatt *StdExport* die von den Projektmitarbeitern in einem Vorsystem erfassten und anschließend in Microsoft Excel 2010 importierten Daten mit der Struktur aus Tabelle 5.2.

Feldbezeichnung	Inhalt
Datum	Tagesdatum der Erfassung
Name	Name des Mitarbeiters
PNr	Personalnummer
KoStelle	Kostenstelle des Mitarbeiters
StdVerSatz	Stundenverrechnungssatz (Plan)
Ktr/KSt	Buchung auf Kostenträger/Kostenstelle
Stunden	Gearbeitete Stunden
WorkPackage	Arbeitspaket, WBS-Nr.

Tabelle 5.2   Verwendete Feldnamen in der Importdatei

Dem gegenüber steht die Plandatei in der Tabelle *WBSPlanung* der Mappe *Kap05.xlsx* mit dem Aufbau, wie ihn Abbildung 5.3 zeigt.

⊿	A	B	C	D	E
1			geplante Stunden für Kostenträger		100 112
2			geplant auf die Work-Breakdown-Structur ->WBSNr		
3					
4					
5			WBSNr	WBS Name	GeplanteStunden
6			0	Allgemein	0
7			10000	Project	290
8			10001	Project Allgemein	0
9			10100	Project Management	0
10			10101	Reserve	250
11			10200	Test System Engineering	40
12			20000	Software	250
13			20100	AFDX Board Improvement Driver Standard	250
14			30000	Controlling	24
15			30001	Kunde Project Controlling	24
16			40000	Service and Support	40
17			40001	Training	40
18			40100	A-Support	0
19			40200	T-Support	0
20			40300	Hardware Support	0
21			41000	Requirement Analysis	200

Abbildung 5.3 Plandatei mit beispielhaften Stundenkontingenten (Ausschnitt)

Bei der Übergabe eines Projekts in die Projektabteilung wird aus dem Angebot die *WBSNr* abgeleitet und mit Planstunden aufgefüllt. Im Verlauf des Projekts werden die geleisteten Stunden permanent mit den geplanten Stunden abgeglichen. Dies ist die Aufgabe des Controllings. Wie Sie diesen Vergleich berechnen können, erfahren Sie in folgendem Kapitel.

Daten aufbereiten, vervollständigen und pivotisieren

Nachdem Sie die Daten aus dem Vorsystem importiert haben, prüfen Sie diese auf Konsistenz und Vollständigkeit und ergänzen sie gegebenenfalls. Beispielsweise wird aufgrund der vorhandenen Personalnummer, der Name des Mitarbeiters hinzugefügt. Auch ist es sinnvoll, den Namen der WBS-Nummer zu ergänzen, um so die Lesbarkeit zu verbessern.

Die importierten Datensätze enthalten Informationen zu allen Projekten. Ein spezielles Projekt wählen Sie aus, wenn Sie die PivotTable erstellen.

Das Tabellenblatt *WBSPlanung* pivotisieren

Um die Plan-Daten mit den Ist-Daten abzugleichen, müssen Sie beide Datenquellen pivotisieren. Dazu gehen Sie folgendermaßen vor:

1. Aktivieren Sie das Tabellenblatt *WBSPlanung* und positionieren Sie den Mauszeiger innerhalb der Daten.
2. Öffnen Sie anschließend im Menüband die Registerkarte *Einfügen*. In der Gruppe *Tabellen* klicken Sie auf das Symbol *PivotTable* und erstellen die PivotTable, indem Sie in dem folgenden Dialogfeld die Schaltfläche *OK* anklicken.
3. In der *PivotTable-Feldliste* ziehen Sie das Feld *WBSNr* und *WBS Name* in den Bereich *Zeilenbeschriftungen* und das Feld *GeplanteStunden* in den Bereich *Werte*. Daraufhin entsteht die dargestellte PivotTable (siehe Abbildung 5.4).

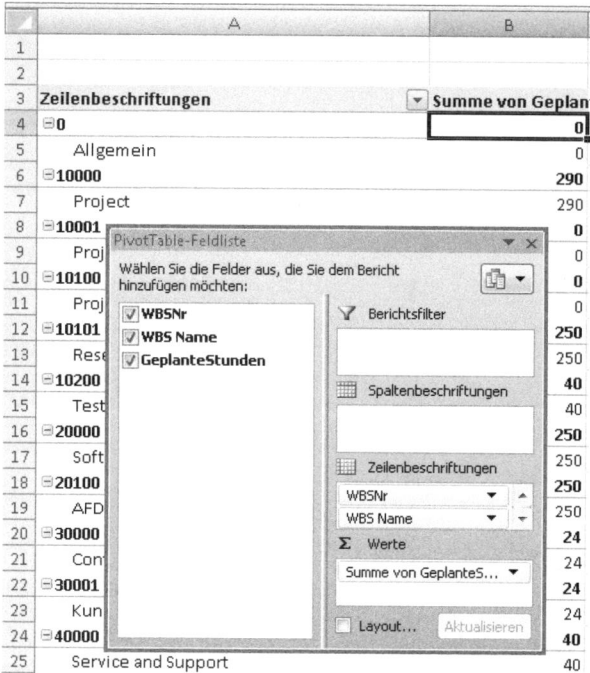

	A	B
1		
2		
3	Zeilenbeschriftungen	Summe von Geplan
4	⊟0	0
5	Allgemein	0
6	⊟10000	290
7	Project	290
8	⊟10001	0
9	Proj	0
10	⊟10100	0
11	Proj	0
12	⊟10101	250
13	Rese	250
14	⊟10200	40
15	Test	40
16	⊟20000	250
17	Soft	250
18	⊟20100	250
19	AFD	250
20	⊟30000	24
21	Con	24
22	⊟30001	24
23	Kun	24
24	⊟40000	40
25	Service and Support	40

Abbildung 5.4 Standardeinstellung der pivotisierten Plan-Daten

In den nächsten Schritten wollen Sie die Darstellung des PivotTable-Berichts anpassen. Die Pivot-Table wird automatisch im Kurzformat erstellt. Sie können die Einstellung in den *Feldeinstellungen* auf der Registerkarte *Layout & Drucken* für jedes Feld überprüfen und ändern:

1. Markieren Sie beispielsweise das Feld mit dem Inhalt *10000*, rufen Sie mit der rechten Maustaste das Kontextmenü auf und wählen Sie den Befehl *Feldeinstellungen*.

2. Im Dialogfeld *Feldeinstellungen* aktivieren Sie auf der Registerkarte *Teilergebnisse & Filter* im Abschnitt *Teilergebnisse* die Option *Keine*.

3. Wechseln Sie im gleichen Dialogfeld zur Registerkarte *Layout & Drucken* und wählen Sie im Abschnitt *Layout* die Option *Elementnamen im Tabellenformat anzeigen*.

4. Bestätigen Sie das Dialogfeld mit *OK*.

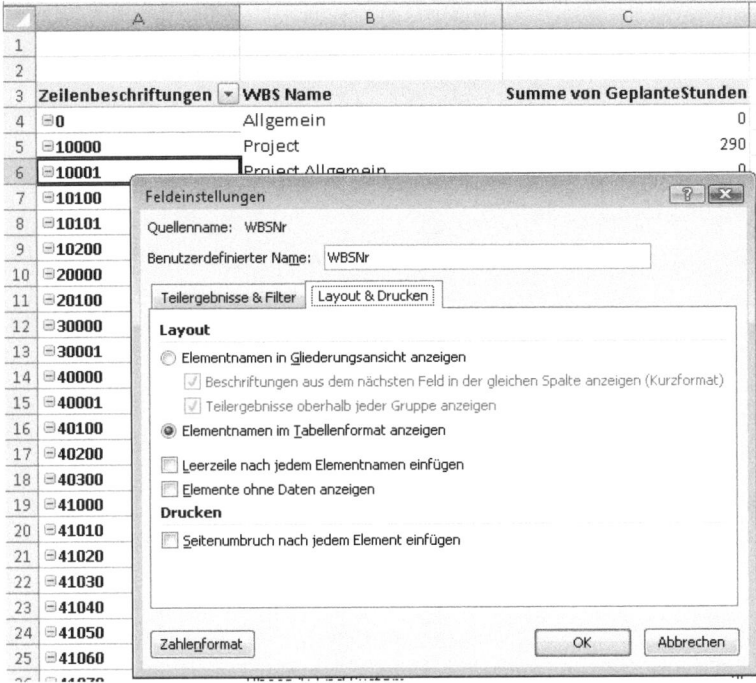

Abbildung 5.5 Dialogfeld zur Umschaltung in das Tabellenformat. Im Hintergrund sichtbar die umgestellte PivotTable.

HINWEIS Während Sie über *PivotTable-Tools/Entwurf/Layout/Berichtslayout/In Tabellenformat anzeigen* die Einstellung zum Tabellenformat für **alle** Felder aktivieren, können Sie über den zuvor beschriebenen Weg diese Option selektiv für ausgewählte Felder einstellen.

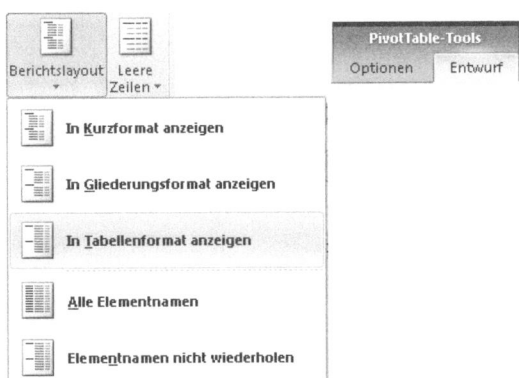

Abbildung 5.6 Der Befehl *Berichtslayout* auf der kontextsensitiven Registerkarte *PivotTable-Tools*

Die geplanten Stunden werden immer im Dezimalformat angezeigt, da sie in diesem Format erfasst werden. Wie in modernen Zeiterfassungssystemen üblich, bedeutet das, dass nicht die übliche Darstellung von Stunden und Minuten in der Form 7:45 verwendet wird. Stattdessen werden die Minuten in sogenannte Industrieminuten (1 Stunde hat in diesem Model 100 Industrieminuten) umgerechnet und die Zeit als Dezimalzahl dargestellt (im Beispiel also 7,75).

ÜBUNG   Dieses Beispiel finden Sie im Tabellenblatt *PTzuWBSPlanung* in der Datei *Kap05_Lösung.xlsx* im Ordner *Buch\Kap05*.

Importierte Daten pivotisieren und formatieren

Zurück in die Datei *Kap05.xlsx*. Als Nächstes erstellen Sie aus den Daten des Tabellenblatts *StdExport* einen PivotTable-Bericht:

1. Wechseln Sie in das Tabellenblatt *StdExport* und positionieren Sie den Mauszeiger im Datenbereich.

2. Erstellen Sie über die Befehlsfolge *Einfügen/Tabellen/PivotTable* einen PivotTable-Bericht in einem neuen Arbeitsblatt. Die Angaben im Dialogfeld *PivotTable erstellen* übernehmen Sie mit Klick auf *OK*.

3. In der *PivotTable-Feldliste* ziehen Sie zuerst das Feld *Ktr/KSt* in den *Berichtsfilter*, das Feld *Stunden* in den Bereich *Werte* und danach das Feld *Datum* in den Bereich *Zeilenbeschriftungen*.

   Sie erhalten eine neue PivotTable angezeigt (siehe Abbildung 5.7).

HINWEIS   Wenn die PivotTable denselben PivotCache wie eine andere PivotTable verwendet und dort die Datumswerte bereits gruppiert wurden, so sind die folgenden Schritte 4 und 5 nicht mehr nötig, da die Gruppierung über den PivotCache bereits angewendet wird.

Eine evtl. vorhandene Gruppierung des Datums in Monate und Jahre lösen Sie auf, indem Sie mit der rechten Maustaste das Kontextmenü öffnen und dort den Befehl *Gruppierung aufheben* anwählen.

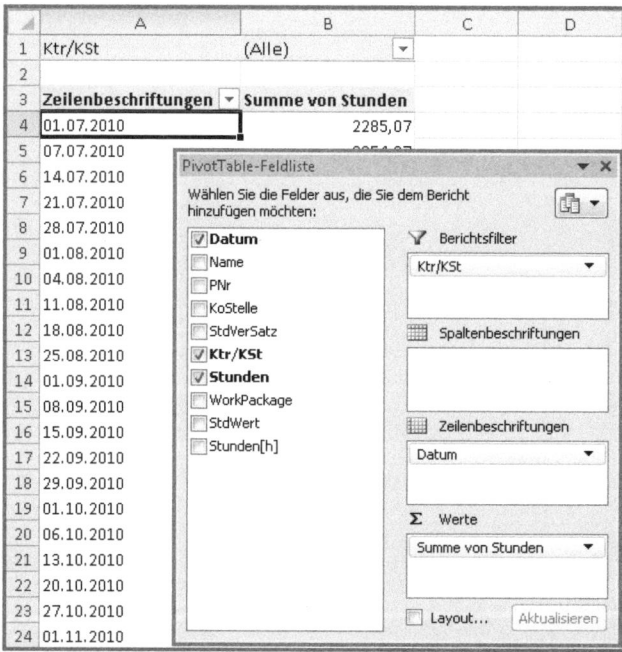

Abbildung 5.7   Anzeige der Stunden je Tagesdatum und über alle Projekte (Ausschnitt)

4. Um das Feld *Datum* in Jahres- und Monatsdarstellung umzuwandeln, markieren Sie eine Datumszelle in der PivotTable, öffnen das Kontextmenü und wählen dort den Befehl *Gruppieren*.

5. In dem Dialogfeld *Gruppieren* markieren Sie in der Auswahlliste neben *Monate* noch *Jahre*. Klicken Sie auf die Schaltfläche *OK*, um den Vorgang abzuschließen.

6. Verändern Sie die Feldanordnung des PivotTable-Berichts, bis Sie die Darstellung entsprechend Abbildung 5.8 erreichen. Entfernen Sie dazu das Feld *Datum* aus dem Bereich *Zeilenbeschriftungen*.

7. In der Zelle B1 (*Berichtsfilter*) selektieren Sie den Kostenträger *100112*.

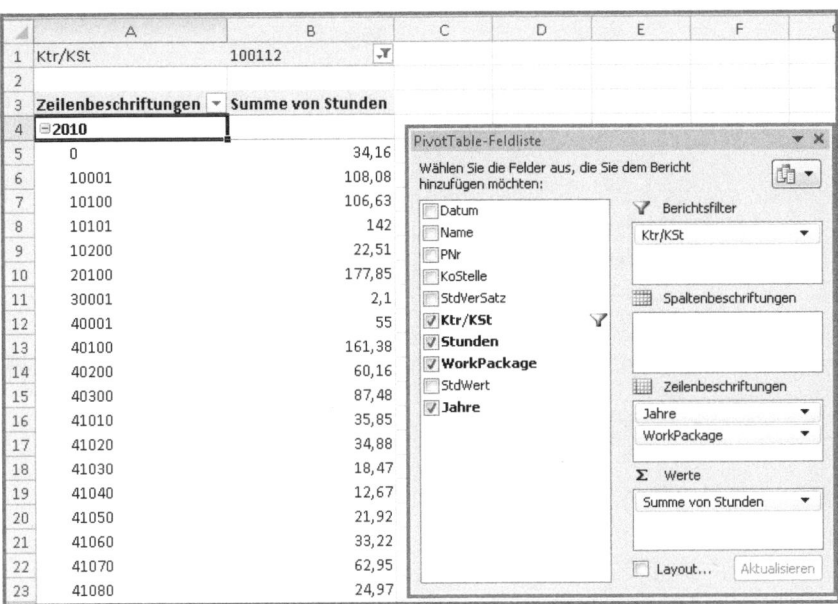

Abbildung 5.8 Feldanordnung bei der Pivotisierung der zugespielten Daten (Ausschnitt)

8. Ändern Sie die Beschriftung *Summe von Stunden* in die Kurzschreibweise *.Stunden* in der Bearbeitungsleiste ab.

Dezimale Stunden in Uhrzeit-Format umwandeln

Sie müssen für die folgenden Auswertungen die in Dezimalschreibweise vorliegenden Zeitnachweise des Felds *Stunden* in das Uhrzeitformat umwandeln. Ordnen Sie beide Felder nebeneinander an, um so die Daten schon vergleichend betrachten zu können und später Differenzen bzw. Abweichungen zu berechnen.

Diese Umwandlung lässt sich nicht über die Zahlenformate lösen. Es ist notwendig, ein berechnetes Feld in die PivotTable einzufügen und diesem Feld das Format *[h]:mm* zuzuweisen:

1. Dazu positionieren Sie den Mauszeiger im Bereich *Werte* auf dem Feld *.Stunden* und rufen auf der kontextsensitiven Registerkarte *PivotTable-Tools/Optionen* in der Gruppe *Tools* den Befehl *Berechnungen* auf. Klicken Sie auf den Dropdown-Pfeil und wählen Sie den Befehl *Berechnetes Feld* aus (siehe Abbildung 5.9).

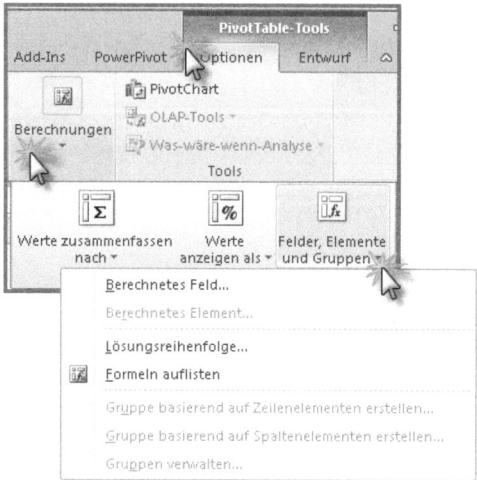

Abbildung 5.9 Befehlsfolge für den Aufbau eines berechneten Felds

2. Im Dialogfeld *Berechnetes Feld einfügen* markieren Sie zunächst in der Auswahlliste *Felder* das Feld *Stunden* und klicken auf die Schaltfläche *Feld einfügen*.

3. Der Feldname *Stunden* wird in die Textzeile *Formel* übertragen und muss dort von Ihnen noch ergänzt werden. Sie benötigen dort die Formel =*Stunden/24*.

4. Im Textfeld *Name* geben Sie dieser Berechnungsformel den Namen *Stunden[h]* und klicken auf die Schaltfläche *Hinzufügen*. Damit wird die Berechnung in die Formelliste aufgenommen (siehe Abbildung 5.10).

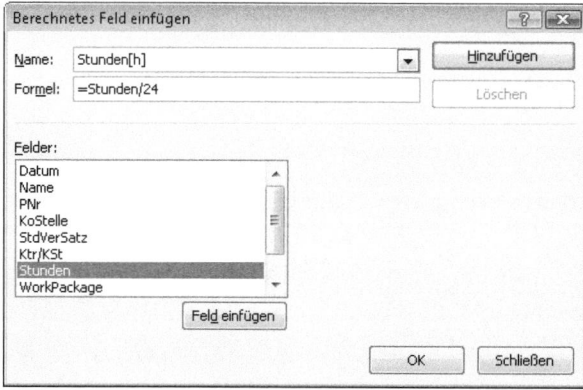

Abbildung 5.10 Dialogfeld *Berechnetes Feld einfügen* mit der Formel für die Stundenberechnung

5. Verlassen Sie das Dialogfeld über die Schaltfläche *OK*. Der PivotTable-Bericht wird um die Spalte *Summe von Stunden[h]* im Wertebereich erweitert.

6. Ändern Sie die Feldbezeichnung *Summe von Stunden[h]* durch Markieren und Verkürzen auf die Kurzform *.Stunden[h]* in der Bearbeitungszeile.

7. Um jetzt das Zahlenformat dieses Felds zu ändern, rufen Sie über das Kontextmenü den Befehl *Wertfeldeinstellungen* auf.

8. Im Dialogfeld *Wertfeldeinstellungen* aktivieren Sie die Schaltfläche *Zahlenformat,* um in das Dialogfeld *Zellen formatieren* zu gelangen.

9. In der Liste *Kategorie* wählen Sie den Eintrag *Benutzerdefiniert*, aktivieren im Listenfeld *Typ* das Format *[h]:mm* und schließen die beiden Dialogfelder jeweils über die Schaltfläche *OK*.

Als Ergebnis erhalten Sie die PivotTable, wie sie Abbildung 5.11 darstellt.

	A	B	C
1	Ktr/KSt	1001 .T	
2			
3		**Werte**	
4	Zeilenbeschriftungen ▾	.Stunde	.Stunden[h]
5	⊟2010		
6	0	34,16	32:47
7	10001	108,08	103:45
8	10100	106,63	102:21
9	10101	142	136:19
10	10200	22,51	21:36
11	20100	177,85	170:44
12	30001	2,1	2:00
13	40001	55	52:48
14	40100	161,38	154:55
15	40200	60,16	57:45
16	40300	87,48	83:58
17	41010	35,85	34:24

Abbildung 5.11 PivotTable mit dem eingefügten berechneten Feld (Ausschnitt)

ÜBUNG   Dieses Beispiel finden Sie im Tabellenblatt *PT_DezStd* in der Datei *Kap05_Lösung.xlsx* im Ordner *Buch\Kap05*.

Plan-Daten mit Ist-Daten vergleichen und bewerten

Damit Sie die vorliegenden Daten endgültig auswerten, interpretieren und bewerten können, bedarf es noch einiger Arbeitsschritte, die in Abbildung 5.12 ablaufschematisch dargestellt sind.

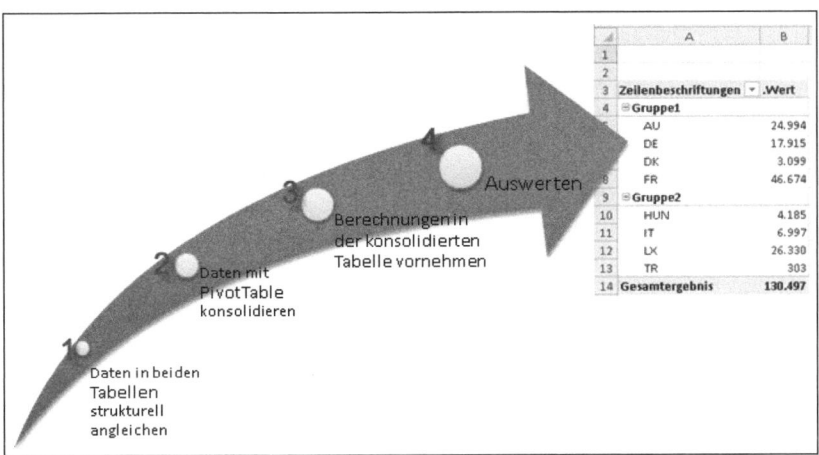

Abbildung 5.12 Arbeitsschritte von den Basisdaten bis zum Bericht und dessen Interpretation

Die beiden PivotTables *PTzuWBSIst* und *PTzuWBSPlanung* unterscheiden sich marginal im Aufbau. Für eine fehlerfreie Konsolidierung müssen sie in der äußeren Struktur gleich sein. Unterschiede dürfen in den Vergleichsfeldern auftreten. Es ist nicht notwendig, dass in beiden Tabellen die gleiche Anzahl der WBS-Nummern vorkommt. WBS-Nummern, die nicht bebucht wurden, sind in den importierten Daten möglicherweise nicht bzw. noch nicht vorhanden.

ÜBUNG   Öffnen Sie die Datei *Kap05_Lösungen.xlsx* aus dem Ordner *Buch\Kap05* Buch und holen Sie das Registerblatt *PTzuWBSIst* nach vorne.

Um den strukturellen Angleich der beiden Berichte zu erreichen, überarbeiten Sie das Tabellenblatt *PTzuWBSIst* mit folgenden Schritten:

1. Aktivieren Sie das Tabellenblatt *PTzuWBSIst*.

2. In dem PivotTable-Bericht *PTzuWBSIst* benötigen Sie nur eine Spalte mit Stunden. Entfernen Sie das Feld *.Stunden[h]* aus dem Wertebereich (dies trifft nur zu, wenn Sie die Stundenumwandlung ausgeführt haben).

3. Entfernen Sie ggf. das Feld *Jahre* aus dem Bereich *Zeilenbeschriftungen*.

4. Ziehen Sie das Feld *WorkPackage* in den Zeilenbereich.

    Ihr PivotTable-Bericht *PTzuWBSIst* sollte nach Abschluss der Arbeiten wie in Abbildung 5.13 aussehen.

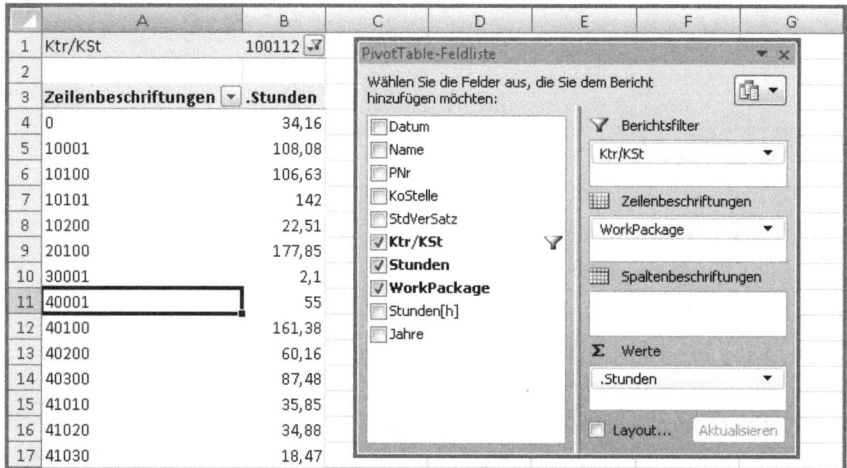

Abbildung 5.13 PivotTable-Bericht mit der für die Konsolidierung notwendigen Struktur (Ausschnitt)

5. Aktivieren Sie den PivotTable-Bericht im Tabellenblatt *PTzuWBSPlanung*.

6. Diesen PivotTable-Bericht können Sie für die Konsolidierung direkt verwenden.

Zwei PivotTable-Berichte konsolidieren

Microsoft Excel bietet innerhalb des Menübands keinen direkten Befehl für eine Konsolidierung von zwei oder mehreren PivotTable-Berichten. Die Lösung erreichen Sie über den PivotTable- und Pivot-Chart-Assistenten aus früheren Versionen.

Um die beiden PivotTable-Berichte zu konsolidieren, gehen Sie folgendermaßen vor:

1. Fügen Sie ein neues Tabellenblatt in die Mappe ein und aktivieren Sie dort die Zelle C5.
2. Öffnen Sie mit der Tastenkombination [Alt]+[N],[P] den Assistenten der früheren Microsoft Excel-Version (siehe Abbildung 5.14).

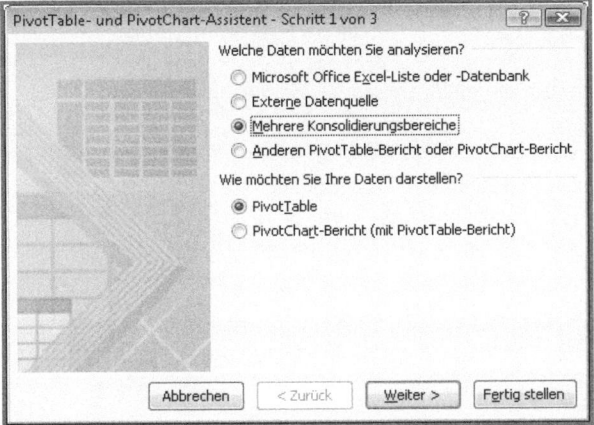

Abbildung 5.14 Assistent mit der Option *Mehrere Konsolidierungsbereiche*

3. Wählen Sie die Option *Mehrere Konsolidierungsbereiche* und gehen Sie über die Schaltfläche *Weiter* zum Folgeschritt.
4. Im nächsten Dialogfeld – Schritt 2a von 3 des Assistenten – übernehmen Sie die Option *Einfache Seitenfelddarstellung*, indem Sie direkt auf die Schaltfläche *Weiter* klicken.
5. Im folgenden Dialogfeld – Schritt 2b von 3 des Assistenten – wählen Sie die zu konsolidierenden Bereiche aus. Aktivieren Sie zuerst die PivotTable in der Tabelle *PTzuWBSPlanung*. Beginnen Sie die Markierung im Feld *Zeilenbeschriftungen* und ziehen Sie den Markierungsrahmen bis zur letzten Datenzeile (ohne Summenzeile).

ACHTUNG Die Zeile *Gesamtergebnis* darf nicht in die Markierung eingeschlossen sein, da dadurch die Daten doppelt in die Berechnung einfließen!

---

6. Ist der Bereich korrekt ausgewählt, klicken Sie auf die Schaltfläche *Hinzufügen*. Wiederholen Sie den gleichen Arbeitsschritt im Tabellenblatt *PTzuWBSIst*.
7. Nach der Datenmarkierung im PivotTable-Bericht *PTzuWBSIst* klicken Sie erneut auf die Schaltfläche *Hinzufügen*. Ihr Dialogfeld müsste entsprechend der Abbildung 5.15 aussehen.

Abbildung 5.15 Auswahl der Konsolidierungsbereiche

8. Nachdem Sie alle Bereiche hinzugefügt haben, klicken Sie auf die Schaltfläche *Weiter*.

HINWEIS   Haben Sie in der Vergangenheit bereits eine PivotTable mit der gleichen Datenquelle erstellt, so wird ein zusätzliches Dialogfeld angezeigt. Hier erhalten Sie die Möglichkeit, mit der Schaltfläche *Ja* denselben PivotCache zu verwenden und damit Speicher zu sparen oder mit *Nein* eine unabhängige PivotTable zu erstellen. Wenn bereits mehrere PivotTables erstellt wurden und Sie *Ja* wählen, müssen Sie angeben, welche PivotTable die Daten enthält, die Sie verwenden möchten.

Wählen Sie für das Beispiel die Schaltfläche *Nein*, um eine eigenständige PivotTable zu erstellen.

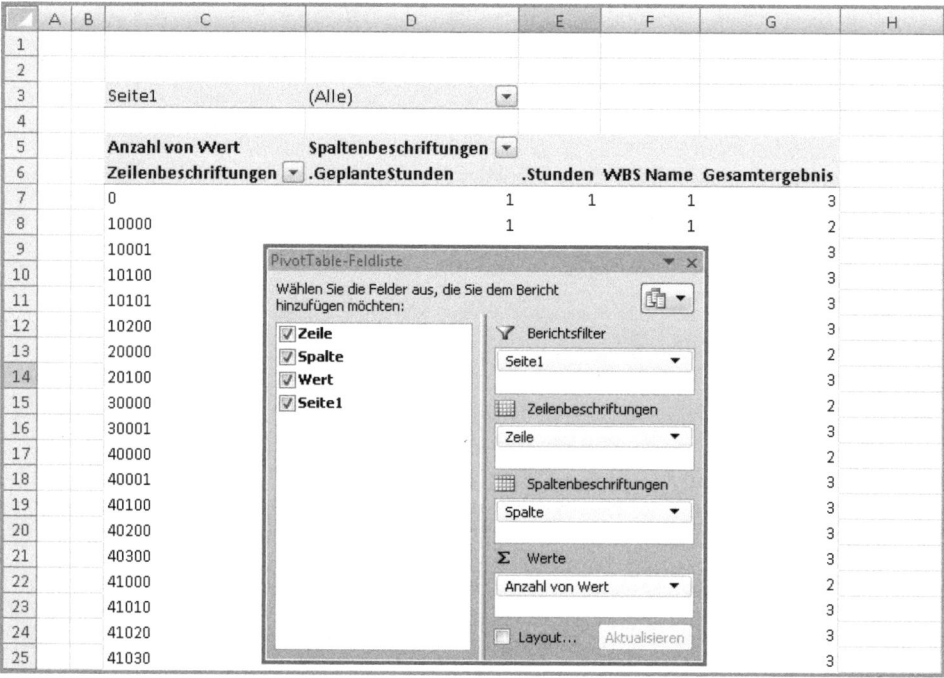

Abbildung 5.16 Konsolidierter PivotTable-Bericht (Ausschnitt)

9. Wählen Sie im Dialogfeld *Schritt 3 von 3* die Option für die Ausgabe *In bestehendem Arbeitsblatt* an Position *=$C$5* – Sie befinden sich in dem neu geöffneten Tabellenblatt.

10. Zum Abschluss klicken Sie auf die Schaltfläche *Fertig stellen* und erhalten die PivotTable mit dem Aussehen wie in Abbildung 5.16.

Benennen Sie die Elemente mit »sprechenden Namen« – so geht's:

1. Entfernen Sie das Feld *Spalte* aus dem Abschnitt *Spaltenbeschriftungen*, indem Sie in der Pivot-Table-Feldliste das Kontrollkästchen für dieses Feld deaktivieren.

2. Ziehen Sie im Anschluss das Feld *Seite1* in den Bereich *Spaltenbeschriftungen*.

3. Weisen Sie dem Feld *Anzahl von Wert* das Teilergebnis *Summe* zu, indem Sie mit der linken Maustaste auf den Dropdown-Pfeil klicken und den Befehl *Wertfeldeinstellungen* anwählen.

4. Im gleichnamigen Dialogfeld wechseln Sie im Listenfeld *Wertfeld zusammenfassen nach* die Markierung von *Anzahl* auf *Summe*.

5. Ändern Sie die Spaltenbeschriftungen *Element1* in *IST* und *Element2* in *Plan*, indem Sie den jeweiligen Eintrag markieren und in der Bearbeitungsleiste den neuen Text eingeben.

Ihre PivotTable entspricht nach den Einstellungen der Ansicht in Abbildung 5.17.

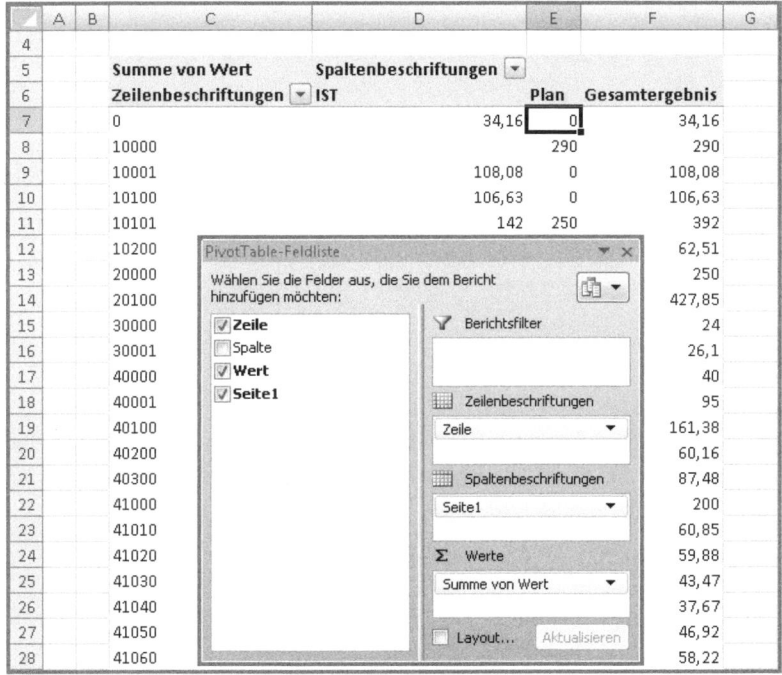

Abbildung 5.17   Die Ansicht der PivotTable nach den ersten Umstellungen (Ausschnitt mit PivotTable-Feldliste)

Zeitdifferenz berechnen

Um die Plan-Ist-Abweichung zu berechnen, müssen Sie ein berechnetes Element hinzufügen. Dazu sind folgende Schritte erforderlich:

1. Aktivieren Sie eine Zelle in der PivotTable und wählen Sie im Kontextmenü den Befehl *PivotTable-Optionen*.

2. Bearbeiten Sie auf der Registerkarte *Layout & Format* die beiden Kontrollkästchen entsprechend der Abbildung 5.18.

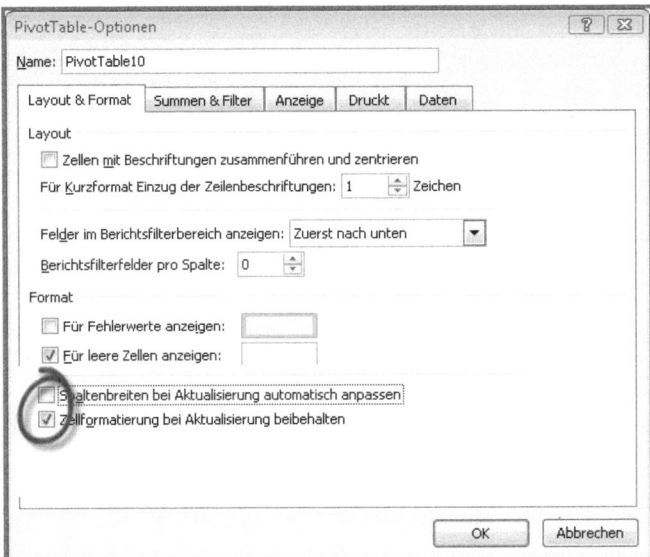

Abbildung 5.18 Ausschalten der automatischen Anpassung der Spaltenbreite bei Datenaktualisierung

3. Wechseln Sie zur Registerkarte *Summen & Filter,* deaktivieren Sie das Kontrollkästchen *Gesamtsummen für Zeilen anzeigen* und bestätigen Sie das Dialogfeld mit *OK*.

4. Positionieren Sie den Mauszeiger auf dem Feld *Spaltenbeschriftungen*. Öffnen Sie auf der kontextsensitiven Registerkarte *PivotTable-Tools* die Registerkarte *Optionen*, dort den Befehl *Berechnungen*. Im folgenden Menü wählen Sie den Befehl *Felder, Elemente und Gruppen* und *Berechnetes Element* (siehe Abbildung 5.19).

5. Im daraufhin geöffneten Dialogfeld geben Sie im Textfeld *Name* den Formelnamen *Plan/Ist-Abweichung* ein.

6. Markieren Sie in der Liste *Felder* den Listeneintrag *Seite1*. Daraufhin werden in der daneben befindlichen Elementeliste die Einträge *IST* und *Plan* sichtbar.

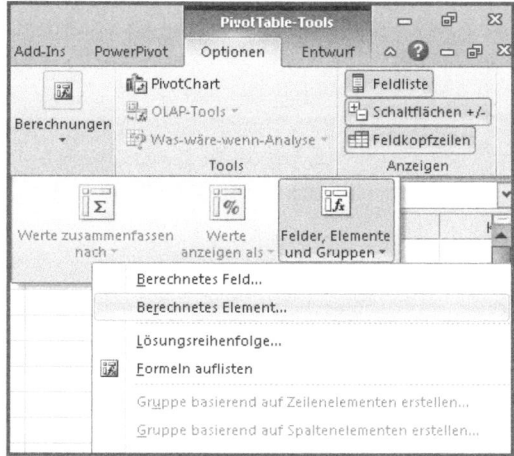

Abbildung 5.19 Auswahl des Befehls *Berechnetes Element*

7. Um die Differenz zu berechnen, erstellen Sie folgende Formel =*Plan – IST*: Dazu klicken Sie zunächst in der Auswahlliste *Elemente* auf den Eintrag *Plan* und anschließend auf die Schaltfläche *Element einfügen*. Schreiben Sie daraufhin den Namen in das Textfeld *Formel*.

8. Geben Sie jetzt den Operator – (Minuszeichen) ein, klicken Sie in der Auswahlliste *Elemente* auf den Eintrag *Ist* (siehe Abbildung 5.20) und bestätigen Sie mit der Schaltfläche *Element einfügen*.

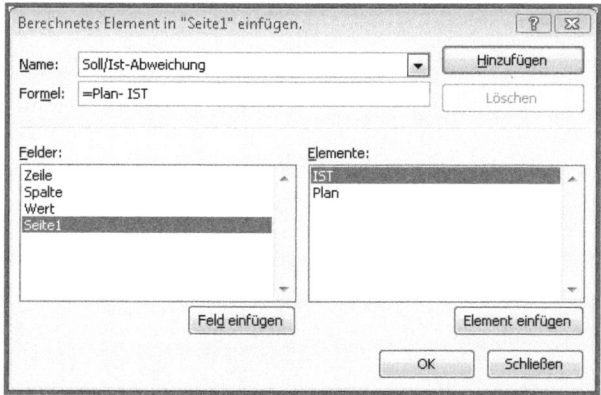

Abbildung 5.20 Formel im Dialogfeld *Berechnetes Element in "Seite1" einfügen*

9. Über die Schaltfläche *Hinzufügen* wird die Formel in die Liste der Formeln aufgenommen.

10. Beenden Sie die Eingabe des *Berechneten Elements* über die Schaltfläche *OK*.

Als Ergebnis erhalten Sie den in Abbildung 5.21 dargestellten PivotTable-Bericht.

	IST	Plan	Soll/Ist-Abweichung
Summe von Wert	**Spaltenbeschriftungen** ⏷		
Zeilenbeschriftungen ⏷	**IST**	**Plan**	**Soll/Ist-Abweichung**
0	34,16	0	-34,16
10000		290	290
10001	108,08	0	-108,08
10100	106,63	0	-106,63
10101	142	250	108
10200	22,51	40	17,49
20000		250	250
20100	177,85	250	72,15
30000		24	24
30001	2,1	24	21,9
40000		40	40
40001	55	40	-15
40100	161,38	0	-161,38
40200	60,16	0	-60,16
40300	87,48	0	-87,48
41000		200	200
41010	35,85	25	-10,85
41020	34,88	25	-9,88
41030	18,47	25	6,53
41040	12,67	25	12,33

Abbildung 5.21   PivotTable-Bericht mit dem berechneten Element (Ausschnitt)

TIPP   Die Darstellung von negativen Uhrzeiten ist in Microsoft Excel nicht problemlos möglich. Aus diesem Grund ist es notwendig, alle Stunden in Dezimalschreibweise zu verarbeiten.

Weitere Formatierungen vornehmen

Um zu erreichen, dass negative Ergebnisse der Abweichungsspalte sofort auffallen, formatieren Sie die negativen Ergebnisse mit dem Vorzeichen – (Minuszeichen) in roter Schriftfarbe anzeigen. Dazu führen Sie die folgenden Arbeitsschritte aus:

1. Öffnen Sie das Kontextmenü im Bereich *Werte* der PivotTable, klicken auf den Befehl *Wertfeldeinstellungen* und aktivieren die Schaltfläche *Zahlenformat*.

2. Im Dialogfeld *Zellen formatieren* wählen Sie in der Kategorienliste den Eintrag *Zahl* und weiterhin *Dezimalstellen: 2* in der Liste *Negative Zahlen* wählen Sie -1234,10 .

3. Beenden Sie die Eingabe in diesem und im folgenden Dialogfeld jeweils mit einem Klick auf die Schaltfläche *OK*. Das Ergebnis dieser Formatierung sehen Sie in Abbildung 5.22.

ÜBUNG   Die Lösung passend zur Abbildung 5.22 finden Sie im Tabellenblatt *PT_Ergebnis* in der Mappe *Kap05_Lösung.xlsx* im Ordner *Buch\Kap05*.

Summe von Wert	Spaltenbeschriftungen ▼		
Zeilenbeschriftungen ▼	IST	Plan	Soll/Ist-Abweichung
0	34,16	0,00	-34,16
10000		290,00	290,00
10001	108,08	0,00	-108,08
10100	106,63	0,00	-106,63
10101	142,00	250,00	108,00
10200	22,51	40,00	17,49
20000		250,00	250,00
20100	177,85	250,00	72,15
30000		24,00	24,00
30001	2,10	24,00	21,90

Abbildung 5.22 Umstellung des Formats

Projekt nach Kostenstellen auswerten

Der Projektleiter beeinflusst den Entwicklungsprozess, steuert, wie sich die Kosten entwickeln, und darüber hinaus muss er wissen, welche Kostenstellen das Projekt mit Stunden belasten. Diese Information können Sie als Projektleiter schnell mit einem PivotTable-Bericht aus den Daten des Tabellenblatts *StdExport* ermitteln.

Kostenstellenanalyse der Kostenträger *100112* und *1414*

Um für die Kostenträger 100112 und 1414 die beteiligten Kostenstellen zu ermitteln, gehen Sie wie folgt vor:

1. Aktivieren Sie in der Mappe *Kap05.xlsx* das Tabellenblatt *StdExport*.
2. Erstellen Sie einen PivotTable-Bericht, indem Sie auf der Registerkarte *Einfügen* in der Gruppe *Tabellen* den Befehl *PivotTable* anklicken.
3. Übernehmen Sie die automatisch erfassten Daten für den auszuwählenden Tabellenbereich. Ebenso soll der PivotTable-Bericht in einem neuen Arbeitsblatt erstellt werden. Bestätigen Sie diese Einstellungen über die Schaltfläche *OK*.
4. Im neuen Tabellenblatt bearbeiten Sie die Felder für den Kostenstellenbericht. Ziehen Sie zunächst das Feld *Jahre* in die oberste Position des Bereichs *Zeilenbeschriftungen*, anschließend die Felder *Ktr/KSt* und *WorkPackage*.
5. Ziehen Sie das Feld *KoStelle* in den Bereich *Spaltenbeschriftungen*. Im Bereich *Werte* benötigen Sie das Feld *Stunden* mit dem Teilergebnis *Summe*. Fügen Sie es ein, indem Sie es in der Feldliste mit der linken Maus anklicken und in den Bereich *Werte* ziehen.

Abbildung 5.23 zeigt die PivotTable-Feldliste.

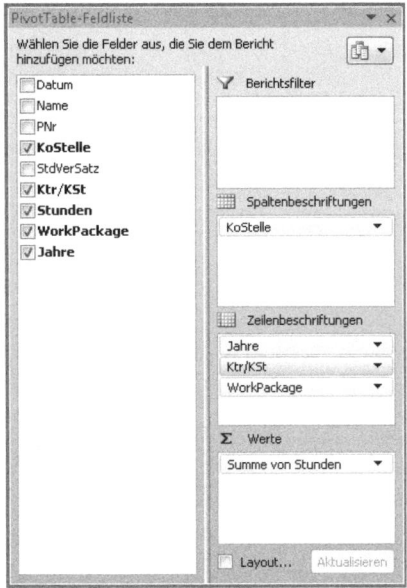

Abbildung 5.23 Anordnung der Felder in der PivotTable-Feldliste

---

HINWEIS   Werden einzelne Tagesdaten in der Spalte A der PivotTable eingeblendet? Das ist immer der Fall, wenn zuvor noch keine PivotTable aus demselben Bereich erstellt wurde und damit der PivotTable-Cache auch noch keine Gruppierung enthält.

Führen Sie die Gruppierung in *Monate* und *Jahre* durch. Markieren Sie dazu ein Tagesdatum, rufen Sie mit der rechten Maustaste das Kontextmenü auf und wählen Sie den Befehl *Gruppieren*. Im Dialogfeld *Gruppierung* markieren Sie die Listeneinträge *Monate* und *Jahre*. Zum Abschluss klicken Sie auf die Schaltfläche *OK*. Das Feld *Jahre* wird daraufhin automatisch im Bereich *Zeilenbeschriftungen* angeordnet. Entfernen Sie das Feld *Datum* aus dem Bereich *Zeilenbeschriftungen*.

Abbildung 5.24 zeigt die Datenanordnung im PivotTable-Bericht.

	A	B	C	D	E	F
1						
2						
3	**Summe von Stunden**	**Spaltenbes** ⌄				
4	**Zeilenbeschriftungen** ⌄		10210	11300	12200	12300	12410
5	⊟**2010**					
6	⊟**1005**			4		
7	0			4		
8	⊟**1050**					**19,91**
9	0					19,91
10	⊟**1112**		35			
11	20200		35			
12	⊟**1120**					
13	0					
14	⊟**1121**					
15	0					
16	⊟**1122**					
17	0					
18	⊟**1123**					**8**
19	0					8

Abbildung 5.24 Anzeige der Stunden für alle Kostenträger

Die Anzeige aller Kostenträger und die Zwischensumme (Teilergebnisse) je Kostenträger liefern noch nicht die gewünschte Informationstiefe. Stellen Sie die Feldanordnung im PivotTable-Bericht um. Entfernen Sie die Teilergebnisse je Kostenträger und selektieren Sie gezielt die beiden betroffenen Kostenträger. Dazu nehmen Sie folgende Arbeitsschritte vor:

1. Positionieren Sie den Mauszeiger beispielsweise auf dem Kostenträger *1005*, rufen Sie das Kontextmenü auf und wählen Sie den Befehl *Feldeinstellungen*.

2. Auf der Registerkarte *Teilergebnisse & Filter* aktivieren Sie für *Teilergebnisse* die Option *Keine*.

3. Auf der Registerkarte *Layout & Drucken* aktivieren Sie in der Gruppe *Layout* die Option *Elementnamen im Tabellenformat anzeigen*. Klicken Sie zum Abschluss auf die Schaltfläche *OK*.

Den veränderten Bericht zeigt Abbildung 5.25.

	A	B	C	D	E	F	G
1							
2							
3	**Summe von Stunden**		Spa ▾				
4	**Zeilenbeschriftungen** ▾	**WorkPackage**	**10210**	**11300**	**12200**	**12300**	**12410**
5	⊟ **2010**						
6	⊟ **1005**	0			4		
7	⊟ **1050**	0					19,91
8	⊟ **1112**	20200			35		
9	⊟ **1120**	0					
10	⊟ **1121**	0					
11	⊟ **1122**	0					

Abbildung 5.25 Anzeige nach der Umstellung in den Feldoptionen

Die betroffenen Kostenträger anzeigen

Um die Informationen für einen einzelnen oder auch mehrere Kostenträger anzuzeigen, fügen Sie im Berichtsfilter das Feld *Ktr/KST* hinzu. Damit können Sie komfortabel auswählen, welche Kostenträger Sie anzeigen möchten. Führen Sie dazu folgende Schritte aus:

1. Verschieben Sie das Feld *Ktr/KSt* vom Bereich *Zeilenbeschriftungen* in den *Berichtsfilter*.

2. Klicken Sie im *Berichtsfilterelement* auf den Dropdown-Pfeil und aktivieren Sie das Kontrollkästchen *Mehrere Elemente auswählen*.

3. Durch die Option *Mehrere Elemente auswählen* können Sie jetzt die beiden Kostenträger (*1414* und *100112*) mit einem Häkchen auswählen (siehe Abbildung 5.26).

4. Bestätigen Sie die Auswahl mit einem Klick auf die Schaltfläche *OK*.

5. Ziehen Sie jetzt das Feld *Ktr/KSt* in den Bereich *Zeilenbeschriftungen* zwischen die Felder *Jahre* und *WorkPackage*.

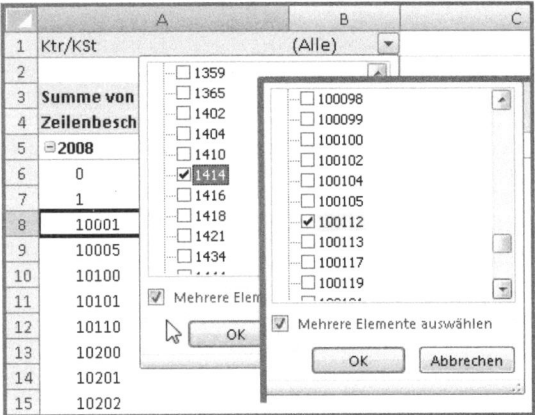

Abbildung 5.26 Auswahl der beiden Kostenträger im Berichtsfilter

Das Ergebnis sehen Sie in Abbildung 5.27.

HINWEIS Der zuvor im Berichtsfilter eingestellte Filter bleibt bei dieser Aktion erhalten. Das Filtersymbol weist auf einen selektierten Datenbestand hin, den Sie im Berichtsfilterelement im Feld *Ktr/KSt* eingerichtet haben.

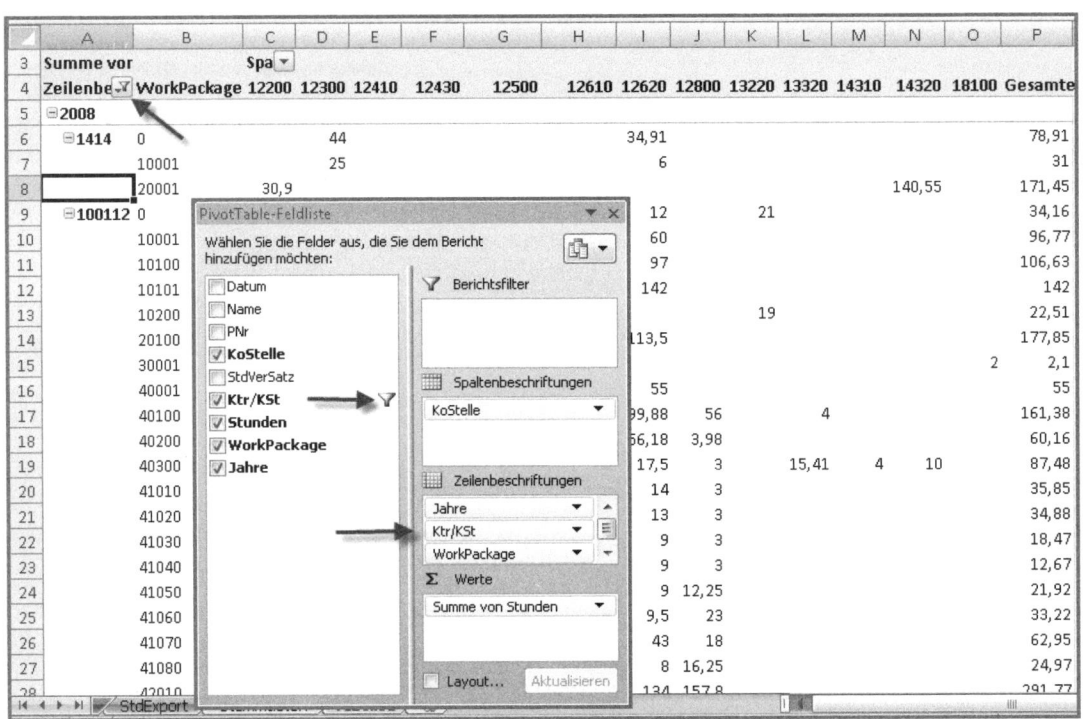

Abbildung 5.27 Ansicht des PivotTable-Berichts mit der PivotTable-Feldliste

WorkPackage-Details im Kostenträger ausblenden

Eine kompakte Ansicht der beiden Kostenträger – ohne die einzelnen WBS-Nummern – erhalten Sie, indem Sie vor jeder Kostenträgernummer auf das ⊟-Symbol klicken. Im reduzierten Zustand wird aus dem ⊟-Symbol ein ⊞-Symbol. Alternativ wählen Sie im Kontextmenü den Befehl *Erweitern/Reduzieren* und anschließend den gewünschten Unterbefehl zum Reduzieren bzw. Erweitern. Das Ergebnis sehen Sie in Abbildung 5.28.

	A	B	C	D	E	F	G	H	I	J	K	L	M	N	O	P
1																
2																
3	Summe vor		Spa ▾													
4	Zeilenbe ▾	WorkPackage	12200	12300	12410	12430	12500	12610	12620	12800	13220	13320	14310	14320	18100	Gesamte
5	⊟2010															
6	⊟1414	0		44				34,91								78,91
7		10001		25				6								31
8		20001	30,9										140,55			171,45
9	⊞100112		5,5	36,29	9	17	412,26	1341	735,6	40	19,41	24,66	10	2	2652,79	
10	Gesamtergebnis		36,4	69	36,29	9	17	412,26	1382	735,6	40	19,41	24,66	150,55	2	2934,15

Abbildung 5.28 Reduzierte Anzeigedetails des Kostenträgers *1414* im PivotTable-Bericht

Mitarbeiter im Projekt anzeigen

Für den Kostenstellenverantwortlichen ist auch die Information von Bedeutung, welcher Mitarbeiter die Leistung für das Projekt erbracht hat und welche WorkPackages bearbeitet wurden. Diese Information können Sie mit wenigen Handgriffen bereitstellen (siehe Abbildung 5.29).

Ausgangsbasis für die weiteren Arbeitsschritte ist der PivotTable-Bericht wie in Abbildung 5.28.

1. Positionieren Sie den Mauszeiger in der PivotTable und ziehen Sie in der PivotTable-Feldliste das Feld *Name* in den Bereich *Zeilenbeschriftungen* hinter das Feld *WorkPackage*.

2. Die Namen werden hinter der *WBS-Nr* im Feld *WorkPackage* eingefügt.

Die Abbildung 5.29 zeigt den aktuellen PivotTable-Bericht.

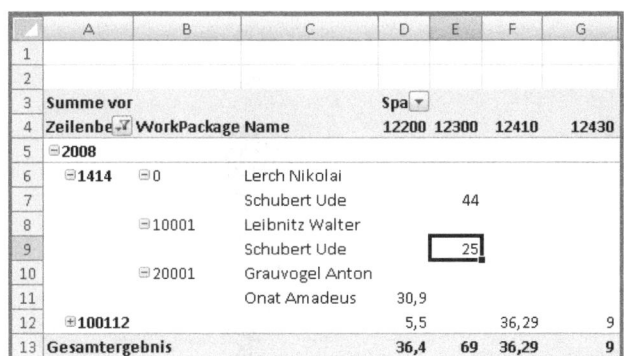

	A	B	C	D	E	F	G
1							
2							
3	Summe vor			Spa ▾			
4	Zeilenbe ▾	WorkPackage	Name	12200	12300	12410	12430
5	⊟2008						
6	⊟1414	⊟0	Lerch Nikolai				
7			Schubert Ude		44		
8		⊟10001	Leibnitz Walter				
9			Schubert Ude		25		
10		⊟20001	Grauvogel Anton				
11			Onat Amadeus	30,9			
12	⊞100112			5,5	36,29	9	
13	Gesamtergebnis			36,4	69	36,29	9

Abbildung 5.29 Kostenträger *1414* mit eingeblendeten Namen

Probieren Sie die verschiedenen Varianten aus: Verändern Sie die Felder in den Bereichen der Pivot-Table-Feldliste. Ebenso können Sie mit dem Berichtslayout und den PivotTable-Formaten experimentieren. Sie finden die entsprechenden Möglichkeiten auf der kontextsensitiven Registerkarte *PivotTable-Tools/Entwurf*.

Die Kosten für Projekt/Kostenträger *100112* berechnen

Verlockend wäre es, die Kosten für den Kostenträger *1001112* innerhalb der PivotTable über ein berechnetes Feld zu berechnen. Leider ist dieser Weg nicht möglich, weil innerhalb des PivotTable-Berichts keine negativen Zeitdifferenzen verarbeitet werden. Der Lösungsweg dieser Aufgabe führt über die Basisdaten im Tabellenblatt *StdExport*.

In jedem Datensatz sind der Stundenverrechnungssatz und die Anzahl der Stunden enthalten. Es bietet sich an, ein Feld in der Datenquelle mit der Berechnung aufzubauen und das Ergebnis in die PivotTable zu übernehmen. Dazu gehen Sie folgendermaßen vor:

1. Aktivieren Sie das Tabellenblatt *StdExport* und fügen Sie in die Zelle K5 den Feldnamen *StdWert* ein.

2. Geben Sie in die Zelle *K6* folgende Formel ein: = G6*I6 (allgemeiner *StdVerSatz * Stunden*). Fügen Sie die Formel in allen darunterliegenden Zellen ein.

3. Erstellen Sie einen PivotTable-Bericht wie in Abbildung 5.28 und fügen Sie das neue Feld *StdWert* in den PivotTable-Bericht ein.

4. Dazu klicken Sie auf die Befehlsfolge *PivotTable-Tools/Optionen/Daten*/Datenquelle ändern.

5. Im folgenden Dialogfeld *PivotTable-Datenquelle ändern* erweitern Sie den Bereich der Datenauswahl bis zur Spalte *K*. Bestätigen Sie Ihre Einstellungen über die Schaltfläche *OK*.

6. Aktualisieren Sie jetzt die PivotTable, soweit das nicht automatisch passiert, mit der Tastenkombination [Alt]+[F5]. Alternativ können Sie auch den Befehl *Aktualisieren* im Kontextmenü wählen.

7. Das Feld *StdWert* wird in der *PivotTable-Feldliste* eingeblendet. Ziehen Sie das neue Feld in den Bereich *Werte*. Die beiden Felder *Summe von Stunden* und *Summe von StdWert* werden nun in jeder Kostenstelle angezeigt.

8. Geben Sie dem Feld *Summe von Stunden* den kurzen Namen *.Stunden* und dem Feld *Summe von StdWert* den kurzen Namen *.StdWert*. Formatieren Sie das Feld *StdWert* auf zwei Nachkommastellen und mit Tausenderpunkt.

Abbildung 5.30 zeigt das Ergebnis des PivotTable-Berichts.

	A	B	C	D	E	F	G
1							
2							
3				Spaltenbe ▾			
4				12200		12300	
5	Zeilen ▾	WorkPackage	Name	.Stunden	.StdWert	.Stunden	.StdWert
6	⊟1414	⊟0	Lerch Nikolai				
7			Schubert Ude			44	1.892,00
8		⊟10001	Leibnitz Walter				
9			Schubert Ude			25	1.075,00
10		⊟20001	Grauvogel Anton				
11			Onat Amadeus	30,9	1.081,50		
12	⊞100112			5,5	117,00		
13	Gesamtergebnis			36,4	1.198,50	69	2.967,00

Abbildung 5.30 Umformatierter PivotTable-Bericht

TIPP   Entfernen Sie in den *PivotTable-Optionen* das Häkchen vor *Spaltenbreiten bei Aktualisierung automatisch anpassen*.

Felder im Wertebereich untereinander anordnen

Die beiden Felder *.Stunden* und *.StdWert* werden im Wertebereich nebeneinander angezeigt. Vielleicht geht es Ihnen auch so, dass Sie es übersichtlicher finden, wenn die Felder untereinander angeordnet wären. Dazu sind zwei unterschiedliche Wege denkbar:

- Der etwas aufwendigere Weg, bei dem Sie die PivotTable im klassischen Layout bearbeiten
- Der einfachere Weg, bei dem Sie ganz einfach das Layout über die PivotTable-Feldliste anpassen

Im Folgenden werden beide Wege aufgezeigt, um die Vorzüge der neuen PivotTable-Feldliste hervorzuheben, die den deutlich direkteren und schnelleren Weg bietet.

Weg 1: Felder direkt in der PivotTable anordnen

Um die Felder über das klassische Layout anzuordnen, gehen Sie folgendermaßen vor:

1. Positionieren Sie den Mauszeiger in dem soeben erstellten PivotTable-Bericht. Öffnen Sie mit der rechten Maustaste das Kontextmenü und wählen Sie den Befehl *PivotTable-Optionen*.
2. Im folgenden Dialogfeld *PivotTable-Optionen* wählen Sie die Registerkarte *Anzeige*.
3. Aktivieren Sie das Kontrollkästchen *Klassisches PivotTable-Layout (ermöglicht das Ziehen von Feldern im Raster)* und klicken Sie zur Bestätigung auf die Schaltfläche *OK*.
4. Der PivotTable-Bericht erscheint in einem anderen Layout. Diese Ansicht enthält innerhalb des PivotTable-Berichts das Feld *Werte* (siehe Abbildung 5.31).

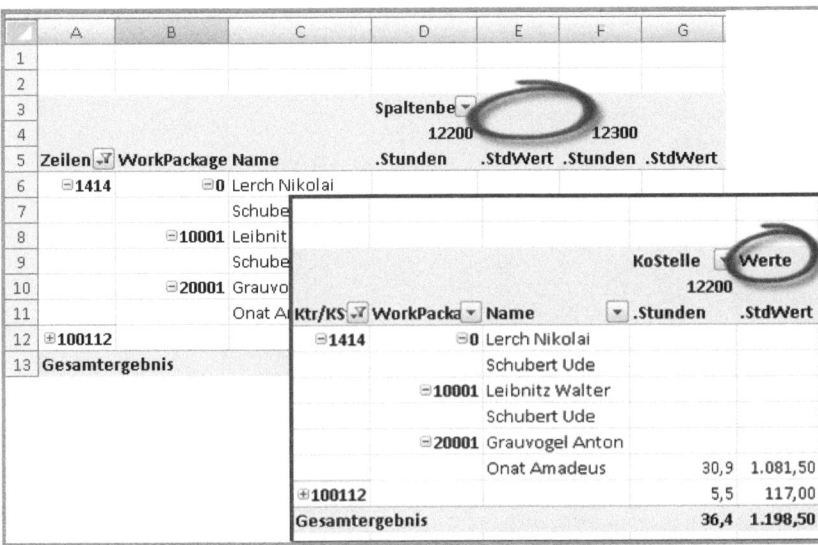

Abbildung 5.31 Das Layout nach dem Wechsel in das klassische PivotTable-Layout

5. Im *Klassischen Layout* können Sie das Feld *Werte* direkt in der Tabelle anklicken und verschieben. Klicken Sie also das Feld Werte an und ziehen Sie es in den *Zeilenbereich* hinter das Feld *Name* (siehe Abbildung 5.32). Das Ergebnis dieser Umstellung sehen Sie in Abbildung 5.33.

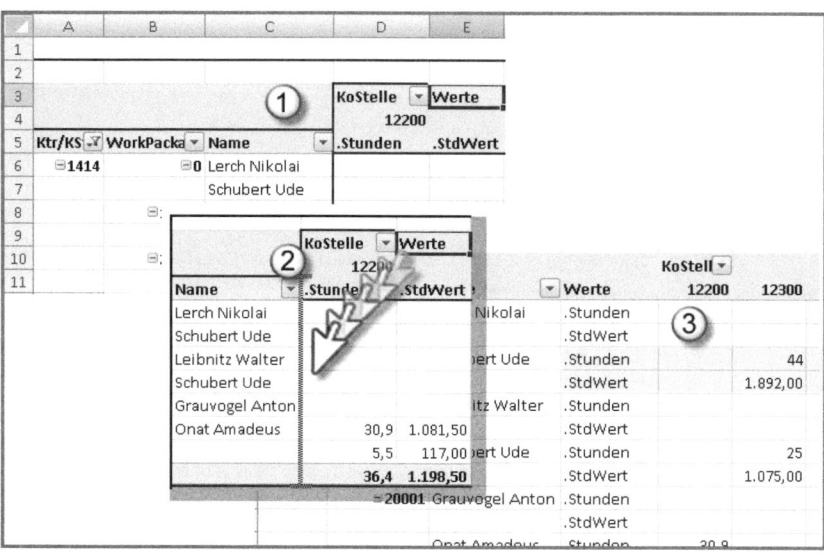

Abbildung 5.32 Neuanordnen des Felds *Werte* in den Zeilenbeschriftungen

---

HINWEIS   Sie können die klassische Layoutansicht des PivotTable-Berichts zurücksetzen, indem Sie in der aktiven PivotTable mit der rechten Maustaste das Kontextmenü aufrufen und dort den Befehl PivotTable-Optionen anwählen. Auf der Registerkarte Anzeige deaktivieren Sie das Kontrollkästchen *Klassisches PivotTable-Layout (ermöglicht das Ziehen von Feldern im Raster)*. Verlassen Sie das Dialogfeld mit einem Klick auf die Schaltfläche *OK*.

	A	B	C	D	E	F	G	H
1								Seitenfeld
2								
3					KoStell ▾			
4	Ktr/KS ⊻	WorkPacka ▾	Name ▾	Werte	12200	12300	12410	12430
5	⊟1414	⊟0	Lerch Nikolai	.Stunden				
6				.StdWert				
7			Schubert Ude	.Stunden		44		
8				.StdWert		1.892,00		
9		⊟10001	Leibnitz Walter	.Stunden				
10				.StdWert				
11			Schubert Ude	.Stunden		25		
12				.StdWert		1.075,00		
13		⊟20001	Grauvogel Anton	.Stunden				
14				.StdWert				
15			Onat Amadeus	.Stunden	30,9			
16				.StdWert	1.081,50			
17	⊞100112			.Stunden	5,5		36,29	9
18				.StdWert	117,00		1.746,86	243,00
19	**Gesamt: .Stunden**				36,4	69	36,29	9
20	**Gesamt: .StdWert**				1.198,50	2.967,00	1.746,86	243,00

Abbildung 5.33 Anordnung der beiden Wertefelder übereinander (Ausschnitt)

Das in Abbildung 5.33 gezeigte Layout bietet für die meisten Betrachter die angenehmere Sicht. Jeder Kostenstellenverantwortliche kann sich die ihn betreffenden Daten gezielt ansehen, indem er einen Filter auf das Feld *KoStelle* setzt.

1. Klicken Sie dazu auf den Dropdown-Pfeil am Feld *KoStelle*.

2. Entfernen Sie zunächst das Häkchen bei *(Alle anzeigen)*.

3. Klicken Sie auf das Kontrollkästchen vor der Kostenstelle *12200* und *12300* und bestätigen die Schaltfläche *OK*.

Als Ergebnis erhalten Sie einen PivotTable-Bericht entsprechend Abbildung 5.34.

	A	B	C	D	E	F	G
1				Seitenfelder hierher ziehen			
2							
3					KoStell ▼		
4	Ktr/KS ▼	WorkPacka ▼	Name ▼	Werte	12200	12300	Gesamtergebnis
5	⊟1414	⊟0	Schubert Ude	.Stunden		44	44
6				.StdWert		1.892,00	1.892,00
7		⊟10001	Schubert Ude	.Stunden		25	25
8				.StdWert		1.075,00	1.075,00
9		⊟20001	Onat Amadeus	.Stunden	30,9		30,9
10				.StdWert	1.081,50		1.081,50
11	⊞100112			.Stunden	5,5		5,5
12				.StdWert	117,00		117,00
13	Gesamt: .Stunden				36,4	69	105,4
14	Gesamt: .StdWert				1.198,50	2.967,00	4.165,50

Abbildung 5.34 Kostenstellen-bericht mit zwei selektierten Kostenstellen im klassischen Layout

---

HINWEIS   In dieser Kostenstellen-Auswertung dient immer der gesamte Zeitraum als Grundlage für die Daten im PivotTable-Bericht. Wenn Sie beispielsweise monatsabhängig oder jahresübergreifend auswerten wollen, müssen Sie die Felder (*Monat* und *Jahr*), die aus dem ursprünglichen Datumsfeld entstanden sind, mit in den Bericht aufnehmen. Dies sollte immer mit Blick auf das Beurteilungsziel vorgenommen werden, um den Bericht nicht unnötig aufzublähen.

Weg 2: Felder untereinander anordnen über die PivotTable-Feldliste

Ausgehend von der PivotTable in Abbildung 5.30 wollen Sie die Felder *.Stunden* und *.StdWert* nicht als Spalten, sondern als Zeilen untereinander anordnen. Dafür verwenden Sie die PivotTable-Feldliste. Gehen Sie dazu wie folgt vor:

In der PivotTable-Feldliste wird im Bereich *Spaltenbeschriftungen* das Feld *Werte* angezeigt.

1. Klicken Sie das Feld *Werte* mit der linken Maustaste an, halten Sie die Maustaste gedrückt und ziehen Sie es in den Bereich *Spaltenbeschriftungen* – lösen Sie die Maustaste.

2. Wählen Sie auf der kontextsensitiven Registerkarte *PivotTable-Tools* den Befehl *Entwurf/Berichtslayout/In Tabellenformat anzeigen*.

3. Setzen Sie den Filter für die Kostenstelle wie oben beschrieben.

Wie Sie sehen, ist die PivotTable-Feldliste optimal für das Pivotieren geeignet. Wenn Sie zwei oder mehr Felder in den Bereich *Werte* einfügen, wird ein zusätzliches Feld *Werte* in den *Spaltenbeschriftungen* der PivotTable-Feldliste erstellt. Durch Ziehen mit der Maus – oder alternativ über den Dropdown-Pfeil des Felds und den Befehl *Wechseln zu Zeilenbeschriftungen* – können Sie schnell zwischen der Anzeige in Spalten bzw. Zeilen wechseln.

Monatliche Verteilung der Stunden im Bericht anzeigen

Um eine monatliche Sicht für den Kostenträger *1414* im Jahr *2010* zu erzeugen, gehen Sie folgendermaßen vor:

1. Übernehmen Sie die Darstellung der Abbildung 5.34 mit den beiden ausgewählten Kostenstellen.

2. Ziehen Sie das Feld *Datum* in den Bereich *Zeilenbeschriftungen* und positionieren Sie es unter dem Feld *Name*.

3. Reduzieren Sie die Auswahl auf den Kostenträger *1414*: Klicken Sie dazu auf das Filtersymbol am Feld *Ktr/KSt*, entfernen Sie das Häkchen vor dem Kostenträger *100112* und bestätigen Sie die Schaltfläche *OK*.

> **WICHTIG**   Wenn der Berichtszeitraum über mehrere Jahre geht, sollte auch das Feld *Jahre* in den Bericht aufgenommen werden, um fehlerhafte Summenbildungen zu verhindern.

Sie erhalten den PivotTable-Bericht angezeigt (siehe Abbildung 5.35).

	Ktr/KS ▼	Work ▼	Name ▼	Datum ▼	Werte	KoStell ▼ 12200	12300	Gesamtergebnis
5	⊟1414	⊟0	⊟Schubert U	**Jul**	.Stunden		40	40
6					.StdWert		1.720,00	1.720,00
7				**Sep**	.Stunden		4	4
8					.StdWert		172,00	172,00
9		⊟10001	⊟Schubert U	**Aug**	.Stunden		11	11
10					.StdWert		473,00	473,00
11				**Sep**	.Stunden		4	4
12					.StdWert		172,00	172,00
13				**Okt**	.Stunden		6	6
14					.StdWert		258,00	258,00
15				**Nov**	.Stunden		2	2
16					.StdWert		86,00	86,00
17				**Dez**	.Stunden		2	2
18					.StdWert		86,00	86,00
19		⊟20001	⊟Onat Amad	**Okt**	.Stunden	30,9		30,9
20					.StdWert	1.081,50		1.081,50
21	**Gesamt: .Stunden**					30,9	69	99,9
22	**Gesamt: .StdWert**					1.081,50	2.967,00	4.048,50

Abbildung 5.35   PivotTable-Bericht mit Monatsunterteilung im klassischen Layout

> **ÜBUNG**   Dieses Beispiel finden Sie im Tabellenblatt *PT_KSTAuswertung* in der Mappe *Kap05_Lösungen.xlsx* im Ordner *Buch\Kap05*.

Ermitteln Sie die höchste Arbeitsleistung

Wie müssten Sie vorgehen, damit Ihnen ein PivotTable-Bericht die Antwort auf die folgende Frage liefert: »Welche Mitarbeiter haben in den Monaten Oktober, November und Dezember die meisten Stunden am Projekt *100112* gearbeitet?«

Die Fragestellung beantworten Sie mit folgendem Vorgehen:

1. Aktivieren Sie die Tabelle *StdExport* und erstellen Sie auf dieser Datenbasis einen PivotTable-Bericht mit folgendem Aufbau:

2. Klicken Sie auf der Registerkarte *Einfügen,* in der Gruppe *Tabelle* auf den Befehl *PivotTable.*

3. Übernehmen Sie im Dialogfeld *PivotTable erstellen* den automatisch erkannten Bereich sowie die Voreinstellung für die Ausgabe in einem neuen Arbeitsblatt.

4. Im neuen Tabellenblatt mit der leeren PivotTable erstellen Sie folgende Feldanordnung:

   - *Stunden* im Layoutbereich *Werte*

   - *Name* im Layoutbereich *Zeilenbeschriftungen*

   - *Datum* im Layoutbereich *Spaltenbeschriftungen*

   Als Ergebnis zeigt Ihnen Excel den PivotTable-Bericht entsprechend der Abbildung 5.36.

	A	B	C	D	E	F	G
1							
2							
3	Summe von Stunden	Spaltenbeschriftungen					
4	Zeilenbeschriftungen	Jul	Aug	Sep	Okt	Nov	Dez
5	Altenhofer Oliver	177,39	146,31	169,17	167,71	150,14	153,84
6	Bauer Anton	177,17	143,88	160,25	154,55	148,59	158,16
7	Bauman Richard	191,89	167,83	210,14	178,21	149,47	118,38
8	Bergmann Olaf	172,64	161,51	189,97	188,07	204,54	144,95
9	Birk Thomas	182,49	161,8	177,05	178,82	154,14	158,91
10	Bittner Hans	178,01	181,76	183,66	146,89	211,78	158,3
11	Borkov Susanne	174,28	152,37	164,38	201,15	144,28	148,7
12	Brauer Ernst	208,76	156,68	186,94	175,2	159,5	157,61
13	Brauer Jakob	177,19	159,79	172,74	161,43	114,88	167,54
14	Dermer Reinhard	178,74	145,97	157,02	165,12	134,75	137,61
15	Dill Marina	184,78	157,25	182,55	171,88	165,3	153,06
16	Dornhoferf Martin	182,52	160,04	175,8	172,44	159,36	158,69
17	Enders Karl	163,37	170,85	186,59	176	160	120
18	Engel Jessika	129,5	110,69	141,44	136,58	116,59	112,5
19	Engel Sabine	217,21	158,96	194,07	172,87	158,25	152,64

Abbildung 5.36 PivotTable-Bericht mit den erforderlichen Feldern (Ausschnitt)

5. Klicken Sie auf den Dropdown-Pfeil am Feld *Spaltenbeschriftungen* und wählen dort die Auswahl der Monate *Oktober, November* sowie *Dezember* aus.

6. Klicken Sie zum Beenden auf die Schaltfläche *OK.*

HINWEIS Überprüfen Sie an dieser Stelle immer den Beginn- und den Endzeitpunkt des Datenzeitraums, um die Summierung des gleichen Monats in verschiedenen Jahren zu verhindern.

7. Aktivieren Sie eine Zelle in der Spalte *Gesamtergebnis.*

8. Wählen Sie auf der Registerkarte *Start* in der Gruppe *Bearbeiten* den Befehl *Sortieren und Filtern/ Nach Größe sortieren (absteigend).*

9. Der PivotTable-Bericht zeigt alle Mitarbeiter mit den geleisteten Stunden absteigend sortiert. Sie möchten jedoch nur die drei Mitarbeiter mit der höchsten Stundenanzahl anzeigen.

10. Klicken Sie auf den Dropdown-Pfeil am Feld *Zeilenbeschriftungen* und anschließend auf den Befehl *Wertefilter/Top 10.* Das Dialogfeld aus Abbildung 5.37 wird eingeblendet.

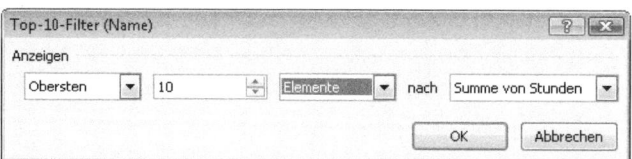

Abbildung 5.37 Das Dialogfeld *Top-10-Filter*

11. Ändern Sie im Dialogfeld *Top-10-Filter (Name)* den Wert *10* auf *3* und klicken Sie auf die Schaltfläche *OK*.

Der PivotTable-Bericht zeigt das geforderte Ergebnis (siehe Abbildung 5.38).

	A	B	C	D	E
1					
2					
3	**Summe von Stunden**	**Spaltenbeschriftungen**			
4	**Zeilenbeschriftungen**	**Okt**	**Nov**	**Dez**	**Gesamtergebnis**
5	Peymon Alexander		200,1	181,67	163,82	545,59
6	Kistov Sabine		183,85	177,54	179,9	541,29
7	Grimm Heinrich		183,49	193,26	163,16	539,91
8	**Gesamtergebnis**		**567,44**	**552,47**	**506,88**	**1626,79**

Abbildung 5.38 Der fertige PivotTable-Bericht

Die betroffenen Kostenstellen auswerten

Wissen Sie, welche Kostenstellen betroffen sind? Folgende Schritte sind notwendig, um diese Frage zu beantworten:

1. Ziehen Sie das Feld *KoStelle* an die unterste Position des Bereichs *Zeilenbeschriftungen*.

2. Im Prinzip zeigt Ihnen der neue PivotTable-Bericht bereits die Antwort, allerdings machen die Zwischensummen den Bericht unübersichtlich.

3. Löschen Sie die Zwischensummen, indem Sie über das Kontextmenü das Dialogfeld *Feldeinstellungen* öffnen. Auf der Registerkarte *Teilergebnisse & Filter* aktivieren Sie die Option *Keine*.

4. Wechseln Sie zur Registerkarte *Layout & Drucken*. Aktivieren Sie im Abschnitt *Layout* die Option *Elementnamen im Tabellenformat anzeigen*.

5. Schließen Sie das Dialogfeld *Feldeinstellungen* mit einem Klick auf die Schaltfläche *OK*.

Als Ergebnis erhalten Sie den PivotTable-Bericht angezeigt (siehe Abbildung 5.39).

	A	B	C	D	E	F
1						
2						
3	**Summe von Stunden**		**Spaltenbeschriftungen**			
4	**Zeilenbeschriftungen**	**KoStelle**	**Okt**	**Nov**	**Dez**	**Gesamtergebnis**
5	**⊟Peymon Alexander**	13210		200,1	181,67	163,82	545,59
6	**⊟Kistov Sabine**	12410	183,85	177,54	179,9	541,29
7	**⊟Grimm Heinrich**	12620	183,49	193,26	163,16	539,91
8	**Gesamtergebnis**		567,44	552,47	506,88	1626,79

Abbildung 5.39 Erweiterter PivotTable-Bericht mit zusätzlicher Anzeige der Kostenstelle

Das Ergebnis: Mit dem PivotTable-Bericht in Abbildung 5.39 ist die eingangs gestellte Frage, welche Mitarbeiter von welcher Kostenstelle auf dem Projekt *100112* die meisten Stunden gearbeitet haben, beantwortet.

Qualitätsanalyse mit PivotTables

Die Beurteilung und Auswertung von Daten zur Verbesserung der Qualität und der qualitätsrelevanten Prozesse ist ebenfalls eine Aufgabenstellung, die mit Unterstützung von PivotTable-Berichten bearbeitet werden kann. Je nach Umfang der Daten, beispielsweise der Datenbreite, können sehr differenzierte Analysen erarbeitet werden. Die Geschwindigkeit, mit der PivotTable-Berichte dieses Material aufbereiten, ist dabei schon beeindruckend.

In folgendem Praxisbeispiel verwenden Sie Daten, die in Tabellenform und sequenziell aufgebaut sind. Innerhalb der Tabelle gibt es berechnete Zellen. Solche Daten lassen sich sehr gut verarbeiten und bieten aufschlussreiche Auswertungen. Im Gegensatz dazu sind Datenquellen mit ausgewiesenen Zwischensummen oder ähnlichen Berechnungen für Auswertungen mit PivotTables weniger oder überhaupt nicht geeignet.

ÜBUNG   Alle Beispiele für dieses Kapitel finden Sie in der Datei *Kap06.xlsx* im Ordner *Buch\Kap06*.

Die Arbeitsdaten finden Sie in der Tabelle *Basisdaten*. Dieser liegt der in Tabelle 6.1 gelistete Feldaufbau zugrunde.

Feldbezeichnung	Inhalt und Bedeutung
KW	Kalenderwoche, berechnet aus dem Feld *Datum*
Datum	Tagesdatum
Anlagentyp	Produktionstyp der Maschine
AnlagenNr	Registriernummer der Maschine
Schicht	Arbeitszeitraum
Bediener	Mitarbeiter an der Maschine
Produktionszeit [h]	Produktive Zeit in Stunden
Stillstandzeit [h]	Stillstandzeit in Stunden
Erfüllungsgrad Produktionszeit [%]	Erfüllungsgrad in %
Ausbringung [kg]	Produktionsmenge in kg
Ausbringung [km]	Produktionsmenge in km
Material	Lieferant des Materials
Ausfallgründe und Zeiten	Werte zu den Ausfallzeiten
Grund-1 bis 5	Grund des Stillstands von 1 bis 5
Dauer-1 bis 5 [Min]	Dauer des Stillstands von 1 bis 5

Tabelle 6.1   Feldbeschreibung der Tabelle *Basisdaten*

So analysieren Sie Qualitätsdaten

Aktivieren Sie zunächst das Tabellenblatt *Basisdaten* und wählen Sie eine Zelle im Datenbereich aus, z.B. die Zelle *C6*. Wählen Sie anschließend den Befehl *Einfügen/Tabellen/PivotTable* und bestätigen Sie die Voreinstellungen im Dialogfeld *PivotTable erstellen*. Im ersten Schritt erstellen Sie einen Pivot-Table-Bericht nach dem Muster in Tabelle 6.2.

Feldbezeichnung	Anordnung im Bereich
Schicht	Berichtsfilter
Bediener	Berichtsfilter
Stillstandzeit [h]	Berichtsfilter
Datum	Zeilenbeschriftungen
Anlagentyp	Zeilenbeschriftungen
Ausbringung [kg]	Zeilenbeschriftungen
Ausbringung [km]	Zeilenbeschriftungen
Produktionszeit [h]	Werte

Tabelle 6.2 Feldanordnung im Bereich der PivotTable-Feldliste

Der PivotTable-Bericht wie in Abbildung 6.1 wird angezeigt.

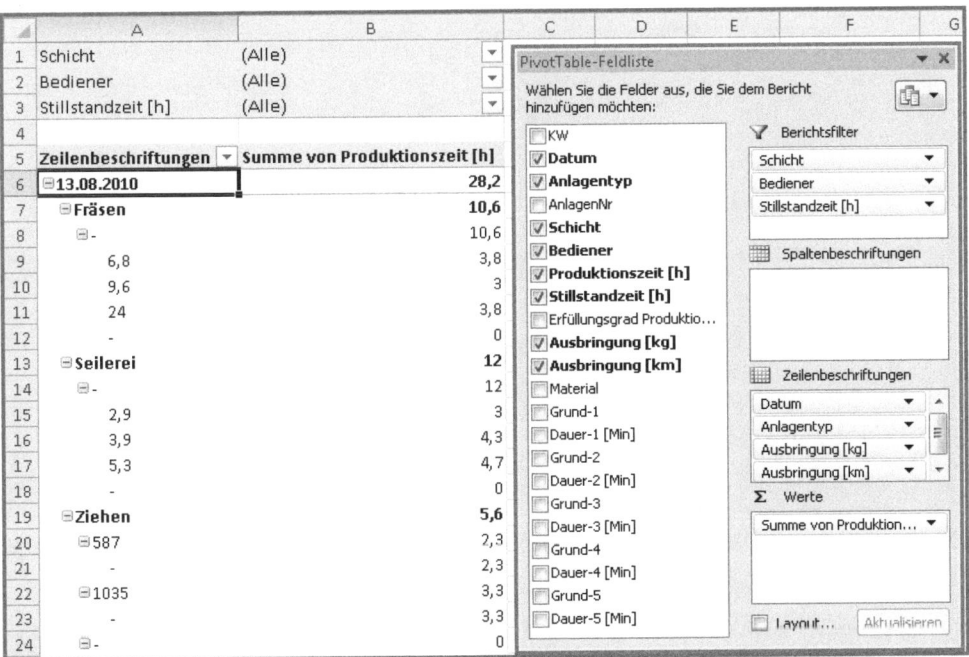

Abbildung 6.1   Der erste Entwurf der PivotTable

Produzierte Mengen je Anlagentyp anzeigen

Die Aussagekraft des Berichts erhöht sich, wenn Sie die Darstellung der Felder verändern. Die automatisch verwendete Ansicht im Kurzformat der PivotTable erweist sich in der Praxis in vielen Fällen als nicht besonders geeignet. Überführen Sie diese in eine Tabellenansicht und entfernen Sie die Teilergebnisse aus dem PivotTable-Bericht.

In 7 Schritten stellen Sie die Tabellenansicht ohne Teilergebnisse ein

Gehen Sie folgendermaßen vor:

1. Aktivieren Sie den PivotTable-Bericht und markieren das Feld *Datum* im *Zeilenbereich*.

2. Klicken Sie im Menüband in der kontextsensitiven Registerkarte *PivotTable-Tools* auf die Registerkarte *Entwurf* und wählen in der Gruppe *Layout* den Befehl *Berichtslayout* und im Kontextmenü den Befehl in *Tabellenformat anzeigen*.

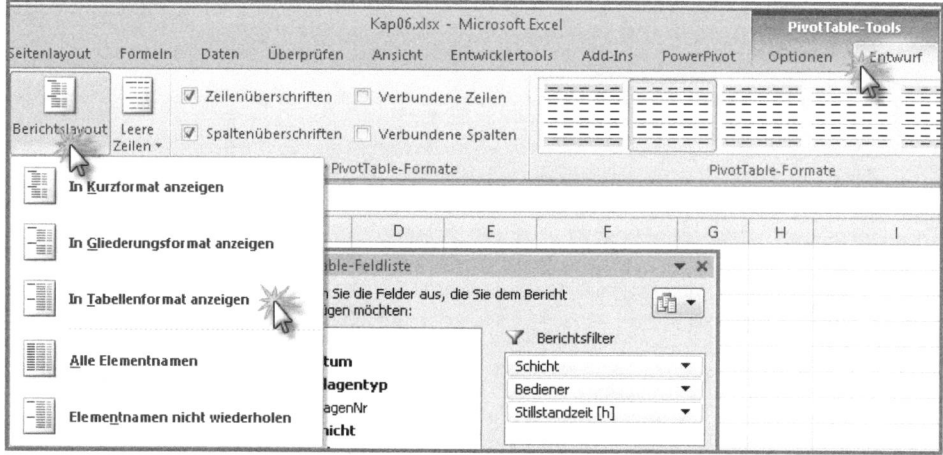

Abbildung 6.2 Befehlsfolge zur Auswahl des Tabellenformats

3. Der PivotTable-Bericht wird leicht umgestaltet und in Tabellendarstellung angezeigt (siehe Abbildung 6.3).

4. Jetzt öffnen Sie mit der rechten Maustaste das Kontextmenü und wählen dort den Befehl *Feldeinstellungen*.

5. Im gleichnamigen Dialogfeld ändern Sie in der Registerkarte *Teilergebnisse & Filter* die Option *Teilergebnisse* von *Automatisch* auf *Keine*.

6. Markieren Sie jetzt den Feldeintrag *Fräsen*, öffnen mit der rechten Maustaste das Kontextmenü und wählen erneut den Befehl *Feldeinstellungen*.

7. Im Dialogfeld *Feldeinstellungen* (für Anlagentyp Fräsen) ändern Sie in der Registerkarte *Teilergebnisse & Filter* ebenfalls die Option *Teilergebnisse* von *Automatisch* auf *Keine*.

Abbildung 6.3 zeigt den PivotTable-Bericht im Ergebnis.

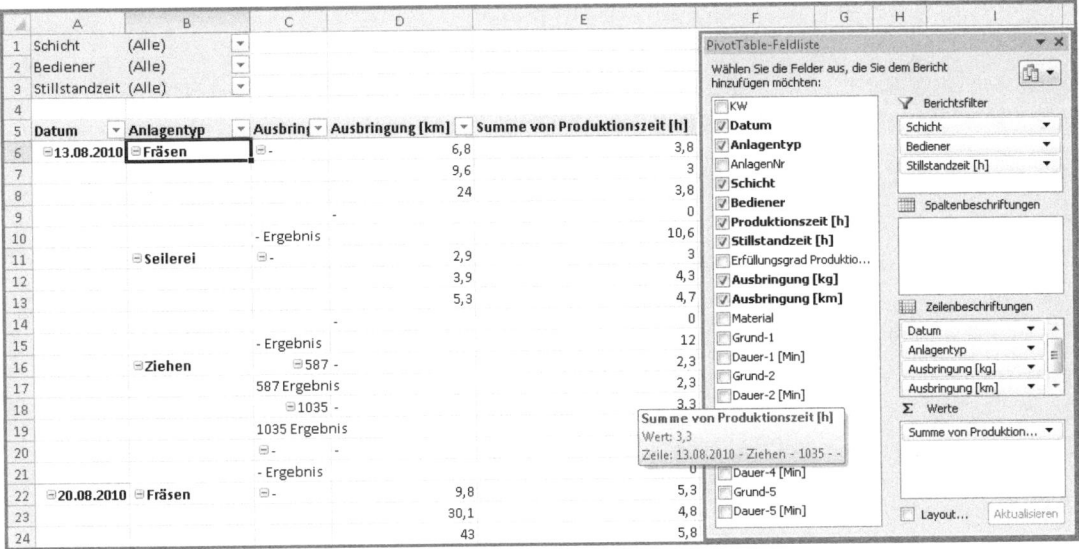

Abbildung 6.3 PivotTable in tabellarischem Aufbau, ohne Teilergebnisse (Ausschnitt); mit PivotTable-Feldliste

Sie erhalten mit diesem Bericht (siehe Abbildung 6.3) einen Überblick über die Ausbringungsmenge und die benötigte Produktionszeit. Natürlich sind jetzt noch Formatierungen hilfreich, um den Überblick zu verfeinern.

So fassen Sie das Tagesdatum in Monate zusammen

Ein weiterer Arbeitsschritt ist die Zusammenfassung (Gruppierung) des Datums in Monate, Quartale und Jahre:

1. Dies erreichen Sie, indem Sie zunächst das erste Datumsfeld mit der rechten Maustaste aktivieren.
2. Im Kontextmenü wählen Sie den Befehl *Gruppieren*.
3. In dem Dialogfeld *Gruppierung* markieren Sie die Listeneinträge *Monate* und *Jahre* (siehe Abbildung 6.4).

Abbildung 6.4 Gruppierung des Tagesdatums in Monate und Jahre

4. Sie beenden das Dialogfeld mit einem Klick auf die Schaltfläche *OK*.

Der PivotTable-Bericht wird auf die Ansicht *Jahre* und *Monate* umgestellt.

Die Veränderung der bestehenden Ansicht, beispielsweise durch das Vertauschen von Feldern zwischen den Bereichen *Zeilenbeschriftungen* und *Berichtsfilter* oder umgekehrt, erreichen Sie mit sehr geringem Aufwand: Klicken Sie in der *PivotTable-Feldliste* mit der linken Maustaste auf den betroffenen Feldnamen und ziehen Sie ihn mit gedrückter Maustaste von der bisherigen Position in eine Position im neuen Bereich. Der PivotTable-Bericht wird nach dem Loslassen der Maustaste unmittelbar umgestellt.

Verschieben Sie jetzt die beiden Felder *Ausbringung [km]* und *Ausbringung [kg]* in den Bereich *Werte*:

1. Klicken Sie dazu die Feldschaltfläche *Ausbringung [km]* im Bereich *Zeilenbeschriftungen* an und ziehen Sie diese mit gedrückter Maustaste in den Bereich *Werte*.

2. Wiederholen Sie diesen Arbeitsschritt für das Feld *Ausbringung [kg]*.

3. Die Aggregation für diese beiden Felder im Wertebereich erfolgt mit dem Teilergebnis *Anzahl*: Klicken Sie auf den kleinen Pfeil rechts am Feldnamen, aktivieren Sie *Wertfeldeinstellungen* und wählen Sie auf der Registerkarte *Werte zusammenfassen nach* die *Summe* aus.

4. Ändern Sie die Bezeichnung im Wertebereich *Summe von Produktionszeit [h]* in *.Produktionszeit [h]*, *Summe von Ausbringung [kg]* in *.Ausbringung [kg]* und *Summe von Ausbringung [km]* in *.Ausbringung [km]*.

Es entsteht folgender PivotTable-Bericht (siehe Abbildung 6.5).

	A	B	C	D	E	F
1	Schicht	(Alle)				
2	Bediener	(Alle)				
3	Stillstandzeit	(Alle)				
4						
5	**Jahre**	**Datum**	**Anlagentyp**	**.Produktionszeit [h]**	**.Ausbringung [kg]**	**.Ausbringung [km]**
6	2010	Aug	Fräsen	37,1	0	163,7
7			Seilerei	39,7	0	40,7
8			Ziehen	37	9251	0
9		Sep	Fräsen	15,9	0	82,9
10			Seilerei	21,7	0	23,1
11			Ziehen	23,7	5110	0
12	**Gesamtergebnis**			**175,1**	**14361**	**310,4**

Abbildung 6.5   Der umgestellte PivotTable-Bericht mit Produktionsmengen und -zeiten

Das Ergebnis: Der Bericht zeigt Ihnen in übersichtlicher Darstellung die auf dem jeweiligen Anlagentyp produzierten Mengen und die benötigte Produktionszeit.

In welcher Schicht wurde am meisten produziert?

Eine Antwort auf diese Frage erhalten Sie durch einzelne Umstellungen von Feldern innerhalb des PivotTable-Berichts. Gehen Sie schrittweise vor:

1. Entfernen Sie in der PivotTable-Feldliste die Felder *Datum* und *Jahre* sowie *Anlagentyp* aus dem Bereich *Zeilenbeschriftungen*.

2. Ziehen Sie die Feldschaltfläche *Schicht* aus dem Bereich *Berichtsfilter* an die erste Position des Bereichs *Zeilenbeschriftungen*.

Als Ergebnis erhalten Sie den PivotTable-Bericht wie in Abbildung 6.6; Sie sehen, dass die Normalschicht *N* die höchsten Produktionswerte ausweist.

	A	B	C	D	E	F	G	H
1						**PivotTable-Feldliste**		▾ ✕
2	Bediener	(Alle) ▾				Felder zwischen den Bereichen unten ziehen:		🗇 ▾
3	Stillstandzeit	(Alle) ▾						
4						⏐ Berichtsfilter	⊞ Spaltenbeschriftungen	
5	**Schicht** ▾	**Anlagent** ▾	**.Produktionszeit [h]**	**.Ausbringung [kg]**	**.Ausbringung [km]**	Bediener ▾	Σ Werte ▾	
6	⊟ F	Fräsen	6	0	19,2	Stillstandzeit [h] ▾		
7		Seilerei	15,4	0	15,8			
8		Ziehen	14,9	3717	0			
9	**F Ergebnis**		**36,3**	**3717**	**35**			
10	⊟ N	Fräsen	20,2	0	79,8	▦ Zeilenbeschriftungen	Σ Werte	
11		Seilerei	30	0	31,4	Schicht ▾	.Produktionszeit [h] ▾	
12		Ziehen	24	4742	0		.Ausbringung [kg] ▾	
13	**N Ergebnis**		**74,2**	**4742**	**111,2**		.Ausbringung [km] ▾	
14	⊟ S	Fräsen	26,8	0	147,6			
15		Seilerei	16	0	16,6			
16		Ziehen	21,8	5902	0			
17	**S Ergebnis**		**64,6**	**5902**	**164,2**	☐ Layoutaktualisierung zurückstellen		Aktualisieren
18	**Gesamtergebnis**		**175,1**	**14361**	**310,4**			

Abbildung 6.6   PivotTable-Bericht mit den Ausbringungsmengen (Tabellenformat)

Selektive Ergebnisse anzeigen

Sie möchten die Ergebnisse der Frühschicht (*F*) vom 13.08. und 20.08. ansehen. Zugleich sollen jedoch nur die Daten der Bediener (Mitarbeiter) *Engel* und *Heisenberger* angezeigt werden. In nur vier Schritten erhalten Sie die Lösung:

1. In der PivotTable-Feldliste tauschen Sie im Bereich *Berichtsfilter* das Feld *Bediener* gegen das Feld *Schicht*.

2. Den ersten Teil der Aufgabe, also die Frühschicht anzuzeigen, lösen Sie, indem Sie in der Zelle *B2* neben dem Feld *Schicht* auf den kleinen Pfeil am Feld *(Alle)* klicken (siehe Abbildung 6.7).

3. In dem sich öffnenden Auswahlfeld klicken Sie auf den Buchstaben *F* (siehe Abbildung 6.7).

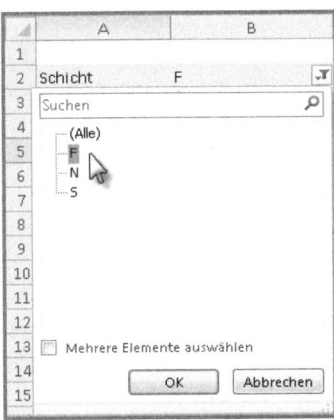

Abbildung 6.7   Auswahl der Frühschicht

4. Schließen Sie das Auswahlfeld über *OK*.

Die Darstellung wird auf die Anzeige der Frühschicht reduziert.

Anzeige auf bestimmte Mitarbeiter reduzieren

Um den zweiten Teil der Aufgabe zu lösen und die Anzeige der Daten auf die Mitarbeiter (Bediener) *Engel* und *Heisenberger* zu begrenzen, gehen Sie folgendermaßen vor:

1. Markieren Sie im PivotTable-Bericht das Feld *Bediener* – es sollte in der Zeilenbeschriftung angeordnet sein.

2. Klicken Sie auf den Dropdown-Pfeil am Feldnamen und öffnen damit das Kontextmenü für *Sortieren* und *Suchen*.

3. In dem sich öffnenden Dialogfeld klicken Sie zuerst auf das Kontrollkästchen *(Alle anzeigen)* und entfernen damit alle Häkchen (siehe Abbildung 6.8).

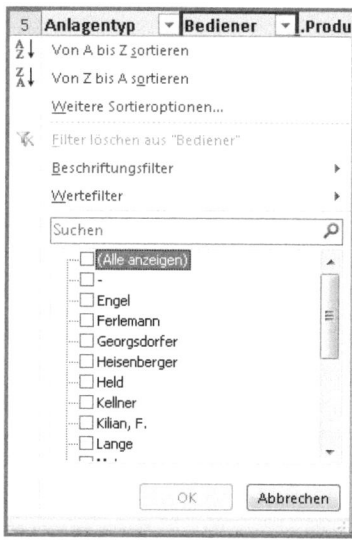

Abbildung 6.8 Kontextmenü für Sortier- und Suchaufgaben

4. Suchen Sie die beiden Namen *Engel* und *Heisenberger* und aktivieren Sie für beide das jeweilige Kontrollkästchen (siehe Abbildung 6.9).

Abbildung 6.9 Auswahl der Mitarbeiter

5. Übernehmen Sie Ihre Einstellungen mit *OK*.

6. Fügen Sie das Feld *Datum* an der ersten Position im Bereich *Zeilenbeschriftungen* ein.

Die Abbildung 6.10 zeigt den gefilterten PivotTable-Bericht mit den gesuchten Informationen an.

	A	B	C	D
1				
2	Schicht	F		
3	Stillstandzeit [	(Alle)		
4				
5	**Datum**	**Anlagentyp**	**Bediener**	**.Produktionszeit [h]**
6	13.08.2010	Seilerei	Heisenberger	3
7	20.08.2010	Seilerei	Heisenberger	4,7
8		Ziehen	Engel	1,2
9	27.08.2010	Seilerei	Heisenberger	3
10	04.09.2010	Seilerei	Heisenberger	4,7
11		Ziehen	Engel	2,4
12	**Gesamtergebnis**			19

Abbildung 6.10 Das gewünschte Ergebnis, ausgegeben in einem PivotTable-Bericht

TIPP Falls die Daten in der Zeilenbeschriftung noch Monate anstelle des Tagesdatums anzeigen, müssen Sie die Gruppierung des Datumsfelds auflösen. Dazu positionieren Sie den Cursor auf dem Feld, öffnen mit der rechten Maustaste das Kontextmenü und wählen dort den Befehl *Gruppierung aufheben*.

Elemente eines Felds reduzieren

Bei umfangreichen Anzeigedaten erhöhen Sie die Übersicht, wenn weitere Details ausgeblendet werden. Im Beispiel in Abbildung 6.10 kann mit wenigen Mausklicks die Liste der Bediener ausgeblendet werden:

1. Doppelklicken Sie zuerst auf das Element *Datum* und zwar auf den *13.8.2010*.

2. Anschließend doppelklicken Sie auf den *20.8.2010* und auch auf die restlichen Einträge im Feld *Datum*.

Die Bediener/Anlagentypen werden daraufhin ausgeblendet (siehe Abbildung 6.11).

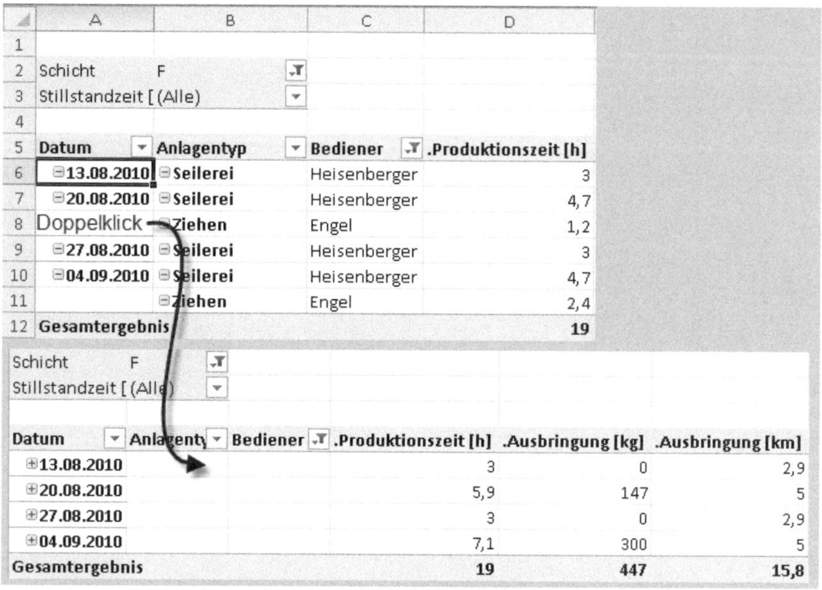

Abbildung 6.11   Die Auswahl reduzieren Sie gezielt per Doppelklick

TIPP   Statt einen Doppelklick auf den Datumseintrag zu machen, können Sie zum Ausblenden auch auf das ⊟-Symbol und beim Einblenden auf ⊞-Symbol klicken.

Bei sehr umfangreichen Tabellen wäre ein selektives Doppelklicken oder das Anklicken des Symbols zu aufwendig. Für diese Fälle gibt es den Befehl *Erweitern/Reduzieren* im Kontextmenü, das mit der rechten Maustaste geöffnet werden kann.

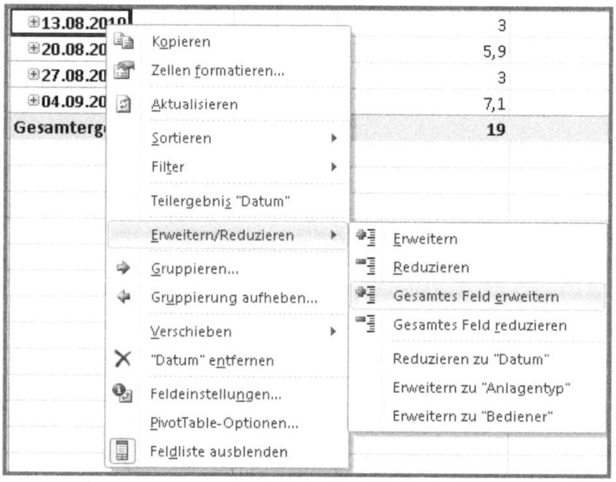

Abbildung 6.12   Befehl zum Erweitern- bzw. Reduzieren von Feldern

Gegenüberstellung von produktiver Zeit und Stillstandzeit

Sie benötigen einen Bericht, der in den drei Produktionsbereichen Produktiv- und Stillstandzeiten gegenüberstellt. Die Lösung dieser Aufgabe beginnt mit der Überlegung, welche Felder aus den Basisdaten benötigt werden und in welchem Bereich die Anordnung erfolgen sollte.

Die Feldauswahl und -anordnung aus Tabelle 6.3 ermöglicht eine erste Aussage über den Stand.

Feldname	In der PivotTable-Feldliste anordnen im Bereich
Datum	Zeilenbeschriftungen
Anlagetyp	Zeilenbeschriftungen
Produktionszeit [h]	Werte
Stillstandzeit [h]	Werte

Tabelle 6.3 Die Anordnung der Felder im Bereich der PivotTable-Feldliste

In nur 4 Schritten die PivotTable erstellen

Gehen Sie Schritt für Schritt vor:

1. Öffnen Sie die Mappe *Kap06.xlsx* und aktivieren dort die Tabelle mit den Basisdaten.
2. Erzeugen Sie aus den Basisdaten einen PivotTable-Bericht in einem neuen Arbeitsblatt über *Einfügen/Tabellen/PivotTable*. Übernehmen Sie dabei die Standardeinstellungen im Dialogfeld *PivotTable erstellen*.
3. Ziehen Sie die Felder in die Bereiche, wie in Tabelle 6.3 beschrieben (siehe Abbildung 6.13).

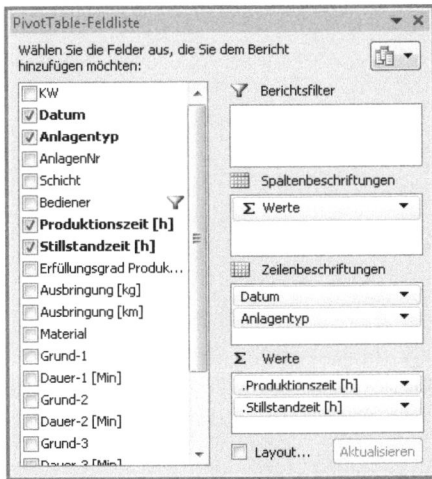

Abbildung 6.13 Anordnung der Felder in der PivotTable-Feldliste

4. Zur besseren Lesbarkeit können Sie die beiden Elementbezeichnungen *Summe von Produktionszeit []* und *Summe von Stillstandzeit []* so verändern, dass die Textteile »Summe von« entfernt und

durch einen ».« ersetzt werden. Markieren Sie die entsprechende Zelle, wechseln in die Bearbeitungszeile und editieren Sie den Eintrag. Zum Abschluss betätigen Sie die ⏎-Taste.

Als Ergebnis erhalten Sie den PivotTable-Bericht wie in Abbildung 6.14 angezeigt.

Datum	Anlagentyp	.Produktionszeit [h]	.Stillstandzeit [h]
13.08.2010	Fräsen	10,6	61,4
	Seilerei	12	60
	Ziehen	5,6	66,4
13.08.2010 Ergebnis		28,2	187,8
20.08.2010	Fräsen	15,9	56,1
	Seilerei	10,7	61,3
	Ziehen	22,5	49,5
20.08.2010 Ergebnis		49,1	166,9
27.08.2010	Fräsen	10,6	61,4
	Seilerei	17	55
	Ziehen	8,9	63,1
27.08.2010 Ergebnis		36,5	179,5
04.09.2010	Fräsen	15,9	56,1
	Seilerei	21,7	50,3
	Ziehen	23,7	48,3
04.09.2010 Ergebnis		61,3	154,7
Gesamtergebnis		175,1	688,9

Abbildung 6.14 Der erste Schritt der Gegenüberstellung

Die Ansicht auf Schichtebene differenzieren

Verfeinern Sie den Bericht soweit, dass Sie die Stillstandzeit je Schicht betrachten können. Dazu ist es notwendig, das Feld *Schicht* in den PivotTable-Bericht aufzunehmen. Das Hinzufügen des Felds ist einfach, aber in welchem Bereich ist es am sinnvollsten? Eine Anordnung im Berichtsfilter wäre möglich, zeigt aber im Wertebereich keine Wirkung. Lediglich bei der Auswahl einer Schicht wird die PivotTable gefiltert.

Abbildung 6.15 Eine Anordnungsvariante, die aber eine sinnvolle Darstellung bietet

Um die Schichten vergleichbar anzuzeigen, ist die Anordnung des Felds *Schicht* im Bereich *Zeilenbeschriftungen* oder *Spaltenbeschriftungen* sinnvoll. Die Inhalte sind dann – unabhängig, wohin Sie das Feld ziehen – zwar gleich, die Darstellung und die damit verbundene Aussagekraft variiert jedoch (siehe Abbildung 6.15).

Die Anordnung des Felds *Schicht* im Bereich *Spaltenbeschriftungen* sehen Sie in Abbildung 6.16. Jeder Schicht wird das jeweilige Zeitelement zugeordnet. In den Zeilen werden die verschiedenen Tagesdaten (Datum) aufgetragen. Ganz rechts wird für jedes Element über alle Schichten hinweg die Gesamtzeit ermittelt und angezeigt.

	A	B	C	D	E	F	G	H	I	J
4										
5			Werte Schicht ▼							
6			.Produktionszeit [h]			.Stillstandzeit [h]			Gesamt: .Produk	Gesamt: .Stillstandzeit [h]
7	Datum ▼	Anlagentyp ▼	F	N	S	F	N	S		
8	⊟13.08.2010	Fräsen	3	0	7,6	21	24	16,4	10,6	61,4
9		Seilerei	3	9	0	21	15	24	12	60
10		Ziehen	0	2,3	3,3	24	21,7	20,7	5,6	66,4
11	13.08.2010 Ergebnis		6	11,3	10,9	66	60,7	61,1	28,2	187,8
12	⊟20.08.2010	Fräsen	0	10,1	5,8	24	13,9	18,2	15,9	56,1
13		Seilerei	4,7	6	0	19,3	18	24	10,7	61,3
14		Ziehen	5,2	9,7	7,6	18,8	14,3	16,4	22,5	49,5
15	20.08.2010 Ergebnis		9,9	25,8	13,4	62,1	46,2	58,6	49,1	166,9
16	⊟27.08.2010	Fräsen	3	0	7,6	21	24	16,4	10,6	61,4
17		Seilerei	3	9	5	21	15	19	17	55
18		Ziehen	3,3	2,3	3,3	20,7	21,7	20,7	8,9	63,1
19	27.08.2010 Ergebnis		9,3	11,3	15,9	62,7	60,7	56,1	36,5	179,5
20	⊟04.09.2010	Fräsen	0	10,1	5,8	24	13,9	18,2	15,9	56,1
21		Seilerei	4,7	6	11	19,3	18	13	21,7	50,3
22		Ziehen	6,4	9,7	7,6	17,6	14,3	16,4	23,7	48,3
23	04.09.2010 Ergebnis		11,1	25,8	24,4	60,9	46,2	47,6	61,3	154,7
24	Gesamtergebnis		36,3	74,2	64,6	251,7	213,8	223,4	175,1	688,9

Abbildung 6.16 Auswertung mit dem Feld *Schicht* in den Spaltenbeschriftungen

Die Anordnung des Felds *Schicht* im Bereich *Spaltenbeschriftungen* sehen Sie in Abbildung 6.17. Das Feld ist hier jedoch vor dem *Anlagentyp* angeordnet. Diese Darstellung hat den Beurteilungsschwerpunkt, alle Produktionstypen im Zusammenhang mit der Schicht zu beurteilen.

	A	B	C	D	E	F	G	H	I
4									
5	Datum ▼	Schicht ▼	Anlagentyp ▼	.Produktionszeit [h]	.Stillstandzeit [h]	PivotTable-Feldliste		▼ ×	
6	⊟13.08.2010	⊟F	Fräsen	3	21	Felder zwischen den Bereichen unten ziehen:		🗐 ▾	
7			Seilerei	3	21				
8			Ziehen	0	24	▽ Berichtsfilter		▥ Spaltenbeschri...	
9		F Ergebnis		6	66			Σ Werte ▼	
10		⊟N	Fräsen	0	24				
11			Seilerei	9	15				
12			Ziehen	2,3	21,7				
13		N Ergebnis		11,3	60,7				
14		⊟S	Fräsen	7,6	16,4	▥ Zeilenbeschrift...	Σ Werte		
15			Seilerei	0	24	Datum	▼	.Produktionsz... ▼	
16			Ziehen	3,3	20,7	Schicht	▼	.Stillstandzeit... ▼	
17		S Ergebnis		10,9	61,1	Anlagentyp	▼		
18	13.08.2010 Ergebnis			28,2	187,8				
19	⊟20.08.2010	⊟F	Fräsen	0	24	☐ Layoutaktualisierung z...		Aktualisieren	
20			Seilerei	4,7	19,3				

Abbildung 6.17 Gleiche Feldauswahl bei anderer Anordnung

Wird das Feld *Schicht* hinter dem Feld *Anlagentyp* angeordnet, ist der Beurteilungsschwerpunkt auf dem Anlagentyp.

Datum	Anlagentyp	Schicht	.Produktionszeit [h]	.Stillstandzeit [h]
13.08.2010	Fräsen	F	3	21
		N	0	24
		S	7,6	16,4
	Seilerei	F	3	21
		N	9	15
		S	0	24
	Ziehen	F	0	24
		N	2,3	21,7
		S	3,3	20,7
13.08.2010 Ergebnis			28,2	187,8
20.08.2010	Fräsen	F	0	24
		N	10,1	13,9
		S	5,8	18,2
	Seilerei	F	4,7	19,3
		N	6	18
		S	0	24
	Ziehen	F	5,2	18,8
		N	9,7	14,3
		S	7,6	16,4
20.08.2010 Ergebnis			49,1	166,9

PivotTable-Feldliste — Felder zwischen den Bereichen unten ziehen: Berichtsfilter / Spaltenbeschri... (Σ Werte) — Zeilenbeschrift... (Datum, Anlagentyp, Schicht) / Σ Werte (.Produktionsz..., .Stillstandzeit...) — Layoutaktualisierung z... Aktualisieren

Abbildung 6.18   Veränderung der Feldanordnung in den Zeilenbeschriftungen

Wie Sie sehen, ist es eine Kleinigkeit, die Sicht auf die Daten zu wechseln. Ebenso leicht ist es, Felder aus dem PivotTable-Bericht zu entfernen oder neue Felder in den PivotTable-Bericht aufzunehmen.

Schicht	Anlagentyp	Werte	13.08.2010	20.08.2010	27.08.2010	04.09.2010	Gesamtergebnis
F	Fräsen	.Produktionszeit [h]	3	0	3	0	6
		.Stillstandzeit [h]	21	24	21	24	90
	Seilerei	.Produktionszeit [h]	3	4,7	3	4,7	15,4
		.Stillstandzeit [h]	21	19,3	21	19,3	80,6
	Ziehen	.Produktionszeit [h]	0	5,2	3,3	6,4	14,9
		.Stillstandzeit [h]	24	18,8	20,7	17,6	81,1
F .Produktionszeit [h]			6	9,9	9,3	11,1	36,3
F .Stillstandzeit [h]			66	62,1	62,7	60,9	251,7
N	Fräsen	.Produktionszeit [h]	0	10,1	0	10,1	20,2
		.Stillstandzeit [h]	24	13,9	24	13,9	75,8
	Seilerei	.Produktionszeit [h]	9	6	9	6	30
		.Stillstandzeit [h]	15	18	15	18	66
	Ziehen	.Produktionszeit [h]	2,3	9,7	2,3	9,7	24
		.Stillstandzeit [h]	21,7	14,3	21,7	14,3	72
N .Produktionszeit [h]			11,3	25,8	11,3	25,8	74,2
N .Stillstandzeit [h]			60,7	46,2	60,7	46,2	213,8
S	Fräsen	.Produktionszeit [h]	7,6	5,8	7,6	5,8	26,8
		.Stillstandzeit [h]	16,4	18,2	16,4	18,2	69,2
	Seilerei	.Produktionszeit [h]	0	0	5	11	16
		.Stillstandzeit [h]	24	24	19	13	80
	Ziehen	.Produktionszeit [h]	3,3	7,6	3,3	7,6	21,8
		.Stillstandzeit [h]	20,7	16,4	20,7	16,4	74,2
S .Produktionszeit [h]			10,9	13,4	15,9	24,4	64,6
S .Stillstandzeit [h]			61,1	58,6	56,1	47,6	223,4
Gesamt: .Produktionszeit [h]			28,2	49,1	36,5	61,3	175,1
Gesamt: .Stillstandzeit [h]			187,8	166,9	179,5	154,7	688,9

PivotTable-Feldliste — Felder zwischen den Bereichen unten ziehen: Berichtsfilter — Zeilenbeschriftungen (Schicht, Anlagentyp, Σ Werte) — Spaltenbeschriftungen (Datum) — Σ Werte (.Produktionszeit [h], .Stillstandzeit [h]) — Layoutak... Aktualisieren

Abbildung 6.19   Eine mögliche Lösung der Feldanordnung: Die PivotTable-Feldliste ist hier in der Ansicht *Nur Abschnitt für Bereiche (1 mal 4)* zu sehen

Eine mögliche Lösung der Feldanordnung zeigt Abbildung 6.19.

ÜBUNG   Dieses Beispiel finden Sie in der Datei *Kap06.xlsx* auf dem Tabellenblatt *Lösung14.12* im Ordner *Buch\Kap06*.

Ausfallgründe analysieren

Im nächsten Beispiel erstellen Sie eine Liste der Ausfallgründe je Anlagentyp und der zugehörigen Ausfallzeit (jedoch nur auf *Grund-1* bezogen). Die Feldauswahl und -anordnung wie in Tabelle 6.4 ist für die Lösung sinnvoll.

HINWEIS   Die generische Feldbezeichnung Grund-1 bzw. Dauer-1 beschreibt einen Ausfallgrund, der hier in der Pivot-Auswertung nicht näher erläutert wird.

Feldname	Anordnen im Layoutbereich
Schicht	Berichtsfilter
Datum	Berichtsfilter
Anlagentyp	Zeilenbeschriftungen
Dauer-1 [Min]	Werte
Grund-1 [Min]	Zeilenbeschriftungen

Tabelle 6.4 Anordnung der Felder im Bereich der PivotTable-Feldliste

Für das Feld *Dauer-1 [Min]* stellen Sie den Berechnungstyp *Summe* ein.

1. Dazu klicken Sie auf den Pulldown-Pfeil an der Feldschaltfläche und öffnen das Kontextmenü.

2. Wählen Sie den Befehl *Wertfeldeinstellungen*.

3. Im sich öffnenden Dialogfeld *Wertfeldeinstellungen* aktivieren Sie die Registerkarte *Wertfeld zusammenfassen nach*.

4. In der Liste wählen Sie den Eintrag *Summe* und beenden das Dialogfeld mit einem Klick auf die Schaltfläche *OK*.

Der erstellte PivotTable-Bericht wird eingeblendet (siehe Abbildung 6.20). Der PivotTable-Bericht zeigt je Anlagentyp den Grund des Ausfalls und die aufgelaufenen Ausfallminuten. Im Bereich *Fräsen* sind mit Ausfallgrund *10* also *6560* Minuten Produktionszeit ausgefallen. Alle Gründe summieren sich auf eine Ausfallzeit in diesem Bereich auf *12180* Minuten.

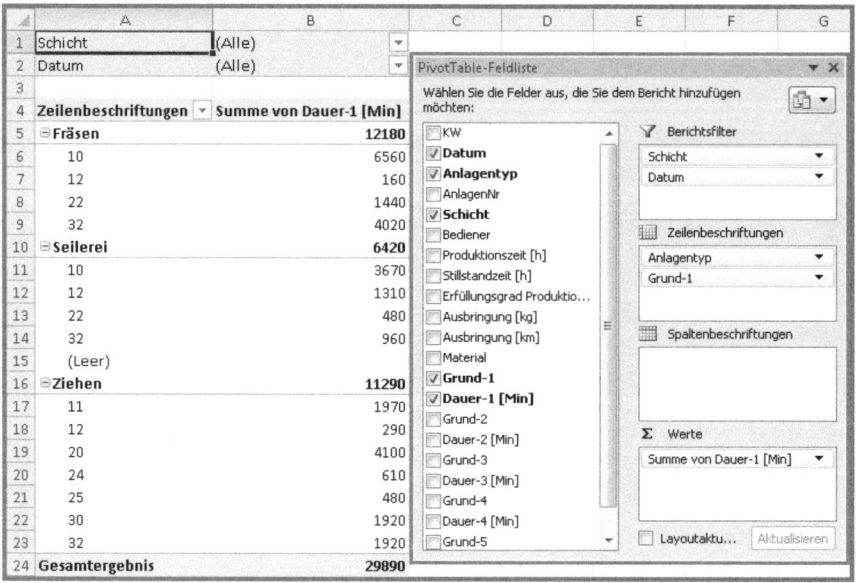

Abbildung 6.20   Ergebnisse im PivotTable-Bericht

Prozentuale Darstellung der Stillstandzeiten

Die Beurteilung, die in Abbildung 6.20 auf Minutenbasis erfolgt, lässt sich durch die Angabe der Werte in Prozent verbessern. Wie groß ist der Anteil der Stillstandzeiten bei den *Anlagetypen*, differenziert auf den Ausfallgrund?

Um den PivotTable-Bericht in Abbildung 6.20 in Prozentdaten darzustellen, gehen Sie folgendermaßen vor:

1. Aktivieren Sie den PivotTable-Bericht.
2. Positionieren Sie den Mauszeiger im Bereich *Werte* und öffnen Sie mit der rechten Maustaste das Kontextmenü. Wählen Sie dort den Befehl *Wertfeldeinstellungen*.
3. Im gleichnamigen Dialogfeld aktivieren Sie die Registerkarte *Werte anzeigen als*.
4. Im Abschnitt *Werte anzeigen als* wechseln Sie die Anzeige von *keine Berechnung* auf *% des Spaltenergebnisses* und schließen das Dialogfeld über die Schaltfläche *OK*.

Der PivotTable-Bericht stellt die Darstellung auf Prozentwerte um (siehe Abbildung 6.21).

	A	B
1	Schicht	(Alle) ▼
2	Datum	(Alle) ▼
3		
4	**Zeilenbeschriftungen** ▼	**Summe von Dauer-1 [Min]**
5	⊟ **Fräsen**	**40,75%**
6	10	21,95%
7	12	0,54%
8	22	4,82%
9	32	13,45%
10	⊟ **Seilerei**	**21,48%**
11	10	12,28%
12	12	4,38%
13	22	1,61%
14	32	3,21%
15	(Leer)	0,00%
16	⊟ **Ziehen**	**37,77%**
17	11	6,59%
18	12	0,97%
19	20	13,72%
20	24	2,04%
21	25	1,61%
22	30	6,42%
23	32	6,42%
24	**Gesamtergebnis**	**100,00%**

Abbildung 6.21 Anzeige der Daten in Prozentwerten

TIPP   Noch schneller geht es über das Kontextmenü des Wertfelds: Hier steht Ihnen ein Befehl für die Umschaltung in Prozentangaben zur Verfügung (siehe Abbildung 6.22).

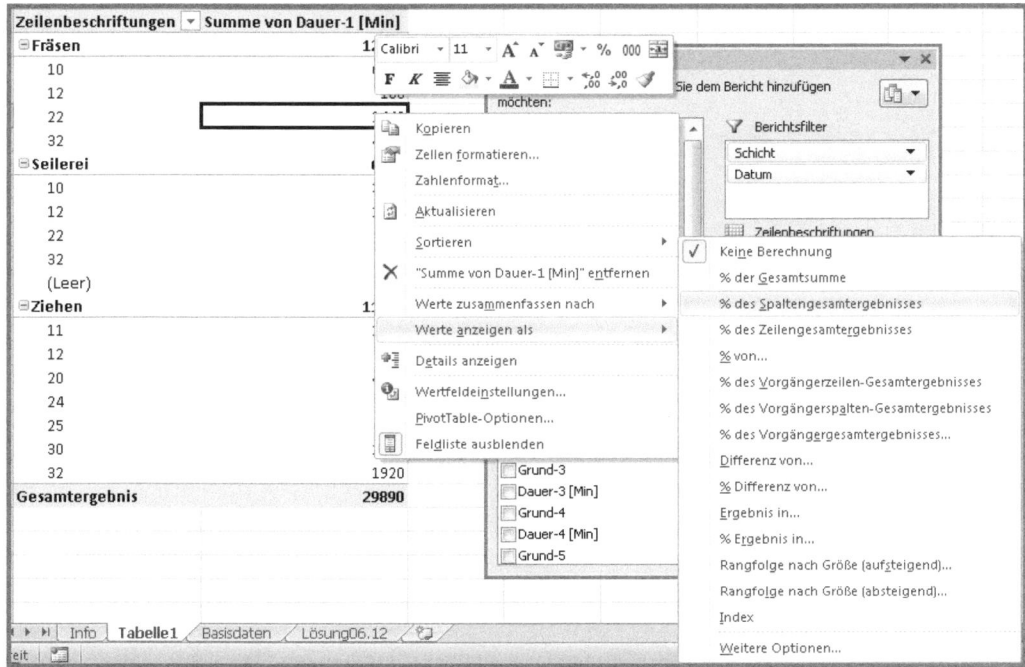

Abbildung 6.22 Kontextmenü für *Werte anzeigen als*

In welcher Schicht gibt es Stillstandzeiten?

Interessant ist sicherlich die Untersuchung, in welcher Schicht welche Gründe für den Stillstand verantwortlich sind.

Um darauf eine Antwort zu bekommen, verwenden Sie den zuvor erstellten PivotTable-Bericht (siehe Abbildung 6.20). Ziehen Sie das Feld *Schicht* aus dem Bereich *Berichtsfilter* in den Bereich *Zeilenbeschriftungen* vor das Feld *Grund-1*. Der PivotTable-Bericht wie in Abbildung 6.23 wird eingeblendet.

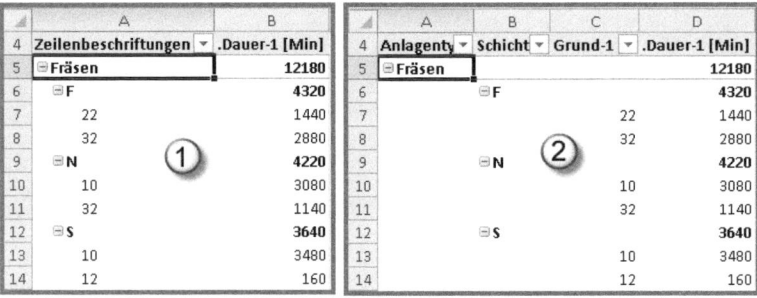

Abbildung 6.23   PivotTable-Bericht in zwei Ausgabeformaten

Der PivotTable-Bericht zeigt nach dem Anlagentyp die jeweilige Schicht mit den zugeordneten Ausfallgründen und der aufsummierten Stillstandzeit. Für jede Schicht wird ein Teilergebnis gebildet und angezeigt.

Im linken Bildabschnitt (Ziffer 1) sehen Sie das Ergebnis im Kurzformat und im rechten Bildabschnitt (Ziffer 2) sehen Sie das Ergebnis im Gliederungslayout.

ÜBUNG   Dieses Beispiel finden Sie im Tabellenblatt *Lösung06.23* in der Datei *Kap06.xlsx* im Ordner *Buch\Kap06*.

Den schnellsten Zugriff auf die verschiedenen Berichtslayouts haben Sie auf der kontextsensitiven Registerkarte mit einem Klick auf die Registerkarte *Entwurf* – aktivieren Sie den Befehl *Berichtslayout* (siehe Abbildung 6.24).

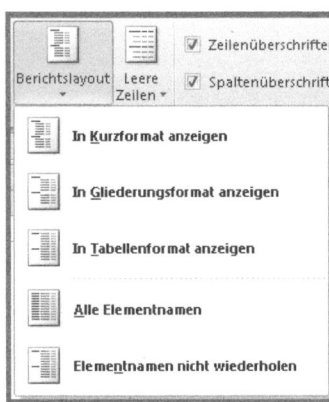

Abbildung 6.24   Kontextmenü des Befehls *Berichtslayout*

Neue Anordnung – So verbessert sich die Aussagestärke

Eine andere Darstellung, die eine noch aussagestärkere ist, erhalten Sie, wenn Sie das Feld *Schicht* aus dem Bereich *Zeilenbeschriftungen* in den Bereich *Spaltenbeschriftungen* verschieben. Das Ergebnis zeigt die Abbildung 6.25. Die Anordnung des Felds *Schicht* im Bereich *Spaltenbeschriftungen* verbessert die Aussagekraft spürbar.

	A	B	C	D	E	F
2	Datum	(Alle)				
3						
4	.Dauer-1 [Min]		Schicht			
5	Anlagentyp	Grund-1	F	N	S	Gesamtergebnis
6	⊟Fräsen	10		3080	3480	6560
7		12			160	160
8		22	1440			1440
9		32	2880	1140		4020
10	Fräsen Ergebnis		4320	4220	3640	12180
11	⊟Seilerei	10		960	2710	3670
12		12	360	860	90	1310
13		22	480			480
14		32	960			960
15		(Leer)				
16	Seilerei Ergebnis		1800	1820	2800	6420
17	⊟Ziehen	11	480	810	680	1970
18		12	290			290
19		20	1920	960	1220	4100
20		24	610			610
21		25	480			480
22		30		1920		1920
23		32			1920	1920
24	Ziehen Ergebnis		3780	3690	3820	11290
25	Gesamtergebnis		9900	9730	10260	29890

Abbildung 6.25   PivotTable-Bericht nach dem Verschieben des Felds *Schicht* (Ausschnitt Anzeige im Tabellenformat)

Alle Stillstandsgründe anzeigen

Das bisherige Vorgehen zeigt nur Gründe an, die auch mit Daten gefüllt sind. Die Kennziffer, die nicht bebucht wurde, wird automatisch ausgeblendet. Wenn Sie aber aus Übersichtsgründen alle Kennziffern für die Stillstandzeit auch die ohne Daten sehen wollen, ist auch das möglich. Gehen Sie dazu folgendermaßen vor:

1. Positionieren Sie den Mauszeiger auf dem Feld *Grund-1* und öffnen Sie das Kontextmenü.
2. Wählen Sie den Befehl *Feldeinstellungen*.
3. Aktivieren Sie im folgenden Dialogfeld die Registerkarte *Layout & Drucken*.
4. Im Abschnitt *Layout* markieren Sie das Kontrollkästchen vor *Elemente ohne Daten anzeigen* (siehe Abbildung 6.26).
5. Beenden Sie Ihre Änderungen über die Schaltfläche *OK*.

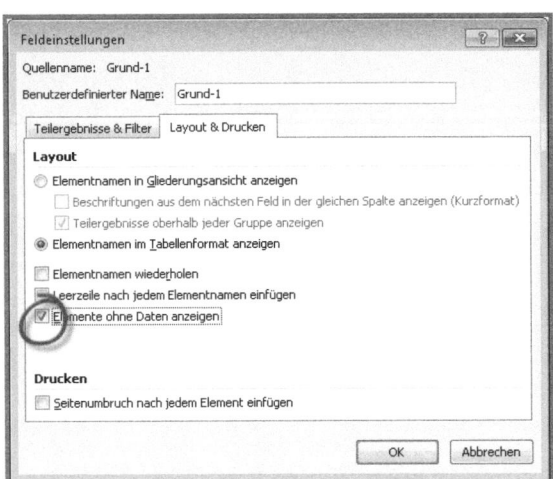

Abbildung 6.26 Dialogfeld *Feldeinstellungen* mit der Aktivierung *Elemente ohne Daten anzeigen*

Jetzt werden im PivotTable-Bericht alle Kennziffern im Feld *Grund-1* aufgelistet (siehe Abbildung 6.27).

Datum	(Alle)				
.Dauer-1 [Min]		**Schicht**			
Anlagentyp	**Grund-1**	**F**	**N**	**S**	**Gesamtergebnis**
⊟ **Fräsen**	10		3080	3480	6560
	11				
	12			160	160
	20				
	22	1440			1440
	24				
	25				
	30				
	32	2880	1140		4020
	(Leer)				
Fräsen Ergebnis		**4320**	**4220**	**3640**	**12180**
⊟ **Seilerei**	10		960	2710	3670
	11				
	12	360	860	90	1310
	20				
	22	480			480
	24				
	25				
	30				
	32	960			960
	(Leer)				
Seilerei Ergebnis		**1800**	**1820**	**2800**	**6420**
⊟ **Ziehen**	10				
	11	480	810	680	1970
	12	290			290
	20	1920	960	1220	4100
	22				
	24	610			610
	25	480			480
	30		1920		1920
	32			1920	1920
	(Leer)				
Ziehen Ergebnis		**3780**	**3690**	**3820**	**11290**
Gesamtergebnis		**9900**	**9730**	**10260**	**29890**

Abbildung 6.27 Aktive Option *Elemente ohne Daten zeigen*

Sämtliche Elemente ohne Daten werden im PivotTable-Bericht als Zeilenelemente angezeigt. Beispielsweise ist beim Arbeitsschritt *Fräsen* der Fehler *10* in Schicht *N* und *S* aufgetreten. Fehler *11, 20, 24, 25, 30* hingegen in keiner der drei Schichten.

PROFITIPP   **Besonderes Berichtslayout: Elementnamen wiederholen**

Sollte beispielsweise die Notwendigkeit bestehen, die PivotTable (siehe Abbildung 6.27) als normale Tabelle an einen neuen Ort zu kopieren, wäre sie für bestimmte Auswertungen nicht verwertbar, weil die Bezeichnungen *Fräsen*, *Ziehen* und *Seilerei* jeweils nur in der ersten Zeile eingetragen sind. Für gezielte Auswertungen ist es aber notwendig, dass diese Bezeichnungen in jeder Zelle eingetragen sind. Aus diesem Grund gibt es das Berichtslayout *Alle Elementnamen*, das Sie über die *PivotTable-Tools* auf der Registerkarte *Entwurf* in der Befehlsgruppe *Layout* aufrufen.

Die genannte PivotTable würde nach Anwendung dieses Layouts wie in Abbildung 6.28 dargestellt.

	A	B	C	D	E	F
1						
2	Datum	(Alle)				
3						
4	.Dauer-1 [Min]		Schicht			
5	Anlagentyp	Grund-1	F	N	S	Gesamtergebnis
6	⊟Fräsen	10		3080	3480	6560
7	Fräsen	11				
8	Fräsen	12			160	160
9	Fräsen	20				
10	Fräsen	22	1440			1440
11	Fräsen	24				
12	Fräsen	25				
13	Fräsen	30				
14	Fräsen	32	2880	1140		4020
15	Fräsen	(Leer)				
16	Fräsen Ergebnis		4320	4220	3640	12180

Abbildung 6.28   Anwendung des Berichtslayouts *Alle Elementnamen*

Mit dem Berichtslayout *Elementnamen nicht wiederholen* wird wieder das ursprüngliche Layout hergestellt (siehe Abbildung 6.24).

Kapitel 7

Personal- und Personalkostenstrukturanalyse mit PivotTable-Berichten

Personal ist eine der wichtigsten Ressourcen im Informationszeitalter und einer Wissensgesellschaft wie in unserem Land. Personalcontrolling ist eine Möglichkeit, um den sinnvollen Umgang mit dem Ausbau dieser Ressource zu unterstützen und damit zur Mitarbeitermotivation und -zufriedenheit beizutragen. Ein wesentliches Instrument in diesem Umfeld ist das Entgelt für die erbrachte Leistung. Relativ leicht ist noch der Überblick über die Relation des Einkommens eines Mitarbeiters zu den Kollegen. Anders wird es, wenn es darum geht, die Einkommensverhältnisse von Altersgruppen, Kostenstellen oder Tätigkeitsgruppen innerhalb des Unternehmens zu analysieren oder zu vergleichen. Eine weitere Herausforderung ist der Benchmark beispielsweise mit dem Marktdurchschnitt für diese Tätigkeitsgruppe und die daraus resultierende Abweichung.

Im ersten Beispiel geht es um die Verteilung des Einkommens. Die Intervalle zwischen den Einkommensstufen basieren auf der Dauer der Betriebszugehörigkeit bzw. Berufstätigkeit und dem Alter.

Prozess der Analyse

Die Analyse der vorliegenden, anonymisierten Personaldaten bedarf verschiedener und überlegter Vorbereitungen. Im Wesentlichen ergibt sich folgender Prozessablauf:

- Daten aus dem operativen System in Microsoft Excel übernehmen
- Daten in Microsoft Excel aufbereiten (Formate ändern, Alter errechnen, Betriebszugehörigkeit usw.)
- Berichtsmodell entwickeln
- Formeln entwickeln und im Modell aufbauen
- PivotTable-Unterstützung überlegen und vorbereiten
- Hilfstabellen mit PivotTable-Berichten überlegen und entwickeln

ÜBUNG   Als Datenbasis dient die Datei *Kap07.xlsx* aus dem Ordner *Buch\Kap07*. Die einzelnen Lösungsschritte werden als Nummer in den Dateien mit der Indizierung *_Lösungn* mitgeführt – z.B. *Kap07_Lösung1.xlsx* = erster Lösungsschritt.

Tabelle 7.1 gibt Ihnen einen allgemeinen Überblick über alle Lösungstabellen.

Tabellenname	Inhalt
Kap07_Basisdaten.xlsx	Basistabelle mit den Stammdaten
Kap07_Grund	Basisdaten mit zwei Berechnungsspalten für Alter und Betriebszugehörigkeit
Kap07_Lösung1.xlsx	Daten mit zusätzlichen Berechnungen für das Alter in Jahren und die Betriebszugehörigkeit in Jahren und Lösungsbeispielen
	Prozentuale Verteilung auf Tätigkeitsbereiche und Top-10-Verteilung
Kap07_Lösung2.xlsx	Gruppierung nach der Betriebszugehörigkeit und Lebensalter
Kap07_Lösung3.xlsx	PivotChart über Mitarbeiterstruktur – Altersverteilung

Tabelle 7.1 Übersicht der Lösungstabellen

Tabellenname	Inhalt
Kap07_Lösung4.xlsx	PivotChart über Mitarbeiterstruktur – Betriebszugehörigkeit
Kap07_Lösung5.xlsx	Weitere Analysen mit Durchschnitt, Minimum und Maximum in PivotTable-Berichten
Kap07_Lösung6.xlsx	Auswahlliste für ComboBox

Tabelle 7.1 Übersicht der Lösungstabellen *(Fortsetzung)*

Berechnete Felder in die Basistabelle einfügen

Im ersten Schritt fügen Sie drei zusätzliche Spalten in die Tabelle *Stammdaten* der Mappe *Kap07_Basisdaten.xlsx* ein. In diesen Spalten werden das Gesamtgehalt (Grundgehalt zuzüglich Prämien), die Dauer der Betriebszugehörigkeit und das Lebensalter ermittelt. Die zusätzlichen Felder haben die in Tabelle 7.2 gelistete Bezeichnung.

Zelle	Feldname
K6	*Gesamt_Gehalt*
L6	*Alter*
M6	*Betriebszugehörigkeit*

Tabelle 7.2 Feldbezeichnungen

Fügen Sie jetzt die Felder in die Tabelle *Stammdaten* der Mappe *Kap07_Basisdaten.xlsx* ein und speichern Sie die Datei unter dem neuen Namen *Kap07_Lösung1.xlsx* ab.

> **HINWEIS**   Damit sich keine Überschneidung mit der bereits vorhandenen Beispielmappe mit dem gleichen Namen ergibt, legen Sie die geänderte Mappe am besten in einem eigenen, vorher angelegten Ordner ab (z.B. *Meine_Lösung*).

In Spalte *K* summieren Sie das Grundgehalt mit eventuell gezahlten Prämien mittels der Funktion SUMME().

Gehen Sie dazu wie folgt vor:

1. Schreiben Sie in Zelle *K7* die Formel =Summe(I7:J7).
2. Mit einem Doppelklick auf das Ausfüllkästchen in der rechten unteren Ecke der Zelle übertragen Sie die Funktion in alle betroffenen Zellen dieser Spalte.
3. In Spalte *L* ermitteln Sie das Alter des jeweiligen Mitarbeiters.
4. Schreiben Sie in Zelle *L7* folgende Formel:

    =WENN(DATUM(JAHR(HEUTE());MONAT(E7);TAG(E7))<=HEUTE();JAHR(HEUTE())-JAHR(E7);JAHR(HEUTE())-JAHR(E7)-1)
5. Mit einem Doppelklick auf das Ausfüllkästchen in der rechten unteren Ecke der Zelle übertragen Sie die Funktion in alle betroffenen Zellen dieser Spalte.
6. In Spalte *M* ermitteln Sie die Betriebszugehörigkeit des jeweiligen Mitarbeiters. Dazu schreiben Sie in Zelle *M7* folgende Formel:

=WENN(DATUM(JAHR(HEUTE());MONAT(F7);TAG(F7))<=HEUTE();JAHR(HEUTE())-JAHR(F7);JAHR(HEUTE())-JAHR(F7)-1)

7. Mit einem Doppelklick auf das Ausfüllkästchen in der rechten unteren Ecke der Zelle übertragen Sie die Funktion in alle betroffenen Zellen dieser Spalte.

8. Formatieren Sie jetzt die Zahlen für Betriebszugehörigkeit und Alter mit dem benutzerdefinierten Zahlenformat *0 "Jahre"*. Sie erreichen das Dialogfeld *Zellen formatieren* im Kontextmenü über den Befehl *Zellen formatieren*. Wählen Sie auf der Registerkarte *Zahlen* die Kategorie *Benutzerdefiniert* und erstellen dort das vorgegebene Format.

Mit diesen Schritten haben Sie alle Vorarbeiten in der Tabelle *Stammdaten* erledigt.

So berechnen Sie die Datumsdifferenz in Jahren

Bei der Berechnung des Alters benötigen Sie neben dem Geburtsdatum das aktuelle Datum. Die Datumsberechnung beruht bei Microsoft Excel auf einer seriellen Zahl, daher ist es möglich, das Geburtsdatum vom aktuellen Datum zu subtrahieren. Mit der Formel HEUTE() – E7 (Geburtsdatum) erhalten Sie die Differenz in Tagen, die zwischen diesen beiden Daten liegt. Da Sie aber das Alter verwenden wollen, müssen Sie im nächsten Schritt aus dieser seriellen Zahl das Jahr herausrechnen. Die Funktion JAHR() kann aus einem Datum das Jahr herausfiltern. Sie können mit der Formel

=JAHR(HEUTE())-JAHR(Geburtsdatum)

vom aktuellen Jahr das Geburtsjahr subtrahieren und erhalten als Ergebnis das Alter in Jahren. Das Ergebnis ist aber noch ungenau, denn es berücksichtigt noch nicht, ob jemand in dem aktuellen Jahr schon Geburtstag hatte oder nicht. Die Personen, die im aktuellen Jahr noch nicht Geburtstag hatten, wären automatisch ein Jahr älter. Es fehlt also noch die Prüfung, ob das Geburtsdatum vor dem aktuellen Tag liegt. Mithilfe der Funktion *WENN(Wahrheitsprüfung;Dann_Wert;Sonst_Wert)* lässt sich diese Aufgabenstellung lösen.

Zuerst prüfen Sie, ob der Geburtstag im aktuellen Jahr schon gewesen ist. Dazu verwenden Sie zunächst die Funktion =DATUM(Jahr;Monat;Tag), um die serielle Zahl vom aktuellen Jahr sowie Monat und Tag des Geburtsjahrs mit dem entsprechenden Wert des aktuellen Datums zu vergleichen:

=DATUM(JAHR(HEUTE());MONAT(E7);TAG(E7))<=HEUTE()

Dann folgen die aus der WENN-Abfrage resultierenden alternativen Rechenvorgänge:

=Aktuelles Jahr – Geburtsjahr oder Aktuelles Jahr – Geburtsjahr – 1 (Korrekturfaktor)

Die gesamte Formel zur genauen Berechnung des Alters lautet:

=WENN(DATUM(JAHR(HEUTE());MONAT(E7);TAG(E7))<=HEUTE();JAHR(HEUTE())-JAHR(E7);JAHR(HEUTE())-JAHR(E7)-1)

Im ersten Abschnitt wird geprüft, ob das zu prüfende Datum vor oder nach dem aktuellen Datum liegt. Im zweiten Abschnitt folgt die Anweisung zur Berechnung des Alters für alle Personen, die im aktuellen Jahr bereits Geburtstag hatten. Im dritten Abschnitt wird das Alter derjenigen Personen berechnet, die im aktuellen Jahr noch nicht Geburtstag hatten.

=WENN(DATUM(JAHR(HEUTE());MONAT(F7);TAG(F7))<=HEUTE();JAHR(HEUTE())-JAHR(F7);JAHR(HEUTE())-JAHR(F7)-1)

Strukturanalysen zum Stellenplan und zu Tätigkeitsfeldern

Die vorliegenden Daten im Tabellenblatt *Stammdaten* der Mappe *Kap07_Lösung1.xlsx* dienen als Grundlage für zahlreiche Auswertungen. Die erste Frage lautet:

Wie viele Mitarbeiter hat das Unternehmen insgesamt und in welchen Tätigkeitsfeldern?

Um diese Frage zu beantworten, gehen Sie folgendermaßen vor:

1. Öffnen Sie die Mappe *Kap07_Lösung1.xlsx* – oder die von Ihnen erstellte Datei mit vergleichbarem Inhalt.

2. Wechseln Sie in das Tabellenblatt *Stammdaten*.

3. Erstellen Sie einen PivotTable-Bericht: Öffnen Sie im Menüband die Registerkarte *Einfügen*.

4. In der Gruppe *Tabellen* klicken Sie auf das Symbol *PivotTable*.

5. Überprüfen Sie im folgenden Dialogfeld die Bereichsauswahl der Tabelle. Bestätigen Sie die Auswahl anschließend mit *OK*.

6. In der *PivotTable-Feldliste* ziehen Sie das Feld *Taetigkeit* in den Bereich *Zeilenbeschriftungen* und das Feld *Persnr* in den Bereich *Werte*.

7. In diesem Beispiel benötigen Sie die Zusammenfassungsfunktion *Anzahl*. Klicken Sie daher auf den kleinen Pfeil des Felds *Persnr* im Bereich *Werte* und wählen Sie den Befehl *Wertfeldeinstellungen*.

8. Im Dialogfeld *Wertfeldeinstellungen* ändern Sie auf der Registerkarte *Werte zusammenfassen nach* den Berechnungstyp *Anzahl* (siehe Abbildung 7.1).

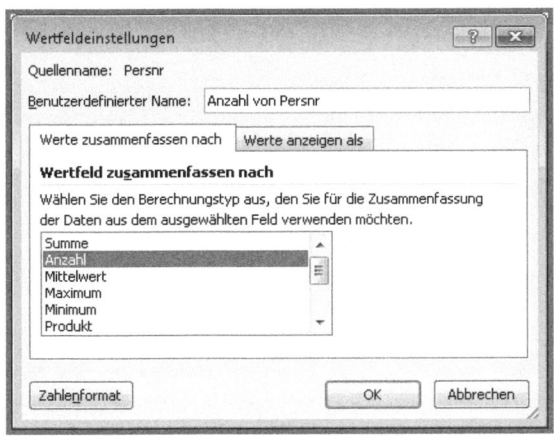

Abbildung 7.1 Auswahl des Berechnungstyps *Anzahl*

9. Schließen Sie das Dialogfeld durch einen Klick auf *OK*.

Daraufhin entsteht der PivotTable-Bericht (siehe Abbildung 7.2*)*.

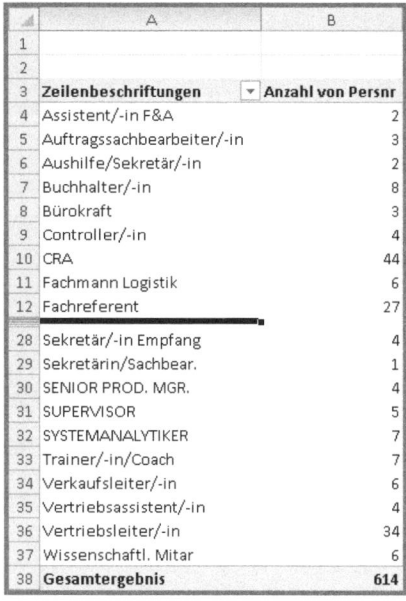

Abbildung 7.2 Aufschlüsselung der Mitarbeiter auf die Tätigkeitsfelder (Ausschnitt)

Die Anzahl der Mitarbeiter beträgt demnach 614 Personen, die in den verschiedenen Tätigkeitsfeldern unterschiedlich zahlreich vertreten sind.

Das Ergebnis finden Sie im Tabellenblatt *MAjeTätigkeit* in der Mappe *Kap07_Lösung1.xlsx*.

Zeigen Sie, wie viele Tätigkeitsfelder es im Unternehmen gibt

Diese Information erhalten Sie, wenn Sie folgende vier Schritte durchführen:

1. Verwenden Sie den PivotTable-Bericht (oder erstellen Sie einen PivotTable-Bericht) wie in Abbildung 7.2: Aufschlüsselung der Mitarbeiter auf die Tätigkeitsfelder (Ausschnitt).

2. Der PivotTable-Bericht bietet keine interne Möglichkeit, diese Frage zu beantworten. Um diesen Wert zu ermitteln, benötigen Sie eine Tabellenfunktion.

3. Suchen Sie in dem Tabellenblatt mit dem PivotTable-Bericht eine Zelle, die bei Zu- oder Abnahme von Tätigkeitsfeldern durch die Ausdehnung des PivotTable-Berichts überschrieben werden kann.

4. Schreiben Sie in Zelle *B2* die Funktion =Anzahl(B4:B37).

Das Ergebnis besagt, dass es 34 Tätigkeitsfelder im Unternehmen gibt (siehe Abbildung 7.3).

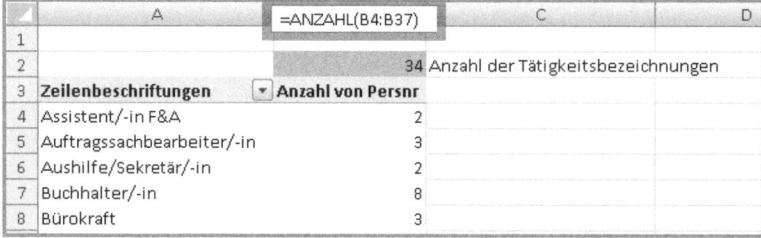

Abbildung 7.3 Anzahl der Tätigkeitsbezeichnungen/Tätigkeitsfelder im Unternehmen

Zeigen Sie die fünf Tätigkeitsfelder mit den meisten Mitarbeitern

Diese Information erhalten Sie, wenn Sie folgendermaßen vorgehen:

1. Verwenden Sie den PivotTable-Bericht (oder erstellen Sie einen PivotTable-Bericht) wie in Abbildung 7.2.

2. Positionieren Sie den Mauszeiger im Feld *Tätigkeit (Zeilenbeschriftungen)*.

3. Öffnen Sie mit der rechten Maustaste das Kontextmenü und wählen Sie dort den Befehl *Filter*.

4. Im Untermenü klicken Sie auf den Befehl *Top 10*, um das Dialogfeld *Top-10-Filter (Taetigkeit)* zu öffnen (siehe Abbildung 7.4).

5. Ändern Sie im Drehfeld des Dialogfelds den Wert von *10* auf *5* Elemente.

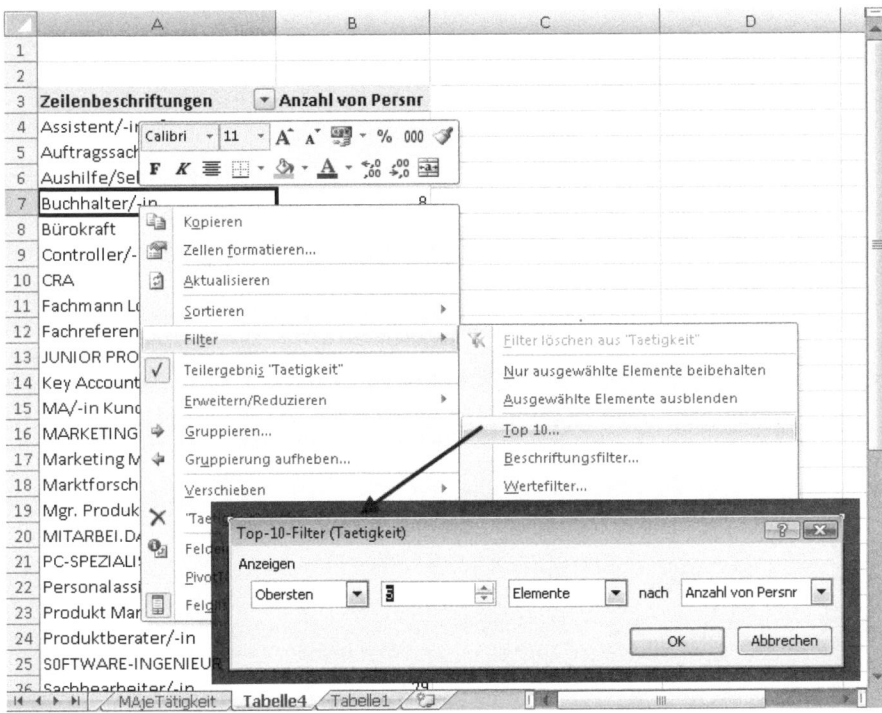

Abbildung 7.4 Auswahl des Top-10-Filters innerhalb eines PivotTable-Berichts

6. Schließen Sie das Dialogfeld durch Klick auf *OK*.

Das Ergebnis sehen Sie in Abbildung 7.5.

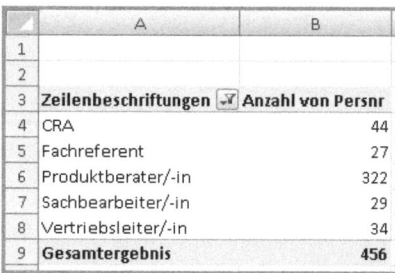

Abbildung 7.5 Ergebnis des Top-10-Filters

Neue Reihenfolge festlegen

Sortieren Sie den PivotTable-Bericht in absteigender Reihenfolge. Dazu gehen Sie folgendermaßen vor:

1. Positionieren Sie den Mauszeiger im Feld *Anzahl von Persnr* und öffnen mit der rechten Maustaste das Kontextmenü.

2. Wählen Sie dort den Befehl *Sortieren* und anschließend den Befehl *Nach Größe sortieren (absteigend)*.

Als Ergebnis erhalten Sie einen PivotTable-Bericht der fünf Tätigkeiten mit den meisten Mitarbeitern (siehe Abbildung 7.6).

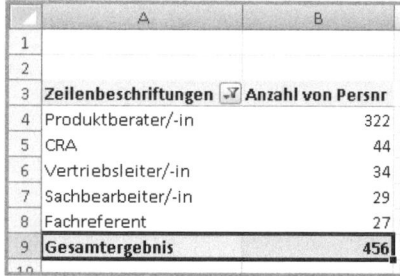

Abbildung 7.6 Ergebnis der Top-10-Filterung und absteigender Sortierung

Diesem PivotTable-Bericht können Sie gleichzeitig entnehmen, dass in fünf von 34 Tätigkeitsgruppen zusammen 456 von insgesamt 614 Mitarbeitern beschäftigt sind. Besonders herausragend ist die Gruppe der Produktberater und -beraterinnen. Mit wenig Aufwand lässt sich dieses Analyseergebnis mit einem PivotTable-Bericht ermitteln.

Prozentuale Darstellung wählen

Stellen Sie das Ergebnis aus der Top-10-Filterung auf Prozentdarstellung um – so geht's:

1. Positionieren Sie dazu den Mauszeiger im *Wertefeld* des PivotTable-Berichts (siehe Abbildung 7.6).

2. Öffnen Sie mit der rechten Maustaste das Kontextmenü und klicken Sie auf den Befehl *Wertfeldeinstellungen*.

3. Im folgenden Dialogfeld wechseln Sie zur Registerkarte *Werte anzeigen als* und wählen im Listen-feld *Werte anzeigen als* den Listeneintrag *% des Gesamtergebnisses*.

4. Beenden Sie die Auswahl mit einem Klick auf *OK*.

Sie erhalten den PivotTable-Bericht in Prozentdarstellung angezeigt (siehe Abbildung 7.7).

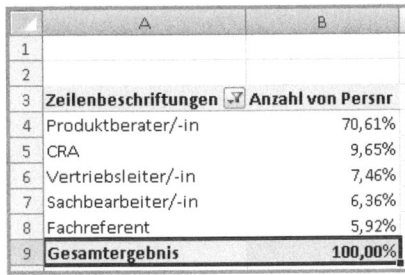

	A	B
1		
2		
3	**Zeilenbeschriftungen**	**Anzahl von Persnr**
4	Produktberater/-in	70,61%
5	CRA	9,65%
6	Vertriebsleiter/-in	7,46%
7	Sachbearbeiter/-in	6,36%
8	Fachreferent	5,92%
9	**Gesamtergebnis**	**100,00%**

Abbildung 7.7 PivotTable-Bericht in Prozentdarstellung

ÜBUNG   Das Ergebnis finden Sie in der Mappe *Kap07_Lösung1.xlsx* auf dem Tabellenblatt *Top10Filter* im Ordner *Buch\Kap07*.

Prozentwerte und absolute Werte gleichzeitig darstellen

Für eine bessere Bewertung wäre die Anordnung beider Parameter in einem PivotTable-Bericht sehr hilfreich. Erstellen Sie daher einen PivotTable-Bericht, der diese Anzeige bietet.

Dazu gehen Sie folgendermaßen vor:

1. Öffnen Sie Datei Kap07_Basidatens.xlsx.

2. Positionieren Sie den Mauszeiger im Datenbereich des Tabellenblatts *Stammdaten* und erstellen Sie einen neuen PivotTable-Bericht.

3. Klicken Sie im Menüband auf die Registerkarte *Einfügen*.

4. In der Gruppe *Tabellen* klicken Sie auf das Symbol *PivotTable* und erstellen die PivotTable, indem Sie im folgenden Dialogfeld die Bereichsauswahl der Tabelle überprüfen. Bestätigen Sie anschließend mit *OK*.

5. In der *PivotTable-Feldliste* ziehen Sie das Feld *Taetigkeit* in den Bereich *Zeilenbeschriftungen* und das Feld *Persnr* in den Bereich *Werte*.

6. Klicken Sie auf den kleinen Pfeil des Felds *Persnr* im Bereich *Werte* und wählen den Eintrag *Wert-feldeinstellungen*.

7. Im gleichnamige Dialogfeld wählen Sie auf der Registerkarte *Werte zusammenfassen nach* den Berechnungstyp *Anzahl* aus.

8. Schließen Sie das Dialogfeld durch einen Klick auf *OK*.

9. Positionieren Sie den Mauszeiger im Wertefeld *Anzahl von Persnr*, öffnen Sie mit der rechten Maustaste das Kontextmenü und wählen Sie den Befehl *Wertfeldeinstellungen*.

10. Im Dialogfeld *Wertfeldeinstellungen* aktivieren Sie die Registerkarte *Werte anzeigen als* und wählen in der Auswahlliste *Werte anzeigen als* den Eintrag *% des Spaltengesamtergebnisses* (siehe Abbildung 7.8).

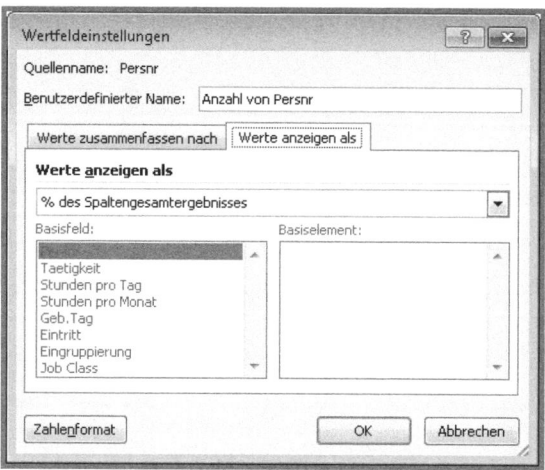

Abbildung 7.8 Werte anzeigen als *% des Spalten-ergebnisses*

11. Beenden Sie das Dialogfeld durch einen Klick auf *OK*.

12. Sie sortieren nun die Daten absteigend, den höchsten Wert am Anfang, indem Sie auf der kontext-bezogenen Registerkarte *PivotTable-Tools/Optionen* in der Gruppe *Sortieren* den Befehl *Nach Größe sortieren (absteigend)* anklicken.

13. Die absoluten Werte stellen Sie dar, indem Sie das Feld *Persnr* ein weiteres Mal in den Bereich *Werte* ziehen.

14. Klicken Sie auf den kleinen Pfeil des Felds *Persnr* im Bereich *Werte* und aktivieren Sie *Wertfeldein-stellungen* – es öffnet sich das gleichnamige Dialogfeld.

15. Wählen Sie auf der Registerkarte *Werte zusammenfassen nach* den Berechnungstyp *Anzahl* aus.

16. Im gleichen Dialogfeld klicken Sie anschließend auf die Schaltfläche *Zahlenformat*.

17. Im Dialogfeld *Zellen formatieren* wählen Sie im Listenfeld *Kategorie* den Eintrag *Zahl*, formatieren Sie auf zwei Nachkommastellen und aktivieren das Kontrollkästchen *1000er-Trennzeichen verwen-den (.)*.

18. Beenden Sie die Eingabe in diesem und dem folgenden Dialogfeld über die Schaltfläche *OK*.

Sie erhalten anschließend einen PivotTable-Bericht mit der geforderten Darstellung (siehe Abbildung 7.9).

	A	B	C
1			
2			
3		**Werte**	
4	Zeilenbeschriftungen	Anzahl von Persnr	Anzahl von Persnr2
5	Produktberater/-in	52,44%	322,00
6	CRA	7,17%	44,00
7	Vertriebsleiter/-in	5,54%	34,00
8	Sachbearbeiter/-in	4,72%	29,00
9	Fachreferent	4,40%	27,00
10	Sekretär/-in	3,75%	23,00
11	Marketing Mg	1,79%	11,00

Abbildung 7.9 PivotTable-Bericht mit relativer und absoluter Wertedarstellung nebeneinander (Ausschnitt)

Die Top 8 der Tätigkeiten anzeigen

Für die Anzeige der Top-8-Tätigkeiten gehen Sie wie folgt vor:

1. Positionieren Sie den Mauszeiger auf einem beliebigen Element im Feld *Taetigkeit (Zeilenbeschriftungen)*.

2. Öffnen Sie mit der rechten Maustaste das Kontextmenü und wählen Sie darin den Untermenübefehl *Filter/Top 10*.

3. Im daraufhin geöffneten Dialogfeld *Top-10-Filter (Taetigkeit)* ändern Sie im Drehfeld den Wert *10* auf *8* Elemente und bestätigen mit *OK*.

Als Ergebnis erhalten Sie den PivotTable-Bericht (siehe Abbildung 7.10).

	A	B	C
4	**Zeilenbeschriftungen** ⬇⁊	**Anzahl von Persnr**	**Anzahl von Persnr2**
5	Produktberater/-in	63,64%	322
6	CRA	8,70%	44
7	Vertriebsleiter/-in	6,72%	34
8	Sachbearbeiter/-in	5,73%	29
9	Fachreferent	5,34%	27
10	Sekretär/-in	4,55%	23
11	Marketing Mg	2,17%	11
12	Buchhalter/-in	1,58%	8
13	MA/-in Kundenservice	1,58%	8
14	**Gesamtergebnis**	**100,00%**	**506**

Abbildung 7.10 PivotTable-Bericht mit den Top 8 nach der Mitarbeiterzahl

---

TIPP   Die Darstellung des Berichts lässt sich optisch optimieren, wenn Sie beispielsweise die beiden Felder in den Zellen B4 und C4 (*Werte*) umbenennen.

ÜBUNG   Das Ergebnis dieses PivotTable-Berichts finden Sie in der Mappe *Kap07_Lösung1.xlsx* in der Tabelle *Gegenüberstellung* im Ordner *Buch\Kap07*.

Strukturanalyse zur Altersverteilung und Betriebszugehörigkeit

Für ein Unternehmen ist es immer wieder wichtig, die Altersstruktur und die Verteilung der Betriebszugehörigkeit zu kennen. Bevor Sie jedoch mit einer Analyse beginnen, müssen Sie eine Gruppeneinteilung für die Altersverteilung und die Betriebszugehörigkeit festlegen.

Gruppen für Zeiträume bilden

Die Auswertung der meisten Daten ist an die Länge der beruflichen Tätigkeit geknüpft. Bilden Sie in den PivotTable-Berichten, die in Tabelle 7.3 und Tabelle 7.4 dargestellte Jahresgruppen.

Tätigkeitszeiträume nach Betriebszugehörigkeit
0 bis 5 Jahre
6 bis 10 Jahre
11 bis 15 Jahre
16 bis 20 Jahre
Über 21 Jahre und länger

Tabelle 7.3 Tätigkeitszeiträume und Betriebszugehörigkeit

Altersgruppen
20 bis 30 Jahre
31 bis 40 Jahre
41 bis 50 Jahre
51 bis 60 Jahre
61 Jahre und älter

Tabelle 7.4 Altersgruppen

Aufbau des PivotTable-Berichts *Betriebszugehörigkeit*

ÜBUNG　Verwenden Sie für diese Aufgabe die Datei *Kap07_Grund.xlsx* im Ordner *Buch\Kap07*.

Starten Sie die Datei. Um die Jahresgruppen aufzubauen, gehen Sie folgendermaßen vor:

1. Positionieren Sie den Mauszeiger in den Daten des Tabellenblatts *Stammdaten* und erstellen Sie einen neuen PivotTable-Bericht.

2. Klicken Sie im Menüband auf die Registerkarte *Einfügen* und in der Gruppe *Tabellen* auf die Schaltfläche *PivotTable*. Erstellen Sie den PivotTable-Bericht, indem Sie im folgenden Dialogfeld die Bereichsauswahl der Tabelle überprüfen und anschließend mit *OK* bestätigen.

3. In der *PivotTable-Feldliste* ziehen Sie das Feld *Persnr* in den Bereich *Zeilenbeschriftungen*, das Feld *Betriebszugehörigkeit* in den Bereich *Spaltenbeschriftungen*, das Feld *Gesamt_Gehalt* in den Bereich *Werte* und das Feld *Taetigkeit* in den Layoutbereich *Berichtsfilter*.

Sie erhalten als Ergebnis einen sehr umfangreichen PivotTable-Bericht (siehe Abbildung 7.11).

◢	A	B	C	D	E	F	G	H	I
1									
2									
3	Summe von Gesamt_G	Spalten ▼							
4	Zeilenbeschriftunge ▼	0 Jahre	1 Jahre	2 Jahre		3 Jahre	4 Jahre	5 Jahre	6 Jahre	7 Jahre
5	00101							6180		
6	00104							6450		
7	00105							5862		
8	00106							5907		
9	00109							5893		
10	00110							8150		
11	00113							8120		
12	00114							7000		
13	00116							5700		

Abbildung 7.11 Auswahl der Daten für die erste Gruppenbildung der Betriebszugehörigkeit

Betriebszugehörigkeit gruppieren

Der automatische Aufbau des PivotTable-Berichts enthält alle Jahre der Betriebszugehörigkeit, allerdings noch keine Gruppen. Diese müssen innerhalb der PivotTable erst aufgebaut werden. Um die Gruppen einzurichten, gehen Sie folgendermaßen vor:

1. Markieren Sie im PivotTable-Bericht die Zellen *B4:G4* – 0 Jahre bis 5 Jahre (siehe Abbildung 7.11).

2. Klicken Sie im Menüband auf der kontextbezogenen Registerkarte *PivotTable-Tools/Optionen* in der Gruppe *Gruppieren* auf den Befehl *Gruppenauswahl* (siehe Abbildung 7.12 Ziffer 1).

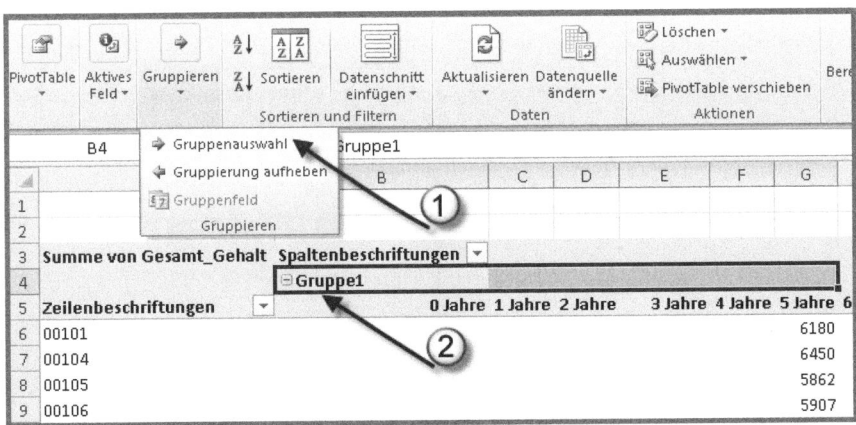

Abbildung 7.12 Bildung der ersten Gruppe im PivotTable-Bericht

3. Microsoft Excel erzeugt oberhalb der markierten Zellen (siehe Abbildung 7.12 Ziffer 2) einen übergreifenden Eintrag mit dem globalen Namen *Gruppe1*.

4. Doppelklicken Sie auf den Namen, um die Gliederung wieder zu schließen. Geben Sie dann für die Jahrgänge den Gruppennamen *Grp0bis5Jahre* ein.

5. Markieren Sie jetzt die Zellen *C5:G5* und klicken Sie wiederum im Menüband auf der kontextbezogenen Registerkarte *PivotTable-Tools/Optionen* in der Gruppe *Gruppieren* auf den Befehl *Gruppenauswahl* (siehe Abbildung 7.12 Ziffer 1).

6. Durch einen Doppelklick auf den Namen wird die Gliederung geschlossen. Geben Sie für die Jahrgänge den Gruppennamen *Grp6bis10Jahre* ein.

7. Bilden Sie die restlichen Gruppen und benennen Sie diese entsprechend der Angaben in Tabelle 7.5.

Dauer der Betriebszugehörigkeit	Bezeichnung
0 bis 5 Jahre	*Grp0bis5Jahre*
6 bis 10 Jahre	*Grp6bis10Jahre*
11 bis 15 Jahre	*Grp11bis15Jahre*
16 bis20 Jahre	*Grp16bis20Jahre*
21 Jahre und länger	*Grpüber20Jahre*

Tabelle 7.5 Benennung der Gruppen für die Betriebszugehörigkeit

ÜBUNG Die Lösung zu dieser Aufgabe finden Sie im Tabellenblatt *GruppeBZ* der Mappe *Kap07_Lösung2.xlsx* im Ordner *Buch\Kap07*.

HINWEIS Innerhalb der PivotTable-Feldliste wurde eine neue Feldschaltfläche mit dem Namen *Betriebszugehörigkeit 2* (in der Beispieldatei umbenannt in *BetriebsZgkGruppen*) erzeugt. Das Feld *Betriebszugehörigkeit 2* enthält ausschließlich die gebildeten Gruppen. Wenn Sie die jeweiligen Detaildaten im PivotTable-Bericht sehen wollen, müssen die Felder in dem jeweiligen Bereich vorhanden sein.

Namen einer Feldschaltfläche anpassen

Den Namen der Feldschaltfläche *Betriebszugehörigkeit 2* ändern Sie folgendermaßen:

1. Klicken Sie im Layoutbereich der PivotTable-Feldliste auf den kleinen Pfeil am rechten Rand der Feldschaltfläche und wählen Sie den Befehl *Feldeinstellungen*.

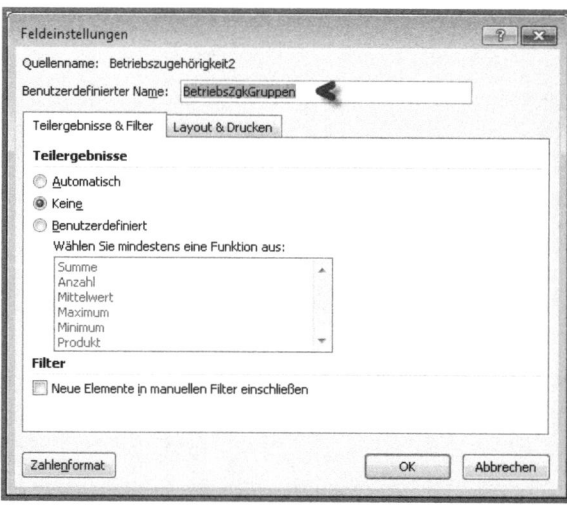

Abbildung 7.13 Namen der Feldschaltfläche ändern

2. Überschreiben Sie im Dialogfeld *Feldeinstellungen* hinter *Benutzerdefinierter Name* den derzeitigen Namen mit *BetriebsZgkGruppen* (siehe Abbildung 7.13).

3. Über die Schaltfläche *OK* übernehmen Sie Ihre Änderung.

Das Ergebnis wie in Abbildung 7.14 wird angezeigt.

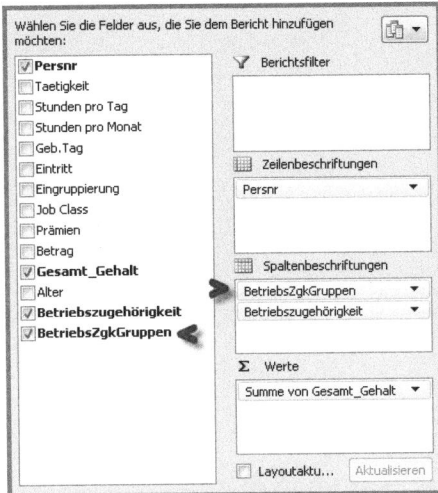

Abbildung 7.14 Feldschaltfläche umbenennen

Gruppen für Altersklassen bilden

Um die Altersgruppen getrennt von den Betriebszugehörigkeitsgruppen zu erhalten, führen Sie die folgenden Schritte durch:

1. Erstellen Sie einen neuen PivotTable-Bericht mit der Feldanordnung entsprechend der Abbildung 7.15.

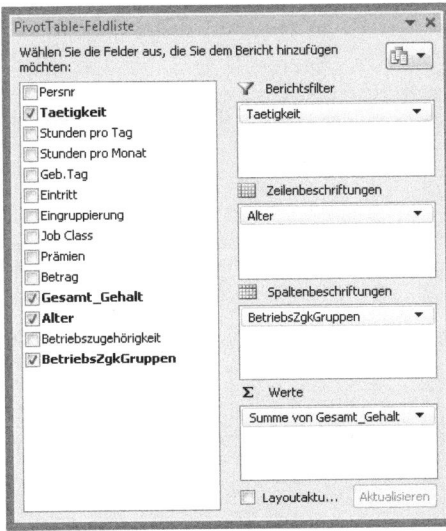

Abbildung 7.15 Feldanordnung für die Bildung der Altersklassen

HINWEIS   Im praktischen Einsatz ist die Trennung in zwei Tabellen von der Zielsetzung der Aufgabenstellung abhängig.

2. Markieren Sie jetzt die Zellen A6:A14 des PivotTable-Berichts, öffnen Sie mit der rechten Maustaste das Kontextmenü und wählen Sie den Befehl *Gruppieren* (siehe Abbildung 7.16).

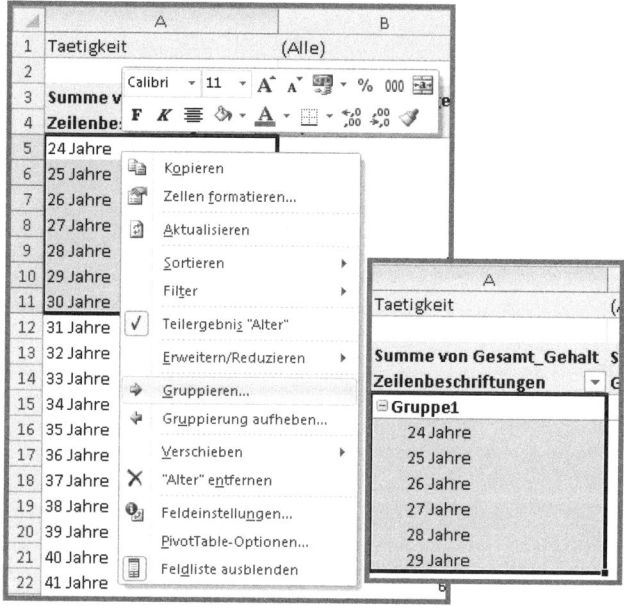

Abbildung 7.16 Bilden der Altersgruppen über das Kontextmenü mit dem ersten Gruppierungsbeispiel

3. Geben Sie der neu gebildeten Gruppe den Namen *Alter20bis30*, indem Sie in der Bearbeitungsleiste den Namen *Gruppe1* markieren und den neuen Namen eintragen (siehe Tabelle 7.6).

4. Doppelklicken Sie auf den Namen *Alter20bis30*, daraufhin wird die Gliederung geschlossen.

5. Bilden Sie die restlichen Altersklassen und benennen Sie diese entsprechend der Angaben aus Tabelle 7.6.

Altergruppe	Bezeichnung
20 bis 30 Jahre	*Alter20bis30*
31 bis 40 Jahre	*Alter31bis40*
41 bis 50 Jahre	*Alter41bis50*
51 bis 60	*Alter51bis60*
61 Jahre und älter	*AlterÜber60*

Tabelle 7.6 Altersklassenbenennung

Wenn Sie die Gruppierung der Altersklassen abgeschlossen haben, erhalten Sie einen PivotTable-Bericht entsprechend der Abbildung 7.17 angezeigt.

	A	B	C	D	E	F	G
1	Taetigkeit	(Alle)					
2							
3	Summe von Gesamt_Gehalt	Spaltenbeschriftungen					
4	Zeilenbeschriftungen	Grp0bis5Jahre	Grp6bis10Jahre	Grp11bis15Jahre	Grp16bis20Jahre	Grpüber20Jahre	Gesamtergebnis
5	⊞Alter20bis30	287275	56704	6032			350011
6	⊞Alter31bis40	1592785,24	300492	159246	9918	13231	2075672,24
7	⊞Alter41bis50	366536	167492	184786	202278	254121	1175213
8	⊞Alter51bis60	40725	26464	115493	269487,5	407777,93	859947,43
9	⊞AlterÜber60			3741	17100	42330,78	63171,78
10	Gesamtergebnis	2287321,24	551152	469298	498783,5	717460,71	4524015,45

Abbildung 7.17   Das Ergebnis der Altersgruppierung

HINWEIS   Innerhalb der PivotTable-Feldliste wurde eine neue Feldschaltfläche mit dem Namen *Alter2* erzeugt. Das Feld *Alter2* enthält ausschließlich die gebildeten Altersgruppen. Wenn Sie jeden Jahrgang im PivotTable-Bericht sehen wollen, muss auch das Feld *Alter* im jeweiligen Bereich vorhanden sein.

ÜBUNG   Diese Lösung finden Sie im Tabellenblatt *GruppeAlter* in der Mappe *Kap07_Lösung2.xlsx* im Ordner *Buch\Kap07*.

Wenn Sie in der Mappe *Kap07_Lösung2.xlsx* das Tabellenblatt *GruppeBZ* (Betriebszugehörigkeit) mit Gruppierung erstellt haben und in einem weiteren Tabellenblatt in einer neuen PivotTable die *GruppeAlter* aufbauen, wird der PivotTable-Bericht *GruppeBZ* von dieser Gruppierungsarbeit beeinflusst, wenn beide PivotTables denselben PivotTable-Cache verwenden.

Die Anzahl der Mitarbeiter je Altersgruppen in den Tätigkeitsfeldern ermitteln

Sie benötigen für eine Auswertung die Anzahl der Mitarbeiter in den verschiedenen Tätigkeitsfeldern entsprechend den definierten Altersgruppen. Dazu gehen Sie folgendermaßen vor:

1. Öffnen Sie die Datei *Kap07_Lösung2.xlsx*.
2. Positionieren Sie den Mauszeiger in den Daten des Tabellenblatts *Stammdaten* und erstellen einen neuen PivotTable-Bericht.
3. Klicken Sie im Menüband auf die Registerkarte *Einfügen* und in der Gruppe *Tabellen* auf die Schaltfläche *PivotTable*. Erstellen Sie die PivotTable, indem Sie im folgenden Dialogfeld die Bereichsauswahl der Tabelle überprüfen und anschließend mit *OK* bestätigen.
4. In der *PivotTable-Feldliste* ziehen Sie das Feld *Taetigkeit* in den Bereich *Zeilenbeschriftungen*, das Feld *Alter2* in den Bereich *Spaltenbeschriftungen* und das Feld *Gesamt_Gehalt* in den Bereich *Werte*.
5. Ändern Sie im Dialogfeld *Wertfeldeinstellungen* die Wertfeldzusammenfassung von *Summe* auf *Anzahl*. Alternativ wählen Sie im Kontextmenü des Wertebereichs die Befehlsfolge *Werte zusammenfassen nach/Anzahl*.

Sie erhalten anschließend die Auswertung in einem PivotTable-Bericht (siehe Abbildung 7.18).

	A	B	C	D	E	F	G
1							
2							
3	**Anzahl von Gesamt_Gehalt**	Spaltenbesch ▾					
4	**Zeilenbeschriftungen** ▾	Alter20bis30	Alter31bis40	Alter41bis50	Alter51bis60	AlterÜber60	Gesamtergebnis
5	Assistent/-in F&A			2			2
6	Auftragssachbearbeiter/-in	1	1	1			3
7	Aushilfe/Sekretär/-in			1	1		2
8	Buchhalter/-in	3	4	1			8
9	Bürokraft	1		1	1		3
10	Controller/-in		3	1			4
11	CRA	14	27	1	2		44
12	Fachmann Logistik	3	2	1			6
13	Fachreferent	1	21	3	2		27
14	JUNIOR PRODUKT MANAGER	1	3				4
15	Key Account Manager/-in		2		3		5
16	MA/-in Kundenservice		6	2			8
17	MARKETING Assistent			1	1		2
18	Marketing Mg		7	4			11

Abbildung 7.18   Altersgruppenbezogene Mitarbeiteranzahl je Tätigkeitsfeld (Ausschnitt)

Zeigen Sie in einer Grafik die Mitarbeiterverteilung in den Altersgruppen

Um diese Aufgabe zu erfüllen, verwenden Sie den PivotTable-Bericht (siehe Abbildung 7.18) und verändern ihn in folgender Weise:

1. Ziehen Sie das Feld *Taetigkeit* aus dem Bereich *Zeilenbeschriftungen* in den Bereich *Berichtsfilter*.
2. Entfernen Sie das Gesamtergebnis der Zeile, indem Sie den Mauszeiger im Bereich *Werte* positionieren.
3. Öffnen Sie mit der rechten Maustaste das Kontextmenü und wählen Sie den Befehl *PivotTable-Optionen*.
4. Im folgenden Dialogfeld wechseln Sie zur Registerkarte *Summen & Filter* und deaktivieren Sie im Abschnitt *Gesamtsummen* das Kontrollkästchen vor *Gesamtsummen für Zeilen anzeigen*.
5. Schließen Sie das Dialogfeld mit einem Klick auf *OK*.

Sie erhalten anschließend einen PivotTable-Bericht ohne Zeilensummen (siehe Abbildung 7.19).

	A	B	C	D	E	F
1	Taetigkeit	(Alle) ▾				
2						
3		Spaltenbeschriftu ▾				
4		Alter20bis30	Alter31bis40	Alter41bis50	Alter51bis60	AlterÜber60
5	**Anzahl von**	61	299	135	110	9

Abbildung 7.19   PivotTable-Bericht mit der Anzahl der Mitarbeiter in jeder Altersgruppe

6. Positionieren Sie den Mauszeiger im PivotTable-Bericht.
7. Klicken Sie im Menüband auf die Registerkarte *Einfügen* und in der Gruppe *Diagramme* auf den Befehl *Säule*.
8. Microsoft Excel öffnet den Katalog für diesen Diagrammtyp. Wählen Sie die gruppierte 2D-Säule (siehe Abbildung 7.20).

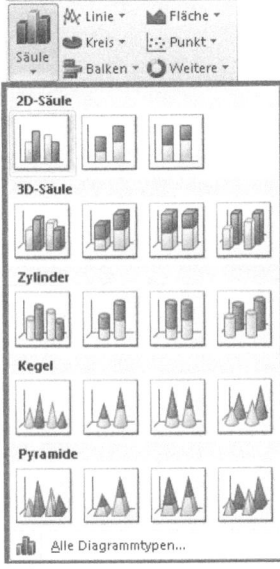

Abbildung 7.20 Untertypen für Säulendiagramme

9. Mit dem Erstellen des Diagramms wird das kontextsensitive Register *PivotChart-Tools* eingeblendet.

10. In der Registerkarte *Entwurf* öffnen Sie in der Gruppe *Diagrammformatvorlagen* den Katalog der Formatvorlagen durch einen Klick auf den Listenpfeil. Öffnen Sie die Auswahlliste und weisen dem Diagramm die *Formatvorlage 42* zu, indem Sie auf diese Vorlage klicken.

TIPP Die Anzeige *Formatvorlage42* wird im Infofenster angezeigt, sobald Sie mit dem Mauszeiger auf der Diagrammformatvorlage kurz verharren.

Als Ergebnis erhalten Sie einen PivotChart wie in Abbildung 7.21 angezeigt.

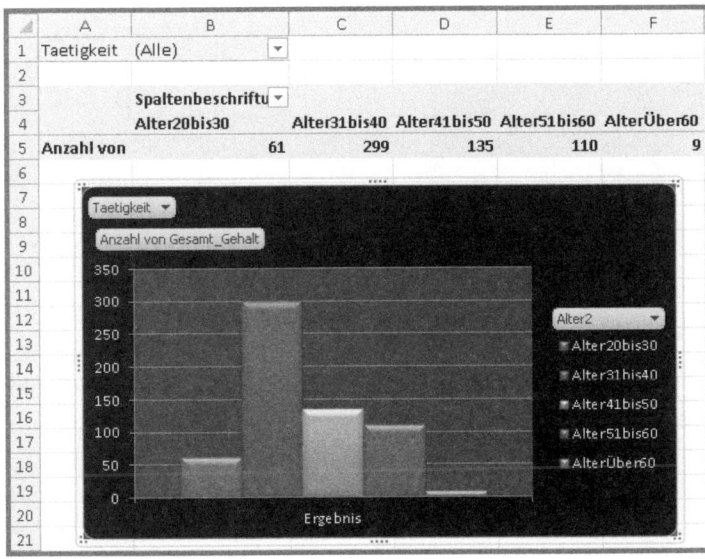

Abbildung 7.21 Mitarbeiterverteilung in den jeweiligen Altersklassen

Das Diagramm in Abbildung 7.21 lässt sich über die Diagrammlayouts auf der Registerkarte *Entwurf* des kontextsensitiven Registers *PivotChart-Tools* noch weiter gestalten. Sie können auf diesem Weg die anzuzeigenden Diagrammelemente bestimmen.

Weitere Möglichkeiten der Diagrammgestaltung erhalten Sie auf der Registerkarte *Layout* der kontextsensitiven Registerkarte *PivotChart-Tools*.

Das Layout des Diagramms verändern

Möchten Sie die Legende oberhalb der Daten und unterhalb des Diagrammtitels anzeigen oder zwischen den Säulen einen Abstand und die Werte oberhalb der Datensäule anzeigen? Um diese Änderungen durchzuführen, gehen Sie folgendermaßen vor:

1. Selektieren Sie das zuvor erstellte Diagramm (siehe Abbildung 7.21).
2. Klicken Sie im Menüband auf die Registerkarte *Entwurf* und in der Gruppe *Diagrammlayouts* wählen Sie *Layout 2* (siehe Abbildung 7.22).

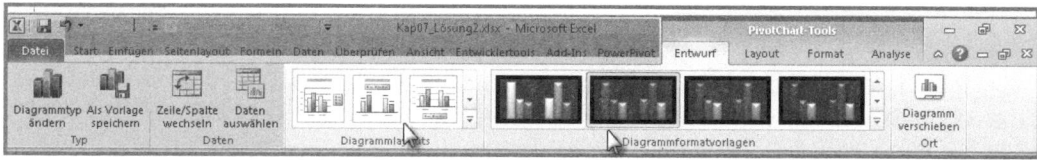

Abbildung 7.22 Ausschnitt aus dem Menüband mit der verwendeten *Diagrammformatvorlage* und dem *Diagrammlayout*

3. Markieren Sie den Diagrammtitel und überschreiben Sie den generischen Namen *Diagrammtitel* durch den Namen *Altersverteilung*.

Als Ergebnis erhalten Sie einen PivotTable-Bericht mit einem PivotChart angezeigt (siehe Abbildung 7.23).

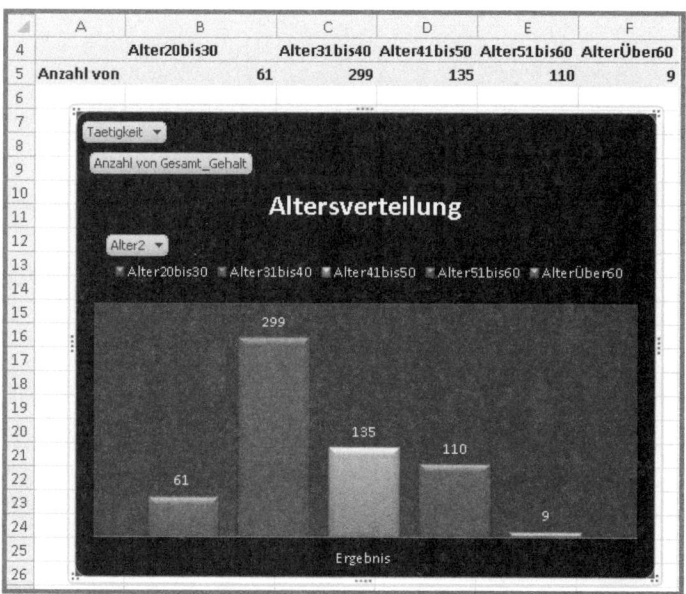

Abbildung 7.23 Die Altersverteilung als PivotTable und PivotChart

Aus der Grafik lässt sich deutlich die starke Vertretung der 31- bis 40-jährigen Mitarbeiter erkennen. Sehr schwach repräsentiert sind die Mitarbeiter, die bereits das sechzigste Lebensjahr überschritten haben.

ÜBUNG   Diese Lösung finden Sie im Tabellenblatt *Altersverteilung* in der Mappe *Kap07_Lösung3.xlsx* im Ordner *Buch\Kap07*.

Zeigen Sie die grafische Verteilung der Betriebszugehörigkeit

Um diese Aufgabe zu lösen, erstellen Sie einen neuen PivotTable-Bericht:

1. Positionieren Sie den Mauszeiger im Tabellenblatt *Stammdaten* der Mappe *Kap07_Lösung3.xlsx*.

2. Klicken Sie im Menüband auf die Registerkarte *Einfügen* und in der Gruppe *Tabellen* auf die Schaltfläche *PivotTable*. Erstellen Sie die PivotTable, indem Sie im folgenden Dialogfeld die Bereichsauswahl der Tabelle überprüfen und anschließend mit *OK* bestätigen.

3. In der *PivotTable-Feldliste* ziehen Sie das Feld *Betriebszugehörigkeit2* in den Bereich *Spaltenbeschriftungen* und das Feld *Gesamt_Gehalt* in den Bereich *Werte*.

4. Das Feld *Taetigkeit* ziehen Sie in den Bereich *Berichtsfilter*.

5. Die Berechnungsfunktion des Felds *Gesamt_Gehalt* im Bereich *Werte* ändern Sie von *Summe* auf *Anzahl*. Dazu klicken Sie auf den Dropdown-Pfeil auf der Feldschaltfläche, öffnen das Kontextmenü und wählen den Befehl *Wertfeldeinstellungen*.

6. Im Dialogfeld *Wertfeldeinstellungen* wählen Sie in der Registerkarte *Werte zusammenfassen nach* im Listenfeld den Eintrag *Anzahl*. Schließen Sie das Dialogfeld mit einem Klick auf die Befehlsschaltfläche *OK*.

Entfernen Sie das Gesamtergebnis der Zeile.

1. Positionieren Sie den Mauszeiger im Bereich *Werte*. Öffnen Sie mit der rechten Maustaste das Kontextmenü und wählen Sie den Befehl *PivotTable-Optionen*.

2. Im folgenden Dialogfeld wechseln Sie zur Registerkarte *Summen & Filter* und deaktivieren im Abschnitt *Gesamtsummen* das Kontrollkästchen vor *Gesamtsummen für Zeilen anzeigen*.

3. Schließen Sie das Dialogfeld mit einem Klick auf *OK*. Abbildung 7.24 zeigt den neuen PivotTable-Bericht.

◢	A	B	C	D	E	F
1						
2						
3		Spaltenbeschrif ▾				
4		Gruppe1	Gruppe2	Gruppe3	Gruppe4	Gruppe5
5	Anzahl von Gesamt_Gehalt	334	72	57	61	90

Abbildung 7.24 Der PivotTable-Bericht mit den Altersgruppen

4. Ändern Sie die Bezeichnungen *Gruppe1* bis *Gruppe5* entsprechend den Angaben in Tabelle 7.6.

5. Über die Wertfeldeinstellungen ändern Sie auch den Namen *Anzahl von Gesamt_Gehalt* in *Anzahl*.

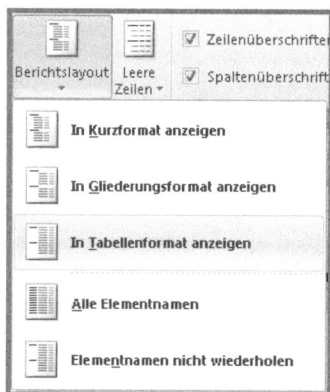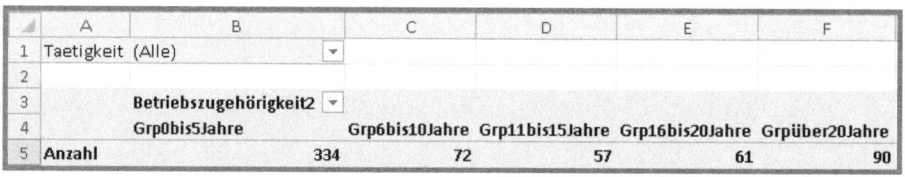

HINWEIS Wenn Sie den Namen *Anzahl von Gesamt_Gehalt* direkt in der Tabelle oder in der Bearbeitungszeile überschreiben, müssen Sie die PivotTable aktualisieren, um die Änderung zu übernehmen. Die Änderung über die Wertfeldeinstellungen im Layoutbereich der PivotTable aktualisiert auch den Inhalt der entsprechenden Zelle in der PivotTable.

6. Wechseln Sie die Ansicht und lassen Sie sich die PivotTable im Tabellenformat anzeigen. Öffnen Sie dazu in der kontextsensitiven Registerkarte *PivotTable-Tools* die Registerkarte *Entwurf*. In der Gruppe *Layout* öffnen Sie den Befehl *Berichtslayout* und wählen dort *In Tabellenformat anzeigen* (siehe Abbildung 7.25).

Abbildung 7.25 Berichtslayout in Tabellenformat umschalten

Die Abbildung 7.26 zeigt das Ergebnis des Layoutwechsels.

Abbildung 7.26 Der PivotTable-Bericht nach Anpassung der Beschriftungen (Gruppe) und Anzeige im Tabellenformat

Die Betriebszugehörigkeit als Grafik

Erzeugen Sie eine Darstellung in Form eines Flächendiagramms. Dazu gehen Sie folgendermaßen vor:

Zuerst muss für die Anzeige die Berichtsanordnung umgestellt werden.

1. Positionieren Sie den Mauszeiger in der PivotTable (siehe Abbildung 7.26).
2. In der PivotTable-Feldliste ziehen Sie das Feld *Betriebszugehörigkeit2* vom Bereich *Spaltenbeschriftungen* in den Bereich *Zeilenbeschriftungen*.
3. Positionieren Sie jetzt den Mauszeiger im PivotTable-Bericht, öffnen Sie im Menüband die Registerkarte *Einfügen* und klicken Sie in der Gruppe *Diagramme* auf den Befehl *Fläche*.
4. Microsoft Excel öffnet den Katalog für diesen Diagrammtyp.

5. Wählen Sie den Diagrammtyp *Gestapelte Fläche* (siehe Abbildung 7.27) und erstellen Sie das PivotChart.

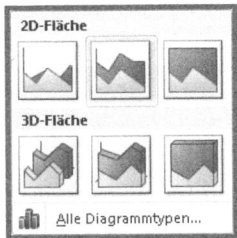

Abbildung 7.27 Auswahl des Diagrammtyps

6. Anschließend aktivieren Sie in der Gruppe *Diagrammlayouts* das Layout *5*.

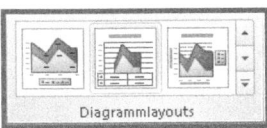

Abbildung 7.28 Layout 5

7. In den *Diagrammformatvorlagen* wählen Sie die Diagrammformatvorlage *26*.

8. Selektieren Sie den Diagrammtitel und tragen die Beschriftung *Struktur Betriebszugehörigkeit* ein.

Sie erhalten ein PivotChart mit Datentabelle und PivotTable-Bericht im Hintergrund (siehe Abbildung 7.29). Selbstverständlich können Sie jederzeit weitere Formatierungen ganz nach Ihren Anforderungen und Wünschen vornehmen.

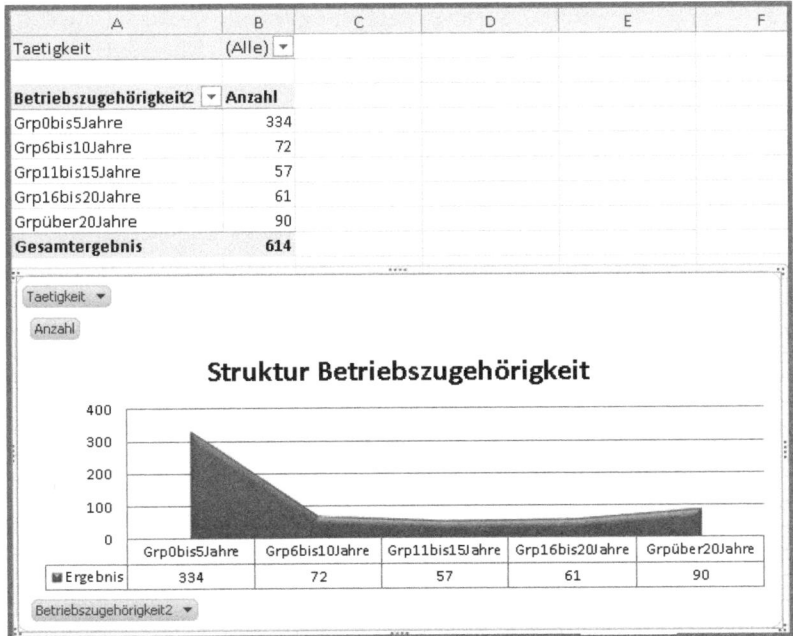

Abbildung 7.29 PivotChart über die Struktur der Betriebszugehörigkeit

Die Struktur zeigt einen hohen Anteil von Mitarbeitern, die noch nicht länger als fünf Jahre bei dem Unternehmen tätig sind.

ÜBUNG   Die Lösung dieser Aufgabe finden Sie im Tabellenblatt *BzStruktur* der Mappe *Kap07_Lösung3.xlsx* im Ordner *Buch\Kap07*.

Besondere Strukturen anzeigen

Der PivotTable-Bericht in Abbildung 7.29 zeigt die Betriebszugehörigkeit für alle Tätigkeitsgruppen. Die Praxis verlangt aber häufig die Anzeige für ein oder mehrere ausgewählte Tätigkeitsfelder. Diese Fragestellung können Sie auf der Basis des PivotTable-Berichts wie in Abbildung 7.29 schnell beantworten.

Zeigen Sie die Struktur der Betriebszugehörigkeit für das Tätigkeitsfeld *Produktberater/-in* an

Folgende Schritte führen zur Lösung:

1. Erstellen Sie einen PivotTable-Bericht entsprechend Abbildung 7.30.

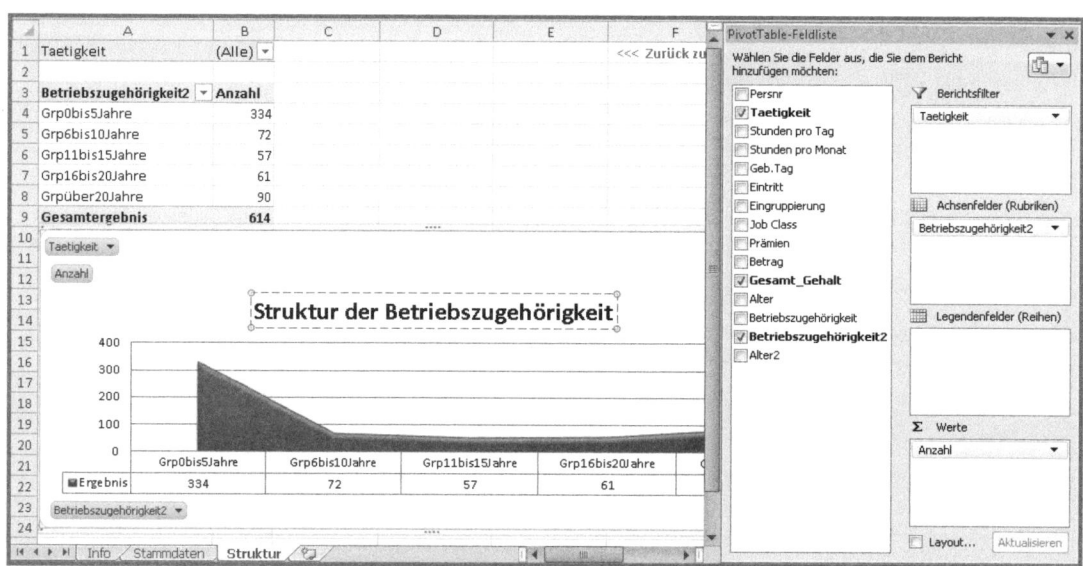

Abbildung 7.30   Aufbau des notwendigen PivotTable-Berichts

2. Klicken Sie auf den Dropdown-Pfeil des Felds *Taetigkeit*.
3. Der Auswahldialog wie in Abbildung 7.31 wird eingeblendet.

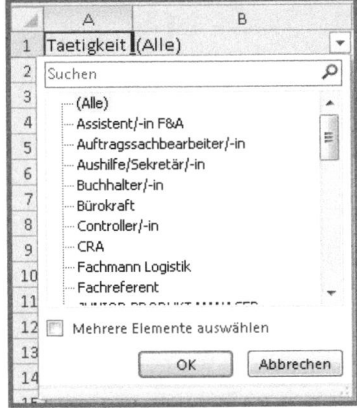

Abbildung 7.31 Auswahl für das Tätigkeitsfeld

4. Klicken Sie auf das Element *Produktberater/-in* und anschließend auf die Schaltfläche *OK*.

Es wird die PivotTable und der PivotChart angezeigt (siehe Abbildung 7.32).

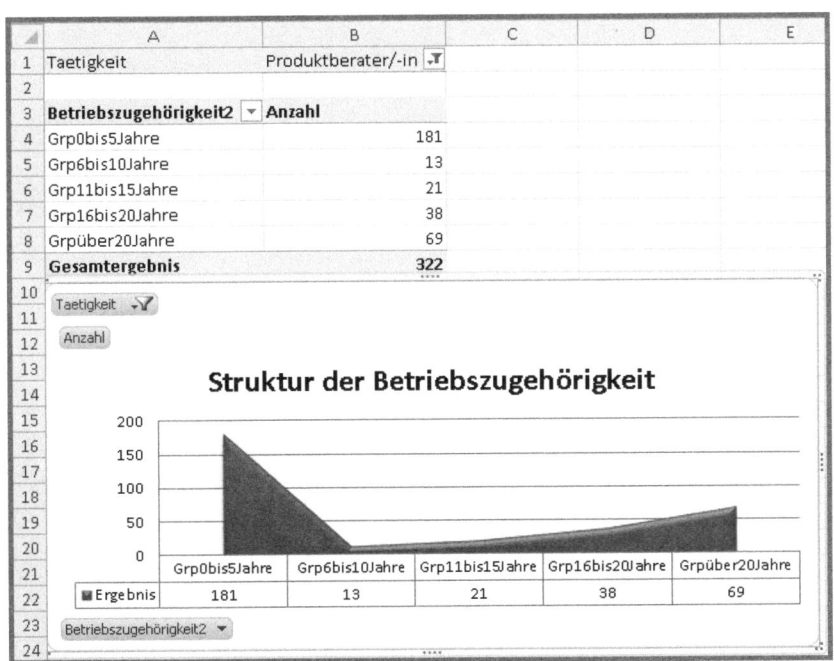

Abbildung 7.32 Die Struktur der Betriebszugehörigkeit für das Tätigkeitsfeld *Produktberater/-in*

Sie eröffnen sich mit diesem PivotTable-Bericht zahlreiche weitere Auswertemöglichkeiten.

PivotTable-Bericht mit Minimum, Maximum und Durchschnittseinkommen je Altersgruppe

In einer weiteren Auswertung benötigen Sie im PivotTable-Bericht die Darstellung von Minimum, Maximum und Durchschnittswert der Einkommensverteilung.

ÜBUNG   Öffnen Sie aus dem Ordner *Buch\Kap07* die Datei *Kap07_Lösung3.xlsx* und wechseln Sie in das Tabellenblatt *GruppeAlter*.

Um einen PivotTable-Bericht mit diesem Umfang zu erstellen, gehen Sie folgendermaßen vor:

1. Verändern Sie den Berichtsaufbau entsprechend der Feldanordnung wie in Abbildung 7.33.

Abbildung 7.33 Anordnung der Felder im Layoutbereich

2. In den Bereich *Werte* ziehen Sie vier Mal das Feld *Gesamt_Gehalt*. Der Layoutbereich der Pivot-Table-Feldliste entspricht inhaltlich der Abbildung 7.33.

3. Ändern Sie jetzt im Bereich *Werte* die Wertfeldeinstellungen in einen anderen Berechnungstyp.

4. Klicken Sie auf das Feld *Summe von Gesamt_Gehalt2* und öffnen Sie die Wertfeldeinstellungen.

5. Auf der Registerkarte *Werte zusammenfassen mit* wählen Sie im Bereich *Wertfeld zusammenfassen nach* den Eintrag *Mittelwert* und ersetzen oben im Textfeld *Benutzerdefinierte Name* den vorhanden Eintrag durch *Durchschnitt (siehe* Abbildung 7.34).

6. Bestätigen Sie die Änderung mit einem Klick auf *OK*.

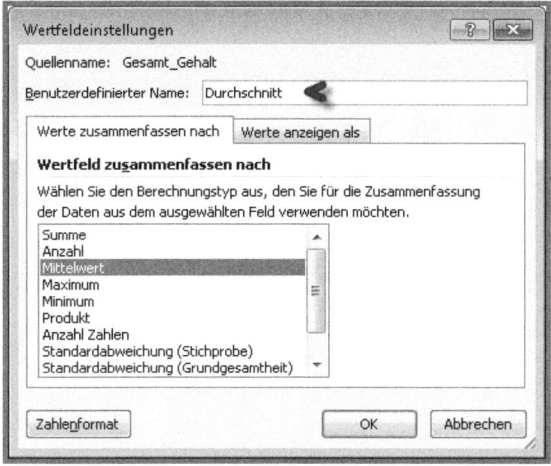

Abbildung 7.34 Ändern des Berechnungstyps und einen neuen Namen für die Berechnung vergeben

7. Ändern Sie die dritte Berechnung von *Summe* auf *Minimum* und die vierte Berechnung von *Summe* auf *Maximum* und legen Sie die benutzerdefinierten Namen entsprechend fest.

8. Formatieren Sie alle Werte auf zwei Nachkommastellen und ein Tausendertrennzeichen. Verwenden Sie dazu die Schaltfläche *Zahlenformat* des Dialogfelds *Wertfeldeinstellungen* oder den Befehl *Zahlenformat* im Kontextmenü (Abbildung 7.34).

9. Weisen Sie dem Tabellenblatt den neuen Namen *Berechnungen* zu.

Als Ergebnis erhalten Sie den PivotTable-Bericht angezeigt (siehe Abbildung 7.35).

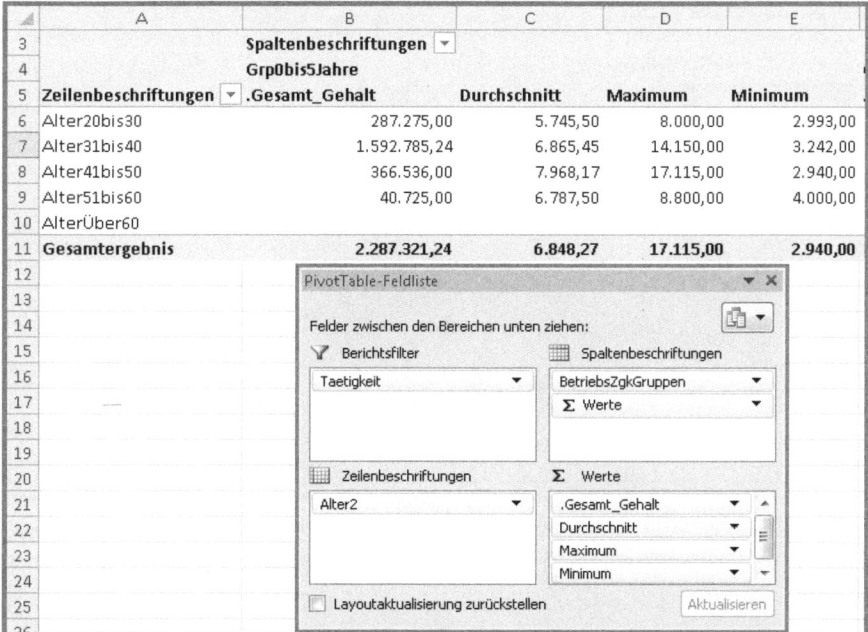

Abbildung 7.35 PivotTable mit den unterschiedlichen Berechnungen, derzeit für alle Tätigkeiten (Ausschnitt)

ÜBUNG　　Sie finden die Lösung in der Datei *Kap07_Lösung5.xlsx* im Tabellenblatt *Berechnungen* im Ordner *Buch\Kap07*.

Der erstellte PivotTable-Bericht zeigt über alle Tätigkeitsfelder die Gesamtgehälter sowie deren Durchschnitt, Minimum und Maximum – gestaffelt nach Altersgruppen. Die Darstellung wäre noch besser, wenn in der jeweiligen Altersgruppe die Anzahl der Mitarbeiter angezeigt würde.

Einfügen der Anzahl der Mitarbeiter, die die Berechnungsgrundlage bildet

Um den PivotTable-Bericht um diese Position zu ergänzen, gehen Sie folgendermaßen vor:

1. Aktivieren Sie das Tabellenblatt *Berechnungen* (in der Lösungsmappe *Kap07_Lösung5.xlsx* im Tabellenblatt *Berechnungen* oder ihrer eigenen Datei).
2. Positionieren Sie den Mauszeiger im PivotTable-Bericht.
3. Ziehen Sie das Feld *Persnr* an die erste Position im Bereich *Werte*.
4. Stellen Sie für dieses Feld den Berechnungstyp *Anzahl* ein (Dialogfeld *Wertfeldeinstellungen*) und weisen Sie dem Feld den Namen *AnzahlMA* zu (siehe Abbildung 7.36).

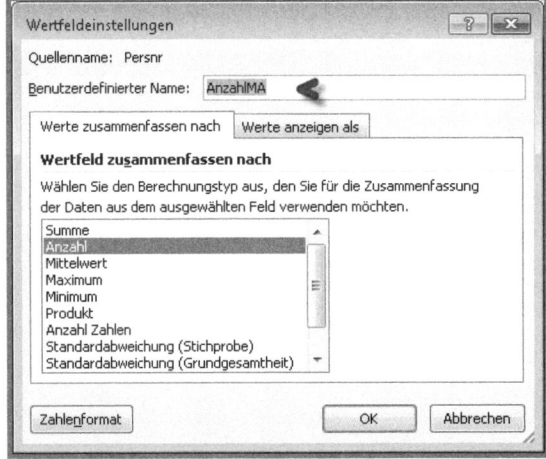

Abbildung 7.36 Anderer Berechnungstyp und Umbenennen des Felds *Persnr* in *AnzahlMA*

5. Schließen Sie das Dialogfeld mit einem Klick auf *OK*.

Als Ergebnis erhalten Sie den PivotTable-Bericht aus Abbildung 7.37 angezeigt.

ÜBUNG　　Sie finden die Lösung im Ordner *Buch\Kap_07* in der Datei *Kap07_Lösung5.xlsx* auf dem Tabellenblatt *Berechnungen(2)*.

◢	A	B	C	D	E	F
1						<<< Zurüc
2	Taetigkeit	(Alle)				
3						
4		Spaltenbesc				
5		Grp0bis5Jahre				
6	Zeilenbeschriftungen	AnzahlMA	.Gesamt_Gehalt	Durchschnitt	Maximum	Minimum
7	Alter20bis30	50	287.275,00	5.745,50	8.000,00	2.993,00
8	Alter31bis40	232	1.592.785,24	6.865,45	14.150,00	3.242,00
9	Alter41bis50	46	366.536,00	7.968,17	17.115,00	2.940,00
10	Alter51bis60	6	40.725,00	6.787,50	8.800,00	4.000,00
11	AlterÜber60					
12	**Gesamtergebnis**	**334**	**2.287.321,24**	**6.848,27**	**17.115,00**	**2.940,00**

Abbildung 7.37 Der PivotTable-Bericht mit den bearbeiteten Feldern im Wertebereich – siehe auch Abbildung 7.35

Auswertung nur für die Mitarbeiter, die mehr als 120 Stunden monatlich tätig sind

Bei der bisherigen Auswertung der Daten wurde nicht darauf geachtet, wie viele Stunden ein Mitarbeiter beschäftigt ist. Sie benötigen die Auswertung nur für Mitarbeiter die mehr als 120 Stunden monatlich tätig sind. Um die Auswertung an diese Bedingung anzupassen, gehen Sie folgendermaßen vor:

1. Aktivieren Sie das Tabellenblatt *Berechnungen*.
2. In der PivotTable-Feldliste ziehen Sie das Feld *Stunden pro Monat* in den Bereich *Berichtsfilter*.
3. Klicken Sie im Tabellenblatt auf den Dropdown-Pfeil am Feld *Stunden pro Monat* und öffnen Sie damit das Kontextmenü.
4. Aktivieren Sie das Kontrollkästchen *Mehrere Elemente auswählen*.
5. Deaktivieren Sie jetzt die Kontrollkästchen vor den Listeneinträgen, die kleiner als 120 sind (siehe Abbildung 7.38).

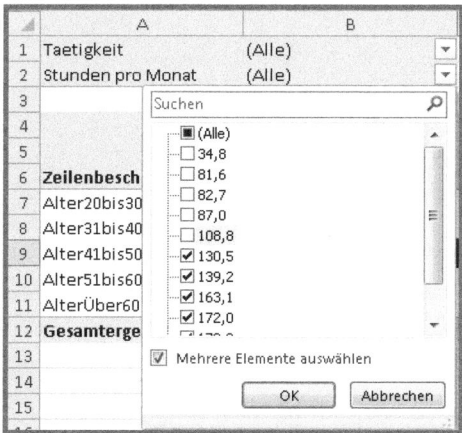

Abbildung 7.38 Deaktivieren der Werte <120

6. Den Abschluss bestätigen Sie mit einem Klick auf *OK*.

Der PivotTable-Bericht wird gefiltert angezeigt (siehe Abbildung 7.39).

	A	B	C	D	E	F
1	Taetigkeit	(Alle) ▾				<<< Zurück
2	Stunden pro Monat	(Mehrere Elemente) .▾				
3						
4		Spaltenbeschriftungen ▾				
5		Grp0bis5Jahre				
6	Zeilenbeschriftungen ▾	AnzahlMA	.Gesamt_Gehalt	Durchschnitt	Maximum	Minimum
7	Alter20bis30	48	281.188,00	5.858,08	8.000,00	4.433,00
8	Alter31bis40	230	1.585.493,24	6.893,45	14.150,00	3.840,00
9	Alter41bis50	43	356.706,00	8.295,49	17.115,00	4.106,00
10	Alter51bis60	5	31.925,00	6.385,00	8.000,00	4.000,00
11	AlterÜber60					
12	**Gesamtergebnis**	**326**	**2.255.312,24**	**6.918,14**	**17.115,00**	**3.840,00**

Abbildung 7.39   Der PivotTable-Bericht mit einem neuen aktiven Feld im Berichtsfilter (Datenausschnitt)

ÜBUNG   Sie finden die Lösung im Ordner *Buch\Kap_07* in der Datei *Kap07_Lösung5.xlsx* auf dem Tabellenblatt *Berechnungen (2)*.

Auswertung auf ausgewählte Tätigkeitsfelder begrenzen

Im Berichtsfilter liegt auch die Möglichkeit, die Darstellung unternehmensübergreifend vorzunehmen oder gezielt einzelne oder mehrere Tätigkeitsfelder auszuwerten. Um beispielsweise die Gehaltsstruktur der Vertriebsleiter/innen zu analysieren, gehen Sie wie folgt vor:

1. Klicken Sie auf den Dropdown-Pfeil am Berichtsfilterfeld *Taetigkeit*, um das zugehörige Dialogfeld zu öffnen.

2. Suchen Sie den Listeneintrag *Vertriebsleiter/-innen* und klicken Sie diesen an (siehe Abbildung 7.40).

Abbildung 7.40   Suche nach bestimmten Einträgen durch Eingabe von ersten Zeichen

3. Wenn Sie den gesuchten Eintrag gefunden haben, selektieren Sie ihn (oder mehrere) und beenden das Dialogfeld mit einem Klick auf *OK*.

Als Ergebnis erhalten Sie einen PivotTable-Bericht zur Auswertung der Vertriebsleiter/-innen angezeigt (siehe Abbildung 7.41).

	A	B	C	D	E	F
1	Taetigkeit	Vertriebsleiter/-in				
2	Stunden pro Monat	(Mehrere Elemente				
3						
4		Spaltenbeschriftung				
5		Grp0bis5Jahre				
6	Zeilenbeschriftungen	AnzahlMA	.Gesamt_Gehalt	Durchschnitt	Maximum	Minimum
7	Alter31bis40	13	141.057,00	10.850,54	14.150,00	8.500,00
8	Alter41bis50	6	76.890,00	12.815,00	13.260,00	12.500,00
9	Alter51bis60					
10	**Gesamtergebnis**	**19**	**217.947,00**	**11.470,89**	**14.150,00**	**8.500,00**

Abbildung 7.41 PivotTable-Bericht mit den Daten für das Tätigkeitsfeld *Vertriebsleiter/-innen*

Auf diesem Weg können Sie einzelne Tätigkeitsfelder oder Zusammenfassungen von relevanten Tätigkeitsfeldern vornehmen. Sie müssen dazu lediglich die Auswahl im Berichtsfilter anpassen.

ÜBUNG Sie finden die Lösung im Ordner *Buch\Kap_07* in der Datei *Kap07_Lösung5.xlsx* im Tabellenblatt *Berechnungen (3)*.

Die Anordnung der Felder steuert die Sicht auf die Daten

Bei der Darstellung in Abbildung 7.41 sehen Sie für ein Tätigkeitsfeld die Werte für Altersgruppen einzeln dargestellt. Für andere Auswertungen wäre die Darstellung aller Tätigkeiten in einem PivotTable-Bericht vorteilhafter, beispielsweise wenn Sie einen Überblick über die Gesamtdaten benötigen und nicht detailliert eine Tätigkeit betrachten möchten. Für den Überblick können Sie das Feld *Taetigkeit* auch im Bereich *Zeilenbeschriftungen* anordnen. Dann bekommen Sie, abhängig von der Rangposition des Felds im Bereich, einen PivotTable-Bericht wie in Abbildung 7.42.

	A	B	C	D	E	F
1						
2	Stunden pro Monat	(Alle)		Gesamtes Feld erweitern		
3						
4		Spaltenbeschriftungen				
5		Grp0bis5Jahre				
6	Zeilenbeschriftungen	AnzahlMA	.Gesamt_Gehalt	Durchschnitt	Maximum	Minimum
7	Alter20bis30					
8	Auftragssachbearbeiter/-in					
9	Buchhalter/-in	1	5.081,00	5.081,00	5.081,00	5.081,00
10	Bürokraft	1	4.981,00	4.981,00	4.981,00	4.981,00
11	CRA	13	80.018,00	6.155,23	6.815,00	5.768,00
12	Fachmann Logistik	1	6.250,00	6.250,00	6.250,00	6.250,00
13	Fachreferent	1	5.756,00	5.756,00	5.756,00	5.756,00
14	JUNIOR PRODUKT MANAGER	1	8.000,00	8.000,00	8.000,00	8.000,00
15	MITARBEI.DATENERFASS	1	6.372,00	6.372,00	6.372,00	6.372,00
16	Personalassistent/-in	2	13.710,00	6.855,00	7.000,00	6.710,00
17	Produktberater/-in	22	123.998,00	5.636,27	7.100,00	2.993,00
18	Sachbearbeiter/-in	1	5.100,00	5.100,00	5.100,00	5.100,00
19	Sekretär/-in	5	24.915,00	4.983,00	5.459,00	4.433,00
20	Sekretär/-in Empfang	1	3.094,00	3.094,00	3.094,00	3.094,00
21	Vertriebsassistent/-in					
22	Alter31bis40					
23	Auftragssachbearbeiter/-in					

Abbildung 7.42 Daten in der Hierarchie *Altersgruppe/Tätigkeit* (Ausschnitt)

TIPP   Falls die Gruppierung des Alters nicht erweitert ist, wählen Sie im Kontextmenü den Befehl *Gesamtes Feld erweitern* – danach werden alle Gruppierungen erweitert.

Ebenso können Sie die Reihenfolge im Bereich *Zeilenbeschriftungen* umdrehen und bekommen so eine andere Zusammenstellung der Daten – nämlich die zu jeder Tätigkeit relevante Altersgruppe (siehe Abbildung 7.43).

	A	B	C	D	E	F	G
4			BetriebsZgkGruppe ▾	Werte			
5			Grp0bis5Jahre				
6	Taetigkeit ▾	Alter2 ▾	AnzahlMA	.Gesamt_Gehalt	Durchschnitt	Maximum	Minimum
7	⊟Assistent/-in F&A	Alter41bis50					
8	⊟Auftragssachbearbeit	Alter20bis30					
9		Alter31bis40					
10		Alter41bis50					
11	⊟Aushilfe/Sekretär/-in	Alter41bis50	1	4.106,00	4.106,00	4.106,00	4.106,00
12		Alter51bis60	1	4.000,00	4.000,00	4.000,00	4.000,00
13	⊟Buchhalter/-in	Alter20bis30	1	5.081,00	5.081,00	5.081,00	5.081,00
14		Alter31bis40					
15		Alter41bis50					
16	⊟Bürokraft	Alter20bis30	1	4.981,00	4.981,00	4.981,00	4.981,00
17		Alter41bis50	1	5.200,00	5.200,00	5.200,00	5.200,00
18		Alter51bis60					
19	⊟Controller/-in	Alter31bis40					
20		Alter41bis50					
21	⊟CRA	Alter20bis30	13	80.018,00	6.155,23	6.815,00	5.768,00
22		Alter31bis40	23	145.182,00	6.312,26	8.455,00	5.500,00
23		Alter41bis50					
24		Alter51bis60	1	7.318,00	7.318,00	7.318,00	7.318,00
25	⊟Fachmann Logistik	Alter20bis30	1	6.250,00	6.250,00	6.250,00	6.250,00
26		Alter31bis40					
27		Alter41bis50	1	5.930,00	5.930,00	5.930,00	5.930,00

Abbildung 7.43   Die Anordnung der Felder bestimmt die Aussage und die Übersichtlichkeit (Ausschnitt)

Die Abbildung 7.43 ist im Berichtslayout *In Tabellenformat anzeigen* und die Teilerergebnisse sind ausgeschaltet.

Wenn Sie Daten aufbereiten, um sie mit der Funktion PIVOTDATENZUORDNEN() in einen Tabellenbericht zu integrieren, ist eine Sichtbarkeit aller Daten erforderlich; dies lässt sich nur über PivotTable-Berichte wie in Abbildung 7.42 oder Abbildung 7.43 realisieren.

ÜBUNG   Dieses Beispiel finden Sie im Ordner *Buch\Kap_07* in der Mappe *Kap07_Lösung5.xlsx* auf der Registerkarte *Tätigkeit*.

Inhalte von Auswahldialogen über PivotTable-Berichte steuern

PivotTable-Berichte eignen sich auch als Datenlieferant für Auswahldialoge in Tabellenberichten. Beispielsweise steuern Sie über ein Kombinationsfeld die Auswahl eines Elements (Listeneintrag), das in einen Tabellenbericht eingetragen wird.

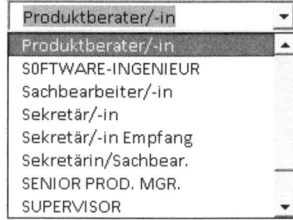

Abbildung 7.44 Kombinationsfeld zur Auswahl einer Tätigkeit

Aus unseren Beispieldaten können Sie mit einer PivotTable die Tätigkeiten der Mitarbeiter auslesen, organisieren und an anderer Stelle über ein Kombinationsfeld wieder ausgeben.

Die PivotTable ist für eine derartige Aufgabe deshalb so geeignet, weil sie darüber hinaus auch nicht separat von Hand gepflegt werden muss. Sie entnimmt die Bezeichnungen aus der importierten Liste und reduziert die Anzeige auf jeweils einen Zeileneintrag. Erscheint in den Stammdaten eine neue Bezeichnung, so wird sie nach Aktualisieren der PivotTable automatisch in das Kombinationsfeld übertragen (siehe Abbildung 7.45).

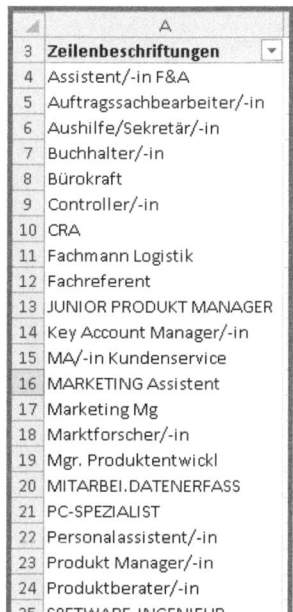

Abbildung 7.45 Kombinationsfeld zur Auswahl einer Tätigkeit

Grundlage ist ein PivotTable-Bericht (aus der Mappe *Kap07_Grund.xlsx*), der nur im Bereich *Zeilenbeschriftungen* das Feld *Taetigkeit* enthält. In den PivotTable-Optionen werden die Gesamtsummen für Zeilen und Spalten deaktiviert.

Menüband um Entwicklertools erweitern

Um ein Kombinationsfeld zu erstellen, blenden Sie zunächst die Registerkarte *Entwicklertools* ein, indem Sie auf der Registerkarte *Datei* den Befehl *Optionen* aufrufen. Im Dialogfeld wählen Sie den Befehl *Menüband anpassen* und gelangen in das entsprechende Dialogfeld (siehe Abbildung 7.46). Dort aktivieren Sie das Kontrollkästchen *Entwicklertools* und beenden den Vorgang mit einem Klick auf die Schaltfläche *OK*.

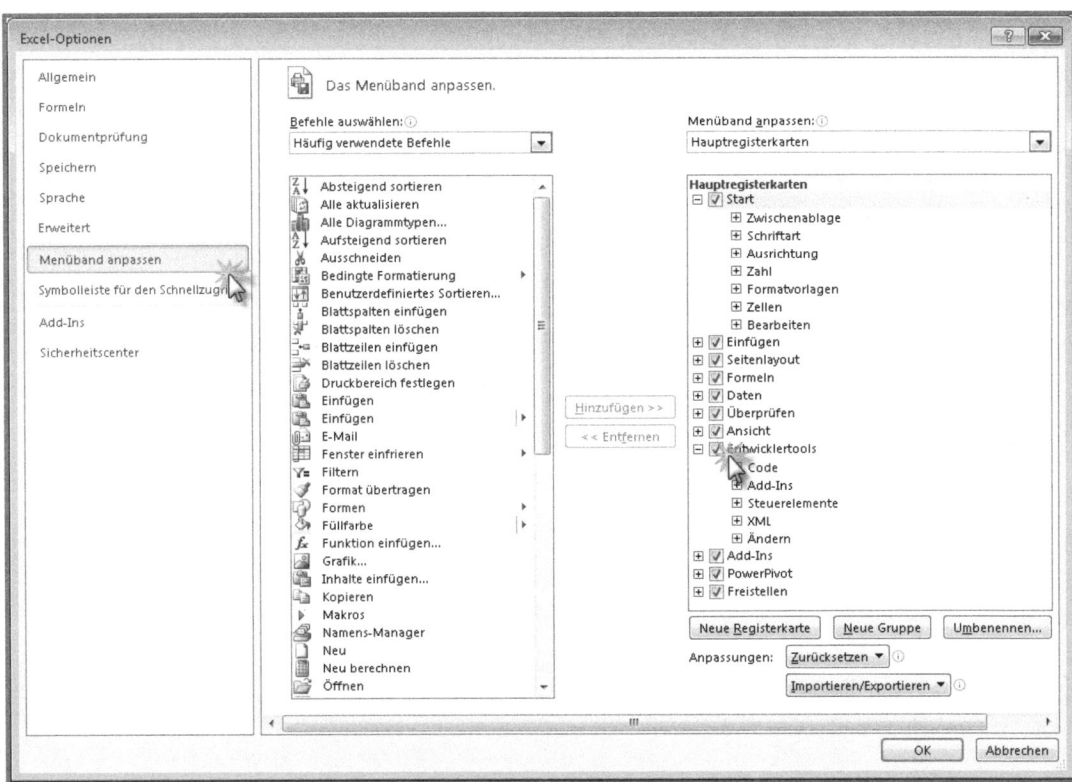

Abbildung 7.46   Excel-Optionen zur Anpassung des Menübands – Entwicklertools

Erstellen eines Kombinationsfelds

Gehen Sie folgendermaßen vor, um ein Kombinationsfeld aufzubauen und mit Pivotdaten zu füllen:

1. Auf der Registerkarte *Entwicklertools* klicken Sie in der Gruppe *Steuerelemente* auf *Einfügen*. Wählen Sie in der Gruppe *ActiveX-Steuerelemente* das Steuerelement *Kombinationsfeld (ActiveX-Steuerelement)* durch Anklicken aus.

2. Der Mauszeiger ändert daraufhin sein Aussehen und Sie können das Steuerelement erstellen, indem Sie am geplanten Ort mit der linken Maustaste klicken und diese gedrückt halten, während Sie das Objekt in der gewünschten Ausdehnung erstellen.

3. Solange das Objekt markiert ist, öffnen Sie mit der rechten Maustaste das Kontextmenü und wählen dort den Befehl *Eigenschaften*.

4. In den Eigenschaften des Kombinationsfelds sind zwei Einträge von besonderer Bedeutung: *List-FillRange* und *LinkedCell*. Diese beiden Felder müssen von Ihnen ausgefüllt werden, um eine Steuerung aufbauen zu können (siehe Abbildung 7.47).

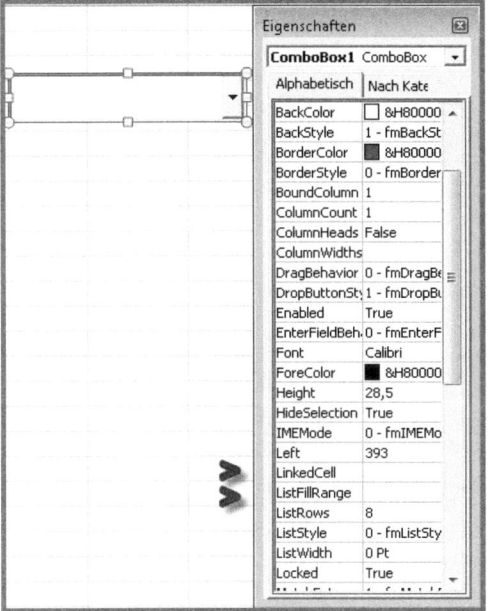

Abbildung 7.47 Eigenschaften eines Kombinationsfelds

5. In *LinkedCell* tragen Sie die Zelladresse ein, in der der selektierte Eintrag ausgegeben werden soll: *E14*.

6. In *ListFillRange* geben Sie die Zelladressen ein, aus der die Einträge für die Auswahlliste gelesen werden sollen: *A4:A37*.

7. Haben Sie alle Einträge vorgenommen, beenden Sie den Entwurfsmodus durch einen Klick auf den Befehl *Entwurfsmodus*.

HINWEIS   Wollen Sie die Einstellungen überarbeiten, müssen Sie zunächst den Entwurfsmodus aktivieren, bevor Sie das Steuerelement aktivieren (anklicken) können.

Besonders vorteilhaft ist die Dynamisierung des Stammdatenbereichs, z.B. mit einem VBA-Makro, um immer sicherzustellen, dass alle neuen Bezeichnungen automatisch im PivotTable-Bericht und in Folge in der Auswahlliste erscheinen.

ÜBUNG   Ein musterhaftes Beispiel finden Sie in der Datei *Kap07_Lösung6.xlsx* auf der Registerkarte *Tabelle1* im Ordner *Buch\Kap_07*.

Kapitel 8

Plandaten mit tatsächlichen Umsätzen vergleichen

In diesem Kapitel:

Mit PivotTable-Berichten können Sie auch problemlos Budgetvergleiche und andere Abweichungs-analysen, wie zum Beispiel Plan-Ist-Vergleiche, vornehmen.

HINWEIS   Die Begriffe *Istumsatz* und *Istdaten* werden synonym verwendet.

ÜBUNG   Als Datenbasis verwenden Sie die Datei *Kap08_Basis.xlsx* im Ordner *Buch\Kap08*.

Die Datei enthält die in Tabelle 8.1 gelisteten Tabellen.

Tabellenname	Inhalt
Kap08_Basis.xlsx	Basistabelle mit den Stammdaten, Plandaten und Istumsatz
Kap08_Lösung1.xlsx	Plandaten und Istumsatz als pivotisierte PivotTable
Kap08_Lösung2.xlsx	Abweichungsberechnung zwischen Plan- und Istumsätzen

Tabelle 8.1   Dateien und Tabellenblätter

Umsatzanalyse mit PivotTable-Berichten

In diesem Praxisbeispiel wird gezeigt, wie Sie mit konsolidierten PivotTable-Berichten große Mengen von Umsatzdaten mit kompakten Plandaten vergleichen und Abweichungen berechnen.

Die Plandaten generieren Sie aus einer umfangreichen Umsatzplandatei, die Sie mit einer PivotTable auf die Umsätze der Kundennummer konsolidieren. Danach vergleichen Sie diese mit den Umsatz-daten einer anderen Datei, in der die einzelnen Verkaufsprodukte erfasst und gepflegt werden.

Abbildung 8.1 zeigt auf einen Blick die einzelnen Schritte des Lösungswegs.

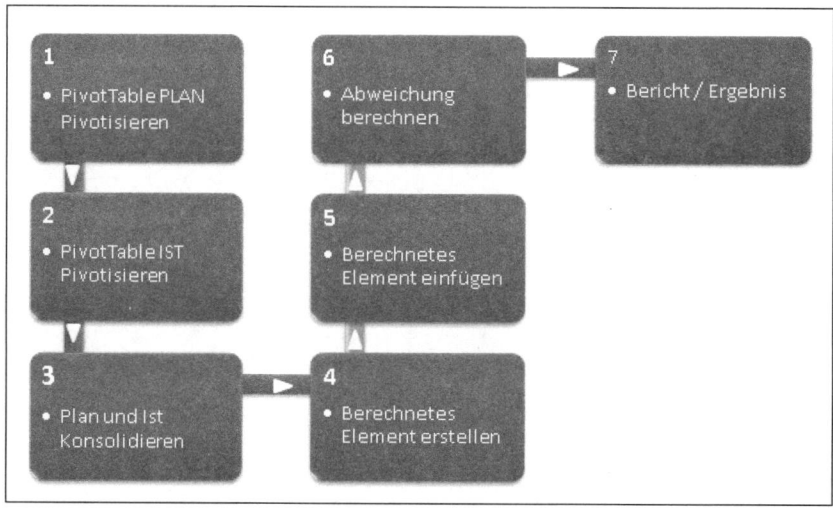

Abbildung 8.1   Lösungsprozess

Die Plandaten pivotisieren

Um die vorhandenen Plandaten für die Analyse und Abweichungsberechnung vorzubereiten und diese durchzuführen, gehen Sie folgendermaßen vor:

1. Öffnen Sie die Mappe *Kap08_Basis.xlsx*. Wechseln Sie in das Tabellenblatt *Plandaten*.

2. Klicken Sie mit dem Mauszeiger in den Datenbereich und öffnen Sie im Menüband die Registerkarte *Einfügen*.

3. In der Gruppe *Tabellen* klicken Sie auf das Symbol *PivotTable* und erstellen die PivotTable, indem Sie im folgenden Dialogfeld die Bereichsauswahl der Tabelle überprüfen und übernehmen.

4. Wählen Sie die Option *Neues Arbeitsblatt* und klicken Sie zur Ausführung mit einem Klick auf *OK*.

5. In der *PivotTable-Feldliste* ziehen Sie das Feld *KdNr* in den Bereich *Zeilenbeschriftungen* und das Feld *UmsatzPlan* in den Bereich *Werte*.

Es entsteht der PivotTable-Bericht aus Abbildung 8.2.

	A	B
1		
2		
3	**Zeilenbeschriftungen** ▾	**Summe von UmsatzPlan**
4	B3572	174136,5647
5	F3037	173099,2121
6	H4343	161478
7	H9977	178552,8
8	K9211	226527,6
9	L5678	155891,8421
10	M2031	156091,5482
11	M2893	157068,5312
12	M4409	150698,2963
13	S6621	158185,1597
14	S8150	206830,2912
15	**Gesamtergebnis**	**1898559,845**

Abbildung 8.2 Unformatierte PivotTable mit den Planumsätzen sortiert nach Kundennummer

Im nächsten Arbeitsschritt sind in den Planumsätzen die Daten in Jahren zusammenzufassen, damit die korrekten Zeiträume miteinander verglichen werden können. Gehen Sie folgendermaßen vor:

1. Erweitern Sie die obige PivotTable (siehe Abbildung 8.2) durch das Ziehen des Felds *Tagesdatum* an die erste Position in die *Zeilenbeschriftungen* des Layoutbereichs.

2. Klicken Sie im Zeilenbereich der PivotTable auf ein Tagesdatum und öffnen Sie mit der rechten Maustaste das Kontextmenü.

3. Im Kontextmenü wählen Sie den Befehl *Gruppieren*.

4. Im Dialogfeld *Gruppierung* wählen Sie die Einträge *Monate* und *Jahre* und bestätigen Ihre Angaben mit *OK*.

5. Ziehen Sie das Feld *Jahre* in den *Berichtsfilter*.

6. Entfernen Sie das Teilergebnis aus den Zeilenbeschriftungen der Monate (Feld *Tagesdatum*). Dazu markieren Sie einen Monat in der PivotTable und öffnen mit der rechten Maustaste das Kontextmenü.

7. Wählen Sie dort den Befehl *Feldeinstellungen.* Im folgenden Dialogfeld aktivieren Sie die Option *Keine* und beenden den Dialog mit *OK* (siehe Abbildung 8.3).

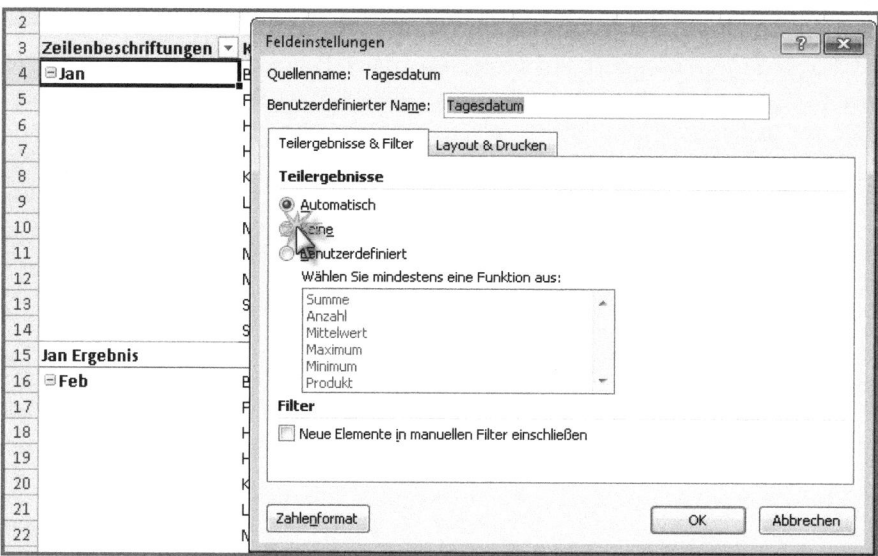

Abbildung 8.3 Ausschalten der Teilergebnisse für das Feld *Tagesdatum*

Das Ergebnis sehen Sie in der PivotTable in Abbildung 8.4.

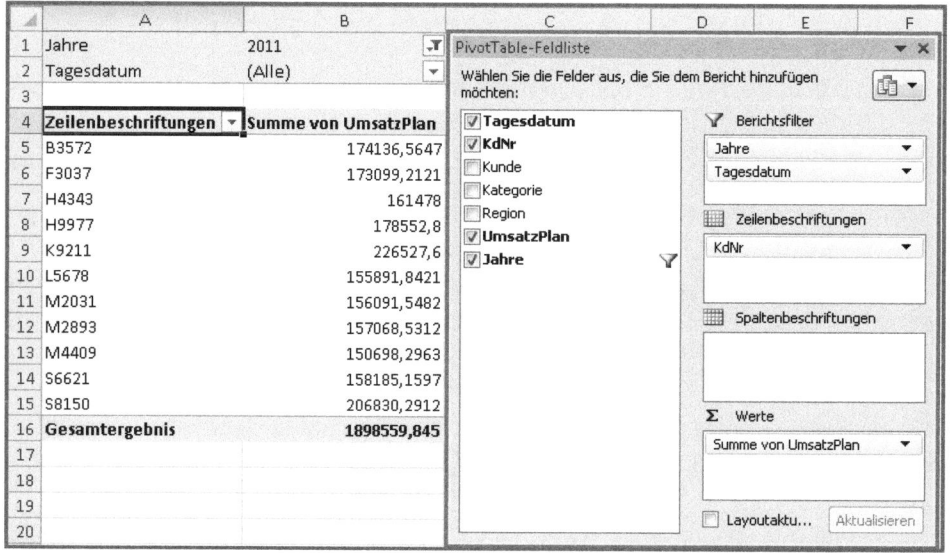

Abbildung 8.4 Unformatierte PivotTable mit der Feldanordnung in der PivotTable-Feldliste

Ändern Sie das Zahlenformat im Wertebereich auf zwei Nachkommastellen und mit Tausenderpunkt:

1. Dazu aktivieren Sie die PivotTable, indem Sie auf das Wertefeld klicken und mit der rechten Maustaste das Kontextmenü öffnen.

2. Wählen Sie dort den Befehl *Wertfeldeinstellungen*. Im folgenden Dialogfeld klicken Sie auf die Schaltfläche *Zahlenformat*.

3. Sie gelangen in das Dialogfeld *Zahlen formatieren*: Wählen Sie den Listeneintrag *Zahl* und formatieren Sie auf zwei Nachkommastellen und aktivieren Sie das Kontrollkästchen *1000er-Trennzeichen verwenden(.)*.

4. Beenden Sie das Dialogfeld mit einem Klick auf die Schaltfläche *OK*. Nach einem weiteren Klick auf die Schaltfläche *OK* erhalten Sie die formatierte PivotTable.

In nur zwei Schritten können Sie das Berichtslayout In Tabellenformat anzeigen umstellen:

1. Aktivieren Sie auf der kontextsensitiven Registerkarte *PivotTable-Tools* die Registerkarte *Entwurf*.

2. Wählen Sie in der Gruppe *Layout* den Befehl *Berichtslayout* und dort den Befehl *In Tabellenformat anzeigen*.

Sie erhalten die in Abbildung 8.5 dargestellte PivotTable mit den aufbereiteten und für den PLAN-IST-Vergleich vorbereiteten Plandaten.

	A	B
1	Jahre	2011
2	Tagesdatum	(Alle)
3		
4	**KdNr**	**Summe von UmsatzPlan**
5	B3572	174.136,56
6	F3037	173.099,21
7	H4343	161.478,00
8	H9977	178.552,80
9	K9211	226.527,60
10	L5678	155.891,84
11	M2031	156.091,55
12	M2893	157.068,53
13	M4409	150.698,30
14	S6621	158.185,16
15	S8150	206.830,29
16	**Gesamtergebnis**	**1.898.559,85**

Abbildung 8.5 Die Planumsätze nach Kundennummer aufbereitet

Die Istdaten pivotisieren

Um die vorhandenen Istdaten für die Analyse und Abweichungsberechnung vorzubereiten und diese durchzuführen, gehen Sie folgendermaßen vor:

1. Öffnen Sie die Mappe *Kap08_Basis.xlsx*. Wechseln Sie in das Tabellenblatt *Istumsatz*.

2. Klicken Sie mit dem Mauszeiger in den Datenbereich und öffnen Sie im Menüband die Registerkarte *Einfügen*.

3. In der Gruppe *Tabellen* klicken Sie auf das Symbol *PivotTable* und erstellen die PivotTable, indem Sie im folgenden Dialogfeld die Bereichsauswahl der Tabelle überprüfen.

4. Erstellen Sie die PivotTable mit den Istdaten im gleichen Tabellenblatt (*Pivotisierung*), in der die PivotTable mit den Plandaten steht (siehe Abbildung 8.6).

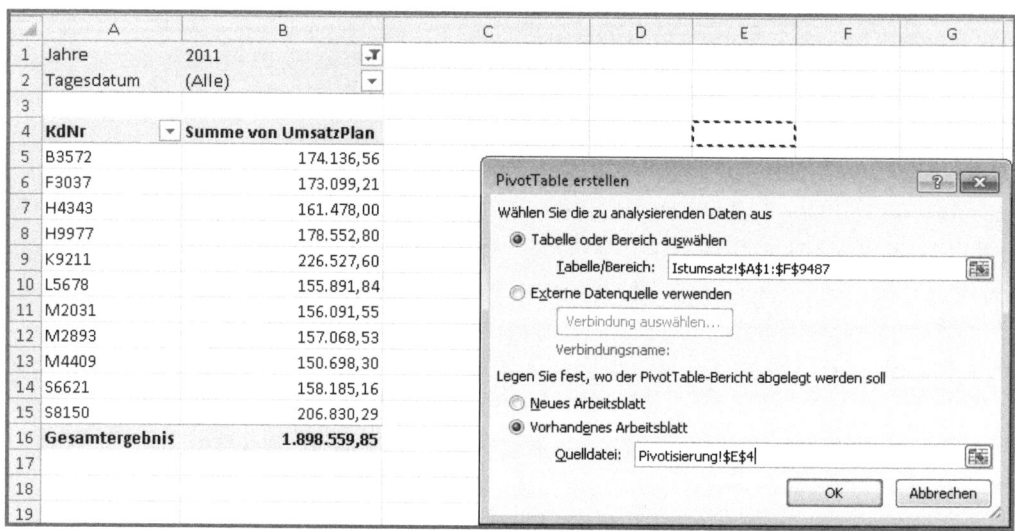

Abbildung 8.6 Ausgabeort der PivotTable mit den Istumsätzen

5. Wählen Sie die Option *Vorhandenes Arbeitsblatt*. Bei *Quelldatei* tragen Sie *Pivotisierung!$E$4* ein und klicken zum Abschluss auf die Schaltfläche *OK*.

6. In der *PivotTable-Feldliste* ziehen Sie das Feld *KdNr* in den Bereich *Zeilenbeschriftungen* und das Feld *Umsatz* in den Bereich *Werte*.

Im nächsten Arbeitsschritt sind die Jahre des Umsatzes aufzubauen, damit Sie die korrekten Zeiträume miteinander vergleichen können.

1. Erweitern Sie die soeben hinzugefügte PivotTable, indem Sie das Feld *Tagesdatum* an die erste Position in die *Zeilenbeschriftungen* des Layoutbereichs ziehen.

2. Klicken Sie im Zeilenbereich der PivotTable auf ein Tagesdatum und öffnen Sie mit der rechten Maustaste das Kontextmenü.

3. Im Kontextmenü wählen Sie den Befehl *Gruppieren*.

4. Es öffnet sich das Dialogfeld *Gruppierung* – wählen Sie hier die Einträge *Monate* und *Jahre* und klicken Sie zum Abschluss auf *OK*.

5. Ziehen Sie das Feld *Jahre* in den Berichtsfilter. Entfernen Sie das Feld *Tag* aus dem Layoutbereich *Zeilenbeschriftungen*.

TIPP   Sollte in dem Feld noch die Berechnung *Teilergebnis* aktiviert sein, entfernen Sie das Teilergebnis aus den Zeilenbeschriftungen der Monate (Feld *Tage*). Dazu markieren Sie einen Monat in der PivotTable und öffnen mit der rechten Maustaste das Kontextmenü. Wählen Sie dort den Befehl *Feldeinstellungen*. Im folgenden Dialogfeld aktivieren Sie die Option *Keine* und beenden den Dialog mit *OK*.

6. Als Ergebnis erhalten Sie eine PivotTable mit den Umsatzdaten. Sie gleicht im Aufbau der PivotTable mit den Plandaten (siehe Abbildung 8.7).

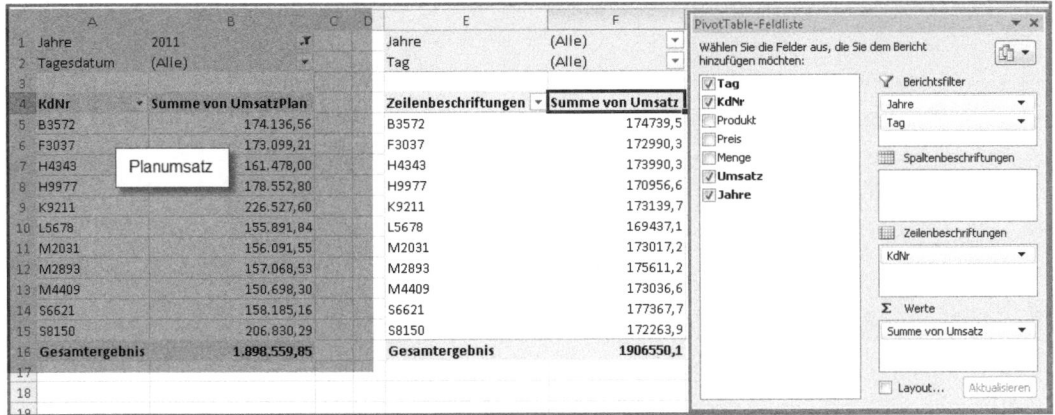

Abbildung 8.7 Im mittleren und rechten Teil sehen Sie die Umsatzdaten und die zugehörige Feldanordnung

Wie im analogen Abschnitt »Planumsatz« auch, ändern Sie das Zahlenformat im Wertebereich auf zwei Nachkommastellen und Tausenderpunkt. Darüber hinaus stellen Sie das Layout der PivotTable auf *Im Tabellenformat anzeigen* um.

ÜBUNG   Sie finden die Lösung im Ordner *Buch\Kap08* in der Datei *Kap8_Lösung1.xlsx* auf dem Tabellenblatt *Pivotisierung*.

Tabellen konsolidieren

In der Tabelle *Pivotisierung* verfügen Sie über zwei PivotTables, Planumsatz und Istumsatz. Um zwischen diesen beiden Datenbeständen die Abweichung zu ermitteln, verfahren Sie wie beim Aufbau einer PivotTable mit mehreren Konsolidierungsbereichen.

WICHTIG   Beim Konsolidieren von PivotTables ist darauf zu achten, dass die Tabellen, die konsolidiert werden sollen, eine grundsätzlich ähnliche Struktur aufweisen. Unterschiede in Zeilen- oder Spaltenanzahl sind damit nicht gemeint. Es bedarf gleicher Zeilen- und Spaltenbeschriftungen in allen Tabellen. Ferner müssen die Inhalte in den Spalten und Zeilen vom gleichen Typ sein. Eine Mischung aus Text in der einen Tabelle und Werten in einer anderen Tabelle mit gleicher Spaltenbeschriftung lässt sich nicht sinnvoll konsolidieren.

Um die beiden Tabellen zu konsolidieren, führen Sie folgende Arbeitsschritte aus:

1. Positionieren Sie den Cursor in der Zelle, in der Sie die PivotTable mit dem Ergebnis aufbauen wollen.
2. Wählen Sie die Tastenkombination $\boxed{\text{Alt}}$+$\boxed{\text{N}}$+$\boxed{\text{P}}$, um damit den Pivot-Assistenten aufzurufen (siehe Abbildung 8.8).

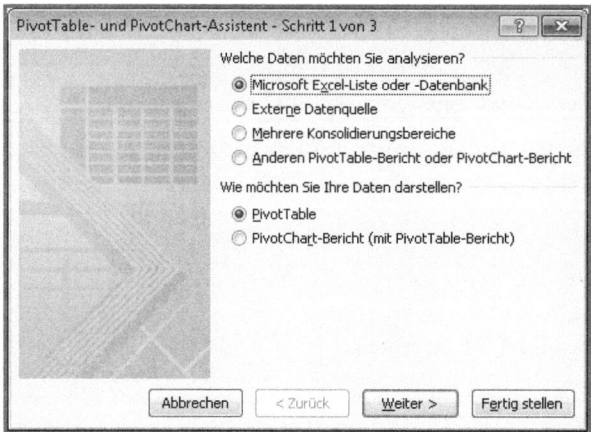

Abbildung 8.8 Aufruf des PivotTable- und PivotChart-Assistenten

3. Wählen Sie die Option *Mehrere Konsolidierungsbereiche*. Die Option für die Darstellung belassen Sie bei *PivotTable*. Klicken Sie auf die Schaltfläche *Weiter*.

4. Im *Schritt 2a von 3* des Assistenten wählen Sie die Option *Einfache Seitenfelderstellung* und anschließend die Schaltfläche *Weiter*.

5. Im neuen Dialogfeld *Schritt 2b von 3* markieren Sie den ersten und alle anderen, notwendigen Quellbereiche (siehe Abbildung 8.9).

6. Der erste Quellbereich ist die PivotTable mit den Plandaten. Markieren Sie den Bereich *A4:B15* und nehmen Sie diesen mit einem Klick auf die Schaltfläche *Hinzufügen* in die Liste der Bereiche auf.

7. Nehmen Sie die Istdaten auf, indem Sie den Bereich *E4:F15* markieren und ebenfalls mit einem Klick auf die Schaltfläche *Hinzufügen* in die Liste *Vorhandene Bereiche* übertragen (siehe Abbildung 8.9).

8. Bestätigen Sie Ihre Auswahl mit Klick auf *Weiter*. Der Dialog *Schritt 3 von 3* wird eingeblendet.

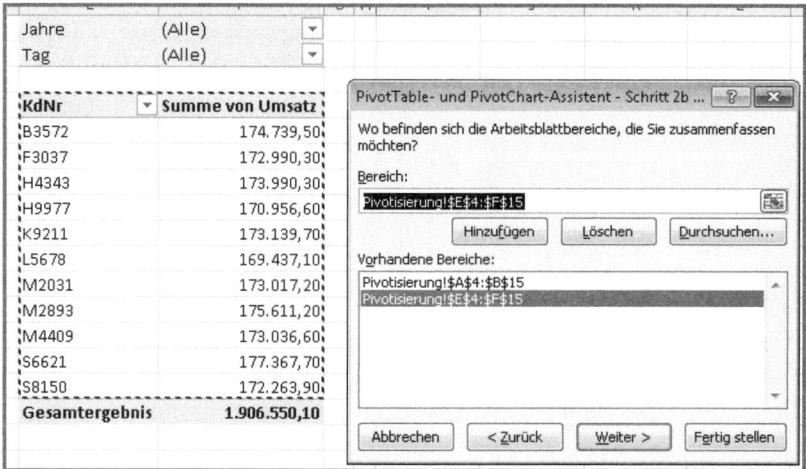

Abbildung 8.9 PivotTable- und PivotChart-Assistent in Schritt 2b – Konsolidierungsbereiche auswählen

9. Jetzt fragt Microsoft Excel nach dem Ausgabeort – wählen Sie die Option *In bestehendem Arbeits-blatt* und geben Sie als Zelladresse =$I$3 ein.
   Im günstigsten Fall sind Sie aus dieser Zelle in den Assistenten gestartet, dann wird die Zelle automatisch als Zieladresse angeboten.

10. Sobald Sie die Schaltfläche *Fertig stellen* aktivieren, erhalten Sie eine konsolidierte PivotTable (siehe Abbildung 8.10).

	I	J	K	L
Seite1	(Alle)			
Summe von Wert	Spaltenbeschriftungen			
Zeilenbeschriftungen	Summe von Umsatz	Summe von UmsatzPlan	Gesamtergebnis	
B3572	174.739,50	174.136,56	348.876,06	
F3037	172.990,30	173.099,21	346.089,51	
H4343	173.990,30	161.478,00	335.468,30	
H9977	170.956,60	178.552,80	349.509,40	
K9211	173.139,70	226.527,60	399.667,30	
L5678	169.437,10	155.891,84	325.328,94	
M2031	173.017,20	156.091,55	329.108,75	
M2893	175.611,20	157.068,53	332.679,73	
M4409	173.036,60	150.698,30	323.734,90	
S6621	177.367,70	158.185,16	335.552,86	
S8150	172.263,90	206.830,29	379.094,19	
Gesamtergebnis	**1.906.550,10**	**1.898.559,85**	**3.805.109,95**	

Abbildung 8.10   Die beiden konsolidierten PivotTables

Die PivotTable liefert in dieser Anordnung noch keine brauchbaren und interpretierbaren Arbeitsergebnisse. Bis Sie die Zielsetzung erreichen, sind noch einige Veränderungen notwendig, die in den nächsten Schritten beschrieben werden.

1. Entfernen Sie zuerst das Feld *Spalte* aus den *Spaltenbeschriftungen* der PivotTable-Feldliste.

2. Dem Feld *Seite1* im Berichtsfilter geben Sie den Namen *Abweichung*. Dazu klicken Sie mit der linken Maustaste auf die Schaltfläche *Seite1*, im folgenden Kontextmenü wählen Sie den Befehl *Feldeinstellungen* (siehe Abbildung 8.11).

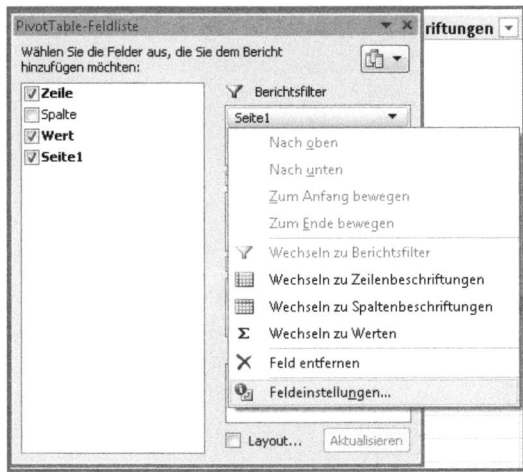

Abbildung 8.11   Ändern des Felds *Seite1* in *Abweichung*

3. Im Dialogfeld *Feldeinstellungen* geben Sie in der Textzeile *Benutzerdefinierter Name* die neue Bezeichnung *Abweichung* ein und übernehmen die Daten mit einem Klick auf *OK* (siehe Abbildung 8.12).

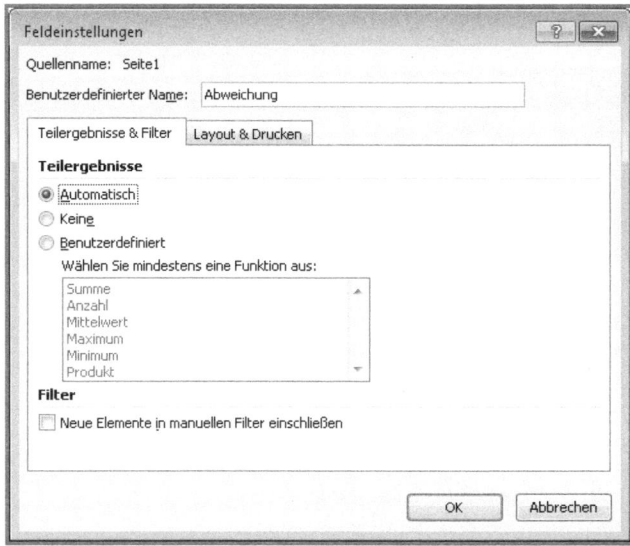

Abbildung 8.12 Dialogfeld *Feldeinstellungen* mit dem neuen benutzerdefinierten Namen *Abweichung*

Im Berichtsfilter befindet sich die Feldbezeichnung *Abweichung*. In der PivotTable steht diese Bezeichnung im Feld *I1*, in Feld *J1* steht die Bezeichnung *(Alle)*. Der Berichtsfilter enthält zwei Elemente, die für die Abweichungsanalyse bedeutsam sind (siehe Abbildung 8.13).

Abbildung 8.13 Elemente im Berichtsfilter

Diese beiden Elemente repräsentieren die PivotTables mit den Plandaten und den Istdaten. *Element1* entspricht der ersten PivotTable, die Sie in die Liste der vorhandenen Bereiche aufgenommen haben. Entsprechend baut sich die Elementnummerierung auf. In unserem Beispiel bedeutet:

- Element1 = Plandaten
- Element2 = Istdaten

Geben Sie den beiden Elementen jeweils den entsprechenden Namen. Dazu gehen Sie folgendermaßen vor:

1. Klicken Sie im Berichtsfilter auf den Pulldown-Pfeil am Feld *(Alle)* (in Zelle J1) und öffnen das Kontextmenü (siehe Abbildung 8.14).

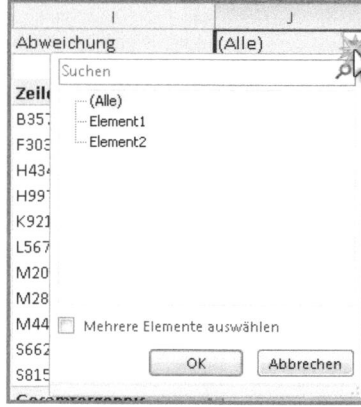

Abbildung 8.14 Öffnen des Kontextmenüs im Berichtsfilter

2. Im Kontextmenü markieren Sie den Eintrag *Element1*; schließen Sie das Menü über die Schaltfläche *OK*. Bearbeiten Sie daraufhin diesen Text *Element1* in der Bearbeitungszeile durch Markieren und Überschreiben mit dem Namen *PLAN* (siehe Abbildung 8.15).

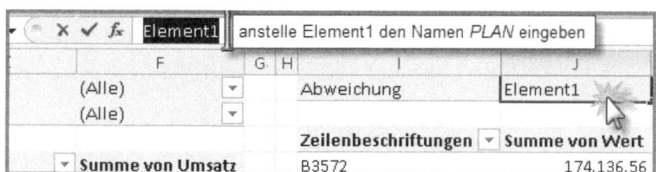

Abbildung 8.15 Ändern des Eintrags *Element1* in *PLAN*

3. Beenden Sie die Umbenennung in der Bearbeitungszeile mit der ↵-Taste.

4. Die eingeblendete Fehlermeldung bestätigen Sie mit einem Klick auf *OK* (siehe Abbildung 8.16).

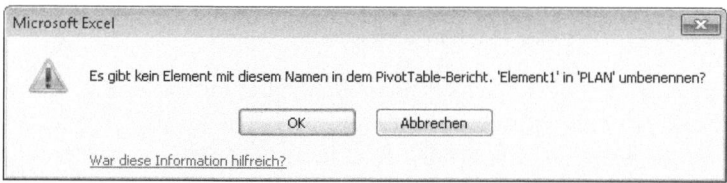

Abbildung 8.16 Fehlermeldung beim Umbenennen der Elemente aus dem Berichtsfilter

5. Wiederholen Sie den Vorgang mit *Element2*, dem Sie den Namen *IST* zuweisen.

Um die Abweichungsberechnung visuell gut darstellen zu können, wollen Sie die beiden Felder PLAN und IST nebeneinander anzeigen. Derzeit liegen sie im Berichtsfilter verborgen. Um das zu erreichen, gehen Sie folgendermaßen vor:

1. Im Layoutbereich markieren Sie das Feld *Abweichung* und ziehen es in die *Spaltenbeschriftungen*.

2. Die PivotTable zeigt jetzt die beiden Felder nebeneinander an (siehe Abbildung 8.17).

Die Spalte *Gesamtergebnis* addiert diese beiden Felder standardmäßig auf und sollte daher ausgeblendet werden.

Summe von Wer Spaltenbe ▾			
Zeilenbeschrif ▾	PLAN	IST	Gesamtergebnis
B3572	174.136,56	174.739,50	348.876,06
F3037	173.099,21	172.990,30	346.089,51
H4343	161.478,00	173.990,30	335.468,30
H9977	178.552,80	170.956,60	349.509,40
K9211	226.527,60	173.139,70	399.667,30
L5678	155.891,84	169.437,10	325.328,94
M2031	156.091,55	173.017,20	329.108,75
M2893	157.068,53	175.611,20	332.679,73
M4409	150.698,30	173.036,60	323.734,90
S6621	158.185,16	177.367,70	335.552,86
S8150	206.830,29	172.263,90	379.094,19
Gesamtergebnis	1.898.559,85	1.906.550,10	3.805.109,95

Abbildung 8.17   PLAN/IST-Gegenüberstellung nach neuer Feldanordnung

---

TIPP   In allen PivotTables ist die Berechnung von Teilergebnissen automatisch eingeschaltet. Sie entfernen in diesem Beispiel die Anzeige von Teilergebnissen, indem Sie eine Zelle in der Spalte *Gesamtergebnis* markieren, mit der rechten Maustaste das Kontextmenü öffnen und dort den Befehl *PivotTable-Optionen* aufrufen. Im Dialogfeld *PivotTable-Optionen* wechseln Sie auf die Registerkarte *Summen & Filter* und entfernen das Häkchen in dem Kontrollkästchen *Gesamtsummen für Zeilen anzeigen* (siehe Abbildung 8.18). Verlassen Sie das Dialogfeld über *OK*.

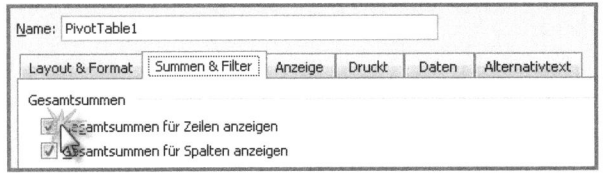

Abbildung 8.18   Dialogfeld *PivotTable-Optionen* zum Entfernen der *Gesamtsummen für Zeilen*

Als Ergebnis erhalten Sie eine PivotTable mit den beiden Spalten für PLAN- und IST-Daten.

Mit berechneten Elementen arbeiten

In Abbildung 8.17 sehen Sie auf den ersten Blick, dass der Plan überzogen ist. Darüber hinaus wäre aber auch die Abweichung, ob positiv oder negativ, in den Einzelpositionen anzusehen. Diese Abweichung ermitteln Sie mit einem *berechneten Element*, einer Berechnungsmethode, die die PivotTable anbietet.

Abweichungen ermitteln

Ermitteln Sie die Abweichungen für jedes Kundenprojekt.

1. Markieren Sie in der PivotTable die Zelle *Spaltenbeschriftungen* und aktivieren Sie die Registerkarte *Optionen* auf der kontextsensitiven Registerkarte *PivotTable-Tools*. Wählen Sie den Befehl *Berechnungen* und anschließend den Befehl *Felder, Elemente und Gruppe* (siehe Abbildung 8.19).

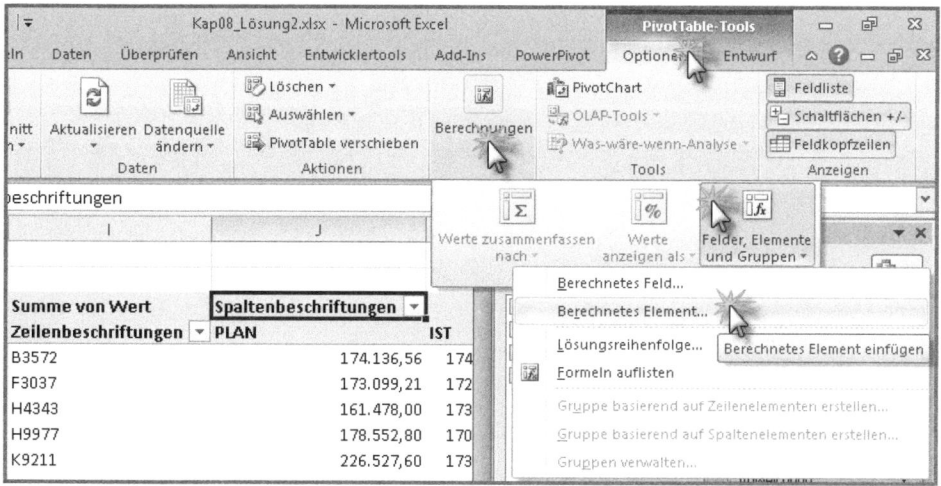

Abbildung 8.19 Befehl *Berechnetes Element einfügen*

2. Im folgenden Menü klicken Sie auf *Berechnetes Element* und öffnen damit das gleichnamige Dialogfeld. Aktivieren Sie den Eintrag *Abweichung* (siehe Abbildung 8.20).

> **HINWEIS** Wenn Sie den Eintrag *Abweichung* aktivieren, werden Ihnen die enthaltenen Elemente im rechten Fensterabschnitt angezeigt.

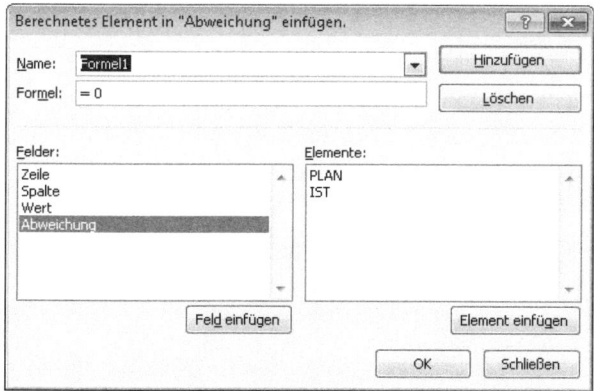

Abbildung 8.20 Abweichungsberechnung mit einem berechneten Element

3. Im Feld *Name* ändern Sie den bestehenden Text in *Abweichung*.

4. Im Eingabefeld *Formel* geben Sie die Berechnungsformel *=PLAN – IST* ein und klicken auf die Schaltfläche *Hinzufügen*.

5. Beenden Sie das Dialogfeld durch einen Klick auf die Schaltfläche *OK*. Das berechnete Element wird als Spalte in die PivotTable eingefügt.

> **PROFITIPP** Anstatt die Formel zu schreiben, können Sie auch die Elementnamen per Doppelklick in das Formelfeld einfügen. Dieser Weg der Formeleingabe reduziert bei langen oder komplizierten Feldnamen die Schreibfehler.

6. Ändern Sie noch das Berichtslayout auf *In Tabellenformat anzeigen* über den Befehl *PivotTable-Tools*/Register *Entwurf*/Befehlsgruppe *Layout*/Berichtslayout/In Tabellenformat anzeigen.

Sie erhalten eine PivotTable mit dem Aufbau, wie ihn Abbildung 8.21 zeigt.

.Wert	Abweichung ▼		
KdNr ▼	PLAN	IST	Abweichung
B3572	174.136,56	174.739,50	-602,94
F3037	173.099,21	172.990,30	108,91
H4343	161.478,00	173.990,30	-12.512,30
H9977	178.552,80	170.956,60	7.596,20
K9211	226.527,60	173.139,70	53.387,90
L5678	155.891,84	169.437,10	-13.545,26
M2031	156.091,55	173.017,20	-16.925,65
M2893	157.068,53	175.611,20	-18.542,67
M4409	150.698,30	173.036,60	-22.338,30
S6621	158.185,16	177.367,70	-19.182,54
S8150	206.830,29	172.263,90	34.566,39
Gesamtergebnis	**1.898.559,85**	**1.906.550,10**	**-7.990,25**

Abbildung 8.21   PivotTable-Bericht mit vorläufiger Formatierung

Das Berichtsergebnis anschaulich aufbereiten

Um den Bericht anschaulich aufzubereiten, können Sie an dieser Stelle auf vorbereitete *PivotTable-Formate* zurückgreifen oder auch individuelle Veränderungen vornehmen. Für ein schnelles Erkennen der negativen Abweichungen möchten Sie die Minuswerte in roten Ziffern anzeigen. Dazu gehen Sie folgendermaßen vor:

1. Markieren Sie eine beliebige Zelle in der Spalte *Abweichungen* und öffnen Sie mit der rechten Maustaste das Kontextmenü – wählen Sie den Befehl *Wertfeldeinstellungen*.

2. Über die Schaltfläche *Zahlenformat* gelangen Sie in das Dialogfeld *Zellen formatieren*.

3. In der *Kategorien*-Liste wählen Sie den Eintrag *Benutzerdefiniert*.

4. Wählen Sie zum Formatieren folgenden Typ aus (siehe Abbildung 8.22):

    #.##0,00 ?;[ROT]-#.##0,00 ?

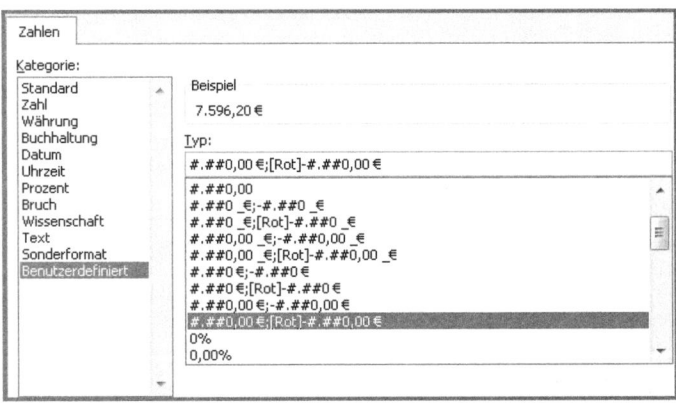

Abbildung 8.22   Auswahl des Formattyps

5. Um alle Einstellungen zu übernehmen, bestätigen Sie zweimal die Schaltfläche *OK*.

Sie erhalten einen wunschgemäß formatierten PivotTable-Bericht.

Die grafische Aufbereitung unterstützt Aussagekraft

Neben den Zahlenwerten vermittelt eine Grafik noch einen visuellen Einblick, der hilft, die Gegebenheiten intensiver zu erfassen und zu verstehen. Ein PivotChart fügen Sie mit nur zwei Excel-Aktionen zusätzlich in das Tabellenblatt ein:

1. Positionieren Sie den Cursor innerhalb der letzten PivotTable und wählen Sie auf der Registerkarte *Einfügen* den Befehl *Säulen.* Im Kontextmenü suchen Sie sich das Symbol für *gruppierte Säulen* in der Gruppe *2D-Säule* aus (siehe Abbildung 8.23).

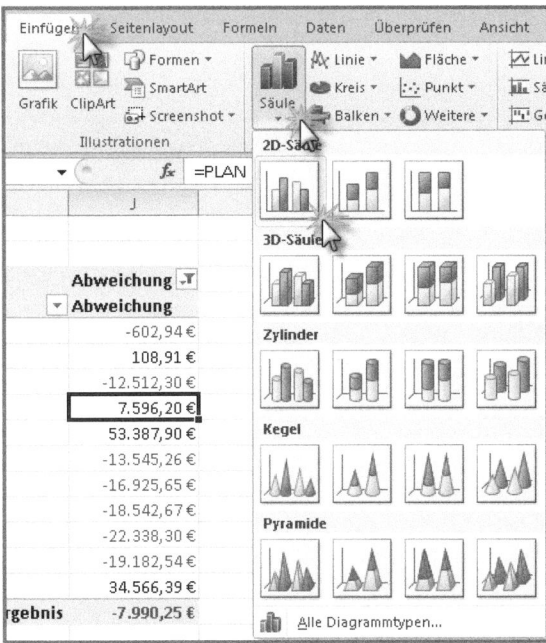

Abbildung 8.23 Einfügen eines PivotChart-Berichts

2. Klicken Sie nun auf das 2D-Säulensymbol. Das PivotChart wird daraufhin im Tabellenblatt angezeigt (siehe Abbildung 8.24).

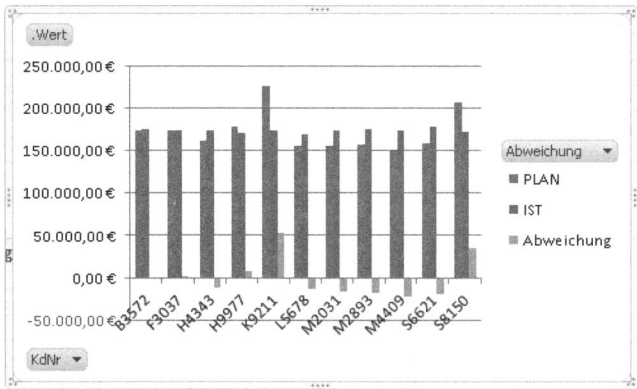

Abbildung 8.24 Erster Entwurf des
PivotCharts

Das PivotChart hat alle Datenreihen aus der PivotTable in das Diagramm übernommen. Wenn Sie das Diagramm um einige Elemente reduzieren, erreichen Sie eine verstärkte Aussagekraft. Dazu entfernen Sie die Ist- und Plandaten, lediglich das Feld *Abweichungen* bleibt aktiviert. Um das zu erreichen, gehen Sie folgender maßen vor:

1. Klicken Sie auf den kleinen Pfeil auf der Schaltfläche *Abweichungen* (siehe Abbildung 8.24) und öffnen Sie damit die *Elementliste* des Felds.

2. Entfernen Sie in dieser Liste die Häkchen vor den Einträgen *IST* und *PLAN* (siehe Abbildung 8.25) und bestätigen Sie die Schaltfläche *OK*.

Abbildung 8.25 Entfernen der Datenreihe PLAN und IST aus der Anzeige des
Diagramms

Das auf die Abweichungen reduzierte Diagramm wird angezeigt (siehe Abbildung 8.26).

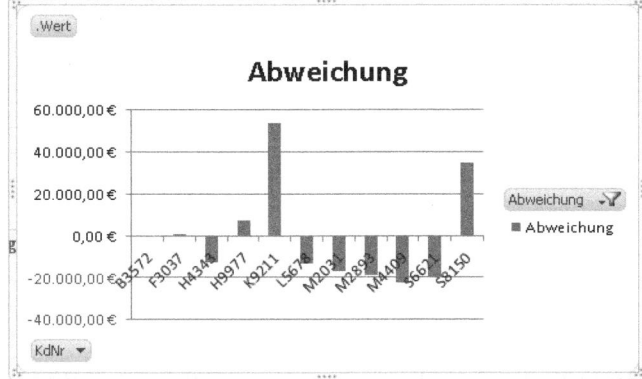

Abbildung 8.26 Anzeige der Datenreihe *Abweichungen*

Um das Diagramm noch besser und aussagestärker zu gestalten, reduzieren Sie die Anzeige der Größenachse und verändern den Abstand der Beschriftung an der Rubrikenachse. Dazu führen Sie die folgenden Schritte durch:

1. Markieren Sie die Größenachse, öffnen Sie mit der rechen Maustaste das Kontextmenü und wählen Sie den Befehl *Achse formatieren*.

2. Wählen Sie dort den Befehl *Zahl* und danach in der Kategorienliste den Befehl *Benutzerdefiniert*.

3. Geben Sie folgenden *Formatcode* ein: 0.;-0 und bestätigen Sie die Schaltfläche *OK*.

4. Beenden Sie das Dialogfeld mit einem Klick auf *Schließen*.

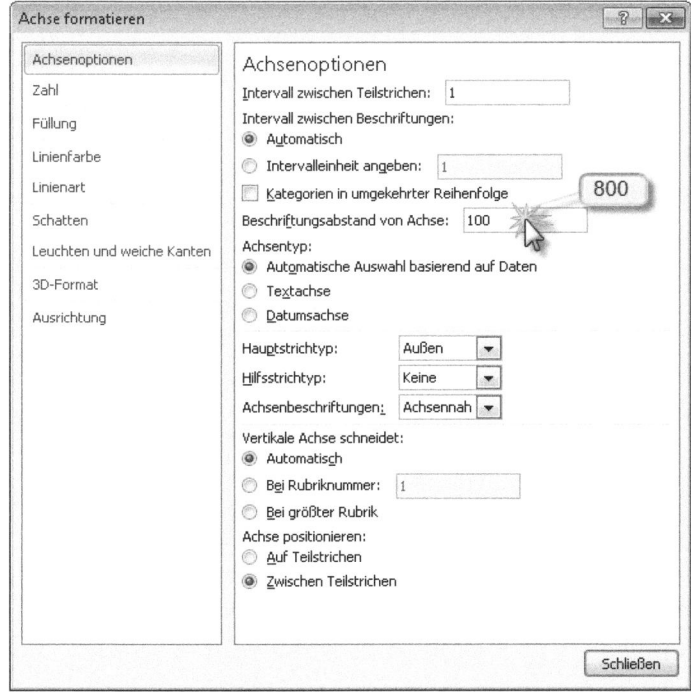

Abbildung 8.27 Einstellen der Achsenoptionen

5. Markieren Sie jetzt die Rubriken-Achse, öffnen Sie das Kontextmenü und wählen Sie den Befehl *Achse formatieren*.

6. Im folgenden Dialogfeld wählen Sie die Kategorie *Achsenoptionen*.

7. Im Abschnitt *Achsenoptionen* verändern Sie den Wert für *Beschriftungsabstand* von *Achse* auf *800* (siehe Abbildung 8.27).

8. Klicken Sie anschließend auf die Schaltfläche *Schließen*.

Sie erhalten zum Abschluss dieser Bearbeitungsschritte das Diagramm aus Abbildung 8.28.

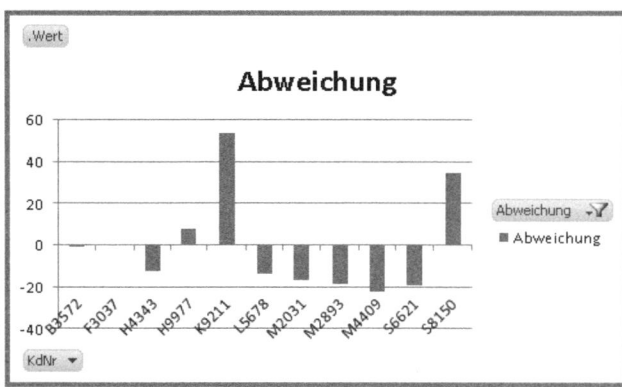

Abbildung 8.28 Abweichungsanalyse als Diagramm

Kapitel 9

PowerPivot

PowerPivot für Excel 2010 ist ein kostenloses Datenanalyse-Tool, das die Excel-Funktionen erweitert. Mit diesem Add-In können Sie in Microsoft Excel 2010 eine leistungsstarke Datenbearbeitung ausführen. Verfolgen Sie die Beziehungen zwischen Tabellen wie in einer Datenbank, definieren Sie berechnete Spalten und Measures und aggregieren Sie über Millionen von Zeilen.

Das Add-In müssen Sie zuerst aus dem Internet laden, um es dann in Excel 2010 zu installieren. Sie können die Installationsdatei beispielsweise im Microsoft Download Center herunterladen.

Adresse: http://www.microsoft.com/downloads/de-de/

Oder derzeit genauer: http://www.microsoft.com/downloads/de-de/details.aspx?FamilyId=e081c894-e4ab-42df-8c87-4b99c1f3c49b&displaylang=de

PowerPivot als Add-In installieren

In PowerPivot können Sie Tabellen ohne Zuhilfenahme des Sverweises miteinander verknüpfen, in PivotTables analysieren und das Ergebnis entsprechend Ihren Wünschen weiter verwenden.

WICHTIG   Das PowerPivot-Add-In ist in zwei Versionen verfügbar. Setzen Sie die 32-Bit-Version von Microsoft Excel 2010 ein, benötigen Sie entsprechend auch die 32-Bit-Version von PowerPivot. Analog ist gegebenenfalls die 64-Bit-Version des Add-Ins zu installieren.

PowerPivot ist ein COM-Add-In, das Sie wie folgt aktivieren bzw. deaktivieren:

1. Wählen Sie in der Registerkarte *Datei* den Befehl *Optionen*.
2. Im Dialogfeld *Excel*-Optionen wechseln Sie in die Kategorie *Add-Ins*.
3. Stellen Sie im Listenfeld *Verwalten* den Eintrag *COM-Add-Ins* ein und klicken Sie auf die Schaltfläche *Gehe zu*.
4. Aktivieren bzw. deaktivieren Sie im Dialogfeld *COM-Add-Ins* das Add-In *Power-Pivot for Excel*.

Nach entsprechender Installation finden Sie eine zusätzliche Registerkarte im Menüband von Microsoft Excel 2010 (siehe Abbildung 9.1).

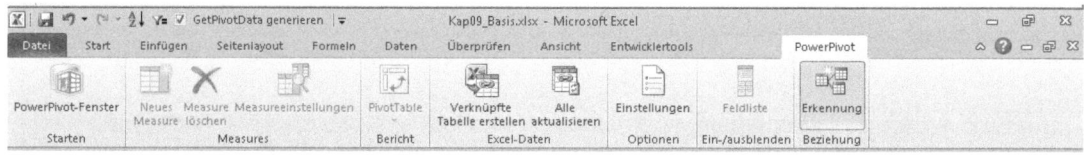

Abbildung 9.1   Hinzugefügte Registerkarte für PowerPivot

Die Arbeitsumgebung im PowerPivot-Fenster

Die wesentliche Arbeit mit PowerPivot erledigen Sie im PowerPivot-Fenster. Aus den Datenquellen werden die Daten in das PowerPivot-Fenster verknüpft und bearbeitet. Wenn Sie auf den Befehl PowerPivot-Fenster in der Registerkarte klicken, wird ein neues Anwendungsfenster mit einem speziellen Menüband geöffnet. Die Daten, mit denen Sie im PowerPivot-Fenster arbeiten, werden in einer analytischen Datenbank in der Excel-Arbeitsmappe gespeichert.

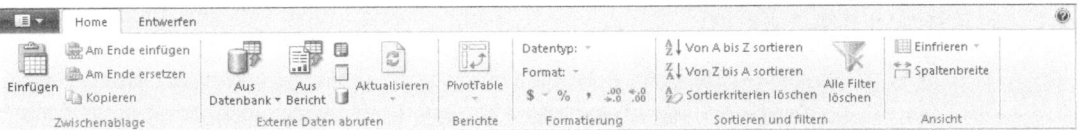

Abbildung 9.2 Menüband nach dem Start des PowerPivot-Fensters

HINWEIS Einige Teile des PowerPivot-Fensters unterscheiden sich je nach der ausgeführten Windows-Version. Die vorherigen und folgenden Abbildungen basieren auf Windows 7.

Ist in Ihrem Menüband die Registerkarte *PowerPivot* vorhanden, können Sie sowohl mit Daten in einem Excel-Arbeitsblatt als auch mit Daten im PowerPivot-Fenster arbeiten. Im Arbeitsplatzfenster finden Sie vertraute Excel-Funktionen, die Registerkarte *PowerPivot* und die PowerPivot-Feldliste.

Im PowerPivot-Fenster finden Sie zahlreiche spezifische Funktionen, wie beispielsweise das Hinzufügen von Datentabellen oder das Erstellen von Beziehungen zwischen diesen Tabellen.

Das folgende Beispiel zeigt die Vorgehensweise bei der Auswertung von zwei Excel-Tabellen, die miteinander verknüpft und in einer PivotTable aufbereitet werden. PowerPivot bietet zahlreiche, sehr umfangreiche und bisher in Microsoft Excel nicht machbare Möglichkeiten, um Daten zu analysieren.

Die ersten Schritte, um mit PowerPivot zu arbeiten:

- Daten aus verschiedenen Quellen zusammenführen

- Erstellen von verknüpften Daten

- Beziehungen zwischen den unterschiedlichen Daten herstellen

- Bei Bedarf Beschriftungen von Spalten ändern bzw. anpassen

- PivotTable und/oder PivotCharts aufbauen

- Ergebnis-Arbeitsblatt speichern

ÜBUNG Als Datengrundlage verwenden Sie im folgenden Beispiel die Datei *Kap09.xlsx* aus dem Ordner *Buch\Kap09*. Die Lösungsschritte finden Sie in den Dateien *Kap09_Lösung1.xlsx* bis *Kap09_Lösung3.xlsx*.

Zwei Excel-Tabellen mit PowerPivot auswerten

Sie haben in der Excel-Ausgangsdatei *Kap09.xlsx* Umsatzdaten, die Sie kundenorientiert auswerten wollen. Dabei fällt Ihnen auf, dass in den Umsatzdaten (Tabelle *Istumsatz*) lediglich die Kundennummer eingetragen ist, jedoch der Kundenname fehlt. Das Tabellenblatt *Kunden,* in dem sich neben der Kundennummer auch der Kundenname befindet, liefert die fehlende Information. Sie wollen diese beiden Datenbestände jetzt miteinander kombinieren, um die Ergebnisse mit vollständigem Kundennamen präsentieren zu können.

Ein möglicher Lösungsweg führt beispielsweise über die Funktion SVERWEIS(). Sie lösen obige Aufgabe jedoch mit PowerPivot und nutzen darüber hinaus noch neue Möglichkeiten, die Daten mit weiteren Ergebnissen zu ergänzen.

Die Tabellen verknüpfen

Um diese Aufgabe in PowerPivot zu lösen, müssen Sie die beiden Tabellen verknüpfen, um die kombinierte Information in einer PivotTable auswerten zu können. Dazu gehen Sie folgendermaßen vor:

1. Aktivieren Sie die Tabelle *Kunden* und positionieren Sie den Cursor innerhalb der Daten.

2. Wählen Sie auf der Registerkarte *PowerPivot* in der Gruppe *Excel-Daten* den Befehl *Verknüpfte Tabelle erstellen* (siehe Abbildung 9.3).

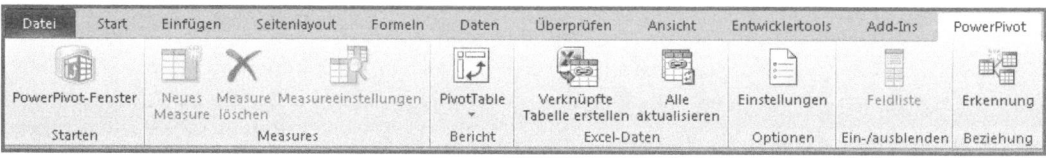

Abbildung 9.3   Befehl, um eine verknüpfte Tabelle zu erstellen

3. Bestätigen Sie im geöffneten Dialogfeld *Verknüpfte Tabelle erstellen* den vorgeschlagenen Datenbereich (siehe Abbildung 9.4) und erstellen eine Verknüpfung in PowerPivot.

	A	B	C	D	E	F	G
1	KdNr	Kunde	Kd-Rabatt	VkNr	Verkäufer	Standort	Provision
2	B3572	Stadion Bren	5,00%	F1	Bauer	Bremen	7,50%
3	F3037	Zeil Frankfur	4,00%	F2	Re		
4	H4343	Flughafen H:	4,50%	F3	Ko		
5	H9977	Hafen Hamb	3,00%	F4	W		
6	K9211	Dom Köln	6,00%	F5	Re		
7	L5678	Mädler Passa	3,50%	F6	Ro		
8	M2031	Flughafen M	6,00%	F7	Ve		
9	M2893	U-Bahn Berli	5,00%	F8	He		
10	M4409	Mainzer Stac	4,50%	F9	G		
11	S6621	Kiosk Bahnh	3,00%	F10	Werhuber	Freiburg	8,75%
12	S8150	Bahnhof Saa	3,00%	F11	Gelhard	Aachen	8,75%

Tabelle erstellen

Wo befinden sich die Daten für Ihre Tabelle?

$A$1:$G$12

☑ Meine Tabelle hat Überschriften

OK   Abbrechen

Abbildung 9.4   Dialogfeld zur Auswahl der ersten Tabelle, mit der eine Verknüpfung erstellt werden soll

4. Microsoft Excel öffnet das PowerPivot-Fenster mit der verknüpften Tabelle. Klicken Sie auf der Registerkarte *Verknüpfte Tabellen* auf den Befehl *Wechsel zur Excel-Tabelle*.

5. Im nächsten Schritt aktivieren Sie das Tabellenblatt *Istumsatz* und wählen auf der Registerkarte *PowerPivot* erneut den Befehl *Verknüpfte Tabelle erstellen*.

Die Tabelle wird ebenfalls in PowerPivot verknüpft. Sie erhalten die Ansicht, wie sie Abbildung 9.5 zeigt.

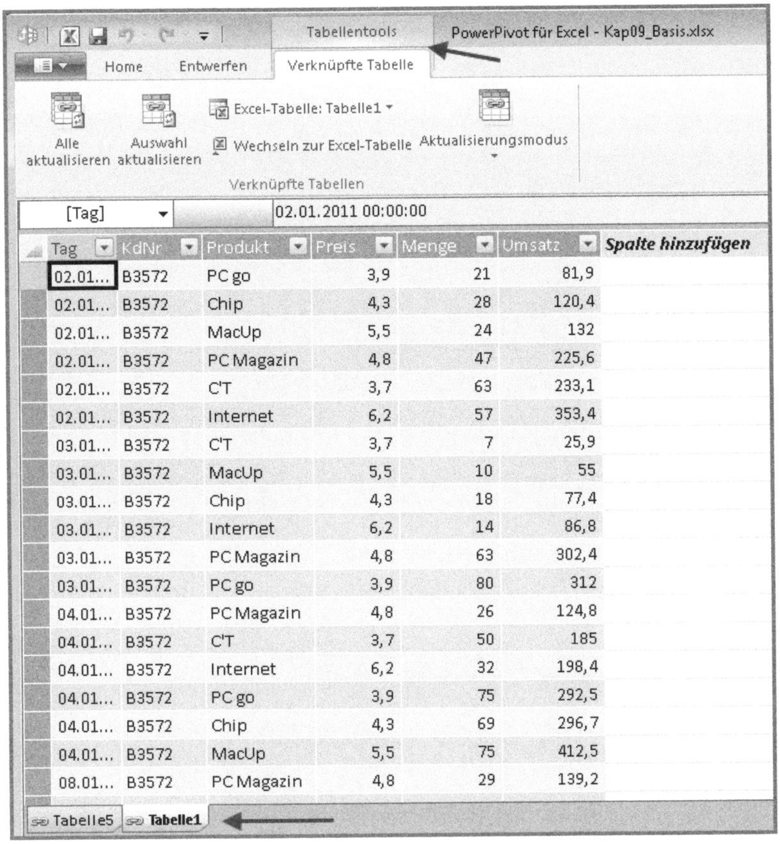

Tag	KdNr	Produkt	Preis	Menge	Umsatz	Spalte hinzufügen
02.01...	B3572	PC go	3,9	21	81,9	
02.01...	B3572	Chip	4,3	28	120,4	
02.01...	B3572	MacUp	5,5	24	132	
02.01...	B3572	PC Magazin	4,8	47	225,6	
02.01...	B3572	C'T	3,7	63	233,1	
02.01...	B3572	Internet	6,2	57	353,4	
03.01...	B3572	C'T	3,7	7	25,9	
03.01...	B3572	MacUp	5,5	10	55	
03.01...	B3572	Chip	4,3	18	77,4	
03.01...	B3572	Internet	6,2	14	86,8	
03.01...	B3572	PC Magazin	4,8	63	302,4	
03.01...	B3572	PC go	3,9	80	312	
04.01...	B3572	PC Magazin	4,8	26	124,8	
04.01...	B3572	C'T	3,7	50	185	
04.01...	B3572	Internet	6,2	32	198,4	
04.01...	B3572	PC go	3,9	75	292,5	
04.01...	B3572	Chip	4,3	69	296,7	
04.01...	B3572	MacUp	5,5	75	412,5	
08.01...	B3572	PC Magazin	4,8	29	139,2	

Abbildung 9.5 PowerPivot-Fenster mit den beiden verknüpften Tabellen (Tabelle5 und Tabelle1)

Um die Tabellen besser identifizieren zu können, geben Sie der Tabelle5 (jede verknüpfte Tabelle kann bei Ihnen eine andere Nummer aufweisen) den Namen *Kunden* und der Tabelle1 den Namen *Istumsatz:*

Dazu klicken Sie mit der rechten Maus auf die Registerkarte und wählen im Kontextmenü den Befehl *Umbenennen*. Geben Sie den neuen Namen ein und schließen den Vorgang mit der [↵]-Taste ab.

Zwischen den Tabellen eine Beziehung erstellen

Im nächsten Schritt stellen Sie zwischen den beiden Tabellen eine Beziehung her. Dies erreichen Sie folgendermaßen:

1. Aktivieren Sie im Anwendungsfenster von PowerPivot auf der Registerkarte *Entwerfen* in der Gruppe *Beziehungen* den Befehl *Beziehung erstellen.*
2. Im Dialogfeld *Beziehung erstellen* wählen Sie in jeder Tabelle das gemeinsame Merkmal (*KdNr*) für die Verbindung aus.
3. Erstellen Sie die Beziehung durch einen Klick auf die Schaltfläche *Erstellen* (siehe Abbildung 9.6).

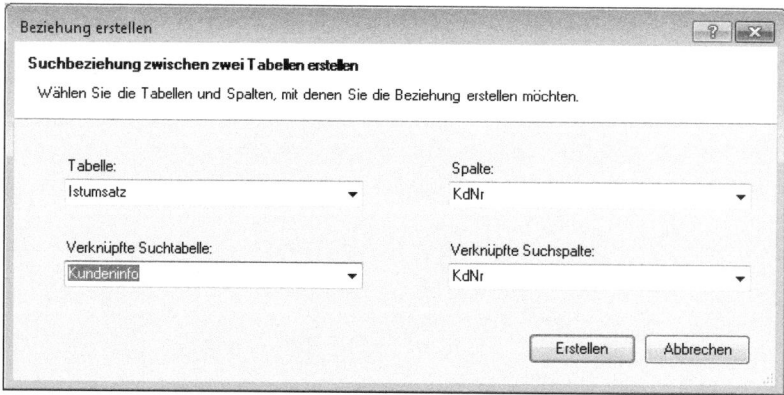

Abbildung 9.6   Verbindung der beiden Tabellen über den gemeinsamen Suchbegriff *KdNr*

PowerPivot erstellt jetzt im Hintergrund die Verknüpfung. Um die PivotTable aufzubauen, gehen Sie folgendermaßen vor:

1. Wechseln Sie im PowerPivot-Fenster auf die Registerkarte *Home*.

2. Wählen Sie dort in der Gruppe *Berichte* den Befehl *PivotTable* (siehe Abbildung 9.7).

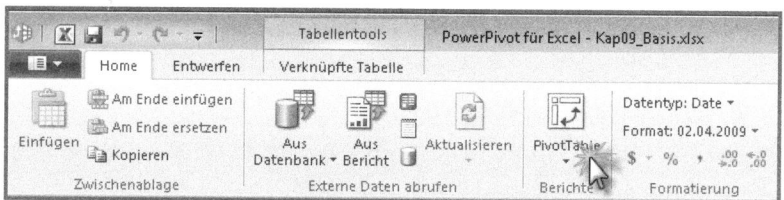

Abbildung 9.7   Befehl zum Erstellen einer PivotTable in PowerPivot

3. Im folgenden Dialogfeld bestätigen Sie die Option *Neues Arbeitsblatt*. Microsoft Excel stellt Ihnen daraufhin den Aufgabenbereich *PowerPivot-Feldliste* zur Verfügung, mit der Sie die PivotTable erstellen.

HINWEIS   Die PowerPivot-Feldliste ist der normalen PivotTable-Feldliste sehr ähnlich. Im Layoutabschnitt finden Sie die zwei zusätzlichen Bereiche *Datenschnitte horizontal* und *Datenschnitte vertikal*. Im Feldabschnitt werden alle verknüpften Tabellen angezeigt.

---

4. Für die Auswertung ziehen Sie die Felder *KdNr* (aus Tabelle *Istumsatz*) und *Kunde* (aus der Tabelle *Kundeninfo*) in die *Zeilenbezeichnungen*.

5. Ziehen Sie das Feld *Produkt* in die *Spaltenbezeichnungen*.

6. Ziehen Sie das Feld *Umsatz* in den *Wertebereich*.

Als Ergebnis erhalten Sie eine Auswertung aus zwei Tabellenblättern, die jede Kundennummer mit entsprechendem Kundennamen auflistet und den erreichten Umsatz anzeigt.

Abbildung 9.8 Struktur des Dialogfelds *PowerPivot-Feldliste*

So blenden Sie blitzschnell Teilergebnisse aus

Entfernen Sie noch das Teilergebnis, formatieren Sie den Umsatz mit 1000er-Trennpunkt und zwei Nachkommastellen und zeigen Sie die PivotTable im Tabellenlayout.

Zum Ausblenden des Teilergebnisses gehen Sie folgendermaßen vor:

1. Öffnen Sie in der aktivierten PivotTable mit der rechten Maustaste das Kontextmenü und wählen Sie den Befehl *Teilergebnis "KdNr"* (siehe Abbildung 9.9).

Abbildung 9.9 Kontextmenü mit dem Befehl, das Teilergebnis für *KdNr* auszublenden

2. Positionieren Sie den Cursor im Wertefeld, öffnen Sie mit der rechten Maustaste das Kontext-menü und wählen Sie den Befehl *Wertfeldeinstellungen* – das gleichnamige Dialogfeld wird einge-blendet.

3. Wählen Sie die Schaltfläche *Zahlenformat*; es öffnet sich das Dialogfeld *Zahlenformat*.

4. Wählen Sie in der *Kategorien*-Liste den Befehl *Zahl*. Formatieren Sie im rechten Teil des Dialog-felds auf zwei Nachkommastellen und aktivieren das Kontrollkästchen für *1000er-Trennzeichen verwenden*.

5. Zum Abschluss bestätigen Sie zweimal die Befehlsschaltfläche *OK*.

Als letzten Arbeitsschritt noch das Layout ändern

Das Layout ändern Sie mit folgenden Schritten:

1. Wählen Sie auf der kontextsensitiven Registerkarte *PivotTable-Tools* die Registerkarte *Entwurf*.

2. Aktivieren Sie den Befehl *Berichtslayout* und im Kontextmenü gehen Sie auf den Befehl *Daten in Tabellenformat anzeigen*.

Abbildung 9.10 zeigt die Ergebnis-PivotTable.

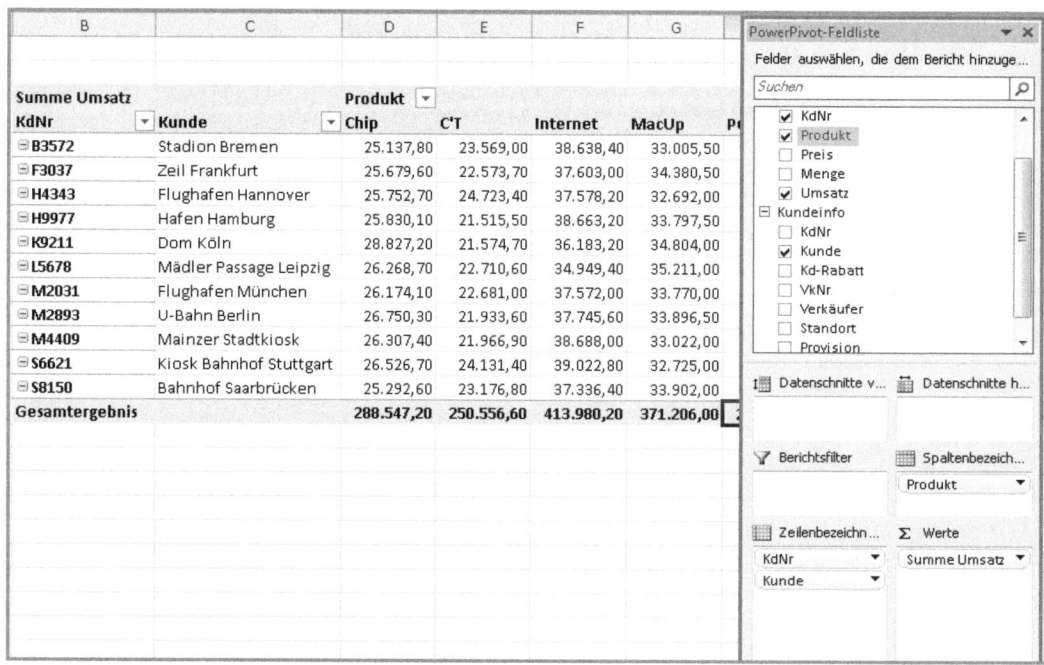

Abbildung 9.10 Ergebnis der Auswertung mit PowerPivot (Ausschnitt)

Mit verknüpften Tabellen in PowerPivot rechnen

Sie möchten für den jeweiligen Kunden die Rabattvergütungen des Jahres berechnen. Sie verfügen über die Tabelle mit den Umsatzdaten. In einer weiteren Tabelle sind die kundenspezifischen Rabattsätze hinterlegt. Die Berechnung erfolgt je Umsatzposition. Ferner möchten Sie die Provision für die Verkäufer aus den Umsätzen berechnen.

ÜBUNG Verwenden Sie für dieses Beispiel die Datei *Kap09_Basis.xlsx*.

Gehen Sie in folgenden Schritten vor:

- Verwenden Sie die Daten aus den Registerkarten *Istumsatz* und *Kundeninfo*
- Verknüpfen Sie die beiden Dateien über den gemeinsamen Schlüssel *KdNr*
- Die Daten der Verkäufer mit den Istumsätzen über die Tabelle *Kundeninfo* mit dem Schlüsselfeld *VkNr*
- Fügen Sie in PowerPivot die Berechnung in die Umsatztabelle ein
- Ermitteln Sie mit einer PivotTable den Rabattwert je Kunde für das Jahr
- Ermitteln Sie ebenfalls die Jahresprovisionen des jeweiligen Verkäufers

Rabattvergütungen berechnen

Sie möchten für die Kunden die vereinbarten Rabattvergütungen in PowerPivot errechnen. Führen Sie dazu folgende Schritte aus:

1. Aktivieren Sie im PowerPivot-Fenster die Tabelle *Istumsatz*.
2. Positionieren Sie den Cursor in der ersten Zelle der leeren Spalte und integrieren dort die Funktion *SUMX()* (siehe Abbildung 9.11).

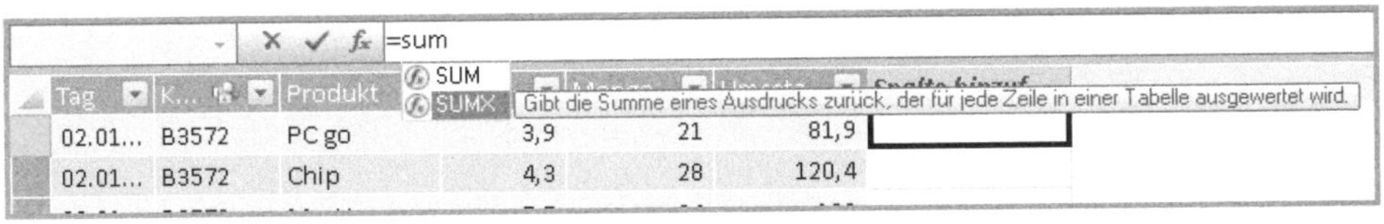

Abbildung 9.11 Funktion SUMX() zur Berechnung der Rabattwerte

HINWEIS Die Funktion SUMX() in PowerPivot entspricht der Funktion SUMMEWENN() in der Tabelle.

Die Syntax lautet: SUMX(Tabelle,Ausdruck).

Das Argument *Tabelle* verweist auf die Tabelle *Kundeninfo*. Dies geschieht mit dem Befehl RELATEDTABLE(Kunden), der als *Ausdruck* (in der Tabelle *Kundeninfo*) in Spalte *Kd-Rabatt* verwendet wird.

Geben Sie in der Bearbeitungszeile die Funktion =SUMX(RELATEDTABLE(Kundeninfo),Kundeninfo[Kd-Rabatt]) ein.

PowerPivot erstellt eine *CalculatetColumn1* (siehe Abbildung 9.12).

=SUMX(RELATEDTABLE(Kundeninfo),Kundeninfo[Kd-Rabatt])						
▼ Preis	▼ Menge	▼	Umsatz	▼	CalculatedColumn1	◊ ▼ Spalte hinzuf...
	3,9	21	81,9			◊ (Ctrl) ▼
	4,3	28	120,4			
	5,5	24	132			

Abbildung 9.12 Eingefügte Spalte *CalculatetColumn1,* die noch keine Werte enthält

3. Die Berechnung lösen Sie aus, indem Sie auf den kleinen Pfeil ◊ (Ctrl) ▼ klicken und den Befehl *Berechnen* aufrufen (siehe Abbildung 9.13).

HINWEIS Wenn Sie in Ihrem System die automatische Berechnung eingeschaltet haben, wird unmittelbar nach Abschluss der Formel die Berechnung in die Tabelle eingefügt.

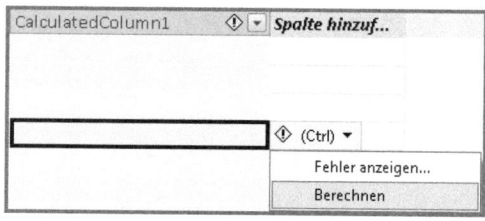

Abbildung 9.13 Befehl *Berechnen* ausführen

PowerPivot füllt die Spalte sofort mit den individuellen Rabattsätzen des jeweiligen Kunden aus.

Im nächsten Schritt berechnen Sie den Rabattwert jeder Umsatzposition. Dazu gehen Sie folgendermaßen vor:

1. Doppelklicken Sie auf die Spaltenbeschriftung *CalculatetColumn1* und geben Sie als neue Feldbezeichnung den Namen *Rabattsatz* ein.

2. Positionieren Sie den Cursor in der ersten Zelle der leeren Spalte und geben Sie die Formel *=Istumsatz[Umsatz]*Istumsatz[Rabattsatz]* ein (siehe Abbildung 9.14).

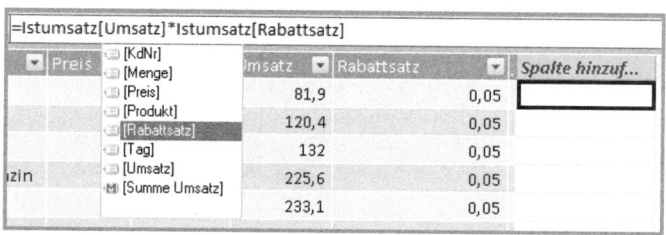

Abbildung 9.14 Eingabe der Formel für die Berechnung des Rabattwerts

TIPP Die Feldbezeichner müssen immer in eckige Klammern geschrieben werden, da sie sonst nicht als Feldnamen erkannt werden. Wenn Sie die Formel erfassen und nach dem Gleichheitszeichen die erste eckige Klammer eingeben, erscheint automatisch die Feldliste (siehe Abbildung 9.14).

3. Die Berechnung lösen Sie aus, indem Sie auf den kleinen Pfeil ◊ (Ctrl) ▼ klicken und den Befehl *Berechnen* aufrufen.

HINWEIS Sie müssen die Berechnung nur mit dem Befehl *Berechnen* auslösen, wenn die Berechnungsoptionen auf *Manueller Berechnungsmodus* eingestellt sind (siehe Abbildung 9.15).

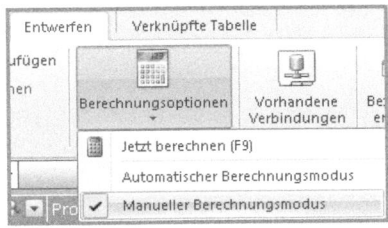

Abbildung 9.15 Berechnungsoptionen einstellen

4. Klicken Sie auf die Spaltenbeschriftung *CalculatetColumn1* und geben Sie als neue Feldbezeichnung den Namen *Rabattwert* ein.

Als Ergebnis erhalten Sie die berechnete Tabelle (siehe Abbildung 9.16).

Tag	K...	Produkt	Preis	Menge	Umsatz	Rabattsatz	Rabattwert	
02.01...	B3572	PC go	3,9	21	81,9	0,05	4,095	
02.01...	B3572	Chip	4,3	28	120,4	0,05	6,02	
02.01...	B3572	MacUp	5,5	24	132	0,05	6,6	
02.01...	B3572	PC Magazin	4,8	47	225,6	0,05	11,28	
02.01...	B3572	C'T	3,7	63	233,1	0,05	11,655	
02.01...	B3572	Internet	6,2	57	353,4	0,05	17,67	
03.01...	B3572	C'T	3,7	7	25,9	0,05	1,295	
03.01...	B3572	MacUp	5,5	10	55	0,05	2,75	
03.01	B3572	Chip	4,3	18	77,4	0,05	3,87	

Abbildung 9.16 Tabelle mit den berechneten Spalten *Rabattsatz* und *Rabattwert* (Ausschnitt)

In einer PivotTable erstellen Sie den Bericht mit der kundenindividuellen Summenbildung. Dazu gehen Sie folgendermaßen vor:

1. Sie befinden sich im Tabellenregister *Istumsatz* und wechseln im PowerPivot-Fenster auf die Registerkarte *Home*.
2. Wählen Sie dort in der Gruppe *Berichte* den Befehl *PivotTable*.
3. Im folgenden Dialogfeld bestätigen Sie die Option *Neues Arbeitsblatt*. Microsoft Excel stellt Ihnen daraufhin den Aufgabenbereich *PowerPivot-Feldliste* zur Verfügung, mit der Sie die PivotTable erstellen.

Für die Auswertung benötigen Sie die Felder *KdNr* (aus Tabelle *Istumsatz*) und *Kunde* (aus der Tabelle *Kundeninfo*) in den *Zeilenbezeichnungen*. Das erreichen Sie mit folgenden Schritten:

1. Ziehen Sie das Feld *KdNr und Kunde* in die *Zeilenbezeichnungen*.
2. Ziehen Sie das Feld *Rabattwert* in den *Wertebereich*.
3. Ziehen Sie das Feld *Produkt* in den *Datenschnitt vertikal*.

Als Ergebnis erhalten Sie eine Auswertung aus zwei Tabellenblättern, die jede Kundennummer mit Kundennamen auflistet und den erreichten Rabattwert anzeigt.

Entfernen Sie noch das Teilergebnis, formatieren den Rabatt mit 1000er-Trennpunkt und zwei Nach-kommastellen und zeigen die PivotTable im Tabellenlayout. Zusätzlich geben Sie dem Feld *Summe Rabattwert* den Namen *Auszuzahlender Rabatt*. Gehen Sie dazu folgendermaßen vor:

1. Positionieren Sie den Cursor im Feld *KdNr* und wählen Sie in der kontextsensitiven Registerkarte die Registerkarte *Entwurf*.

2. In der Gruppe *Layout* klicken Sie auf den Befehl *Teilergebnis* und im Kontextmenü auf den Befehl *Teilergebnis nicht anzeigen*.

3. Positionieren Sie den Cursor im Wertefeld (Rabattwert), öffnen Sie mit der rechten Maustaste das Kontextmenü und wählen den Befehl *Wertfeldeinstellungen*.

4. Im Dialogfeld *Wertfeldeinstellungen* wählen Sie die Schaltfläche *Zahlenformat* und gelangen in das Dialogfeld *Zellen formatieren*.

5. Wählen Sie in der *Kategorien*-Liste den Befehl *Zahl*.

6. Formatieren Sie im rechten Teil des Dialogfelds auf zwei Nachkommastellen und aktivieren das Kontrollkästchen für *1000er-Trennzeichen verwenden*.

7. Zum Abschluss bestätigen Sie zweimal die Befehlsschaltfläche *OK*.

Das Layout ändern Sie mit den beiden folgenden Schritten:

1. Wählen Sie auf der kontextsensitiven Registerkarte *PivotTable-Tools* die Registerkarte *Entwurf*.

2. Klicken Sie auf den Befehl *Berichtslayout* und im Kontextmenü auf den Befehl *Daten in Tabellen-format anzeigen*.

Als Ergebnis erhalten Sie den PivotTable-Bericht aus Abbildung 9.17.

	KdNr	Kunde	Auszuzahlender Rabatt
	B3572	Stadion Bremen	8.736,98
	F3037	Zeil Frankfurt	6.919,61
Produkt	H4343	Flughafen Hannover	7.829,56
Chip C'T	H9977	Hafen Hamburg	5.128,70
Internet MacUp	K9211	Dom Köln	10.388,38
PC go PC Magazin	L5678	Mädler Passage Leipzig	5.930,30
	M2031	Flughafen München	10.381,03
	M2893	U-Bahn Berlin	8.780,56
	M4409	Mainzer Stadtkiosk	7.786,65
	S6621	Kiosk Bahnhof Stuttgart	5.321,03
	S8150	Bahnhof Saarbrücken	5.167,92
	Gesamtergebnis		**82.370,72**

Abbildung 9.17 PivotTable-Bericht mit den berechneten Rabattwerten

Sie möchten das Feld *Rabattwert* in *Auszuzahlender Rabatt* umbenennen.

Die Bezeichnung des Felds können Sie ändern, indem Sie im Wertefeld der PowerPivot-Feldliste auf den kleinen Pulldown-Pfeil am rechten Rand der Feldschaltfläche klicken. Öffnen Sie das Kontextmenü und wählen Sie dort den Befehl *Measure bearbeiten*. Daraufhin öffnet sich das Dialogfeld *Measureeinstellungen*. Geben Sie in der Zeile *Benutzerdefinierter Name* die neue Feldbezeichnung ein. Verlassen Sie das Dialogfeld mit einem Klick auf *OK*.

PROFITIPP Mit dem Datenschnitt *Produkt*, das Sie mit der PivotTable aufgebaut haben, können Sie die Rabattwerte mit wenigen Mausklicks auf ein Produkt konzentrieren oder beliebige Auswahlkombinationen herstellen. Weitere Informationen zu Datenschnitten lesen Sie in Kapitel 2 nach.

Verkäuferprovision berechnen

Jetzt möchten Sie die Provisionen für die Verkäufer berechnen. Gehen Sie dazu folgendermaßen vor:

ACHTUNG Beachten Sie, dass Umlaute in den Feldnamen unzulässig sind. Bei der Bezeichnung *Verkäufer* ist auf die Schreibweise »Verkaeufer« umzustellen.

Als Sie die Rabattberechnungen bearbeitet haben, wurden gleichzeitig die Verknüpfungen für die Vertreterprovision angelegt. Auf diese können Sie jetzt zurückgreifen. In der Tabelle *Istumsatz* im Power-Pivot-Fenster müssen Sie die Verknüpfung prüfen und die Berechnung einfügen.

Mit folgenden Arbeitsschritten erstellen Sie die Verkäuferprovisionsberechnung:

1. Aktivieren Sie im PowerPivot-Fenster die Tabelle *Istumsatz*.
2. Positionieren Sie den Cursor in der ersten Zelle der leeren Spalte und integrieren dort die Funktion *SUMX()*.
   Geben Sie in der Bearbeitungszeile die Funktion *=SUMX(RELATEDTABLE(Verkaeufer),Verkaeufer[Provision])* ein.
3. PowerPivot fügt eine *CalculatetColumn1* ein.
4. Falls die Berechnung nicht automatisch erfolgt, lösen Sie sie aus, indem Sie auf den kleinen Pfeil ⬦ (Ctrl) ▾ klicken und den Befehl *Berechnen* aufrufen.
5. Geben Sie der Spaltenbeschriftung *CalculatetColumn1* die neue Bezeichnung *Provisionssatz*. Dazu doppelklicken Sie auf den Namen *CalculatetColumn1* und geben unmittelbar die neue Feldbezeichnung *Provisionssatz* ein.

Den Provisionswert je Verkäufer berechnen Sie folgendermaßen:

1. Positionieren Sie den Cursor in der ersten Zelle der leeren Spalte und geben die Formel *=Istumsatz[Umsatz]*Istumsatz[Provisionssatz]* ein.
2. PowerPivot fügt eine *CalculatetColumn1* ein, die Sie analog zu Schritt 5 in *VKProvision* umbenennen.

Kd...	Prod...	Pr...	Menge	Umsatz	Rabatts...	Rabattwert	Provisionssatz	VkProvision
B3572	PC go	3,9	21	81,9	0,05	4,095	0,1	8,19
B3572	Chip	4,3	28	120,4	0,05	6,02	0,1	12,04
B3572	MacUp	5,5	24	132	0,05	6,6	0,1	13,2
B3572	PC Maga...	4,8	47	225,6	0,05	11,28	0,1	22,56
B3572	C'T	3,7	63	233,1	0,05	11,655	0,1	23,31
B3572	Internet	6,2	57	353,4	0,05	17,67	0,1	35,34
B3572	C'T	3,7	7	25,9	0,05	1,295	0,1	2,59
B3572	MacUp	5,5	10	55	0,05	2,75	0,1	5,5

Abbildung 9.18 Tabelle mit den berechneten Spalten *Provisionssatz* und *VkProvision* (Ausschnitt)

PivotTable mit den Verkäuferprovisionen erstellen

In einer PivotTable erstellen Sie den Bericht mit den Provisionen, die jeder Vertriebsverantwortliche bekommt.

Dazu gehen Sie folgendermaßen vor:

1. Sie befinden sich im Tabellenregister *Istumsatz* und wechseln im PowerPivot-Fenster auf die Registerkarte *Home*.
2. Wählen Sie in der Gruppe *Berichte* den Befehl *PivotTable*.
3. Im folgenden Dialogfeld bestätigen Sie die Option *Neues Arbeitsblatt*. Microsoft Excel stellt Ihnen daraufhin den Aufgabenbereich *PowerPivot-Feldliste* zur Verfügung, womit Sie die PivotTable erstellen.

Für die Auswertung benötigen Sie das Feld *VKNr* (aus der Tabelle *Verkaeufer*) und *Verkaeufer* (aus der Tabelle *Vertreter*) in den *Zeilenbezeichnungen*. Führen Sie die folgenden Schritte durch:

1. Ziehen Sie das Feld *VKNr und Verkaeufer* in die *Zeilenbezeichnungen*.
2. Ziehen Sie das Feld *VKProvision* in den *Wertebereich*.
3. Ziehen Sie das Feld *Produkt* in den *Datenschnitt vertikal*.

Als Ergebnis erhalten Sie einen PivotTable-Bericht, der jede Verkäufernummer mit Verkäufernamen auflistet und den erreichten Provisionswert anzeigt.

PivotTable gestalten

Entfernen Sie das Teilergebnis, formatieren den Rabatt mit 1000er-Trennpunkt und zwei Nachkommastellen und zeigen die PivotTable im Tabellenlayout an.

Zusätzlich geben Sie dem Feld *Summe VKProvision* den Namen *Auszuzahlende Provision*. Gehen Sie folgendermaßen vor:

1. Positionieren Sie den Cursor im Feld *VKNr* und wählen Sie in der kontextsensitiven Registerkarte die Registerkarte *Entwurf*.
2. In der Gruppe *Layout* klicken Sie auf den Befehl *Teilergebnis* und im Kontextmenü auf den Befehl *Teilergebnis nicht anzeigen*.
3. Positionieren Sie den Cursor im Wertefeld (Rabattwert), öffnen mit der rechten Maustaste das Kontextmenü und wählen den Befehl *Wertfeldeinstellungen*.
4. Im Dialogfeld *Wertfeldeinstellungen* wählen Sie die Schaltfläche *Zahlenformat* und gelangen in das Dialogfeld *Zellen formatieren*.
5. Wählen Sie in der *Kategorien*-Liste den Befehl *Zahl*.
6. Formatieren Sie im rechten Teil des Dialogfelds auf zwei Nachkommastellen und aktivieren das Kontrollkästchen für *1000er-Trennzeichen verwenden*.
7. Zum Abschluss bestätigen Sie zweimal die Befehlsschaltfläche *OK*.

So ändern Sie das Layout

Das Layout ändern Sie folgendermaßen:

1. Wählen Sie auf der kontextsensitiven Registerkarte *PivotTable-Tools* die Registerkarte *Entwurf*.

2. Klicken Sie auf den Befehl *Berichtslayout* und im Kontextmenü auf den Befehl *Daten in Tabellenformat anzeigen* (siehe Abbildung 9.19).

Über den Befehl *Datenschnitt* können Sie die Verkäuferprovision für jedes einzelne Produkt oder auch mehrere Produkte als Gruppen auswählen und auswerten (siehe Abbildung 9.20).

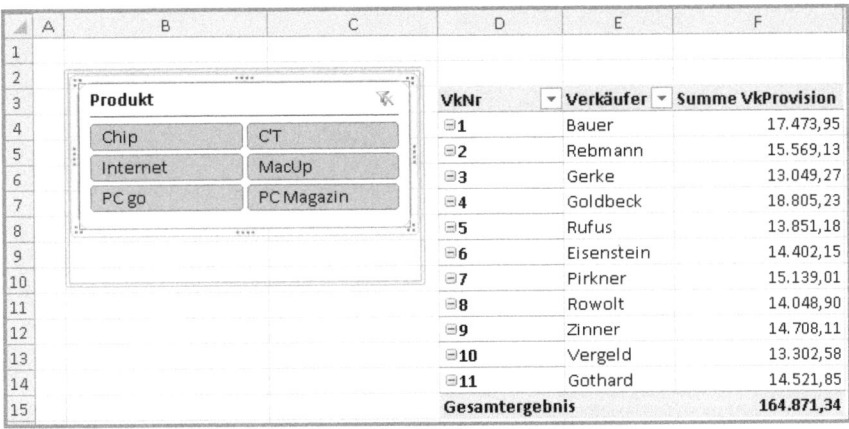

Abbildung 9.19   PivotTable-Bericht mit den berechneten Verkäuferprovisionen

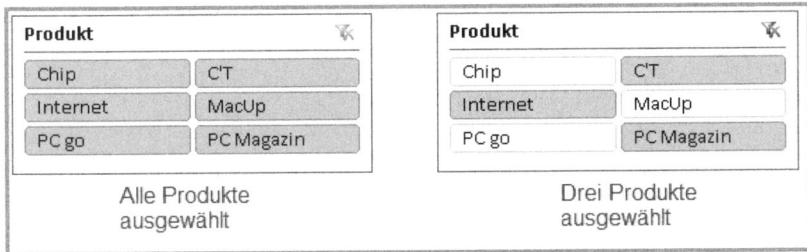

Abbildung 9.20   Auswahlbeispiele der Produkte in den Datenschnitten

Filtern mit Datenschnitten

Bisher haben Sie Berichtsfilter verwendet, um Daten in einem Pivot-Bericht zusammenzufassen und zu analysieren. Dabei blieb Ihnen auf den ersten Blick der Filterstatus verborgen. Dies wirkte sich besonders erschwerend aus, wenn Sie mehrere Filter gleichzeitig aktiviert hatten.

In Microsoft Excel 2010 gibt es jetzt die komfortable Möglichkeit, Datenschnitte zum Filtern von Daten zu verwenden. Die Anwendung der Filter wird Ihnen in Form von Schaltflächen zur Verfügung gestellt. Sie können sofort und jederzeit erkennen, was genau in einem gefilterten PivotTable-Bericht angezeigt wird.

Übliche Elemente eines Datenschnitts

Ein Datenschnitt enthält üblicherweise verschiedene Elemente (siehe Abbildung 9.21).

1. Eine Datenschnittüberschrift kennzeichnet die Kategorie der Elemente im Datenschnitt.
2. Eine nicht ausgewählte Filterschaltfläche zeigt an, dass das Element nicht in den Filter einbezogen ist.
3. Eine ausgewählte Filterschaltfläche zeigt an, dass das Element in den Filter einbezogen ist.
4. Die Schaltfläche *Filter löschen* entfernt den Filter, indem alle Elemente im Datenschnitt ausgewählt werden.

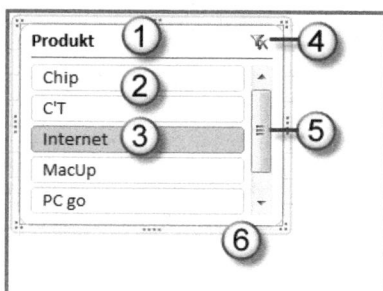

Abbildung 9.21   Übliche Elemente eines Datenschnitts

5. Eine Bildlaufleiste ermöglicht das Verschieben des Fensterinhalts, wenn mehrere Elemente vorhanden sind, als derzeit im Datenschnittdialogfeld angezeigt werden können.
6. Größe und Position von Datenschnitten können Sie ändern, indem Sie die Ränder verschieben und die Größe von Steuerelementen anpassen.

Datenschnitte freigeben

Von »freigegebenen Datenschnitten« wird gesprochen, wenn Datenschnitte mit mehreren PivotTables gleichzeitig verbunden sind. Werden Datenschnitte lediglich in einer PivotTable verwendet, wird von einem lokalen Datenschnitt gesprochen.

In einer PivotTable können Sie sowohl freigegebene als auch lokale Datenschnitte aufbauen.

Wenn Ihr Bericht auf zahlreichen und verschiedenen PivotTables aufbaut, ist es ein hoher Komfort, wenn Sie denselben Filter auf einige oder sogar alle PivotTables gleichzeitig anwenden können. Das ist möglich, wenn Sie den erstellten Datenschnitt freigeben. Es ist in dem Fall nicht notwendig, den Filter (Datenschnitt) in andere PivotTables zu kopieren.

Wenn Sie einen erstellten Datenschnitt freigeben, erzeugen Sie eine Verbindung zu einer anderen PivotTable, die den Datenschnitt dann automatisch verwendet. Alle von Ihnen an einem freigegebenen Datenschnitt vorgenommenen Änderungen werden unmittelbar in allen verbundenen PivotTables widergespiegelt.

Wenn Sie in diesem Beispiel den Datenschnitt *Produkt* in *PivotTable1* verwenden, um Daten für ein bestimmtes Produkt zu filtern, dann zeigt *PivotTable2*, die diesen Datenschnitt ebenfalls verwendet, automatisch ohne weiteres Zutun Daten für dasselbe Land an.

HINWEIS   Weitere Details zum Einsatz von Datenschnitten lesen Sie in Kapitel 2.

In PowerPivot die Beziehungen verwalten

Beziehungen zwischen den Tabellen können sich im Arbeitsverlauf ändern, entfallen oder kommen neu hinzu.

Um Beziehungen zu bearbeiten, wählen Sie den Befehl *Beziehungen verwalten*; es öffnet sich das gleichnamige Dialogfeld (siehe Abbildung 9.22).

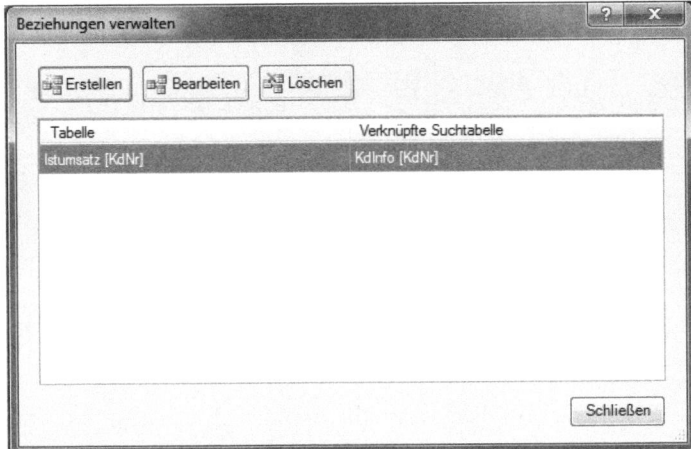

Abbildung 9.22 Dialogfeld zum Verwalten und Bearbeiten von PowerPivot-Beziehungen

In diesem Dialogfeld können Sie

- Beziehungen erstellen
- Beziehungen bearbeiten
- Beziehungen löschen

Um eine Beziehung zu bearbeiten, wählen Sie den zu bearbeitenden Eintrag aus und betätigen die Schaltfläche *Bearbeiten*.

Das Dialogfeld *Beziehungen bearbeiten,* das mit dem Dialog *Beziehungen erstellen* identisch ist (siehe Abbildung 9.6), wird eingeblendet. Geben Sie hier die erforderlichen Änderungen nach gleicher Methodik ein.

In PowerPivot eine Beziehung löschen

Ebenfalls können Sie im Dialogfeld *Beziehungen verwalten* eine Beziehung löschen (siehe Abbildung 9.22). Klicken Sie auf die Schaltfläche *Löschen*, wird der Hinweis wie in Abbildung 9.23 angezeigt.

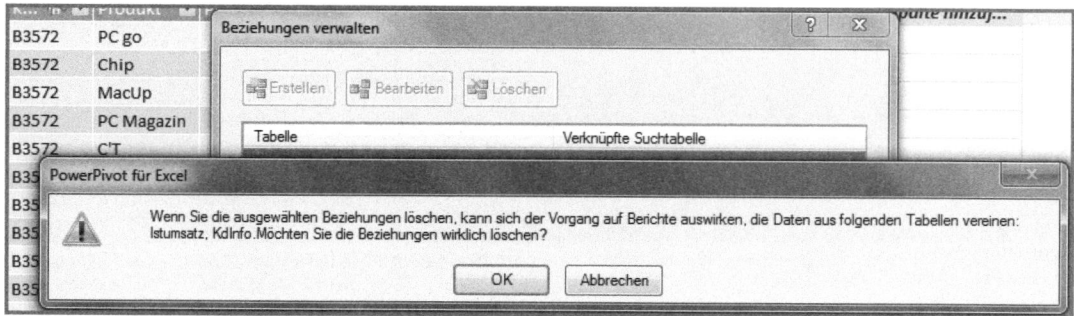

Abbildung 9.23   Dialogfeld *Beziehungen verwalten* mit dem Befehl *Löschen* und dem zugehörigem Löschhinweis

Bestätigen Sie die Schaltfläche *OK*, wird die Beziehung zwischen den beiden Tabellen gelöscht. Daraufhin zeigt der vorhandene PivotTable-Bericht ein falsches Berichtsergebnis an.

Stichwortverzeichnis

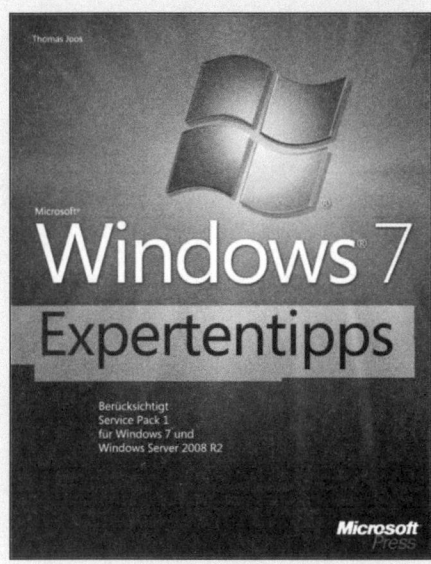